JOHN WELWOOD

Psychotherapie & Buddhismus

JOHN WELWOOD

Psychotherapie & Buddhismus

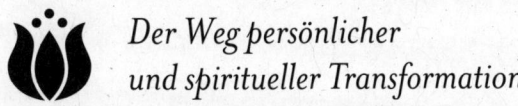 *Der Weg persönlicher und spiritueller Transformation*

Aus dem amerikanischen Englisch von Peter Brandenburg

Arbor Verlag
Freiburg im Breisgau

© 2000 John Welwood
© 2010 der deutschen Ausgabe: Arbor Verlag GmbH, Freiburg
by arrangement with Shambala Publications, Inc.,
P. O. Box 308, Boston, MA. 02117.
Die Originalausgabe erschien unter dem Titel:
*Toward a psychology of awakening: Buddhism, psychotherapy
and the path of personal and spiritual transformation*

Alle Rechte vorbehalten

2. Auflage 2017

Titelfoto: © titanium22
Lektorat: Lothar Scholl-Röse
Druck und Bindung: Kösel, Krugzell
Hergestellt von mediengenossen.de

Dieses Buch wurde auf 100% Altpapier gedruckt und ist alterungsbeständig.
Weitere Informationen über unser Umweltengagement
finden Sie unter www.arbor-verlag.de/umwelt.

www.arbor-verlag.de

ISBN 978-3-936855-97-5

Ich möchte dieses Buch
meinem ersten wirklichen Mentor,
EUGENE GENDLIN,
widmen, der mir die subtile Schönheit
und das Mysterium innerer Erfahrung
entdecken und wertschätzen half.

Inhalt

Einführung   9

1 Integration von Psychologie und Spiritualität   21

Einleitung   23
1. Zwischen Himmel und Erde – Prinzipien innerer Arbeit   33
2. Persönlichkeit – Weg oder Pathologie?   46
3. Ichstärke und Egolosigkeit   61
4. Das Spiel des Geistes – Form, Leere und Jenseits   76
5. Meditation und das Unbewusste   87
6. Psychischer Raum   109
7. Die Entfaltung der Erfahrung   120
8. Reflexion und Präsenz – Die Dialektik des Erwachens   133

2 Psychotherapie in einem spirituellen Kontext   171

Einleitung   173
9. Die heilende Kraft bedingungsloser Präsenz   179
10. Verletzlichkeit, Kraft und die heilende Beziehung   192
11. Psychotherapie als Praxis der Liebe   209
12. Depression als Mutlosigkeit oder Verlust des Herzens   220
13. Sich mit Emotionen anfreunden   231
14. Verkörpern der Realisierung – Psychologische Arbeit im Dienst spiritueller Entwicklung   245

3 Die erwachende Kraft der Beziehung   285

	Einleitung	287
15	Intime Beziehung als transformativer Weg	293
16	Tanz auf Messers Schneide	302
17	Läutern des Goldes	308
18	Bedingte und bedingungslose Liebe	313
19	Leidenschaft als Weg	323
20	Echte und falsche spirituelle Autorität	334
21	Bewusste Liebe und heilige Gemeinschaft – Ein Gespräch mit Paul Shippee	351
	Glossar	365
	Anmerkungen	377
	Literaturverzeichnis	390

Einführung

Tief im menschlichen Geist, der jetzt weitgehend von seinen alten Bindungen abgetrennt ist, entfaltet sich eine Suche – nach einer neuen Vision davon, warum wir hier sind und was wir werden können. Vielleicht können wir erst jetzt in der Moderne ein umfassenderes Verständnis von der Reise des Menschen entwickeln, das alle verschiedenen Facetten unserer Natur berücksichtigt, da wir einen nie da gewesenen Zugang zu allen spirituellen Traditionen der Welt sowie mehr als ein Jahrhundert westlicher Psychologie haben, die wir nutzen können. Die neue Vision, die wir brauchen, ist eine, die zwei unterschiedliche Hälften unserer Natur zusammenbringt, die in verschiedener Weise in entgegengesetzten Regionen der Welt kultiviert wurden. Während die traditionellen spirituellen Kulturen des Ostens sich darauf spezialisiert haben, den zeitlosen, *überpersönlichen* Grund des Seins zu erhellen – die Seite des „Himmels" der menschlichen Natur –, hat sich die westliche Psychologie auf die irdische Hälfte konzentriert – die *persönliche* und die *interpersonelle*. Wir brauchen eine neue Vision, die alle drei Bereiche menschlicher Existenz – den überpersönlichen, den persönlichen und den interpersonellen – überblickt und umfasst. Bisher hat sie keine einzige Tradition, weder im Osten noch im Westen, in einem einzigen Bezugsrahmen, der die Ansätze, sozusagen die Theorie und zugleich die Praxis berücksichtigt, ganz reflektiert und behandelt.

Spirituelle Praxis kann, wenn sie von dem reichen Gefühlsgewebe persönlichen Lebens abgeschnitten ist, trocken und weltentrückt werden, so wie persönliches Leben eng und einengend wird, wenn es von den frischen Brisen spiritueller Realisierung abgeschnitten ist. Jetzt, da unsere Welt die Verbindung mit größeren und weiteren spirituellen Werten und Zielen so sehr verloren hat, müssen wir neue Wege finden, wie spirituelle Weisheit in unser persönliches Leben integriert werden kann, wenn wir den großen Herausforderungen und Problemen gewachsen sein sollen, denen wir im neuen Jahrtausend gegenüberstehen. Der Dialog zwischen den alten spirituellen Traditionen des Ostens und der modernen therapeutischen Psychologie des Westens, der so entsteht, verspricht in dieser Hinsicht sehr viel.

Indem er uns hilft, die Beziehung zwischen den persönlichen und den spirituellen Seiten unserer Natur zu erforschen, kann dieser Ost-West-Dialog die lebenswichtigen Verbindungen zwischen Denken, Herz, Körper, Seele und Geist in den Vordergrund bringen, so dass wir sie als untrennbare Facetten eines einzigen, lebendigen Ganzen erkennen können. Auf einer praktischen Ebene kann uns das auch helfen, einen integrierteren Ansatz zu spirituellem Wachstum, Gesundheit und Wohlbefinden, Beziehung und menschlicher Gemeinschaft zu entwickeln.

Die Konvergenz von Ost und West wirft auf dem Gebiet der Psychologie besonders interessante Fragen auf. Wie könnten Psychotherapie und spirituelle Praxis Verbündete sein, wenn es darum geht, Menschen zu helfen, zu dem zu erwachen, wer sie wirklich sind? Was können uns die spirituellen Traditionen des Ostens über die Quelle psychischen Gleichgewichts sagen? Welche Implikationen besitzt meditative Bewusstheit für psychische Gesundheit und für die Entwicklung dynamischer, transformativer zwischenmenschlicher Beziehungen? Welche neuen Möglichkeiten ergeben sich, wenn psychologische Arbeit in einem spirituellen Kontext stattfindet? Und wie könnten westliche psychologische Einsichten und Methoden wirklich zu spiritueller Entwicklung beitragen? Wie können der Buddhismus und andere uralte spirituelle Traditionen am wirksamsten unsere psychologisch orientierte Kultur ansprechen, in der die individuelle Entwicklung ein so zentraler Wert ist? Welche Beziehung gibt es zwischen Individuation – der Entwicklung der Seele – und spiritueller

Befreiung – der totalen Befreiung von den einschränkenden Grenzen des Selbst? Wie ist es möglich, die persönlich-psychologischen und die überpersönlich-universellen Seiten unserer Natur zu integrieren?

Dies sind einige Themen, die in den drei Abschnitten dieses Buches angesprochen werden. Der erste untersucht Grundthemen und -fragen um die Beziehung zwischen kontemplativer Spiritualität und westlicher Psychologie. Der zweite hat die praktischen Implikationen dieser Begegnung für psychische Gesundheit und Heilen zum Gegenstand. Und der dritte erforscht wichtige Implikationen für Beziehung und Gemeinschaft.

Die Idee, die Schnittstelle östlicher und westlicher Psychologie zu untersuchen, kam mir zum ersten Mal im Jahr 1963, als mir als junger Mann in meinen Zwanzigern in Paris plötzlich bewusst wurde, dass ich in das schwarze Loch des westlichen Materialismus starrte, ohne die geringste Vorstellung davon zu haben, wie ich für mich ein sinnvolles Leben gestalten sollte. Während ich das Ritual und die Musik der Kirche wertschätzte, in der ich aufwuchs, vermittelte mir das Christentum, wenigstens so, wie es mir überliefert wurde, keine Praxis, die auf Erfahrung beruhte und die mir erlaubt hätte, Zugang zum lebendigen Geist zu haben. Meine Entdeckung des Zen in den frühen 60er Jahren eröffnete eine äußerst ansprechende und revolutionäre neue Perspektive: dass jeder von uns seine eigene Natur entdecken kann, die unmittelbar im Inneren liegt, und sie in der Erfahrung realisieren und so zu einer reicheren und tieferen Weise zu sein erwachen kann.

Die Einsicht, dass diese Art Erwachen der wirkliche Sinn menschlicher Existenz ist, gab mir da eine Orientierung, wo ich bisher keine gehabt hatte. Als ich Allen Watts' Buch *Psychotherapy East and West* entdeckte, brachte mich das einen Schritt weiter, indem es die Idee vorstellte, dass die westliche Psychotherapie eine potentielle Kraft sein konnte, die dem Erwachen dienen kann, besonders für Menschen des Westens. Es inspirierte mich herauszufinden, wie ich zu dieser Suche nach einem westlichen Weg zu Erwachen beitragen könnte, und ich beschloss, mich dem Gebiet der klinischen Psychologie zuzuwenden und Psychotherapeut zu werden. Ich hatte meinen Beruf und die Aufgabe meines Lebens gefunden.

Ich wurde aber schnell durch mein Studium an der Universität von Chicago desillusioniert, wo die Betonung auf der konventionellen akademischen Psychologie mit ihrer engen, beschränkten Sicht des Menschen und seines Potentials lag. Wie das Schicksal es wollte, fand ich dort jedoch einen Mentor – Eugene Gendlin, einen existentiell orientierten Philosophen und Psychotherapeuten, der dabei war, die Methode des *Focusing* zu entwickeln, eine neue Weise, Menschen zu helfen, sich in ihre innere Erfahrung einzufühlen und klare Hinweise für Veränderung und Wachstum in dem zu entdecken, was zuerst eine unklare gefühlte Empfindung, *Felt Sense,* zu sein scheint. Gendlin eröffnete mir die ganze Welt innerer Erfahrung. Er war der erste Mensch, dem ich bis dahin begegnet war, der direkt über den wirklichen Prozess der gefühlten Erfahrung sprach – wie sie funktioniert, wie sie sich bewegt, wie sie sich entfaltet und zu plötzlichen, unerwarteten Durchbrüchen führt.

Anders als meine anderen Professoren beschrieb Gendlin die innere psychische Landschaft in menschlicher und poetischer Sprache und nicht in psychologischen Begriffen. Indem er mir den reichen, sich auf vielen Ebenen abspielenden Prozess innerer Erfahrung erschloss, gab er mir den Schlüssel, der mir half, das ganze therapeutische Unterfangen zu verstehen. Bei der Therapie ging es letztlich nicht um Diagnose, Verfahren oder Heilmethoden, sondern darum, eine neue Art einer lebendigen Beziehung mit dem Prozess der eigenen Erfahrung zu entwickeln. Ich merkte, dass mein Leben, indem ich ihm begegnete und von ihm lernte, sich von Schwarz-Weiß zu Technicolor zu verändern begann. Dafür werde ich ihm immer dankbar sein.

Während meines ganzen Studiums verfolgte ich meine eigene Untersuchung einer Frage, die mich interessierte, belebte und ansprach wie keine andere: die Beziehung zwischen dem Erwachen, von dem beim Zen gesprochen wird – dem Durchbruch in größere, universelle Wahrheit – und den persönlichen Veränderungen, zu denen es in der Therapie kommt. Als ich nach einer Möglichkeit suchte, wie ich an mir selbst arbeiten und mein Leben umfassender verstehen konnte, wurde ich zunehmend am Buddhismus interessiert. Meine frühen Begegnungen mit dem tibetischen Lehrer Chögyam Trungpa Rinpoche waren besonders beeindruckend und überzeugend.

Trungpa war tief in der Mahâmudrâ- und Dzogchen-Schule des tantrischen Buddhismus verwurzelt – also in Traditionen, die auf tiefen Realisierungen der leuchtenden, expansiven, wachen Natur des Bewusstseins beruhen. Nie zuvor war ich einem so ungewöhnlichen, undurchschaubaren und gründlich provozierenden und faszinierenden Menschen begegnet. Ich erinnere mich, wie ich einmal zu einem Gespräch mit ihm einen Raum betrat und von dem weiten Raum verblüfft war, der in alle Richtungen von ihm auszustrahlen schien. Ich hatte das Gefühl, als wären die Decke und die Wände des Raumes weggesprengt. Ich hatte etwas Ähnliches noch nie erlebt und fand es äußerst anziehend.

Trungpa vertrat kompromisslos die Auffassung, dass es essentiell ist, diese seltsame Sache zu machen: stundenlang auf einem Kissen zu sitzen. Ich dachte bis dahin: „Warum sollte jemand so was machen wollen?" Es kam mir soviel interessanter vor, über spirituelle Philosophie zu reden oder zu lesen, als einfach dazusitzen und nichts zu tun. Ich dachte: „Vielleicht musste man so etwas vor Tausenden von Jahren machen, aber heutzutage muss es doch eine Methode geben, die eher mit Hightech zu tun hat." Aber als ich anfing, Meditation zu üben, öffnete das meine Welt auf eine vollkommen neue Weise. Wir sind mit diesem unglaublichen Instrument geboren, das man den Geist (mind) nennt, und das sich in Himmel und Hölle und alles, was es dazwischen gibt, einfühlen kann, aber niemand gibt uns eine Gebrauchsanweisung dafür, wie man ihn nutzen kann oder was man mit ihm machen soll. Meditation war eine Möglichkeit, aktiv in die Natur und die Aktivität dieses Geistes hineinzuschauen. Allmählich entwickelte ich trotz meines ganzen anfänglichen Widerstandes einen tiefen Respekt für die Übung der Sitzmeditation, der mir seitdem immer geblieben ist.

Nachdem ich ein paar Jahre lang Meditation praktiziert hatte, fand ich aber, dass es bestimmte Bereiche meines Lebens gab, die sie nicht berührt hatte. So schön und so anregend ich die buddhistischen Lehren auch fand, ich begann zu sehen, dass ich sie nicht einfach als ganze in mein westliches Denken übernehmen konnte. Ich nahm an Retreats teil und hatte wunderbare Realisierungen und Erfahrungen der Öffnung, aber es gelang mir nicht, sie in meinen Alltag zu integrieren. Meine spirituelle Praxis schien in mir auch eine gewisse Distanz zum mitmenschlichen Geschehen zu verstärken. Schließlich machten mir bestimmte Krisen in meinen intimen Beziehungen deutlich, dass ich an meinen psychischen Themen arbeiten musste.

Bis zu dem Zeitpunkt war für mich eine romantische Phantasie von Erleuchtung leitend gewesen, die ich aus den alten Zengeschichten gewonnen hatte, die ich gelesen hatte – wie in einem Moment der Realisierung alle alten Muster wegfallen würden und ich von da an ein neuer Mensch sein würde. Dies schien mir eine soviel edlere Weise zu sein, Freiheit zu finden, als in den therapeutischen Gräben zu kämpfen. Als ich also endlich meine eigene therapeutische Arbeit ernsthaft in Angriff nahm, war ich wahrhaft überrascht, als ich entdeckte, was für ein wunderbares Werkzeug psychologische Erforschung sein konnte, und wie sie auf ihre Weise einen Weg zu tieferem Verständnis meiner selbst darstellte.

Obwohl ich von Herzen gehofft hatte, dass Meditation und spirituelle Praxis die Antwort auf alle meine Leiden wären, erfüllte sich das in meiner Erfahrung nicht. Ich sah, dass psychologische und spirituelle Arbeit beide notwendig waren und dass keine für sich hinreichend zu sein schien, mir zu helfen, mein Leben zu bewältigen. Schließlich lernte ich sie beide zu würdigen, weil sie verschiedene, aber gleich wichtige Gaben zu bieten hatten.

Wenn ich mich umsah und meine Gefährten in der spirituellen Praxis betrachtete, sah ich, wie viele von ihnen es vermieden, sich mit ihren persönlichen Themen zu befassen, und hatte ich das Gefühl, dass viele von ihnen auch von psychologischer Arbeit profitieren konnten. Die spirituelle Gemeinde, der ich angehörte, machte sogar eine heftige Krise durch, weil einer der Führer trotz all seiner spirituellen Realisierung sich weigerte, sich seinem eigenen Narzissmus und seiner Grandiosität zu stellen und sie vielmehr auf destruktive Weise ausagierte. Und ich sah, dass verdeckte psychische Dynamiken eine große Rolle bei den meisten Krisen spielten, die viele spirituelle Gemeinschaften zu der Zeit durchmachten. Zeuge dieses Widerspruchs zu sein – der darin bestand, dass spirituelle Lehrer und Schüler, die deutlich eine gewisse Ebene echter spiritueller Einsicht und Bewusstheit erlangt hatten, dennoch in ungesunden Mustern der Persönlichkeit stecken blieben –, war sowohl beunruhigend als auch enthüllend. Mir wurde klar, dass psychologische Arbeit spirituellen Suchern etwas Wichtiges zu bieten hatte, wenigstens im Westen.

Bald nachdem ich meine Doktorarbeit abgeschlossen hatte, entdeckte ich das noch ganz junge *Journal of Transpersonal Psychology*, wo andere, die auch daran interessiert waren, die Schnittstelle zwischen Psychologie und Spiritualität zu erforschen, zu publizieren begonnen hatten. Ich wurde einer der frühesten regelmäßigen und am häufigsten in dieser Zeitschrift publizierenden Autoren und veröffentlichte darauf im Jahr 1979 mein erstes Buch, *The Meeting of the Ways: Explorations in East/West Psychology.*

Dann begann ich ein Buch über die spirituelle Dimension intimer Beziehungen zu schreiben, denn ich empfand ein starkes Bedürfnis, sie tiefer zu verstehen. Diese Arbeit stellte sich als eine gewaltige Herausforderung heraus, und zwar auf jeder Ebene meines Seins. Mit allem, womit es mich konfrontierte, war das Schreiben dieses Buches – *Journey of the Heart* – das Schwierigste, was ich je getan hatte. Ein paar Jahre nach Beginn dieses Projekts kam ich an einen Punkt, an dem ich merkte, dass ich mich entscheiden musste, ob ich das Buch vollenden oder mit meiner Arbeit zu ihrem ursprünglichen Fokus auf der Schnittstelle von Psychotherapie und meditativer Praxis zurückkehren wollte. Vor allem aus persönlichen Gründen entschied ich mich dafür, die Arbeit über Beziehung fortzusetzen. Mir war wenig klar, dass ich schließlich 15 Jahre brauchen würde, um sie zu beenden.

Jetzt, da ich drei Bücher über das Thema Beziehung veröffentlicht habe, stellt das vorliegende eine Rückkehr zu den Wurzeln dieser Arbeit und zu meiner ersten Liebe dar: der Schnittstelle von östlicher und westlicher Psychologie. Dieses Buch steckt das neue Gebiet, das ich hier untersuche, ab – ich nenne es „Psychologie des Erwachens" („Psychology of Awakening" lautet der Titel der amerikanischen Originalausgabe) – und ist das erste einer Reihe zukünftiger Bücher, die diesem Gebiet gewidmet sind.

Was ist die *Psychologie des Erwachens?* Dieser Begriff soll eine Brücke sein und zwei bisher getrennte Bereiche zusammenbringen: individuelle und interpersonelle Psychologie, wie sie im Westen studiert wird, und den Weg des Erwachens, wie er von vielen großen Abstammungslinien, besonders den meditativen Traditionen des Ostens, formuliert wurde. Die westliche Psychologie hat den spirituellen Bereich zu ihrem Schaden fast ganz vernachlässigt, während den kontemplativen Wegen ein angemessenes Verständnis von Psychodynamik gefehlt hat. Solange diese Dynamiken nicht erkannt werden, beeinflussen sie den spirituellen Praktiker und den spirituellen Weg auf verdeckte Weise, was einen entstellenden Einfluss auf das ganze Unternehmen ausüben kann. In gewisser Weise *braucht deshalb Erwachen Psychologie so sehr wie Psychologie Erwachen braucht.*

Eine umfassende Psychologie des Erwachens würde die Beziehung zwischen dem Überpersonellen, dem Persönlichen und dem Interpersonellen erforschen. Mein besonderer Ansatz zur Psychologie des Erwachens betont *Übung* und *Praxis* in diesen drei Bereichen – Meditation für die überpersönliche, psychologische Arbeit für die persönliche und bewusste Beziehungspraxis für die interpersonelle Dimension – und wie diese drei zusammenwirken und einander fördern können. Praxis in jedem einzelnen dieser Bereiche hat auch Auswirkungen auf die anderen beiden Bereiche. Meditation kann tiefen Einfluss darauf haben, wie wir mit uns selbst und mit anderen umgehen. Psychologische Arbeit kann spirituelle Vertiefung so wie größere zwischenmenschliche Sensibilität fördern. Und bewusste Beziehungsarbeit kann uns helfen, sowohl aus unseren konditionierten Mustern zu erwachen als auch zu einer authentischeren Person zu werden.

Die Psychologie des Erwachens weist in zwei Hauptrichtungen und wirft zwei Reihen von Fragen auf, von denen jede ein neues Feld der Untersuchung eröffnet. Diese Felder wurden von den existierenden psychologischen und spirituellen Traditionen bisher nie beachtet und angesprochen.

Eine Gruppe von Fragen hat mit den psychologischen Auswirkungen des spirituellen Weges zu tun. Was geschieht zum Beispiel psychologisch mit Menschen, wenn sie anfangen, ihre größere Natur zu erkennen und sich ihr zuzuwenden? Welche psychologischen Themen und Probleme werden wahrscheinlich auftauchen und müssen bearbeitet werden? Wenn Bewusstheit beginnt, sich über die Grenzen der konditionierten Persönlichkeitsstruktur hinaus zu bewegen, stellt diese Expansion diese Struktur unweigerlich in Frage und bringt alte, unterbewusste, reaktive Muster ans Licht, die dann oft mit aller Macht auftauchen. Die traditionellen Religionen beschrieben diese Hindernisse und Angriffe entlang des Weges oft als Dämonen oder Teufel. Aus moderner Sicht aber können sie auch psychologisch verstanden und bearbeitet werden – als unterbewusste Aspekte der konditionierten Persönlichkeitsstruktur, die oft nur dann in das Bewusstsein durchbrechen, wenn diese Struktur gründlich durch den Prozess des Erwachens zur eigenen größeren Natur in Frage gestellt ist. Wenn diese psychologischen Themen nicht bearbeitet werden, verursachen sie oft Entstellungen in der spirituellen Entwicklung. Es reicht also nicht aus, einfach spirituelle Realisierungen zu haben. Es ist auch essentiell, die unterbewussten emotionalen und mentalen Muster abzubauen, die im Körper und im Denken gehalten werden und die Menschen davon abhalten, in ihrem Leben eine größere und weitere Weise zu sein ganz zu verkörpern.

Eine zweite Gruppe von Fragen hat damit zu tun, wie psychologisch orientierte persönliche Arbeit und interpersonelle Praxis auch unsere Bewegung in Richtung Erwachen unterstützen und ihr dienen und sie fördern könnten. Die meisten Menschen in unserer Kultur, die sich dem spirituellen Leben zuwenden, leiden auch unter einer Form von psychischer Verwundung, aber ihre spirituelle Praxis spricht sie oft nicht an und hilft ihnen nicht dabei, ihre Verwundung zu verstehen oder mit ihr umzugehen. Doch wie können wir hoffen, echte spirituelle Realisierung zu verkörpern – Selbsthass, Aggression, emotionale Reaktivität, narzisstische Selbstgefälligkeit und eine Menge anderer defensiver Muster überwinden –, wenn wir nicht erst die Psychodynamik, die diesen Phänomenen zugrunde liegt, verstanden und bewältigt haben? Und da unsere Beziehungen mit anderen die entscheidende Nagelprobe unserer spirituellen Entwicklung ist: Wie können wir bewusstere Beziehungen gestalten, die auch unserer größeren, weiteren spirituellen Reise dienen und sie unterstützen und nähren?

Daher müssen wir verstehen, wie uns Arbeit mit konditionierten Ängsten, Überzeugungen und defensiven Beziehungsmustern aus der Vergangenheit als Sprungbrett dienen kann, das unsere Bewegung in Richtung spiritueller Befreiung fördert. Diese Art psychologischer Klärung ist für den Prozess der Individuation – die Entwicklung des echten Individuums, das die größeren Dimensionen von Sein in seiner *Person* verkörpern und ausdrücken kann – zentral. Zusätzlich dazu, dass wir lernen, wie wir uns dem Göttlichen oder dem letzten Grund öffnen und ihm hingeben können, ist es auch notwendig, dass wir verstehen, wie die Reifung des echten Individuums, wenigstens für uns aus dem Westen, uns helfen kann, unsere spirituelle Realisierung in das ganze Gewebe unseres persönlichen Lebens und unserer zwischenmenschlichen Beziehungen zu integrieren. Man könnte auch sagen, dass wir zusätzlich zum *Erwachen* zu unserer eigentlichen spirituellen Natur auch *erwachsen werden* – zu einer reifen, voll entwickelten Person heranreifen müssen.

Alle Kapitel dieses Buches entstanden aus persönlichen Fragen, denen ich im Laufe meiner eigenen Praxis westlicher Psychotherapie und buddhistischer Meditation begegnet bin. Und jedes ist ein Versuch, eine Brücke zwischen den verschiedenen Wegen psychologischer und spiritueller Arbeit zu bauen. Meine Methode ist primär phänomenologisch: Ich beginne bei Erfahrung und bleibe nahe an der Erfahrung und versuche nicht, eine umfassende theoretische Synthese zu bilden.

Auf unterschiedliche Weise spricht jedes Kapitel das zentrale Thema an, mit dem viele Menschen im Westen, die einen spirituellen Weg gehen, heute ringen und sich auseinandersetzen: die Beziehung zwischen persönlicher, individueller Erfahrung und unpersönlicher, universeller Wahrheit, zwischen psychologischen und kontemplativen Weisen der Arbeit mit sich selbst, zwischen Individuation und spiritueller Befreiung. Und dieses Thema ist Teil einer umfassenderen Frage: Vor welche einzigartigen Herausforderungen stellt der Weg des Erwachens einen modernen Menschen aus dem Westen? Dies ist der Fokus und das Thema des Buches, das aus einer lose strukturierten Reihe von Streifzügen, Forschungsreisen und Untersuchungen dieses Gebietes besteht.

Weil mein Hauptinteresse dem Prozess menschlicher Transformation gilt und weniger den technischen Details bestimmter Traditionen, habe ich mich dafür entschieden, über Ost und West, Psychotherapie, Meditation und buddhistische Psychologie in einem weiten Sinn zu sprechen, ohne auf die verschiedenen Schulen und Sichtweisen innerhalb dieser Traditionen einzugehen. Ich habe mir auch die Freiheit genommen, buddhistisches Denken auf eine zeitgenössische, ein wenig psychologische Art und Weise darzustellen und nicht in streng traditionellen Begriffen. Mein Hauptinteresse gilt hier nicht so sehr der buddhistischen Tradition an sich, sondern eher der Frage, wie eine Psychologie und ein Weg des Erwachens formuliert werden können, die die einzigartigen Probleme unserer Zeit und unserer Lebensumstände berücksichtigen. In ähnlicher Weise liegt mein Hauptfokus, wenn in diesem Buch von Psychotherapie gesprochen wird, nicht so sehr auf Therapie an sich, sondern darauf, wie psychologische Weisen der Arbeit mit unserer Erfahrung dem echten Individuum helfen können, auf eine Weise zu reifen, die spirituelle Entwicklung ergänzt und fördert.

Dabei möchte ich den Buddhismus nicht psychologisieren – ihn zu einer Reihe mentaler Gesundheitstechniken oder therapeutischer Prinzipien machen – oder die Psychologie spiritualisieren, indem ich sie zu einem Ersatz für spirituelle Arbeit erhebe. Psychologische und spirituelle Arbeit, Psychotherapie und Meditation können sich vielleicht überschneiden, aber sie sind verschiedene Bereiche mit sehr verschiedenen Zielen: Selbstintegration und Selbsttranszendenz. Mein Ziel in diesem Buch ist, die Beziehung zwischen diesen beiden Wegen anzuschauen.[1]

Dieses Buch repräsentiert eine dreißigjährige Reise und stützt sich auf meine wichtigsten Schriften über die Psychologie des Erwachens. Die meisten habe ich während der letzten drei Jahrzehnte als frühere Versionen in verschiedenen Zeitschriften veröffentlicht. Bei der Zusammenstellung dieses Materials in diesem Buch habe ich jedes Kapitel intensiv überarbeitet und auf den neuesten Stand gebracht, um es mit meinem aktuellen Denk- und Schreibstil in Übereinstimmung zu bringen. Ich glaube, dass diese Kapitel zusammengenommen einen kohärenten, facettenreichen Ansatz zu psychospiritueller Entwicklung darstellen.

Dem Leser wird auffallen, dass ich in verschiedenen Kapiteln auf verschiedene Weise zu bestimmten zentralen Fragen und Themen zurückkehre – dem Wesen von Meditation, Transmutation, Koemergenz, bedingungsloser Präsenz, dem Zusammenspiel von Form und Leere, der Komplementarität von psychologischer und spiritueller Arbeit. Ich habe diese Wiederholungen in der Überzeugung stehen gelassen, dass die verschiedenen Weisen und Kontexte, in denen ich diese Themen bespreche, dem Leser helfen werden, ihre Bedeutsamkeit und Anwendbarkeit allgemeiner und breiter zu sehen. Obwohl ich diese Kapitel so angeordnet habe, damit sie in einer besonderen Reihenfolge gelesen werden können, ist es ebenso gut möglich, dieses Buch zu lesen, indem man mit dem beginnt, was einen am meisten interessiert, und sich auch beim Weiterlesen ganz von seinem Interesse leiten lässt.

Dieses Buch verwebt Theorie und Praxis. Leser, die vor allem an Praxis interessiert sind, möchten sich vielleicht mehr auf die Teile zwei und drei konzentrieren. Obwohl die Kapitel in Teil Eins eher theoretisch orientiert sind, gibt es in jedem von ihnen auch praktisches Material. Die Kapitel 8 und 14, die die Teile eins und zwei abschließen, sind die jüngsten und die umfangreichsten in diesem Buch und verdienen daher besondere Aufmerksamkeit. Leser mit weniger Interesse an Theorie des Bewusstseins möchten vielleicht die Kapitel 4 bis 6 ganz auslassen, da sie die am deutlichsten theoretisch orientierten des ganzen Buches sind. Ich habe die Anmerkungen und Verweise auf Literatur in separaten Abschnitten am Ende gesammelt, damit sie den laufenden Text nicht belasten (Anmerkungen: [1-10]; Literaturverweise: [a-z])

Dieses Buch soll jenen Menschen von Nutzen sein, die die drei Bereiche menschlicher Existenz in ihrem Leben zusammenzubringen suchen – den persönlichen, den interpersonellen und die Weite des Seins, die ganz jenseits der Person liegt. Ich habe eine buddhistische Anrufung umformuliert, um das Anliegen auszudrücken, das diesem Buch zugrunde liegt:

Ah! Dein Sein selbst ist der vollkommene Lehrer.
Indem du deine Natur erkennst, nimm dir dies zu Herzen.
Für all jene, die dies nicht realisiert haben,
habe Mitgefühl,
um ihnen zu helfen, diesen reinen und heiligen Raum zu finden.

TEIL EINS

 Integration von Psychologie und Spiritualität

Einleitung

In welcher Beziehung stehen psychologische und spirituelle Arbeit, persönliches Wachstum und spirituelle Entwicklung zueinander? Wie können wir daran arbeiten, zu einer reifen, authentischen Person zu werden, und dabei dennoch anerkennen, dass wir etwas sind, was eindeutig viel mehr ist als Person? Diese Fragen bringen uns genau zum Kern dessen, was es bedeutet, Mensch zu sein.

Zu spiritueller Praxis gehört Erforschung dessen, wer und was wir letztlich sind – Erforschung unserer wahren, essentiellen Natur, die alle Menschen gemeinsam haben. Die direkte Realisierung unserer wahren Natur in der Erfahrung war eine besondere Spezialität der östlichen kontemplativen Traditionen. Östliche Lehren betonen das Leben aus unserer tiefsten Natur und drehen das Denken um, so dass es in seine innerste Essenz schauen kann, statt ständig nach außen gerichtet zu sein und sich auf Aufgaben und Objekte zu konzentrieren, um sie zu nehmen, sie zu besitzen und zu manipulieren. Wenn wir die essentielle Natur unserer Bewusstheit als eine offene, wache, leuchtende und mitfühlende Präsenz erkennen, ermöglicht uns das, eine viel reichere und kraftvollere Beziehung zu unserem Leben zu haben. Diese Realisierung ist das, was uns erlaubt, uns von den Ketten der Konditionierung aus unserer Vergangenheit zu befreien, die im Osten als Karma bekannt ist.

Aus dieser Perspektive ist die wichtigste Aufgabe im Leben, da Wohlbefinden, Glück und Freiheit intrinsisch sind – das heißt in unserer essentiellen Natur enthalten sind –, diese wahre Natur zu realisieren. Während die erleuchteten Yogîs und Heiligen des Ostens eines der stärksten Zeugnisse für die Macht dieser unermesslichen, nichtpersönlichen Dimension von Sein darstellen, ist sie zugleich für alle Menschen vollkommen erreichbar, in Ost oder West.

Während die Weisheit des Ostens die eigentliche, letzte Natur des Seins – jenseits der Welt, jenseits der individuellen Person und jenseits menschlicher Geschichte – beleuchtet hat, hat die Weisheit des Westens einen ganz anderen Weg genommen. Die Weisheitstraditionen des Westens lehren, dass wir nicht nur hier sind, um unsere göttliche Natur zu realisieren, sondern um diese Natur in menschlicher Form zu verkörpern. Wenn der Osten auf die vertikale, zeitlose Dimension fokussiert hat, hat der Westen auf die horizontale Dimension fokussiert – das Leben des Individuums, wie es sich in der Zeit entfaltet.

Der Westen hat auch eine revolutionäre, begeisternde Idee hervorgebracht, die die Welt im Sturm genommen hat: die Heiligkeit des Individuums. Individuen sind nicht nur hier, um traditionelle Aufgaben zu erfüllen, die von der Familie, der Gesellschaft und der konventionellen Religion vermittelt und überliefert werden, sondern um ihre einzigartige Gabe zu entdecken und diese Gabe in ihrem Leben zu verkörpern und zu verwirklichen. Dies ist das Prinzip der Individuation, die im Osten nicht so eine Priorität hat. Die westliche Idee des Individuums hat auch geholfen, die Fähigkeit zu befreien, ohne Unterwerfung unter starre Orthodoxien Fragen zu stellen und die Natur der Dinge frei zu untersuchen, und hat so die wissenschaftliche Methode entstehen lassen. Dies hat seinerseits zur Entstehung der westlichen Psychologie geführt.

Die westliche Psychologie hat die konditionierte Psyche zum Gegenstand und erhellt sie in allen Einzelheiten mit einer solchen Klarheit, wie der Osten bedingungslose Bewusstheit beleuchtet. Die westliche Psychologie erlaubt uns zum ersten Mal, die individuelle Psyche zu verstehen – wie sie sich entwickelt und in Konflikte gerät, und wie sie Konflikte, Abwehrmuster und interpersonelle Dynamiken von der frühen Kindheit bis ins Erwachsenenleben wiederholt. Aus dieser Sicht kommt es durch Verstehen,

Klärung und Arbeit mit dieser Entwicklungsdynamik zu psychischer Heilung. Ost und West haben so zwei deutlich verschiedene Typen von Psychologie hervorgebracht, die auf ganz verschiedenen Methoden beruhen und in ganz verschiedene Richtungen weisen.[1] Die östliche kontemplative Psychologie, die auf der Praxis der Meditation beruht, bietet Lehren darüber, wie man unmittelbares Wissen von der essentiellen Natur der Realität bekommen kann, ein Wissen, das jenseits der Reichweite konventionellen begrifflichen Denkens liegt. Die westliche therapeutische Psychologie, die auf klinischer Praxis und konzeptueller Analyse gründet, erlaubt uns, bestimmte Ursachen und Bedingungen zu erkennen, die unser Verhalten, unsere inneren Zustände und die Selbststruktur als Ganze beeinflussen. Doch obwohl die Betonung des Ostens – von nichtpersönlicher Bewusstheit und direkter Realisierung der Wahrheit – und die des Westens - von individueller Psychologie und begrifflichem Verstehen – sich zu widersprechen und auszuschließen scheinen, können wir sie auch als komplementär wertschätzen. Beide sind für eine volle Realisierung des Potentials, das zur menschlichen Existenz gehört, essentiell.

Jenseits der Unterschiede von Geografie, Rasse und Kultur *repräsentieren Ost und West letztlich zwei verschiedene Aspekte unserer selbst.* In diesem Sinn sind sie wie die Beziehung zwischen Ausatmen und Einatmen. Die Betonung des Ostens auf dem Loslassen von Fixierung auf Form, individuellen Charakteristika und Geschichte ist wie Ausatmen, während die Betonung des Westens darauf, in eine Form zu kommen, auf Individuation und persönlicher Kreativität wie Einatmen ist. Und so wie Einatmen in Ausatmen kulminiert, kulminiert Ausatmen in Einatmen. Jede Seite stellt ohne die andere nur die Hälfte der Gleichung dar.

Ost und West enthalten in ihrem Kern essentielle Realisierungen, die vereint der Welt helfen können, aus den zwei Weisen, wie das menschliche Bewusstsein sich auf den entgegengesetzten Seiten der Weltkugel entwickelt hat, eine größere Wertschätzung der menschlichen Reise zu formen. Um menschliche Ganzheit zu entdecken, die mit Sicherheit für das Überleben und die Evolution der Menschheit und des Planeten von essentieller Bedeutung ist, müssen wir die zwei Seiten unserer Natur – das Absolute und das Relative, das Überpersönliche und das Personale, Himmel und Erde – endlich zusammen bringen. Dies ist genau die große Verheißung und das Potential einer neuen, integrativen Psychologie des Erwachens. Und dies ist die Arbeit, die die Kapitel dieses ersten Teiles des Buches anzusprechen beginnen.

Das erste Kapitel war der Text, in dem ich im Jahr 1984 den Begriff *spirituelle Umgehung* geprägt habe, um eine verbreitete Tendenz zu beschreiben, die ich unter westlichen spirituellen Suchern entdeckt hatte, spirituelle Ideen und Praktiken zu benutzen, um zu vermeiden, sich mit ihren unerledigten emotionalen Aufgaben zu beschäftigen. Dieses Kapitel beschreibt innere transformierende Arbeit im Hinblick auf drei Hauptprinzipien – Himmel (Loslassen), Erde (Grounding) und Mensch (Erwachen des Herzens) – und zeigt, wie psychologische und spirituelle Praxis auf unterschiedliche Weise mit diesen Prinzipien arbeiten.

Kapitel 2 übersetzt das Prinzip der Koemergenz, das der tibetischen buddhistischen Tradition entnommen ist, in psychologische Begriffe. Nach diesem Prinzip entstehen Gefangenschaft und Freiheit, Verwirrung und geistige Gesundheit zugleich als zwei Seiten einer einzigen Realität. Auf der Grundlage dieses Prinzips zeigt dieses Kapitel, wie die scheinbar neurotischen Elemente unserer Persönlichkeit eine weitere Bedeutung, Intention oder Intelligenz in sich verborgen haben. Wenn wir dies entdecken, kann uns das helfen, mit unserer konditionierten Persönlichkeit als einem Weg zu arbeiten, der vorwärts führt, und nicht als einer Pathologie, die uns in der Vergangenheit festhält. Der Schlüssel liegt darin, dass wir unsere Persönlichkeitsstruktur nicht als ein Problem oder als einen Feind ansehen – etwas, das zu reparieren, zu verurteilen oder auszumerzen ist –, sondern eher als eine Entwicklungsphase, die für ein Sprungbrett zu weiterer Evolution sorgt.

Kapitel 3, über Ichstärke und Egolosigkeit, untersucht einen grundlegenden Unterschied zwischen östlicher und westlicher Psychologie – ihre Sicht der Natur und Rolle des zentralen selbst-bewussten Egos. Dieses Kapitel erklärt den Unterschied zwischen östlicher und westlicher Sicht des Ichs, wobei auch betrachtet wird, wo sie übereinstimmen könnten. Es schließt mit einer buddhistischen Sicht der Ichentwicklung, die anhand der Beziehung zwischen Ego und Egolosigkeit als kontrahierte und entspannte Bewusstheit beschrieben wird.

Kapitel 4 ist das erste in einer Reihe von drei Kapiteln, die das früheste Material in diesem Buch darstellen und die die Natur und Dynamik des

Bewusstseins vor dem Hintergrund des Gegensatzes von Ost und West untersuchen. Leser, die nicht an der Theorie des Bewusstseins interessiert sind, möchten die drei Kapitel vielleicht überschlagen. Diese Kapitel präsentieren einen phänomenologischen Ansatz zum Verständnis von Denken und Geist und zeigen uns, wie wir Realität auf drei verschiedenen Ebenen erfahren: durch die Oberfläche, das konzeptuelle Denken; durch das subtilere Wissen des Körper-Geistes; und auf der tiefsten Ebene durch nichtkonditionierte, nichtkonzeptuelle Bewusstheit.[2] Was folgt, ist ein kurzer Überblick über diese drei Ebenen des Bewusstseins, die die Kapitel 4 bis 6 auf verschiedene Weise untersuchen.

An der Oberfläche benutzt das Denken die Instrumente fokaler Aufmerksamkeit und Begrifflichkeit, um ein Objekt nach dem anderen ins Auge zu fassen. Das konzeptuelle Denken der Oberfläche nimmt feste Formen wahr, denkt bestimmte Gedanken und nimmt vertraute Emotionen wahr. Dies ist die Ebene des Denkens, auf der das Ego wirkt – mittels Bildung von Selbstkonzepten, Selbstbildern, dadurch, dass es eine fundamentale Trennung von Selbst und anderen etabliert und nach Kontrolle und Meisterschaft im Funktionieren in der Welt strebt.

Unter dem konzeptuellen Denken gibt es eine breitere Art von Spüren und Wissen des Körper-Geistes, die auf eine subtilere Art und Weise und im Hintergrund wirkt. Dieser subtile Körper-Geist enthält sowohl personale als auch transpersonale Elemente. Wir können diese Ebene des Körper-Geistes durch eine diffuse Art von Aufmerksamkeit erkennen, die sich in subtiles Gefühl und Intuition, in den Energiefluss und in eine Empfindung wechselseitiger Verbundenheit mit der ganzen Schöpfung einfühlen kann. Der Körper-Geist ist als ein dynamisches Energiefeld an sich auf die größeren Muster und Ströme des Universums eingestimmt. Aus dieser Einstimmung tauchen spontane und überraschende Einsichten, kreative Inspirationen und Entdeckungen und größere, transpersonale Qualitäten, wie Klarheit, Mitgefühl, Freude oder Spontaneität auf.

Auf der tiefsten Ebene enthüllt Meditation den Geist als eine offene, nichtkonzeptuelle Bewusstheit, die die letzte, eigentliche Quelle all unserer besonderen Erfahrungen ist. Wenn der Geist an der Oberfläche wie die Schaumkronen und Körper-Geist wie die Wellen ist, dann ist die tiefere, nichtkonditionierte Essenz des Geistes wie der Ozean selbst, der alle Aktivität, die es an seiner Oberfläche gibt, möglich macht und bestimmt. Die Wellen und Schaumkronen repräsentieren Werden – unsere sich verändernde, entwickelnde Natur –, während der Ozean selbst das Sein (Being), unsere unveränderliche Natur, ist.

Eine einfache Weise, einen Blick auf das Wesen dieser tieferen Natur zu werfen, besteht darin, dass Sie sich fragen, wenn Sie dies lesen: „Wer nimmt diese Worte auf? Wer erlebt all dies in diesem Moment?" Wenn Sie, ohne zu versuchen, an eine Antwort zu *denken*, direkt in den, der die Erfahrung macht, in das erfahrende Bewusstsein selbst hineinschauen, ist das, was sie finden, eine schweigende, stille Präsenz, die weder Gestalt, noch Ort oder Form hat. Diese namenlose, formlose Präsenz – in, um, hinter und zwischen all unseren besonderen Gedanken und Erfahrungen – ist das, was die großen spirituellen Traditionen als unsere wahre Natur, oder als letzten Grund betrachten, auch bekannt als das essentielle Selbst oder der heilige Geist. Dies ist keine Erfahrung neben anderen Erfahrungen. Vielmehr ist sie als eine radikale Tiefe von Präsenz und Transparenz der Grund aller Erfahrung, und sie ist unmöglich mit dem begrifflichen, konzeptuellen Denken zu erfassen.

Alle drei Ebenen des Geistes sind in unserer fortlaufenden Erfahrung immer im Spiel. Da wir ständig im Ozean stiller, nichtkonzeptueller Bewusstheit schwimmen, ist sie normalerweise zu nah, zu transparent und zu offensichtlich, um sie zu bemerken, wenn wir nicht besondere meditative Aufmerksamkeit auf sie richten. Es ist aber viel leichter, unseren Felt Sense körperlicher Präsenz wahrzunehmen. Wenn man seine Aufmerksamkeit darauf richtet, betritt man die subtilere Dimension von Körper-Geist. Wenn Sie darauf achten, wie Sie in diesem Moment in Ihrem Körper sind, bemerken Sie vielleicht Qualitäten des Gefühls, die artikuliert werden können – wie zum Beispiel „Spannung" oder „Leichtigkeit". Wenn Sie diese Qualitäten benennen, bewegen Sie sich in den denkenden Teil des Geistes der Oberfläche, der jetzt mit dem weiteren Körper-Geist interagiert. Sie könnten Ihr Gefühl auch noch weiter artikulieren, und es immer genauer bestimmen, zum Beispiel dass Sie „wünschten, der Autor würde sich beeilen und zur Sache kommen", oder „Ich bin anderer Meinung als er" oder „Ich bin müde und brauche Schlaf".

Diese drei Ebenen des Geistes führen dann zu drei Ordnungen der Wahrheit. Der denkende Geist bringt, wenn er sich selbst überlassen ist, *konzeptuelle*, logische und wissenschaftliche Wahrheiten hervor. Wenn der denkende Geist mit der gefühlten Erfahrung interagiert, führt das zu geerdeten Wahrheiten *in der Erfahrung*. Und schließlich ist die Wahrheit, zu der man durch die Realisierung der tiefen Natur des Geistes gelangt, lebendige, *kontemplative* Wahrheit, die eine tiefere Ordnung des Seins sowohl jenseits des denkenden Geistes als auch der gefühlten Erfahrung enthüllt.

Als ich anfing, diese drei Ebenen der Wahrheit zu untersuchen, entdeckte ich, dass sie auch ungefähr der buddhistischen Auffassung von den drei *Kâyas* oder Körpern des Buddha entsprechen – drei Weisen, auf die sich einem Menschen die Realität manifestiert.[3] Die offensichtlichste Ebene der Realität ist der *Nirmanakâya*, die Ebene differenzierter Form, wo der Geist der Oberfläche wirksam ist. Doch die Objekte des Geistes der Oberfläche – Verhaltensweisen, Worte und Gedanken – tauchen aus einer subtileren Ebene der Realität auf, dem *Sambhogakâya* – wo wir als ein dynamisches Energiefeld funktionieren. Auf dieser Ebene bin ich nicht nur mein Körper aus Fleisch und Blut, nicht nur meine Gedanken, nicht nur meine Gefühle und nicht nur mein begrenztes Ego, sondern ein größeres Energiefeld, das mit der Welt auf vielfältige Weise intim verbunden ist und daher Zugang zu subtileren Weisen des Wissens und Seins hat. Diese Ebene ist eine Brücke zwischen dem formorientierten Geist der Oberfläche und der formlosen Qualität nichtkonzeptueller Bewusstheit.

Das Spiel der Energie des Körper-Geistes seinerseits entsteht aus dem *Dharmakâya*, dem letzten Grund menschlicher Existenz – reiner nichtkonditionierter Bewusstheit. In der buddhistischen Psychologie wird der formlose Grund des Seins wechselnd „Geist an sich" (mind-as-such), „großer Geist" (big mind), „Nicht-Geist" (no-mind), „ungeborener Geist" (unborn mind) oder „Geist-Essenz" (mind-essence) genannt. Er ist der Grund der Stille, der dem Ton zugrunde liegt und in ihm enthalten ist, der Grund der Ruhe, der der Bewegung zugrunde liegt und in ihr enthalten ist, der Grund der Nichtkonzeptualität, der allem Denken und Gefühl zugrunde liegt und in ihnen verborgen ist. Als der unbedingte Grund des Seins, der in allem Werden implizit enthalten ist, ist er, der Dharmakâya, das Fundament der Entwicklung von Weisheit, Erleuchtung, wahrer Befreiung und Versöhnung mit Leben und Tod.

Es ist essentiell, diese drei Ebenen zu erkennen, wenn wir eine integrative Psychologie des Erwachens entwickeln wollen, die die ganze Bandbreite menschlicher Erfahrung zum Gegenstand haben kann.[4] Die westliche Psychologie hat sich vor allem auf die Funktionen und Aktivitäten des Geistes der Oberfläche konzentriert – wie er durch Überzeugungen, Kultur, Prägung durch zwischenmenschliche Erfahrung, Ereignisse der Kindheit konditioniert ist. Die östlichen Psychologien haben sich vor allem auf die subtilen Energiefelder des Körper-Geistes und die größere, weitere Dimension nichtkonzeptueller Bewusstheit konzentriert. Es ist klar, dass eine Psychologie des Erwachens alle drei Ebenen anerkennen und berücksichtigen muss.[5]

Kapitel 4 betrachtet die Aktivitäten dieser drei Ebenen des Geistes im Hinblick auf das Zusammenspiel von Form und Leere im Strom des Bewusstseins. Kapitel 5 präsentiert eine neue Weise, wie man unbewusste Prozesse verstehen kann – nicht als getrennte, nicht wissbare Dimension des Geistes, sondern als die Weise, wie der menschliche Organismus mittels eines holistischen Hintergrundes mit der Realität in wechselseitiger Beziehung steht. Und Kapitel 6 erforscht die drei Ebenen im Hinblick auf unsere lebendige Erfahrung psychologischen Raums. Diese drei Kapitel diskutieren auch Implikationen dieses Verständnisses für psychische Gesundheit, Kreativität, menschliche Beziehungen und spirituelle Realisierung.

Kapitel 7 behandelt den allmählichen Prozess der Entfaltung, der in der Psychotherapie zur Veränderung der Persönlichkeit führt, und untersucht, wie diese sich von der plötzlichen Realisierung unterscheidet, zu der es auf dem spirituellen Weg kommt. Der Prozess in der Erfahrung, der dadurch zu fortschreitenden Realisierungen führt, dass explizit gemacht wird, was im Körper-Geist schon implizit da ist, ist das, was ich *horizontale Entfaltung* nenne. Doch es gibt auch eine radikalere Art von *vertikaler* Emergenz, wo es plötzlich zu einem Durchbruch einer neuer Tiefe von Sein kommt, wobei der Kontext, in dem wir bis dahin gelebt und funktioniert haben, radikal verschoben wird. So wie horizontale Entfaltung ein zentraler Teil psychologischer Arbeit ist, ist vertikale Emergenz eine Eigenschaft, die zum Kern spiritueller Realisierung gehört.

Kapitel 8 ist ein jüngerer Text, der mein Verständnis davon verdichtet und zusammenfasst, wo psychologische und spirituelle Arbeit sich überschneiden und wo sie getrennte Wege gehen. In diesem Kapitel beschreibe ich eine ganze fortschreitende Abfolge von Weisen, wie wir uns zu unserer Erfahrung verhalten können, von Entfremdung bis zu reiner nichtdualer Präsenz. Ich befasse mich da besonders mit der Beziehung zwischen dem dualistischen Modus therapeutischer Selbstreflexion – wo es einen Beobachter gibt, der zurücktritt und die Muster dessen studiert, das beobachtet wird – und der nichtdualen Unmittelbarkeit reiner Präsenz, wie sie sich in fortgeschrittener Meditation enthüllt. Obwohl sich diese beiden Weisen der Beziehung mit unserer Erfahrung sehr unterschiedlich „anfühlen", zeigt dieses Kapitel, wie sie komplementäre Stufen in der weiteren Dialektik des Erwachens darstellen.

1 Zwischen Himmel und Erde
Prinzipien innerer Arbeit

Als Psychotherapeut und jemand, der regelmäßig meditiert, bin ich ständig mit Fragen nach der Beziehung von psychologischer und spiritueller Arbeit konfrontiert – in meiner eigenen Erfahrung ebenso wie mit Klienten, Studenten und Freunden. Im Laufe von dreißig Jahren, die ich diese Fragen bedenke, habe ich mich zwischen zwei verschiedenen Sichtweisen hin- und herbewegt: Manchmal habe ich die psychologische Erkundung des Selbst als dem spirituellen Ziel, über das Selbst hinauszugehen, diametral entgegengesetzt, sogar antagonistisch gesehen, und manchmal habe ich sie als äußerst nützliche Ergänzung spiritueller Arbeit betrachtet.

Dies ist ein komplexes Thema, das wir in diesem Buch detailliert untersuchen wollen. Wir beginnen mit einer grundsätzlichen Betrachtung der wesentlichen Aufgaben innerer Arbeit, die beiden Wegen gemeinsam sind, und der verschiedenen Richtungen, die sie dabei einschlagen.

Spirituelle Umgehung

Von den 70er Jahren an begann ich bei vielen Mitgliedern spiritueller Gemeinschaften eine beunruhigende Tendenz wahrzunehmen. Obwohl viele, die einer spirituellen Praxis nachgingen, gut an sich selbst arbeiteten, bemerkte ich eine verbreitete Tendenz, spirituelle Praxis zu benutzen, um zu umgehen oder zu vermeiden, sich mit bestimmten ungelösten persönlichen oder emotionalen Problemen, mit „unfinished business", auseinanderzusetzen. Dieser Wunsch, eine Befreiung von den irdischen Strukturen zu finden, die uns gefangen zu halten scheinen – den Strukturen des Karma, der Konditionierung, des Körpers, von Form und Materie und der Persönlichkeit – war bei der spirituellen Suche seit Tausenden von Jahren ein zentrales Motiv. Daher gibt es oft eine Tendenz, spirituelle Praxis zu benutzen, um zu versuchen, sich über unsere emotionalen und persönlichen Themen zu erheben – über alle diese ungeordneten oder wirren, ungelösten Dinge, die uns runterziehen. Ich nenne diese Tendenz, menschliche Grundbedürfnisse, Gefühle und Entwicklungsaufgaben zu vermeiden oder vorzeitig zu transzendieren, *spirituelle Umgehung*.

Die spirituelle Umgehung ist besonders für Menschen eine Versuchung, die Schwierigkeiten damit haben, mit den Entwicklungsproblemen des Lebens umzugehen, besonders in einer Zeit und einer Kultur wie der unseren, wo das, was einmal gewöhnliche Orientierungspunkte des Erwachsenseins waren – seinen Lebensunterhalt mit einer würdigen Arbeit zu verdienen, eine Familie zu gründen, eine Ehe zusammenzuhalten, einer dem Leben einen Sinn gebenden Gemeinschaft angehören – für einen großen Teil der Gesellschaft zunehmend unerreichbar geworden ist. Während viele Menschen immer noch damit ringen, sich zu finden, kommen sie mit spirituellen Lehren und Praktiken in Berührung, die ihnen nahelegen, sich aufzugeben. Als Ergebnis kommen sie schließlich dahin, spirituelle Übungen zu benutzen, um eine neue „spirituelle" Identität herzustellen, die eigentlich eine alte dysfunktionale Identität ist - die auf Vermeiden ungelöster psychischer Probleme beruht –, nur in einer neuen Gestalt.

Auf diese Weise kann Beschäftigung mit spirituellen Lehren und Praktiken zu einer Weise werden, alte Abwehrmechanismen zu rationalisieren und zu verstärken. Zum Beispiel werden jene, die sich selbst als etwas Besonderes sehen müssen, oft das Besondere an ihrer spirituellen Einsicht und Praxis oder ihre besondere Beziehung mit ihrem Lehrer betonen, um ein Gefühl von ihrer Wichtigkeit zu stützen. Viele der „Gefahren des Weges" – wie spiritueller Materialismus (Benutzen spiritueller Ideen für persönlichen Gewinn), Narzissmus, Grandiosität, Selbsttäuschung in Bezug auf die eigene Größe oder Gruppendenken (unkritische Übernahme einer Gruppenideologie) – sind die Folge, wenn versucht wird, Spiritualität zu nutzen, um Entwicklungsmängel provisorisch abzustützen.

Habenwollen, Ablehnen, unempfindlich werden

Viele spirituelle Traditionen sprechen von drei Grundtendenzen, die uns an das Rad des Leidens gefesselt halten: die Tendenz *abzulehnen*, was schwierig oder schmerzhaft ist; die Tendenz, etwas Festes als Trost und zur Sicherheit *haben* zu wollen, und die Tendenz, uns selbst *unempfindlich* zu machen, damit wir das ganze Problem von Lust und Schmerz, Verlust und Gewinn überhaupt nicht fühlen müssen.

Die spirituelle Umgehung ist ein Symptom der ersten Tendenz – sich abwenden von dem, was schwierig oder unangenehm ist, wie die Probleme, die ein schwaches Ego mit sich bringt: Wenn man sich nicht stark genug fühlt, mit den Schwierigkeiten dieser Welt umzugehen, findet man Weisen, die persönlichen Gefühle überhaupt zu transzendieren. Dies ist eine wichtige potentielle Falle des spirituellen Weges, besonders für moderne Menschen im Westen. Der Versuch zu vermeiden, die ungelösten Probleme der konditionierten Persönlichkeit zu konfrontieren, hält uns nur in ihrem Griff gefangen.

Die zweite Tendenz – haben zu wollen und zu fixieren – ist oft eine subtilere Falle der Psychotherapie. Manche Menschen finden es so faszinierend, sich in ihre Gefühle, Archetypen, Träume und Beziehungen zu vertiefen, dass sie endlos damit beschäftigt sind, an ihrem psychologischen Material zu arbeiten. Wenn man mit dieser Art Selbsterforschung so umgeht, als wäre sie die eigentliche Reise, kann sie zu einer egozentrischen Sackgasse werden. Wie Freud einmal bemerkte, können wir den Sumpf niemals trocken legen. Endloses Fokussieren auf unsere inneren

Zustände oder Konflikte in der Persönlichkeitsstruktur kann zu einer subtilen Falle werden, die uns davon abhält, überhaupt über die Persönlichkeit hinauszusehen.

Die dritte Tendenz – uns für unsere persönliche Erfahrung wie für unsere spirituelle Berufung einfach unempfindlich zu machen – ist die in unserer Gesellschaft verbreitetste. Es gibt einen Teil in den meisten von uns, der es sich eher leicht macht, sich in eine Rille sinken lässt und mit so wenig Anstrengung oder Herausforderung wie möglich durch das Leben kommen möchte. Dies führt zu unseren bekannten westlichen Süchten – zu Fernsehen, Massensportveranstaltungen, Konsumhaltung oder Alkohol und Drogen –, als Möglichkeiten, sich zu betäuben und zu vermeiden, der Rohheit vollen Lebendigseins zu begegnen.

Himmel, Erde und Mensch

Diesen drei wichtigsten Fallen – spirituelle Umgehung, egozentrische Versenkung in sich selbst und abgestumpfte Ablenkung – kann man entgegenwirken, wenn man bestimmte essentielle Ressourcen nutzt, die in drei Dimensionen der Conditio humana enthalten sind und die in der traditionellen chinesischen Philosophie als Himmel, Erde und Mensch bekannt sind.

Ganz einfach ausgedrückt sind wir Wesen, die aufrecht auf der Erde stehen, mit unseren Füßen auf dem Boden und dem Kopf zum weiten Himmel erhoben. Weil unsere Füße am Boden verwurzelt sind, gibt es keine andere Wahl, als genau hier zu sein, genau da, wo wir sind. Dies bedeutet, dass wir die Welt und uns selbst auf dieser horizontalen Ebene voll zu respektieren haben – etwas, das spirituelle Umgehung nicht tut. Dies ist das Erd-Prinzip.

Zugleich ist unser Kopf zum weiten Himmel oben und in der Runde hin orientiert, wo wir weit entfernte Dinge sehen können: Horizonte, Sterne und Sonnen und Planeten, und den unermesslichen Kontext des Raumes, der die Erde umgibt. Während wir staunend und neugierig die Welt um uns anschauen, können wir über das unmittelbare Interesse an uns selbst und Sorgen um Überleben hinausschauen. Trotz der scheinbaren Bedeutsamkeit und Wichtigkeit unserer irdischen Sorgen beginnt das, was hier unten geschieht, etwas von seiner Bedeutsamkeit zu verlieren, wenn wir ein paar Dutzend Meter über dem Boden sind. Wenn wir noch höher hinaufgehen, wie die Astronauten das getan haben, wird all das zu einem winzigen Punkt. Wenn wir uns vertikal bewegen – und unser Bewusstsein kann das immer tun –, finden wir endlosen Raum, so weit wir gehen können. Menschliches Bewusstsein ist nicht nur von dieser Erde. Unser Leben nimmt gegen den Hintergrund unendlichen Raumes Form an. Dies ist das Himmels-Prinzip.

Der grundlegende menschliche Stand – gerader Rücken, mit erhobenem Kopf und Schultern, fest an der Erde unten verwurzelt – zeigt der Welt die ganze Vorderseite des Körpers. Vierbeinige Tiere achten darauf, dass sie diese verletzliche Vorderseite schützen. Die Stacheln des Stachelschweins halten Raubtiere von ihrem weichen Bauch fern. Aber wir als Menschen gehen umher und haben unseren Bauch und unser Herz – unsere beiden Hauptzentren des Gefühls – vollkommen der Welt geöffnet. Fühlen bedeutet, mit dem Körper auf die Welt um uns herum zu reagieren und zu antworten. Ein Grundgefühl ist immer da, gleich ob wir darauf achten oder nicht. Weil wir zwischen Himmel und Erde sitzen oder stehen und dabei unsere Vorderseite ungeschützt ist, können die Welt und andere Menschen in uns eintreten und uns berühren. Dies ist das dritte, spezifisch menschliche Element der Triade von Himmel, Erde und Mensch.

Wenn man eine dieser drei Dimensionen nicht würdigt, führt das zu einem entstellten Leben ohne Gleichgewicht. Wenn wir unsere Aufmerksamkeit nur auf unsere unmittelbaren existentiellen und für unser Überleben wichtigen Belange richten, bleiben wir im Sumpf stecken, und kleben an der Erde. Wenn wir uns nicht genug um unsere irdischen Bedürfnisse kümmern, verlieren wir die Verbindung mit der Erde und sind in den Sternen verloren, mit dem Kopf in den Wolken. Und wenn wir versuchen, die Rohheit und Zartheit des Herzens zu vermeiden, werden wir zu Gefangenen unseres Charakterpanzers, den wir einmal entwickelt haben, um die empfindlichen und verletzlichen Zentren unseres Gefühls zu schützen. Statt der Schale des Armadillos oder der Stacheln des Stachelschweins entwickeln wir Abwehrmechanismen des Egos. In vollem Sinn Mensch zu sein bedeutet, Brücken zwischen Erde und Himmel, Form und

Leere, Materie und Geist zu bauen. Und unser Menschsein drückt sich in einer Tiefe und Zartheit des Gefühls oder eines *Herzens* aus, das an der Stelle entsteht, an der sich diese Pole berühren.

Jetzt können wir drei Typen innerer Arbeit betrachten, die uns helfen können, diese drei Dimensionen unserer Natur zu kultivieren und in eine Ausgewogenheit zu bringen.

Grounding und Form: das Prinzip Erde

Der wesentliche Zweck spiritueller Praxis besteht darin, uns von der Bindung an eine enge, konditionierte Selbststruktur zu befreien, so dass wir erkennen, dass wir etwas viel Größeres sind. Um den vollen Gewinn einer solchen Praxis zu ernten, müssen wir jedoch erst eine Selbststruktur haben, mit der wir arbeiten können. Dies bedeutet, in irdischer Form geerdet zu sein.

Doch allzu oft lernen wir in unserer schnelllebigen, urban-technologischen Gesellschaft nie, in unserer eigenen Erfahrung geerdet zu sein. Mit dem Zusammenbruch von eng verbundenen Familien und Gemeinschaften werden Kinder zunehmend von der Neurose in ihrer Kernfamilie und in ihrer Kultur insgesamt beeinflusst. Als Folge verbringen viele Menschen den größten Teil ihres Lebens damit, unbewusst entstellte Muster zu wiederholen, die in der Kindheit festgelegt wurden. Erkennen und Durcharbeiten dieser unbewussten Muster und Herauswachsen aus ihnen ist die Vorarbeit dafür, eine authentische Individualität zu entwickeln, die nicht zwanghaft von konditionierten Tendenzen aus der Vergangenheit bestimmt ist – von begrenzenden Selbstbildern, verleugneten Bedürfnissen, von Selbstbestrafung, Skripten aus der Kindheit, dysfunktionalen Beziehungsmustern, von Angst zu lieben und Liebe zu verlieren. Dies ist primär psychologische und nicht spirituelle Arbeit.

Den Körper ganz bewohnen, mit unseren psychischen Mustern arbeiten, in unsere wahre Form kommen – dies ist die Arbeit des Grounding, das Erd-Prinzip in Aktion. Im besten Fall kann Psychotherapie uns helfen, voller verkörpert, mehr in uns selbst geerdet zu sein. Diese Art Arbeit kann auch sehr bescheiden machen. Zu ihr gehört das, was Robert Bly den „schrecklichen Abstieg in die Wunde" nannte. Die Kernwunde, unter der wir alle leiden, ist die Trennung von unserem eigenen Sein. Diese innere Trennung fand ursprünglich in der Kindheit statt, als wir in ängstlicher Reaktion auf eine Umwelt kontrahierten, die uns nicht vollständig gesehen, willkommen geheißen und angenommen hat. Wenn sie in einem spirituellen Kontext praktiziert wird, kann Psychotherapie eine Form von Seelenarbeit sein, die uns hilft, einen tieferen Sinn in unserem Leiden zu finden: Unser besonderer Schmerz und unsere Neurose zeigen uns genau, wo wir uns verschlossen haben, und zugleich auch, wo wir uns auch als Individuen entfalten müssen. *Seele* in diesem Sinn ist eine Orientierung nach innen, eine Innerlichkeit, eine tiefe Erfahrung von individuellem Sinn und Ziel und individueller Lebendigkeit.

Verschiedene psychologische Ansätze arbeiten auf verschiedene Weise mit Grounding. Viele Systeme haben das Verständnis gemeinsam, dass sich wirkliche Veränderung durch Verschiebungen der Energie im Körper manifestiert und nicht allein durch Reden oder rationale Einsicht. Zum Beispiel ist es für die Methode des Focusing, die Eugene Gendlin entwickelt hat, wesentlich, aus dem denkenden Geist in den gelebten Körper zu gehen, mit einer körperlichen Empfindung, Felt Sense, von dem, womit man gerade arbeitet, Kontakt herzustellen und dieses körperliche Empfinden eine Stimme, eine Möglichkeit der Entfaltung finden zu lassen. Andere Ansätze wie die Gestaltpsychologie oder die Bioenergetische Analyse helfen ebenfalls, den Körper zu öffnen und auf neue Weise zu reagieren und zu antworten.

Zu spiritueller Praxis gehört auch Grounding und Bewegung nach unten. Dazu, dass man nach unten zur Erde kommt, kann in den östlichen Traditionen gehören, dass man mit dem Schwerpunkt im Zentrum des Körpers unterhalb des Nabels in Verbindung kommt, der im Japanischen Hara und im Chinesischen das untere Tan Tien genannt wird. Praktiken wie Aikido oder Tai Chi Chuan erden einen Menschen auf diese Weise. Die sitzende Position bei der Meditation hat ebenfalls eine erdende Wirkung, so wie die Betonung auf Arbeit, präziser Aufmerksamkeit für das Detail und Achtsamkeit für den Körper in der Tradition des Zen („Holz hacken, Wasser holen"). Obwohl erdende Übungen oft eine wichtige unterstützende Rolle bei einem vollständigen spirituellen Weg spielen, sind sie nicht der Hauptfokus spiritueller Arbeit.

Loslassen: das Himmels-Prinzip

Wenn zu Seelenarbeit gehört, dass man herunter auf die Erde kommt, mit Struktur arbeitet und in Form kommt, gehört zur Essenz spiritueller Arbeit, dass man Hingabe und Loslassen aller Identifikation mit Form lernt. Vielleicht haben wir eine gewaltige Menge an psychologischer Arbeit getan, unsere wichtigsten Neurosen, Skripte und emotionalen Verwicklungen durchgearbeitet. Doch selbst wenn wir das können, was humanistische Psychologen „voll funktionieren" oder „sich verwirklichen" nennen, halten wir uns immer noch auf vielerlei subtile Weise an uns selbst fest. Es ist schwer, uns einfach sein zu lassen, ohne uns an irgendeiner Struktur, an einem Plan, an einem Ziel oder einer Aktivität festzuhalten. Wir werden unruhig, wenn wir leerem Raum begegnen, wenn es eine Lücke in einem Gespräch gibt, wenn wir nicht wissen, was wir sagen sollen, oder wenn wir in einem Wartezimmer sitzen und auf dem Tisch keine Zeitschriften liegen.

Wenn wir uns für diesen Raum öffnen lassen, wie in der Sitzmeditation, kommen wir dahin, zu sehen, wie verbreitet das Festhalten an der zentralen Fixierung von „Ich" und „mein" ist. Spirituelle Arbeit bringt diese Bindung oder dieses Festhalten an begrenzten Vorstellungen davon, wer wir sind, ans Licht und hilft, sie zu lösen, so dass wir vielleicht unsere größere Natur realisieren können, die jenseits aller Form, Struktur oder Gedanken liegt. Wenn Psychotherapie wie Beschneiden und Düngen eines Baumes ist, damit er wachsen und Früchte tragen kann, ist spirituelle Praxis eine radikalere Medizin. Sie geht an die Wurzeln – an dieses grundlegende Klammern an einen eingeschränkten Begriff des Selbst, das uns daran hindert, uns zu entspannen und tiefer in den weiteren Grund des Seins zu sinken.

Die buddhistische Praxis zum Beispiel arbeitet damit, dass wir uns von fünf universellen Tendenzen befreien, die Leiden verursachen. Sie werden die Wurzel-Kleshas oder Gifte genannt: Habenwollen, Aggression, Unwissenheit, Eifersucht und Stolz. Solange wir in einem beschränkten Verständnis davon blockiert sind, wer wir sind, werden diese Kleshas weiter entstehen, unabhängig davon, wie viel Psychotherapie wir hinter uns haben.

Eine traditionelle tibetische Analogie beschreibt drei Ebenen spiritueller Praxis im Hinblick darauf, wie sie mit den Wurzel-Kleshas arbeiten, die mit einer giftigen Pflanze vergleichen werden. Die erste Ebene der Arbeit mit diesen giftigen Tendenzen besteht darin, sie durch tugendhafte Tendenzen zu ersetzen. Dies ist wie das Ausreißen der Pflanze. Die Einschränkung dieses Ansatzes besteht darin, dass man beim Ausreißen auch die Verbindung mit der Erde verlieren kann, in der die Pflanze wurzelt. Versuchen, negative Gefühle und Emotionen durch himmlische Transzendenz zu vermeiden – sich über niedrige Impulse erheben, sich dadurch, dass man sie verleugnet, von ihnen zu reinigen versuchen – kann zu spiritueller Umgehung und innerer Teilung führen.

Eine zweite Ebene der Praxis besteht darin, ein Gegengift gegen die Gifte zu entwickeln, statt die Pflanze auszureißen. Im Mahâyâna-Buddhismus zum Beispiel ist das Gegengift gegen die giftige Aktivität der Kleshas die Entdeckung von Shûnyatâ oder Leere – der offenen Dimension des Seins, die die Tendenz auflöst, an irgendetwas festzuhalten und in dem Sinn gebunden zu werden. Dies kann bei uns aber zu einer subtilen Präferenz für Leere gegenüber Form führen, wodurch es auch zu einer Teilung im Inneren kommen kann.

Die dritte Weise besteht – dieser Analogie zufolge – darin, dass man umsichtig die Blätter der Pflanze isst und dadurch Immunität gegen das Gift entwickelt. Dies ist der Weg des Tantrischen oder Vajrayâna-Buddhismus, der die Gifte in Amrita umwandelt – zu dem, was wir den Saft des Lebens, den Nektar unserer wahren Natur nennen könnten. Natürlich ist sehr viel Übung und Vorbereitung für diese Art Umwandlung nötig, damit wir das Gift wirklich assimilieren können. Dies ist die Funktion des grundlegenden Meditationstrainings. Dadurch, dass man lernt, sich für die Gifte des Geistes zu öffnen, und erkennt, wie sie alle selbst geschaffene Fixierungen sind, die aus unserer Trennung von unserer wahren Natur entstehen, erliegen wir nicht länger ihrer Macht. Dieser dritte Weg erschließt die lebenswichtige Energie, die Lebensenergie, die in den Giften enthalten ist – Energie, die uns helfen kann, unsere Verbindung mit der Erde, mit unserer Leidenschaft und dem Leben des Alltags aufrechtzuerhalten. Wenn wir nicht mehr gezwungen sind, unsere neurotischen Tendenzen abzulehnen, haben wir mehr Mitgefühl und Verständnis dafür, wie sie auch andere Menschen beeinflussen. Und dies ermöglicht uns, direkter und geschickter mit anderen zu arbeiten.

Erwecken des Herzens: das Mensch-Prinzip

Das Zusammenspiel von Erde und Himmel, von Kommen in Form und Loslassen von Form, lässt ein drittes Prinzip innerer Arbeit entstehen – Erwecken des Herzens, das im chinesischen Denken dem Mensch-Prinzip entspricht. Zum Erwecken des Herzens gehört, dass wir unseren Charakterpanzer verlassen, um die Realität und andere Menschen in uns hineinzulassen. Ein offenes Herz ist auch die Quelle von Mut (das englische Wort *courage* geht auf das französische Wort für Herz, *coeur*, zurück). Zu Mut gehört, dass man sich der Welt direkt stellt und zulässt, dass das Herz berührt wird, dass man sich immer dem Leben öffnet, komme, was wolle.

Psychologische Arbeit kann einen ein ganzes Stück in Richtung der Öffnung des Herzens bringen, doch zum vollkommenen Erwecken des Herzens braucht man das totale Loslassen, das durch spirituelle Realisierung entdeckt wird. Ohne den gewaltigen Raum des Himmels-Prinzips kann es sein, dass wir in der Lage sind, andere in uns einzulassen, aber sie dann nicht mehr loslassen oder sein lassen können. Zum Loslassen gehört auch Humor, der entsteht, wenn wir den Zustand der Identifikation mit einer Struktur verlassen. Wenn wir lachen, sind wir gerade aus einer Struktur herausgetreten. Ohne ein Gefühl für Raum, Humor und Loslassen kann das Herz zu süßlich, sentimental oder schwer werden oder dazu neigen, festzuhalten.

Erwecken des Herzens verlangt auch, dass wir geerdet sind, denn ohne unsere Verbindung mit der Erde, kann es kein Mitgefühl geben. Wenn wir nur loslassen, aber nicht festhalten können, wenn unser einziges Interesse sich auf Raum oder Geist richtet, sind wir vielleicht niemals in der Lage, uns ganz darauf einzulassen, mit unseren eigenen Umständen oder mit anderen Lebewesen zu arbeiten. Wahres Mitgefühl entwickelt sich aus unserem Ringen mit der Welt der Form, der Begrenzung, der Persönlichkeit und des Karmas. Wenn wir nur auf Geist hin orientiert sind, können wir ungeduldig mit der Stagnation werden, der wir in uns und in anderen Menschen begegnen.

Arbeit mit Leiden

Zu einem vollständigen Weg innerer Entwicklung, der sowohl unsere persönliche Psychologie als auch unsere tiefere spirituelle Natur anspricht, gehören alle drei Prinzipien – Erdung, Loslassen und Erwecken des Herzens –, die den Hindernissen der spirituellen Umgehung, egozentrischer Beschäftigung mit sich selbst und betäubender Ablenkung entgegenwirken. Das Kernelement eines solchen Weges wäre eine Bewusstheitsübung wie Meditation, die hilft, uns mit allen drei Prinzipien zu verbinden. Daneben ist eine Methode psychologischer Selbsterforschung sehr hilfreich dabei, die unbewussten Muster und emotionalen Komplexe zu bearbeiten, die dabei hinderlich sind, wenn man authentischer und mit Grounding, Offenheit und Herz leben will.

In meiner Arbeit als Psychotherapeut habe ich die Erfahrung gemacht, dass ich ständig mit Himmel, Erde und Herz, mit allen Dreien, in Kontakt bleiben muss. Zunächst muss ich die realen Probleme des Klienten anhören und respektieren, was zum Bereich der Form, der Erde gehört. Wenn ich das nicht tue, gibt es keine Verbindung zwischen uns. Doch wenn ich die Aufmerksamkeit nur auf die Form, auf die Probleme richte, verliere ich ein Gefühl des offenen Geistes, des offenen Herzens und für den offenen Raum, der sie umgibt. Psychologische Arbeit hängt dann zu sehr am Konkreten, Wörtlichen und wird ernst, verliert ihren Zauber und ihren kreativen Funken. Als ich gleich nach dem Studium begann, therapeutisch zu arbeiten, hatte ich eine zu enge Sicht von der menschlichen Natur und nahm den Inhalt der Probleme zu ernst. Später, nachdem ich durch die Meditation eine weitere Sicht von der unermesslichen, offenen Bewusstheit entwickelt hatte, habe ich die Erfahrung gemacht, dass mich die Arbeit mit den Problemen meiner Klienten nicht mehr in Gefahr brachte, in Burnout zu geraten oder sonst irgendwie stecken zu bleiben, und meine Reaktionen und Interventionen von einer viel tieferen Stelle her kamen.

Eines der großen Geschenke der Meditation war, dass sie mir half, zwischen unmittelbarer Erfahrung und rationalen Interpretationen dieser Erfahrung zu unterscheiden. Dies erlaubte mir seinerseits, offener für das Leiden meiner Klienten zu sein, ohne die Schwere ihrer Probleme so ernst zu nehmen. Es ist niemals belastend, der echten Erfahrung von jemandem zu folgen. Nur die mentalen Fixierungen – die Geschichten, Überzeugungen und Werturteile über unsere Erfahrung – werden belastend, niemals die lebendige Erfahrung eines Menschen. Am Ende gebe ich dem Inhalt der Probleme der Leute nicht ganz so viel Aufmerksamkeit, denn ich höre mehr auf das Wesen, das mit dem Problem ringt. So kann das Himmels-Prinzip – Raum geben, Loslassen von Klammern an Form – auch eine wichtige Rolle bei der psychologischen Arbeit spielen, auch wenn es hier nicht so zentral wie bei der spirituellen Arbeit ist. Auf diese Weise wird sie zu einer Meditation in Aktion, wenn ich den Prozess der Erfahrung die Führung übernehmen lasse und mit ihm mitgehe – indem ich die Gefühle des anderen respektiere, während ich ständig mit einem größeren Gefühl von Offenheit in Verbindung bin, das ihnen zugrunde liegt, und es nutze und dem anderen in seiner Unmittelbarkeit und Rohheit begegne.

Mit Hilfe der Meditationspraxis gelang es mir, Freude an der Arbeit der Therapie zu finden, auch wenn ich Klienten durch großes Leiden begleitete. Auch Schmerz und Neurose haben ihre eigenen Farben und ihre eigene seltsame Schönheit. Ich habe im Kern jedes psychischen Konfliktes immer Intelligenz gefunden, und gewöhnlich kann ich eine Weise finden, wie ich den Charakterpanzer der Menschen wertschätzen kann – wie er dazu dient, sie zu schützen, und was für eine kunstreiche Schöpfung er auf seine Weise ist, so wie die Stacheln des Stachelschweins oder die Schale des Armadillos.

Da menschliche Entwicklung und Transformation aus dem Zusammenspiel von Erde und Himmel, von begrenzt und unbegrenzt entstehen, besteht die entscheidende Übung, die Psychotherapie und Meditation gemeinsam ist, darin, unsere größere Bewusstheit auf unsere erstarrten karmischen Strukturen einwirken zu lassen. Oft ist diese größere Bewusstheit getrübt – entweder unter unseren Problemen, Emotionen oder Reaktionen begraben oder abgehoben, dissoziiert oder schwebt über ihnen. Deshalb ist es entscheidend, erst Bewusstheit zu kultivieren und sie dann auf die Stellen einwirken zu lassen, wo wir kontrahiert und blockiert sind. Dies erlaubt uns, die Gifte verwirrten Geistes zu schmecken und sie umzuwandeln.

Ich hatte einmal einen Traum, der das Zusammenspiel von Erde und Himmel im Kern menschlichen Lebens abbildete. Ich war in einem gewaltigen Zelt mit einem hohen Dach, in dem eine Menge Aktivität und Festlichkeit im Gange war. Obwohl ich an der Aktivität in dem Zelt beteiligt war, war ich mir auch zugleich der magischen Qualität des Raumes in dem Zelt bewusst, der uns umgab und unsere Festlichkeit unterstützte.

Dies ist unsere Natur als Menschen: Unser Leben entfaltet sich innerhalb irdischer Strukturen und in einem Rahmen, die von Weiten offenen Raumes durchdrungen und umgeben sind. In meinem Traum war die Struktur des Zeltes notwendig, um den Regen abzuhalten und das Leben im Inneren zu schützen. Therapie und erdende Arbeit richten ihre Aufmerksamkeit auf Form oder Struktur – wie wenn man dem Zelt helfen würde, stabil zu stehen, oder undichte Stellen flickte. Doch welche Strukturen auch immer wir aufbauen, sie sind niemals vollkommen fest, sondern immer von Leere, der offenen Dimension des Seins durchzogen und sozusagen durchlüftet – wie die Seiten eines Zeltes, rundum offen. Während die psychologische Arbeit uns hilft, in Form zu kommen, betont spirituelle Arbeit das, was jenseits der Form ist, das Unbegrenzte und Unbeschränkte. Am Ende ist Kultivieren von Offenheit für diesen weiteren Raum, der alle unsere Strukturen umgibt, das, was den frischen Brisen der Veränderung und Erneuerung erlaubt, weiter durch unser Leben zu zirkulieren.

2 Persönlichkeit
Weg oder Pathologie?

Wer *denken* wir, der wir sind? Dies ist die zentrale Frage im Herzen psychologischer wie spiritueller Entwicklung. Wofür wir uns halten und wie wir diese Identität verteidigen, ist der primäre Faktor, der das Maß unseres psychischen Wohlbefindens und unserer spirituellen Realisierung bestimmt.

Seltsamerweise haben wir wenig über unsere Persönlichkeit zu sagen, denn wenn wir ihre Existenz und ihre Muster zu bemerken beginnen – gewöhnlich im Teenageralter –, ist sie schon ziemlich gut etabliert. Wie sollen wir uns dann gegenüber dieser Form verhalten, in die wir hineingewachsen sind? Sollten wir unsere konditionierte Persönlichkeit als einen Makel behandeln, der unserer spirituellen Entwicklung im Weg steht – und deshalb in diesem radikalen Sinn als Pathologie? Oder könnte es sein, wie manche esoterischen Traditionen andeuten, dass unsere Persönlichkeit nicht nur ein zufälliger Irrtum ist, sondern vielmehr als ein essentielles Sprungbrett auf dem Weg unserer spirituellen Entfaltung dienen könnte?

Wenn wir größere Qualitäten von Sein und Intelligenz, die in unseren starrsten oder neurotischsten Persönlichkeitsmustern verborgen sind, entdecken könnten, dann müssten wir die Persönlichkeit nicht loswerden, um eine „höhere" spirituelle Dimension jenseits von ihr zu erreichen.

Stattdessen könnte Arbeit mit den angespannten, eingeengten Stellen in unserer Persönlichkeitsstruktur selbst alles offenbaren, was wir auf dem Weg der Realisierung unserer selbst brauchen. Wie man Holz schmirgelt, damit die wahre Maserung zum Vorschein kommt, würde zur Reise des Erwachens gehören, dass wir unsere Persönlichkeit transformieren, damit sie zu einem transparenten Fahrzeug wird, durch das die tieferen Qualitäten unseres essentiellen Seins hindurchscheinen können.

Therapeutische Aggression

Tara war eine Klientin, die als Kind unter extremem Mangel an Kontakt und emotionaler Nahrung gelitten hatte und als Folge eine harte, unabhängige Haltung angenommen hatte, die im Wesentlichen die Botschaft vermittelte: „Ich brauche niemanden. Ich kann allein für mich sorgen." Diese Identität hatte ihr ermöglicht, den Mangel an Liebe in ihrem Elternhaus zu überleben. Später in ihrem Leben wurde ihre übertriebene Unabhängigkeit jedoch dysfunktional, wie es alle Persönlichkeitsmuster an einem bestimmten Punkt tun. Sie war zu einer Weise geworden, weiter im Mangel zu bleiben, was ein großes Hindernis dafür war, Liebe und Fürsorge anzunehmen, und eine Quelle großen Leidens.

In ihren späten 20ern war Tara einer spirituellen Gemeinschaft beigetreten, zu deren Methode es gehörte, das Ego ihrer Mitglieder zu brechen, das als Barriere gegen spirituelle Realisierung angesehen wurde. Die Gemeinschaft praktizierte eine kollektive Form spiritueller Umgehung, indem sie versuchte, ein Ideal „spiritueller" Identität in ihre Mitglieder zu implantieren, während sie persönliche Bedürfnisse und Interessen entwertete. Die Führer der Gemeinschaft verfolgten daher gegenüber Taras unabhängiger Haltung einen aggressiven Ansatz, den man mit einer Brandrodung vergleichen kann. Sie akzeptierte das, denn sie war überzeugt, dass ihre alten Persönlichkeitsmuster ihren spirituellen Fortschritt blockierten. Indem sie ihre Härte ablegte, verlor sie aber auch Kontakt mit ihrer Kraft, ihrem Willen und ihrem Gefühl von Sinn. Als sich die Gemeinschaft schließlich auflöste, war sie unfähig, mit dem normalen Leben umzugehen und musste viele Jahre damit verbringen, zu heilen und sich zu erholen.

Als Tara diese harte, unabhängige Identität herausbildete, um die Lebensbedingungen in ihrer Familie zu überstehen, hatte sie eine essentielle Fähigkeit ihrer Natur genutzt – Stärke. Wo ein anderer Mensch vielleicht auf ihre Familie reagiert hätte, indem er in eine Depression oder in Rückzug kollabiert wäre, war sie in der Lage gewesen, ihre Ressourcen zu nutzen, um großen Mangel zu überwinden. Auch wenn ihre Identität schließlich einschränkend und einengend wurde, enthielt sie dennoch in ihrem Kern ihre essentielle Stärke, die eine ihrer auffallendsten Eigenschaften war. Als sie sich dem Angriff der Gemeinschaft auf ihre Persönlichkeit unterwarf, verlor sie daher Kontakt mit ihrer eigenen Kraft und auch mit ihrem Willen.

Wenn man versucht, dadurch Transformation herbeizuführen, dass man die konditionierte Persönlichkeit angreift, ist das ein Fehler, den eine Reihe von Lehrern und Therapeuten begangen haben. Manchmal ist diese Art „therapeutischer Aggression" ziemlich offensichtlich, wie in Taras Fall. Und manchmal zeigt sie sich in subtileren Formen der Überredung, wobei die Grundbotschaft darin besteht, dass jemand ein besserer Mensch wäre, wenn er ein anderer als der wäre, der er ist. Doch Angriffe auf ihre Persönlichkeit berauben Menschen nur des Grundmaterials, das für den Antrieb für die Reise des Erwachens sorgt.

Es ist so, als brauchte das Erwachen die Persönlichkeit, wie Feuer Brennmaterial braucht, um sich zu nähren. Die Persönlichkeit ist eine erstarrte Form unserer wahren Natur. Wann immer also ein Aspekt der Persönlichkeit auftaut, führt dies zu einer gewissen Erhellung und befreit eine bestimmte Energie. Und jede frisch befreite Einheit von Energie und Erleuchtung sorgt ihrerseits für weitere Wärme, die die erstarrte Selbststruktur weiter auftaut.

Ein Angriff auf die Persönlichkeit schneidet Menschen nur von der größeren Intelligenz ab, die in die Persönlichkeitsstruktur eingebunden ist. So ein Angriff weckt auch Ängste und Widerstand, die eine Vorwärtsbewegung behindern, indem sie Menschen oft in einen Zustand von Hilflosigkeit oder Abhängigkeit bringen. Versuche, die Persönlichkeit mit Zwang abzubauen, erhöhen nur die innere Spaltung, den Konflikt und die Anstrengung, die Kennzeichen des Egos sind. Wenn die Persönlichkeit zu einem Weg werden und sich nicht zu Pathologie verhärten soll, müssen wir lernen, so mit uns zu arbeiten, wie wir sind, ohne Aggression oder Vorwurf. Dies bedeutet, Bedingungen zu schaffen, die die Persönlichkeitsstruktur ermutigen, sich von innen aufzubrechen und dabei essentielle Qualitäten unseres Seins zu enthüllen, die in ihr verborgen sind. So wie der tibetische Meditationsmeister Chögyam Trungpa einmal gesagt hat: „Wenn Du Deine Teekanne reinigst, weckt die Teekanne Dich auf", könnten wir sagen, dass die Persönlichkeit Sie aufweckt, wenn Sie an Ihrer Persönlichkeitsstruktur arbeiten.

Um mit ihrer Persönlichkeitsstruktur als Weg zu arbeiten, musste Tara ihre übertriebene Unabhängigkeit untersuchen, versuchen, sie zu verstehen und eine unmittelbarere Beziehung mit ihr zu suchen, statt zu versuchen, sie zu verändern oder zu früh zu transzendieren. Als sie begann, dies in der Therapie zu tun, erkannte sie allmählich, dass ihre Härte ein Versuch gewesen war, für sich selbst zu sorgen. Unter der Härte war ein extremes Gefühl von Verletzlichkeit, neben einer Unsicherheit, ob sie es wert war, dass man für sie sorgte. Diese Entdeckung gab ihr eine Orientierung: Sie musste lernen, sich an ihren verletzlichen Stellen zu verstehen und für sich zu sorgen und liebevoller mit sich umzugehen. Als sie sich auf diese Weise für sich öffnete, entstand eine Basis innerer Unterstützung, die ihr half, ihre Stärke wiederzugewinnen, und wie sich selbst so auch anderen gegenüber ihre weichere Seite anzuerkennen.

Identitätsbildung

Wir werden alle mit einem Zugang zu bestimmten inneren Qualitäten des Seins geboren, die unserer Persönlichkeitsstruktur vorausgehen und in ihr Gewebe eingewoben werden. Verschiedene Traditionen sprechen von ihnen auf verschiedene Weise. Yogische und alchemistische Systeme beschreiben sie vielleicht als Elemente wie Erde, Feuer, Wasser und Luft. Der Sufismus beschreibt Fähigkeiten für Willen, Frieden, Wissen, Mitgefühl, Freude und Stärke, die mit verschiedenen Zentren im Körper und mit verschiedenen Farben assoziiert sind: weiß, schwarz, grün, gelb, rot. Der Mahâyâna-Buddhismus spricht von bestimmten quintessentiellen menschlichen Qualitäten – oder „Vollkommenheiten" –, die keimhaft in unserer Natur existieren, aber die auch kultiviert werden können: Großzügigkeit, Geduld, Anstrengung, achtsame Präsenz, Mitgefühl, unterscheidende Einsicht, Disziplin, Kraft und Weisheit. Der tibetische Buddhismus spricht von fünf Grundenergien der Weisheit – Gleichmut, spiegelähnliche Klarheit, Fähigkeit für wirksames Handeln, Raum und Unterscheidungsfähigkeit –, die alle auch mit verschiedenen Farben und Elementen verbunden sind. Dies sind egolose menschliche Qualitäten, die niemandem gehören, sich aber bei verschiedenen Menschen in verschiedenen Graden der Intensität und in verschiedenen Konfigurationen in natürlicher Weise zu manifestieren scheinen.

Um zu verstehen, wie unsere Persönlichkeit diese Qualitäten oder Fähigkeiten unseres Seins nutzt, müssen wir uns die Situation von Kleinkindern anschauen, die in ihrer vollständigen Verletzlichkeit und Offenheit eine ziemlich zarte, prekäre Verbindung mit ihrer Existenz haben. Wir alle sind von dem Moment an, in dem wir geboren werden, mit der Frage von Existenz versus Nichtexistenz konfrontiert. Mangel an Liebe oder Fürsorge stellt eine mächtige Drohung von Nichtexistenz dar, denn er bringt das physische oder psychische Überleben und die Integrität des Kindes in Gefahr.

Gleich, wie die Geschichte unserer Kindheit war, wir alle begegnen unausweichlich dem, was der Buddhismus als die drei Kennzeichen der Existenz beschreibt: die schwierigen Realitäten von Schmerz, Vergänglichkeit und dem Mangel eines stabilen, eindeutigen Gefühls, wer wir sind. Wir unterscheiden uns von anderen Tieren darin, dass es kein feststehendes Rezept dafür gibt, wie man Mensch ist, und wenig klare Anleitung darin, wie wir uns selbst kennen oder wir selbst sein können. Dies bedeutet, dass unser Leben unvermeidlich von Angst vor unserer potentiellen Nichtexistenz gekennzeichnet ist. Diese Angst vor Nichtexistenz lässt unser permanentes *Identitätsprojekt* entstehen – den Versuch, uns zu etwas Festem, Substantiellem und Realem zu machen.

Außerdem begegnen die meisten von uns in der Kindheit realen oder wahrgenommenen Bedrohungen ihres Wohlbefindens, ihrer Sicherheit und ihres Überlebens. Da Kindern die Fähigkeit für Selbstreflexion fehlt – sich selbst objektiv zu sehen und zu kennen und ihre Erfahrung im Bewusstsein zu halten –, brauchen sie Erwachsene, die sie mit Halt und mit

Spiegelung versorgen. Wenn sich Kinder von ihrer Familie oder der Gesellschaft aber nicht gesehen, erkannt, geliebt und willkommen fühlen, ist es so, als schauten sie in einen Spiegel und sähen niemanden darin. Ein Gefühl des Mangels und der Furcht entsteht: „Vielleicht ist die Wahrheit, dass *ich nicht bin*."

Als Reaktion auf diese Drohung von Nichtexistenz versuchen Kinder, sie abzuwehren und sich zu bestätigen, indem sie eine Form stabiler Existenz ihres Selbst erzeugen. Sie entwickeln eine Identitätsstruktur, die auf Selbstbildern und Geschichten beruht, die identifizieren, wer sie sind. „Wer bin ich? *Ich bin ich.*" Diese Identität ist ein Bündel von Selbstrepräsentanzen, die ursprünglich durch Interaktionen mit anderen gebildet wurden. Ob unsere Geschichte positiv oder negativ ist – „Ich bin besonders", „Ich brauche keine Liebe mehr", „Ich bin nichts wert" oder sogar „Ich bin niemand" –, wir halten verzweifelt an dieser Selbstidentität fest. Wir halten an einer negativen Selbstidentität fest, auch wenn sie uns erstickt, weil sie uns ein Gefühl der Existenz gibt – „Ich bin etwas, und nicht nichts."

Kinder zeigen gewaltige Erfindungsgabe darin, Bedrohungen ihrer Existenz zu einer stabilen Identität zu machen, die dadurch ihre Angst verringert, dass sie ihnen ein solides Gefühl der Existenz vermittelt. Der intelligente Impuls hinter unserem Identitätsprojekt ist der intensive Wunsch, unsere Furcht zu überwinden, mangelhaft zu sein, uns selbst zu kennen, uns selbst wertzuschätzen und zu fühlen, dass wir wirklich sind, dass es uns wirklich gibt. Zum Beispiel bestand die Überlebenstechnik eines Klienten, Dan, mit schwerer Deprivation in der Kindheit, darin, dass er die Deprivation selbst zu einer Identität machte: Er hatte dann am intensivsten das Gefühl, er selbst zu sein, wenn er sich leer und hungrig und wenn er seinen Mangel fühlte. Sein Identitätsprojekt bestand darin, diesen Zustand innerer Deprivation aufrechtzuerhalten. Es war ursprünglich eine brillante Strategie, psychische Gesundheit in einer Situation aufrechtzuerhalten, die ihn zu überwältigen drohte.

Als Erwachsenem jedoch machte es ihm seine Bindung an Mangel schwer, Nahrung vom Leben und anderen Menschen anzunehmen. Er fühlte sich mit Frauen unwohl, die ihn aktiv liebten, denn dies bedrohte ihn mit dem Verlust seiner selbst. Und er fühlte sich unwohl damit, dass er viel Geld hatte, weil dies sein Gefühl des Mangels im Kern seiner

Identität bedrohte. Sein persönlicher Stil war zu einer Falle geworden, zu einer starren Weise, in der Welt zu sein, die ihn von der Fülle seiner wahren Natur und der Fülle seiner Beziehung mit allem, was ist, abschnitt. In ähnlicher Weise beginnt jede persönliche Identität als brillante Überlebensstrategie, die aus den angeborenen Ressourcen eines Menschen aufgebaut wurde. Aber schließlich wird sie zu einem zwanghaften Identitätsprojekt, das zu einer Quelle inneren Konflikts und zu einem Hindernis weiteren Wachstums wird.

Auch wenn Dans Identität ihre Nützlichkeit überlebt hatte und sich jetzt gegen ihn auswirkte, war es hilfreich für ihn, die Absicht wertzuschätzen, der sie gedient hatte. Indem er aus dem Gefühl der Nichtexistenz eine Empfindung der Existenz geschaffen hatte, hatte er es buchstäblich geschafft, etwas aus nichts zu machen. *Er war etwas, weil er nichts war!* Diese brillante Strategie verriet eine große Erfindungsgabe und Kreativität – Fähigkeiten, die er auch durch seine Kunst ausdrückte. Seine Zeichnungen waren ziemlich karg und bestanden aus ein paar einfachen Linien, die vor einem Hintergrund von offenem, geordnetem und ordnendem Raum schwebten. Seine Arbeit war vom Zen und seiner Ästhetik der Leere beeinflusst. Seine intime Beziehung mit der Leere war eine wirkliche Stärke, die ihm erlaubte, mit sehr wenig auszukommen. Sie hatte aber auch eine neurotische Seite. Er setzte die Leere des Zen fälschlicherweise mit seinem eigenen Gefühl inneren Mangels gleich, und benutzte buddhistische Logik, um sein Gefühl der Verarmung zu rechtfertigen und am Leben zu erhalten.

Koemergenz

Die Abstammungslinie der Mahâmudrâ des tibetischen Buddhismus sieht den erwachten Geist und den verwirrten Geist als zwei Seiten derselben Realität. Aus dieser Perspektive sagt man, dass Neurose und psychische Gesundheit, Gefangenschaft und Freiheit, Existenz und Nichtexistenz, Pathologie und Weg *koemergieren*, dass sie zugleich als zwei Seiten eines einzigen ganzen Tuches entstehen. Ein Bild aus dieser Tradition, das die Koemergenz darstellt, ist die Seidenraupe, die sich in ihre eigene Seide einspinnt. Die Seide steht für die schönen, reichen Ressourcen, die wesentlich zu unserem Sein gehören. Wir nutzen diese Ressourcen, um eine Persönlichkeitsstruktur zu bilden, die uns zuerst vor den Wechselfällen des Lebens schützt, aber später einkerkert.

Ein paar Fallbeispiele werden helfen, weiter zu illustrieren, wie in den pathologischen Strategien und Symptomen eine größere Intelligenz verborgen liegt:

- Ein Mann hatte die Identität eines psychischen Krüppels entwickelt, ausgedrückt in dem Satz: „Ich kann es nicht, ich bin dazu nicht fähig". Damit versuchte er, die Angriffe seiner Mutter abzuwenden, die ihm seine Autonomie nicht erlaubte. In der Therapie tauchte immer gerade dann, wenn er wichtigem Material nahe kam, ein „Nebel" in seinem Kopf auf, und er sagte: „Ich kann das nicht ... Dies ist mehr als ich kann." Dieser Nebel tauchte nur in solchen Momenten auf, wenn er gerade dabei war, mit etwas in Kontakt zu kommen, was ihm erlaubt hätte, über seine Identität als Krüppel hinauszugehen. Als er schließlich erkannte, dass diese Strategie ein hochintelligenter Zug war, dazu bestimmt, ihn vor Angriff zu schützen, und kein Beweis realer Inkompetenz, verschwand der Nebel und erlaubte ihm anzufangen, an dieser alten Identität direkter zu arbeiten. Seine Maskerade war brillant gewesen und hatte ihn selbst und alle anderen seit seiner Kindheit zum Narren gehalten.

- Eine Frau hatte eine Strategie entwickelt, anderen zu gefallen, und empfand eine gewaltige Angst, wenn sie das nicht tat. Doch bei dieser Strategie gab es auch einen realen Wunsch zu helfen, den sie ursprünglich als eine Möglichkeit entwickelt hatte, Licht zu den unglücklichen Mitgliedern ihrer Familie zu bringen. Sie hatte tatsächlich ein großes Licht in sich. Das Problem war, dass sie sich damit identifiziert hatte, die Fackelträgerin zu sein, und sie hatte den Glauben angenommen, sie wäre in Gefahr, zerstört zu werden, wenn sie nicht Licht in die Welt brächte.

- Einer Frau, die die Gewohnheit entwickelt hatte zu lügen, fiel es sehr schwer, an sich zu glauben, denn sie fühlte sich wie eine Mogelpackung. Sie hatte in ihrer Kindheit angefangen zu lügen, weil sie sich gut darstellen wollte, um sich vor den kritischen Angriffen ihrer Eltern zu schützen. Da sie wusste, dass sie in ihrem Inneren gut war, und nicht verstehen konnte, warum sie das nicht sehen konnten, wurde Lügen zu ihrer Weise zu versuchen, sie dazu zu bringen, zu sehen, dass sie *gut* war.

- Ein Mann litt unter Depression, weil er das Gefühl hatte, dass das Leben hoffnungslos war. Doch wenn er diese Depression untersuchte, entdeckte er eine Quelle von Traurigkeit, die damit zusammenhing, dass er in einer beziehungslosen und dysfunktionalen Familie aufgewachsen war. Als Kind hatte es ihm geholfen, sich lebendiger, realer als seine Familie zu fühlen, wenn er traurig war. Deshalb war es eine Möglichkeit, sich von ihnen zu unterscheiden und sich zu finden. Das Problem war, dass er gelernt hatte, sich mit seiner Traurigkeit zu identifizieren. Dies war die Quelle seiner Depression. Dadurch, dass ihm klar wurde, dass seine Traurigkeit nur ein Zugang zu seiner Seele, zu seiner Empfindungsfähigkeit, Tiefe und Sensibilität für das Leben gewesen war, begann er zu erkennen, dass er diese Qualitäten haben konnte, ohne sich als ein Außenseiter identifizieren zu müssen, der verurteilt war, sich sein ganzes Leben entfremdet zu fühlen.

Oft ist es verwirrend, dass unsere inneren Ressourcen so mit unseren Abwehrmechanismen verflochten geworden sind, dass wir nicht wissen, wie wir das Gold von der Schlacke in uns unterscheiden und trennen können. Doch die tantrische Lehre der Koemergenz weist darauf hin, wie man das tun kann. Wenn jedes Abwehrmuster verborgene Intelligenz und Ressourcen enthält, bedeutet dies, dass wir die defensive Persönlichkeit nicht ablehnen müssen. Vielmehr müssen wir sie aufbrechen, damit wir Zugang zu der Intelligenz und zu den Ressourcen entdecken und gewinnen können, die darin verborgen sind.

Identitätskrise und existentielle Wahl (Entscheidung)

Früher oder später wird die Strategie der Persönlichkeit, die wir in der Kindheit angenommen haben, um die Lebenssituation in unserer Familie zu überleben, zu einem Hindernis für unsere weitere Entfaltung. Und dies führt unvermeidlich zu einer Art Identitätskrise, die uns zwingt, uns bewusster anzuschauen, was wir mit uns selbst gemacht haben. Auf diese Weise markiert eine Identitätskrise oft den Beginn eines Weges, die Intelligenz, psychische Gesundheit und andere mächtige innere Ressourcen zu erschließen, die in unserer konditionierten Persönlichkeit enthalten waren.

Wie wir mit solchen Identitätskrisen umgehen, bestimmt die Richtung unseres Lebens. Auch wenn wir erkennen könnten, dass unsere alte Persönlichkeitsstruktur das größere Leben in uns einengt, wie können wir loslassen, was uns ein sicheres Gefühl unserer Existenz gegeben hat? „Wer bin ich, wenn nicht diese vertraute Identität? Wie kann ich mein Leben bewältigen, wie mich sicher fühlen oder ohne sie überleben?" Insofern unsere Identität ursprünglich als eine Abwehr des Gefühls der Nichtexistenz entwickelt wurde, konfrontiert uns die Aussicht loszulassen mit Urängsten vor Tod und vor dem Unbekannten. Bei jedem Wachstumsprozess, sei er psychologisch oder spirituell, gelangen wir immer an diesen existentiellen Punkt, an dem wir entscheiden müssen, ob wir wirklich weiter in das Unbekannte gehen wollen. „Wenn ich meine alte, vertraute Lebensweise aufgebe – wer werde ich dann sein und was wird aus mir werden?"

Es gibt an diesem Punkt drei Hauptmöglichkeiten der Wahl. Die ersten zwei tendieren dazu, die Pathologie zu verstärken, während die dritte uns einen Weg weist.

Wir können uns entscheiden, uns ruhig zu verhalten, nichts zu riskieren, indem wir weiter in das Unbekannte gehen, auch wenn unser altes Identitätsmuster seine Nützlichkeit überlebt hat. Zum Beispiel beginnen Klienten in der Therapie oft, ihre neurotischen Muster zu rationalisieren: „Gut, die Dinge sind nicht wirklich so schlecht. Meine Lebensweise verursacht vielleicht ein paar Probleme, aber wenigstens ist es eine bekannte Größe." Doch wenn Menschen sich entscheiden, sich von einer Freiheit abzuwenden, die sie vor sich gesehen haben, webt sie dies noch enger in ihren Kokon.

Ihre Identität wird pathologischer, weil sie sie jetzt absichtlich benutzen, um sich vor den größeren Möglichkeiten ihres Seins zu verbergen.

Eine zweite Möglichkeit besteht darin, uns für die Persönlichkeit, die wir geworden sind, zu attackieren oder zu bestrafen, oder mit ganzer Kraft danach zu streben, einem hohen Ideal davon zu entsprechen, wer wir sein sollten. Doch wenn man versucht, das Unbekannte durch Ersetzen der alten Identität durch eine neue, „spirituellere" zu vermeiden, ergibt das keinen echten Weg.

Zu einer dritten Möglichkeit gehört, dass wir uns unserer Erfahrung öffnen und uns konfrontieren und mit uns arbeiten, wie wir sind, statt aggressiv zu versuchen, uns selbst zu etwas Anderem zu machen. Dazu gehört, dass wir die Fähigkeit entwickeln, inmitten von Schmerz, Angst und der ganzen Bandbreite an Erfahrung, die wir durchmachen, präsent zu bleiben. Durch diese Art Präsenz beginnen wir, die Kraft unseres Seins zu nutzen, die auf die Einengungen der Persönlichkeit wirken kann, die diese Kraft verdunkelt haben.

Arbeit mit uns selbst, wie wir sind

Wie können wir darangehen, die Ängste und Fixierungen unserer Persönlichkeit zu Sprungbrettern auf dem Weg des Erwachens zu machen? Bevor reale Veränderung möglich ist, müssen wir erst sehen, fühlen und verstehen, *was ist* – im Unterschied zu unserer vertrauten Version der Realität. Dies ist nicht leicht. Wir sind von Hoffnungen und Ängsten, gewohnten Weisen zu fühlen und wahrzunehmen, von lieb gewonnenen Überzeugungen und Meinungen geblendet. Der erste Schritt bei der Wandlung der Persönlichkeit zu einem Weg besteht also darin, eine verbindliche Entschlossenheit zu entwickeln, uns selbst so zu sehen, wie wir sind, gleich wie sehr wir fürchten, was wir entdecken werden.

Eine Übung in Bewusstheit wie Meditation oder kontemplative Selbsterforschung ist hilfreich für die Entwicklung der Fähigkeit, zu beobachten, was wir tun, ohne uns darin zu verfangen, es als gut oder schlecht zu bewerten. Dadurch, dass wir still mit uns selbst sitzen, sehen wir, wie wir ständig versuchen, unsere Identität aufrechtzuerhalten, wie unsere Gedanken als eine Art Klebstoff wirken, der unsere Identitätsstruktur zusammenhält. Wenn wir den zwanghaften Griff des Denkens beobachten, der das Selbst aufrechterhält, ohne zu urteilen oder zu verurteilen, kann unsere anhaltende, ununterbrochene Bewusstheit als ein sanftes Lösungsmittel wirken, das beginnt, den Klebstoff der Persönlichkeitsstruktur aufzulösen. Wenn die Struktur sich lockert, beginnen größere Qualitäten unseres Seins enthüllt zu werden, die von ihr verdeckt gewesen waren.

Natürlich gefällt uns oft nicht, was wir entdecken, wenn wir uns selbst so sehen, wie wir sind. Wir stoßen auf den Schmerz unseres Karmas – auf das verwickelte Muster von Handlungen und Reaktionen, von angesammelter Konditionierung, Gewohnheit, Unbewusstheit und Angst. Ein spiritueller Schalk hat einmal gesagt: „Selbsterkenntnis ist immer schlechte Nachricht", wenigstens zu Beginn.

An diesem Punkt reicht nicht aus, dass man einfach anerkennt, was ist; wir müssen eine vollere Beziehung damit herstellen. Dieses bedeutet, dass wir unser Herz der Situation öffnen, in der wir uns befinden – sie fühlen, ihr gerade ins Gesicht schauen und sie uns berühren lassen. Dies bedeutet nicht, dass wir mögen müssen, was wir finden. Wenn wir bestimmte Teile von uns hassen, können wir auch unseren Selbsthass als Teil dessen, was ist, anerkennen und mit ihm arbeiten. Was immer auftaucht, wir können lernen, es direkt anzuschauen und es tiefer zu erforschen.

Wenn man Bewusstheit auf den Schmerz lenkt, der damit verbunden ist, dass wir in unseren Mustern feststecken, wird tief innen oft ein Kummer aktiviert – was ich „reinigende Traurigkeit" nenne. Dies ist eine Traurigkeit der Seele. Es ist eine direkte Anerkennung des Preises, den wir dafür gezahlt haben, dass wir in unseren engen Mustern stecken geblieben sind, während wir uns von unserer weiteren Natur abgewendet haben. Wenn man diesen Kummer fühlt und auf ihn hört, enthüllt er eine tiefe Sehnsucht und den Willen aufzuwachen, die Wahrheit zu sagen, real zu sein und zu tun, was getan werden muss, um voller lebendig zu sein. Anfreunden mit unserer Erfahrung – indem wir für das, was ist, und allen unseren Gefühlen dazu Raum schaffen – ist das, was diese Bewegung fördert. Es ermöglicht, dass der Wunsch nach Veränderung als ein natürlicher Ausdruck der Liebe zu uns selbst entsteht – als eine *heilige Sehnsucht* –, und nicht als Kreuzzug gegen unsere Unzulänglichkeiten.

Neurose umwandeln

Wenn die größere Intelligenz unseres Seins in den Vordergrund kommt, beginnen bestimmte periphere Aspekte unserer Persönlichkeit von selbst wegzufallen. In tiefer verwurzelte Züge ist aber immer noch zu viel psychische Energie investiert, um so leicht aufzugeben. Worauf es hier ankommt, ist kein Kreuzzug gegen sie, sondern eine eher sanfte Umwandlung, zu der es durch ein tieferes Verstehen der Natur des Hindernisses kommt. Padmasambhava, der den Buddhismus nach Tibet brachte, gibt ein Beispiel dafür, wie man vorgehen soll. Statt den alten Dämonen der schamanischen vorbuddhistischen Kultur den Krieg zu erklären, machte er sie zu Beschützern des Dharma. Wenn wir die tiefere Intelligenz in unseren eigenen Dämonen erkennen, hilft uns dies in ähnlicher Weise, ihren Widerstand in eine lebensfreundlichere Richtung zu lenken.

Zum Beispiel fand es ein männlicher Klient schwer, eine alte Identität zu überwinden, die in einer Tendenz bestand, sich allem zu widersetzen, und die ihre Nützlichkeit überlebt hatte. Das Motto dieser Grundhaltung war: „Ich will nicht und Du kannst mich nicht zwingen". Als er ein Kind war, hatte diese Haltung für ihn wichtigen Überlebenswert als Abwehr gegen eine Mutter gehabt, die kontrollierend und invasiv war. Sein fundamentales „Nein" enthielt Stärke und Intelligenz: Es war seine Weise zu versuchen, seine Identität zu bewahren, indem er sich weigerte, von einer dominanten Mutter benutzt zu werden. Unglücklicherweise verursachte es auch gewaltige Angst und innere Einengung und schränkte damit sehr seine Fähigkeit ein, mit anderen Menschen in Kontakt zu sein.

Einen großen Teil seines erwachsenen Lebens hatte er erfolglos versucht, seine Negativität loszuwerden und „positiv zu denken". Das Problem war, dass er sich am stärksten und am meisten als er selbst fühlte, wenn er sein Nein behauptete, so dass er seine Vitalität und Kraft verlor, als er sein Nein ablehnte. Sein Bild von dem Neinsager in sich war das eines Monsters in seinem Bauch (wo er sich am angespanntesten fühlte), dessen Job es war, die Ventile seines „inneren Leitungssystems" zu verengen, damit er sich niemals vom anderen überwältigt fühlte – durch emotionale Nahrung, Liebe oder emotionale Stimulierung durch die Welt.

Seine Familie hatte für kein Modell wahrer Stärke oder Kraft gesorgt. Die Verengung in seinen Eingeweiden war seine Weise zu versuchen, das zu entwickeln, was die Japaner Hara nennen – die geerdete Stärke im Bauch, die das Element war, das in seiner Familie fehlte. Als er schließlich den essentiellen Sinn dieser inneren Anspannung verstand – sich zu schützen, seine Integrität zu bewahren und eine Stärke zu entwickeln, für die er nie ein Modell gehabt hatte –, brauchte er dieses Monster nicht mehr hinauszuschmeißen.

Indem er sich bewusst mit dem eigentlichen Sinn in seinem Nein in Einklang brachte, entdeckte er in ihm einen Freund, dessen Energie in lebensfreundlichere Weisen umgelenkt werden konnte. Zum Beispiel entdeckte er, dass er, statt einfach Nein zu der Welt zu sagen, indem er seine Energiekanäle verschloss, die mächtige Energie seines Nein nutzen konnte, um schwierige Situationen direkt zu konfrontieren, statt sich von ihnen nur überwältigt zu fühlen. Als er Kontakt mit der echten, lebensfördernden Energie in seinem Nein bekam, bekam er damit auch Zugang zu seinem echten, lebensfördernden Ja.

Dieses Beispiel illustriert, wie sogar die Dinge in uns, die sehr schlimm oder unveränderlich zu sein scheinen, eine tiefere Absicht enthalten, die auf eine lebensfördernde Weise erschlossen und umgelenkt werden muss. Verborgen in jeder Wunde finden wir immer einen besonderen Segen. Wenn wir uns wegen unserer Persönlichkeitsmuster Vorwürfe machen, können wir keinen Zugang zu dem Geschenk bekommen, das in ihnen enthalten ist, und machen uns so nur weiter ärmer. Mit was auch immer wir kämpfen oder uns auseinandersetzen, was immer am neurotischsten zu sein scheint: Es kann ein wichtiges Sprungbrett auf unserem Weg sein. Was immer das Problem, die Frage oder die Verwirrung ist, und was immer es ist, das in unserem Leben unmöglich zu sein scheint – wenn wir darauf zugehen, es sehen, es fühlen, eine Beziehung mit ihm eingehen, es nutzen –, *es wird zu unserem Weg*.

Es ist leicht, durch die Schwierigkeiten und Herausforderungen des Lebens entmutigt zu werden und zu fragen: „Warum ist es so schwer, Mensch zu sein, warum muss ich dies durchmachen, warum bin ich nicht erleuchteter?" In unserer Verzweiflung versäumen wir es, anzuerkennen und wertzuschätzen, dass die menschliche Entwicklung die *Qualität eines*

Weges besitzt. Erleuchtung ist nicht irgendein ideales Ziel, kein perfekter Geisteszustand oder spiritueller Bereich in der Höhe, sondern eine Reise, die hier auf der Erde stattfindet. Sie ist dieser Prozess, der darin besteht, dass wir zu allem aufwachen, was wir sind, und eine vollständige Beziehung damit eingehen.

Weil wir das Leben in einem ganz verletzlichen Zustand beginnen, müssen wir eine Persönlichkeit als Schale aufbauen, um uns zu schützen; weil unser Bewusstsein so weit offen ist und wir das als Kinder noch nicht verstehen oder damit umgehen können, müssen wir uns zuerst zu einem soliden begrenzten Wesen machen, um zu fühlen, dass wir wirklich existieren. Alle Abwehrmechanismen unserer Persönlichkeit sind vollkommen verständlich und alle besitzen ihre eigene Intelligenz. Sie versehen uns auch mit einem Weg. Das Gefühl des Gewichts und der Einengungen der konditionierten Persönlichkeit ist das, was uns motiviert, unsere größere Natur zu suchen. Das Problem ist nicht unsere Persönlichkeit, sondern unsere Weigerung, weiter über sie hinauszuwachsen – was dazu führt, dass wir unter einer Entwicklungshemmung leiden.

Der tantrische Buddhismus verwendet die Metapher einer Schlange, die sich mitten in der Luft entrollt, um den Prozess des Erwachens zu beschreiben. Die Windungen unserer Neurose enthalten rohe, wilde Energie. Um diese Windungen zu entrollen, damit wir nicht in ihnen umgarnt bleiben, müssen wir die Schlange nicht töten und nicht einmal ihre Energie zu sozial akzeptierteren Formen sublimieren. Vielmehr können wir ihre Kraft und Lebendigkeit nutzen, indem wir ihr einfach erlauben zu tun, was sie von Natur aus tun möchte – sich entrollen. Was der aufgerollten Schlange des Geistes erlaubt, sich zu entrollen, ist Bewusstheit und sanftes Mitgefühl. Mitgefühl versucht nicht, die Wildheit der Schlange zu unterdrücken, sondern nutzt vielmehr die Energien, die in unseren Neurosen gebunden sind, um uns auf unserem Weg voranzutreiben. Und dieser Weg – der Befreiung der Qualitäten unseres Seins, ihre Bekanntmachung und Feier und ihre Nutzung, um uns selbst und anderen Menschen zu helfen – endet nie.

3 Ichstärke und Egolosigkeit

Das Ichgefühl, dessen wir uns jetzt bewusst sind, ist ... nur eine geschrumpfte Spur eines weit ausladenden Gefühls — eines Gefühls, das das Universum umfasste und eine untrennbare Verbindung des Egos mit der äußeren Welt ausdrückte.

SIGMUND FREUD

Die diametral entgegengesetzten Vorstellungen der Ichstärke und der Egolosigkeit kennzeichnen den grundlegenden Unterschied zwischen den Psychologien des Westens und des Ostens. Die westliche Psychotherapie betont das Bedürfnis nach einem starken Ich, das durch Impulskontrolle, Selbstwertgefühl und Kompetenz im weltlichen Funktionieren definiert ist. Die östlichen kontemplativen Psychologien betrachten das Ich – das getrennte, begrenzte, defensive Selbst, das die Psyche zu leiten scheint – im Gegensatz dazu als letztlich irreal und unnötig. Die östliche Psychologie sieht über die Vorstellung von einem starken Ich hinaus zu einer größeren Qualität des Seins, das egolos oder frei von dem Zwängen des begrenzten Selbstgefühls ist. So wie spirituelle Sucher, die nur ein oberflächliches Wissen von der westlichen Psychologie haben, das therapeutische Ziel der Ichstärke oft missverstehen, so würden die meisten westlichen Psychologen die Vorstellung der Egolosigkeit als eine Einladung zur Psychose verstehen.

Sind diese zwei Vorstellungen der Ichstärke und der Egolosigkeit unwiderruflich entgegengesetzt? Oder ist es möglich, die oberflächlichen Unterschiede zwischen der östlichen und westlichen Psychologie abzustreifen und einen gemeinsamen Boden des Verständnisses herzustellen? Dies ist eine Angelegenheit von lebenswichtiger Bedeutung, denn sie wirft essentielle Fragen nach der Richtung und dem Ziel menschlichen Lebens auf. Was ist dann das Ich und inwiefern ist es ein Problem? Ist es für einen Menschen aus dem Westen möglich, in der modernen Welt zu funktionieren, ohne unter dem treibenden Einfluss eines Egos zu stehen? Und was würde das bedeuten?

Die Natur und die Funktion des Egos

Wenn es um klare oder schlüssige Definitionen der Begriffe *Ich* und *Selbst* geht, ist die westliche Psychologie ein Durcheinander ungenauer Vorstellungen und sich widersprechender Ideen, bei dem theoretische Konstrukte mit auf Erfahrung beruhenden Vorstellungen auf verwirrende Weise gemischt sind. Sogar Psychoanalytiker, die ähnliche theoretische Orientierungen gemeinsam haben, verwenden die Begriffe *Ich* und *Selbst* sehr verschieden. Die Verwirrung wird noch größer, weil *Ich* oft als Übersetzung von Begriffen der östlichen Psychologie verwendet wird, die sich in Bedeutung und Konnotationen von dem psychoanalytischen Ich unterscheiden.

Psychoanalytiker sprechen oft von zwei Bereichen des Ichs: von dem funktionalen – seiner Fähigkeit, sowohl inneres Funktionieren der Psyche als auch äußeres Funktionieren in der Welt zu organisieren und zu steuern – und dem Bereich des Egos als Selbstrepräsentanz – seiner Fähigkeit, aus verschiedenen Bildern von sich selbst ein konsistentes Selbstkonzept herzustellen. Ein Ich, das als organisierende oder als synthetisierende Aktivität definiert wird, ist nicht etwas, was wir direkt erfahren. Es ist ein rein theoretisches Konstrukt, das einer nützlichen Erklärungsfunktion dient.

Nichtsdestoweniger ist es möglich, eine gewisse Erfahrung des Egos als einer Art energetischer Konstellation im Körper-Geist (body-mind) zu haben. Mystiker und Seher zum Beispiel können Ichaktivität oft direkt wahrnehmen, als einen Kern von Spannung oder Kontraktion im Körper, der dicht, eng und trübe ist. Im Alltag sind wir auch mit einem Teil von uns vertraut, der in Richtung auf das Funktionieren in der Welt orientiert ist. Und wir haben eine konsistente Empfindung von *Ich-heit* (I-ness).

Doch wenn wir näher hinschauen, sehen wir, dass das vertraute Ich vor allem aus Gedanken und Bildern besteht. Vor allem ist das, was wir meinen, wenn wir von *Ich* sprechen, das, was der große indische Weise Ramana Maharshi den *Ich-Gedanken* nannte. Unsere Erfahrung von uns selbst ist nicht frisch, unmittelbar oder direkt, sondern vielmehr durch Konzepte oder Bilder davon gefiltert, wer wir sind.

Die buddhistische Psychologie betrachtet die Fixierung auf diesen Ich-Gedanken als ein Zentrum, um das sich das Leben dreht, als extrem problematisch. Wenn das konzeptualisierte Ich, das auf Identifikationen und konditionierten Überzeugungen beruht, zum Kommandozentrum der Psyche wird – zum Wissenden, zum Beobachter, zum Kontrollierenden, zum Macher –, schneidet uns dies von dem authentischeren Wissen und Handeln ab, das aus unserer wahren Natur entsteht. Erfahrung mit Meditation erschließt eine immense Weite von Sein und Bewusstheit, die ichlos ist, das heißt, nicht besessen oder kontrolliert von diesem begrenzten, kontrollierenden Gefühl eines Selbst. Der Kern von Buddhas Lehre ist, dass Meditation für eine Weise sorgt, wie wir das Juwel unserer authentischen Natur dadurch entdecken können, dass sie durch die gewohnten Konzepte vom Selbst durchschneidet, die sie wie eine Staubschicht verdunkeln.

Das funktionale, managende Ich

Eine Psychologie des Erwachens, die den weiteren Bereich der egolosen Bewusstheit erkennt, könnte das funktionale Ich als eine mentale Struktur des Übergangs erkennen, die in der menschlichen Entwicklung einem nützlichen Zweck dient. Es ist eine Art Verwalter für den Übergang, eine Managerfunktion, die von der Psyche geschaffen wurde, um in der Welt den Weg zu finden. Anfangs ermöglicht dies den Kindern zu überleben, zu funktionieren und sich während ihrer frühen Jahre zu entwickeln, wenn sie die Kraft ihres größeren Seins noch nicht ganz erkennen oder nutzen können. Das Ich ist dann eine Struktur, die der Kontrolle dient und die wir zum Zweck des Überlebens und des Schutzes entwickeln. Das *Ich* glaubt, dass es die Kontrolle hat, und dieser Glaube sorgt bei dem Kind, das sich entwickelt, für ein notwendiges Gefühl der Stabilität und Sicherheit.

Das Ich dient daher einem für die Entwicklung nützlichen Zweck, als eine Art Geschäftsführer oder Agent, der lernt und meistert, wie man in der Welt zurechtkommt. Die Tragödie des Egos besteht jedoch darin, dass wir anfangen zu glauben, dass dieser Manager – dieses der Welt zugewandte Selbst, das mit ihr verbindet – das ist, was wir sind. Dies ist so, wie wenn der Geschäftsführer so tun würde, als wäre er der Inhaber. Dieser Anschein erzeugt Verwirrung in Bezug darauf, wer wir wirklich sind.

Dies hat eine in gewissem Sinn rührende Seite. Als eine Imitation unserer wahren Natur ist das Ich eine Weise, wie wir *versuchen zu sein*. Wenn uns die wahre Stärke, um mit schwierigen Lebensumständen umzugehen, fehlt, *versuchen* wir stark zu sein – indem wir uns anspannen und eng machen. Wenn uns wahres Vertrauen fehlt, versuchen wir, ganz vorne oder ganz oben zu sein – gewaltsam und mit Druck. Wenn uns unmittelbares Wissen unseres Wertes fehlt, versuchen wir, liebenswert zu sein – indem wir Kompromisse machen oder unsere Eltern zu retten oder Leuten zu gefallen suchen. Dies können in der Kindheit nützliche Formen der Anpassung sein, denn sie sorgen für einen Anschein realer innerer Ressourcen, mit denen wir noch nicht ganz in Kontakt sind.

Buddhistischer Lehre nach ist Unwissenheit die Wurzel von Leiden. Doch ist Unwissenheit, wie der indische Weise Shrî Aurobindo lehrte, nur unvollständiges Wissen. In diesem Sinn entspricht das Ich einer Form unvollständigen Wissens – ein Versuch, uns selbst als real und fähig zu wissen, und nicht als mangelhaft. Das Wissen ist unvollständig, weil es nur an der Oberfläche unserer Natur wirksam ist, als eine Fassade, und ist nicht in der wahren Realität unseres Seins geerdet. Dies ist eine schmerzliche Situation, weil das Ich, das steuernde Selbst, sich sehr bemüht, das Richtige zu tun, ohne jemals wirklich Erfolg zu haben.

Wenn man das Ich kritisiert, ist das deshalb so, als verurteilte man ein Kind dafür, dass es nicht erwachsen ist. Unsere Persönlichkeit ist einfach eine Phase auf dem Weg. Hilfreicher als uns darin zu ergehen, auf das Ich einzuschlagen, ist der Ansatz, wertzuschätzen, wie das Ich sein Bestes versucht, und Mitgefühl damit zu haben, dass es letztlich versagt.

Ichstärke und Egolosigkeit 65

Wenn wir Ichstärke als die Fähigkeit definieren, wirksam in der Welt zu funktionieren, ohne von innerem Konflikt geschwächt zu werden, würde tatsächlich gewiss kein östlicher Lehrer daran etwas auszusetzen haben. Die buddhistische Vorstellung von Egolosigkeit hat nicht den Zweck, gegen Ichstärke in diesem Sinn anzugehen. Praktisch gesprochen würden die meisten spirituellen Lehrer zustimmen, dass ein geerdetes Gefühl von Selbstvertrauen eine wichtige Basis für spirituelle Praxis ist, die auf Loslassen von Selbst-Fixierung überhaupt zielt.

Doch an einem bestimmten Punkt in erwachsener Entwicklung können wir anfangen zu erkennen, dass das mühsame Streben des Egos nicht wirklich funktioniert. Wir entdecken die schmerzhafte Wahrheit: Der Wizard von Oz, der behauptet, die Dinge hinter der Szene zu kontrollieren, hat keine wirkliche Macht, das zu leisten – die Meisterschaft oder Befriedigung, die er behauptet erreichen zu können. Der russische Lehrer Gurdjieff pflegte zu sagen: „*Ich* kann nichts *tun*." So wie Verdauung und Blutkreislauf von sich aus funktionieren, entstehen echtes Handeln, Entscheidungen, Verstehen und Gefühl in Wahrheit aus einer größeren Gnade und Intelligenz, die außerhalb der Reichweite des Egos liegen. An einem gewissen Punkt in unserer Entwicklung ist es Zeit, die künstliche Kontrollstruktur loszulassen, die uns so gut gedient hat.

Von einer weiteren spirituellen Perspektive aus ist das zentrale Ego-Selbst, um das sich das Leben der meisten Menschen dreht, bestenfalls eine frühe Phase der Entwicklung und kein eigentliches, letztes, unverzichtbares organisierendes Prinzip des Bewusstseins. Wenn das Ich als eine notwendige, dauerhafte Struktur der Psyche verdinglicht wird – wie die westliche Psychologie das tut –, verfestigt das nur seine zentrale Stellung in unserem Leben und verhindert unsere Fähigkeit, uns darüber hinaus zu bewegen. Wenn das kleine, sozusagen geschäftsführende Selbst unser Leben bestimmt, ist das nicht so, weil das Ich unverzichtbar ist, sondern weil wir kein größeres Prinzip gefunden haben, das uns führen könnte. Das Ich ist jemand, der den Thron beansprucht; es sitzt auf dem Platz des realen Souveräns, und der ist unsere wahre Natur, unser größeres Sein.

Wenn wir einmal nicht mehr an das Ich als an eine permanente Struktur glauben, die für ausgewogenes Funktionieren der Psyche oder für effektives Handeln in der Welt notwendig ist, können wir beginnen zu erkennen, wie die Fähigkeiten für Ausgewogenheit, Harmonie und Integration, Kraft und Geschick im Handeln Ressourcen sind, die zu unserer größeren Natur gehören. Wenn diese größeren Fähigkeiten des Seins aufgedeckt werden, können sie die Funktionen übernehmen, die bis dahin das kontrollierende Ego-Selbst ausgeübt hat. Dann wird es möglich, auf eine Weise in der Welt zu funktionieren, die uns nicht von unserem Sein abschneidet.

Das Ich als Selbstrepräsentanz

Der zweite Bereich des Ichs – die Kontinuität eines bekannten, vertrauten Selbst-Gefühls, der Glaube „Ich bin auf eine konsistente Weise ich" – wirft eine subtilere und schwierige Frage auf: Wenn das Ich letztlich nicht real ist, wie kommt es dann, dass ich ständig das Gefühl habe, dass ich dasselbe *Ich* bin? Die buddhistische Psychologie erklärt die relative Konsistenz des Selbst-Gefühls mit Hilfe des Karmas, der Weitergabe von Tendenzen von einem Bewusstseinsmoment (mind-moment) zum nächsten. Jeder Bewusstseinsmoment, in dem man festhält, trägt einen früheren Moment, in dem man festhält, weiter und gibt ihn an einen darauf folgenden Moment weiter. Der Vater der amerikanischen Psychologie, William James, lässt diese Vorstellung von Karma in seiner Analyse anklingen, wie Gedanken eine Kette scheinbarer Besitzerschaft erben und weitergeben:

> „Jeder Pulsschlag kognitiven Bewusstseins, jeder Gedanke, stirbt ab und wird durch einen anderen ersetzt. ... Jeder spätere Gedanke ist, indem er die Gedanken, die vorangingen, weiß und einschließt, das endliche Gefäß ... von allem, was sie enthalten und besitzen. Jeder Gedanke wird so als ein Besitzer geboren und stirbt als etwas, was besessen wird, indem er an seinen späteren Besitzer weitergibt, was immer er als sein Selbst realisiert hat ... wie der Baumstamm, der erst von William und Henry getragen wird, dann von William, Henry und John, dann von John und Peter und so weiter. Alle realen Einheiten der Erfahrung überschneiden sich. Jeder Gedanke stirbt ab und wird durch einen anderen ersetzt, indem man sagt: ‚Du bist mein Eigentum und Teil desselben Selbst mit mir.'"[a]

Wofür ich mich in diesem Moment halte, ist deshalb immer davon bestimmt, wofür ich mich einen Moment zuvor gehalten habe. Ramana Maharshi beschrieb diese illusionäre Kontinuität des Egos auf eine erstaunlich ähnliche Weise wie James:

> „Dieses geisterhafte Ich ... bekommt seine Existenz dadurch, dass man nach einer Form greift und sie festhält; durch Festhalten einer Form dauert es an; wenn es eine Form aufgibt, greift es eine andere Form. ... Das Ich ist wie diese Raupe, die erst ihren Halt loslässt, wenn sie einen anderen erwischt hat."[b]

Auf diese Weise ist der Denkprozess das, was das Gefühl eines kontinuierlichen, beständigen Selbst ständig neu erschafft. Der größte Teil unseres Denkens dreht sich in der Tat um den zentralen Ich-Gedanken und bestätigt ihn.

Die westliche und die östliche Psychologie haben tatsächlich hinsichtlich der Natur der Ichidentität einen wichtigen Bereich gemeinsam, in Bezug auf den sie übereinstimmen: Sie sehen sie beide als eine Konstruktion, die durch die Kraft der Konditionierung hergestellt wird. Nach der westlichen Entwicklungspsychologie fehlt Neugeborenen ein Selbst-Gefühl und sie entwickeln es nur allmählich durch Interaktionen mit ihren Pflegepersonen. Kinder bauen ihr Selbst-Gefühl dadurch auf, dass sie Aspekte ihrer Eltern und wie sie mit ihnen in Beziehung sind internalisieren und sich damit identifizieren. Diese Ichidentität wird aus *Selbstrepräsentanzen* gebildet – aus Bildern von einem selbst, die ihrerseits zu umfassenderen Prägungen gehören, die auf Transaktionen zwischen ihnen selbst und anderen beruhen und die *Objektbeziehungen* genannt werden.

Obwohl die östliche Psychologie die kindliche Entwicklung nicht berücksichtigt, sieht auch sie die Ichidentität als eine Konstruktion der Psyche, die durch Konditionierung, oder durch Karma, gebildet wird. Eine Definition des Egos als das *hergestellte* oder *konstruierte Selbst* ist also etwas, auf das sich östliche und westliche Psychologie einigen könnten. Beide Seiten würden mit Ernest Beckers Feststellung übereinstimmen, dass das defensive Ich des Kindes ihm ermöglicht „zu fühlen, dass es sein Leben und seinen Tod *kontrolliert* ... dass es eine einzigartige und selbst gestaltete Identität besitzt, dass es *jemand* ist."ᶜ Der entscheidende Unterschied ist, dass das östliche Denken diesen „*jemand*" als letztlich irreal und entbehrlich ansieht, während westliche Psychologen dazu tendieren, ihm permanenten Status zuzuerkennen, indem sie ihn als substantiell, dauerhaft und unverzichtbar betrachten.

Doch wie kann ein konstruiertes Selbst-Gefühl, das aus Selbstkonzepten gebaut ist, real sein oder eine echte, dauerhafte Kraft haben? Dies ist eine Frage, die sich die westliche Psychologie nie gestellt hat. Der Psychologe J. F. Masterson zeigt diese Verwirrung, wenn er das *reale Selbst* als „alle unsere Selbstbilder plus die Fähigkeit, sie miteinander in Beziehung zu bringen und zu erkennen, dass sie ein einziges, einzigartiges Individuum bilden" definiert.ᵈ Ein Buddhist könnte Masterson sagen: „Wie kann ein *reales* Selbst aus Bildern bestehen? Was ist real an einer Sammlung von Selbstrepräsentanzen, da diese nur mentale Konzepte sind? Dies hört sich für mich an wie ein Kartenhaus." Genau deshalb, weil das egoische Selbst ein mentales Konstrukt ist, sind kontemplative Psychologien der Auffassung, dass es keine eigene Realität besitzt.

Wenn es ein wahres Selbst jenseits des Ichs gibt, dann müsste es eine Realität sein, die direkt gewusst und erkannt werden kann, ohne Rückgriff auf Bilder – das heißt sozusagen ein Ich jenseits des Ich. Ramana Maharshi nannte dies „das reine ‚Ich' … das reine Sein … frei von Gedanken-Illusion."ᵉ Die Beschränktheit der westlichen Psychologie besteht darin, dass sie es versäumt, über das konventionelle Ich oder Selbst zu dieser größeren Dimension des Seins zu schauen.

Obwohl C. G. Jung von einem transzendenten Selbst hinter dem Ich sprach, konnte Jungs Selbst nie direkt realisiert, sondern nur durch Bilder – archetypische Bilder in diesem Fall – offenbart werden. Und während Jung ein spirituelles Prinzip in der Psyche anerkannte, konnte er wie die meisten westlichen Psychologen kein egoloses Bewusstsein als einen Entwicklungsschritt über das Ich hinaus einräumen. Er konnte es nur als einen Schritt zurück sehen, der zu einem primitiveren inneren Zustand führt, der auf Kosten eines reifen, differenzierten Bewusstseins vom Unbewussten beherrscht ist. In seinen Worten: „Bewusstsein ist unvorstellbar ohne ein Ich. Wenn es kein Ich gibt, gibt es niemanden, der sich etwas bewusst sein kann. Das Ich ist deshalb für den bewussten Prozess unverzichtbar. Das östliche Denken hat jedoch keine Schwierigkeit damit, sich ein Bewusstsein ohne ein Ich vorzustellen. ... [Ein] egoloser psychischer Zustand kann für uns nur unbewusst sein, und zwar aus dem einfachen Grund, dass es niemanden gäbe, der ihn beobachten kann."f

Ich als Habenwollen

Um den Sinn und die Wichtigkeit von Egolosigkeit in der buddhistischen Psychologie zu verstehen, müssen wir ihre Sicht des Egos näher betrachten. Wenn die westliche Psychologie das Ich vor allem als eine *Struktur* definiert, die auf Selbstrepräsentanzen und Prägung durch Interaktionen von einem selbst mit anderen (Objektbeziehungen) aufbaut, richtet die buddhistische Psychologie ihre Aufmerksamkeit stattdessen auf ein Ich als eine *Aktivität* – eine wiederkehrende Tendenz, sich selbst zu etwas Festem und Definiertem zu machen und nach allem zu greifen und es festzuhalten, was diese Identität aufrechterhält, während alles abgelehnt wird, was sie bedroht. Ein tibetischer Begriff, der oft als *Ich* übersetzt wird, bedeutet wörtlich „nach Selbst greifen" (*dak-dzin*) oder „an dem ‚Ich' festhalten, das ich zu sein glaube". Es ist diese Aktivität des Greifens, die jede Erfahrung – von der Jagd nach weltlichem Status bis zu subtileren Formen des Festhaltens an Ideen, Gefühlen oder sogar spirituellen Erfahrungen – zu Ichaktivität macht.

Das Ich im buddhistischen Sinn ist dann die andauernde Aktivität, die darin besteht, sich getrennt zu halten, sich zu etwas Festem und Bestimmtem zu machen und sich mit diesem abgespaltenen Fragment des Feldes der Erfahrung zu identifizieren. Wenn dieses Identitätsprojekt dauernd aufrechterhalten wird, wird damit eine Teilung zwischen Selbst und anderen perpetuiert, die uns davon abhält, uns als nahtlos in das größere Feld der Realität verwoben zu erkennen. Und je mehr wir uns von der Welt, von unserer eigenen Erfahrung und von der nackten Macht des Lebens selbst getrennt halten und diese als *Anderes* betrachten, um so mehr fallen wir innerem Kampf, Unzufriedenheit, Angst und Entfremdung zum Opfer.

Eine buddhistische Sicht der Ichentwicklung

Die westliche Psychologie studiert die Entwicklung des Ichs (als eine Struktur) horizontal, im Hinblick auf eine Folge von Phasen, die eine Reihe von Jahren in der Kindheit umspannen. In Gegensatz dazu betrachtet die buddhistische Psychologie das egoische Selbst auf eine eher vertikale unmittelbare Weise – als die Aktivität, mit der jeden Moment unser Konzept von uns selbst immer wieder neu geschaffen und verstärkt wird. Wenn wir in Gestalt eines Querschnitts ein Diagramm der Ichaktivität herstellen würden, würden wir fünf Tendenzen als Schichten übereinander am Werk sehen, die als die *Skandhas* bekannt sind, die im Inneren wirksam sind und unsere Erfahrung der Realität formen.[1]

Die Empfindung eines getrennten Selbst entsteht anfangs aus der Kontraktion gegen die uneingeschränkte, unbegrenzte Offenheit des Seins, um ein gewisses Maß an Sicherheit und Kontrolle herzustellen. Diese Kontraktion etabliert mich als etwas Begrenztes, Bestimmtes, Substantielles und Getrenntes und stellt eine Spaltung zwischen Selbst und Nicht-Selbst her. Dies ist der erste Skandha, der als *Form*, oder „Geburt der Unwissenheit" bekannt ist. Aus der Perspektive der Entwicklungspsychologie würde der erste *Skandha* der Phase entsprechen, wenn das Bewusstsein des Kindes den Körper besetzt oder sich mit ihm identifiziert. Daraus entsteht die Überzeugung „Ich bin dieser Körper", zusammen mit dem Gefühl der Begrenztheit und der Getrenntheit, das sie begleitet.

Wenn das *Ich* sich einmal von der größeren Weite der Realität getrennt hat, prüft es, ob das Nicht-Selbst, das ihm gegenübersteht, freundlich, bedrohlich oder neutral ist. Dies ist der *Skandha* des *Gefühls* – das Hinfühlen, ob Situationen für uns oder gegen uns sind. Auf diese Weise wird unsere Beziehung zur Realität von den Kategorien Lust und Schmerz, Hoffnung und Angst, Mögen und Nichtmögen geformt. Wir mögen Menschen, Situationen und Erfahrungen, die unsere Identität bestätigen oder die Wirkung haben, dass wir uns stabiler und sicherer fühlen, und wir mögen alles das nicht, was unsere begrenzte Identität bedroht. Die Spaltung zwischen Selbst und Nicht-Selbst, die im ersten *Skandha* auftaucht, findet jetzt auch *innerhalb* des Selbst statt. Wir mögen das gute (fähige, liebenswerte, kompetente) Selbst, das wir zu sein hoffen, und wir mögen nicht das schlechte (unfähige, nicht liebenswerte, mangelhafte, unwerte) Selbst, das wir fürchten möglicherweise zu sein.

Zum dritten *Skandha*, als *Wahrnehmung* oder *Impuls* bezeichnet, gehört, dass man gegenüber Situationen eine Haltung einnimmt – der Leidenschaft, Aggression oder Unwissenheit –, je nachdem, ob wir sie als freundlich, bedrohlich oder neutral wahrnehmen. *Leidenschaft* bedeutet hier die Aktivität des Jagens, Zugreifens, Verführens, Besitzens, Inkorporierens und Festhaltens an Situationen, die unsere Identität bestätigen. Manche Menschen versuchen, sich dadurch zu bestätigen, dass sie nach Lust jagen, andere durch Festhalten an Schmerz („Ich leide, deshalb bin ich"). Zu *Aggression* gehört, dass man alles angreift oder ablehnt, was unser Identitätsprojekt bedroht – unsere Versuche, uns selbst als stabil, real und wertvoll zu etablieren. Wir müssen ständig alles abwehren, was uns entwerten oder implizieren könnte, dass wir schlecht oder unfähig sind. Und zu *Unwissenheit* gehören Apathie und Gleichgültigkeit gegenüber Situationen, die nicht interessant sind, weil sie uns weder bestätigen noch bedrohen.[2]

Der vierte *Skandha*, bekannt als *Konzeptualisierung*, repräsentiert einen weiteren Schritt in Richtung Verfestigung unserer Identität. Wir erzeugen ausgefeilte Überzeugungen und Interpretationen der Realität, die auf unserem Muster von Hoffnung und Angst beruhen. Diese Geschichten und Überzeugungen über Selbst und Welt verstärken und kristallisieren unsere Strategien des Ergreifens, der Abneigung und der Gleichgültigkeit. Sie halten uns in einer engen, sich selbst perpetuierenden konzeptuellen Welt gefangen und isoliert.

Diese vier Tendenzen sind wie rauschende Bäche, die alle im fünften *Skandha* zum Höhepunkt kommen, dem permanenten *Bewusstseinsstrom*. Wenn Sie sich anschauen, was den endlosen Sturzbach Ihrer Gedanken und Gefühle antreibt, werden Sie unvermeidlich die ersten vier *Skandhas* am Werk finden – Kontraktion und Verfestigung, Hoffnung und Angst, Habenwollen und Ablehnen, und die kontinuierliche Reinszenierung vertrauter Selbstkonzepte. Der größte Teil unserer mentalen Aktivität ist ein Versuch zu beweisen, dass wir existieren, dass wir etwas Stabiles sind und dass wir OK und richtig sind. Das Ich erhält sich durch das endlose Selbstgespräch des geschäftigen Kopfes aufrecht, das alle Lücken oder offenen Räume im Bewusstseinsstrom zudeckt.

Wenn wir diesen Querschnitt des Ichs zeichnen sollten, könnte man die fünf *Skandhas* wie Schichten eines Kuchens abbilden. Diese Schichtstruktur kann durch sorgfältige Aufmerksamkeit auf das Spiel des Bewusstseins wirklich entdeckt werden. Wenn wir zu meditieren beginnen, ist das, was wir gewöhnlich als Erstes entdecken, die oberste Schicht – das unaufhörliche Geplapper des geschäftigen Denkens mit seinem chaotischen Strom von Gedanken und Eindrücken. Bei fortgesetzter Übung beginnen wir die darunter liegenden Schichten des Denkens des Ichs zu entdecken, die unsere Gedanken treiben: Konzepte von einem selbst und von anderen, die ständige Tendenz, haben zu wollen und abzulehnen, das ständige innere Wühlen von Hoffnung und Angst, das ihm zugrunde liegt, und als unterste Schicht die Spannung und Kontraktion, die mit dem permanenten Versuch verbunden ist, eine getrennte Identität des Selbst aufrechtzuerhalten.

William James beschrieb den Fluss des Denkens, der dem zugrunde liegt, was er das „zentrale Selbst" nannte, auf ähnliche Weise:

> „Können wir jetzt genauer sagen, worin das Gefühl des zentralen aktiven Selbst besteht?... Zuerst einmal bin ich mir in meinem Denken eines ständigen Spiels von Förderungen und Behinderungen bewusst. ... Unter den Dingen, an die ich denke, gehören einige auf die Seite der Interessen des Denkens [Leidenschaft], während andere eine unfreundliche Rolle dabei spielen [Aggression]. Die wechselseitigen Unstimmigkeiten und Übereinstimmungen, Verstärkung und Obstruktionen ... produzieren ... unaufhörliche Reaktionen meiner Spontaneität auf sie, in Form von Begrüßen oder Entgegenstellen, Aneignen oder Enteignen, Streben in gleicher Richtung oder dagegen, Ja sagen oder Nein. Dieses pochende innere Leben ist in mir der zentrale Kern [des Selbst]."g

James macht einen weiteren Schritt in die buddhistische Richtung, indem er erkennt, dass unter dieser mentalen Dynamik kein substantielles Selbst zu finden ist:

> „Aber wenn ich ... mich mit Einzelheiten abmühe, den Tatsachen so nah wie möglich komme, ist es schwer für mich, in der Aktivität überhaupt

irgendein rein spirituelles Element zu entdecken [das heißt irgendein zentrales Selbst]. Wann immer es meinem Blick meiner Introspektion gelingt, sich schnell genug umzudrehen, um eine dieser Manifestationen zu erwischen ... sozusagen auf frischer Tat, ist alles, was ich jemals deutlich fühlen kann, ein gewisser körperlicher Prozess, der zum größten Teil im Kopf stattfindet."[g]

Ich und Egolosigkeit

Obwohl die egoische Aktivität des Kontrahierens, Habenwollens und Identifizierens unablässig da ist, ist sie nicht beständig oder kontinuierlich wie eine Muschel an einem Felsen. Eher ist es so, dass Habenwollen und Kontraktion kommen und gehen, wie eine Faust sich abwechselnd ballt und entspannt. Wenn eine Faust immer geballt bliebe, würde sie aufhören, eine Hand zu sein, und würde zu einer anderen Art Glied werden. Genauso wie eine Faust die Aktivität des Ballens einer offenen Hand ist, ist das Ich die Verfestigung einer offenen, nicht-festhaltenden (nicht-habenwollenden) Bewusstheit, die an sich *egolos* ist. Das Ich entsteht ständig aus Egolosigkeit und sinkt wieder in Egolosigkeit zurück, wie eine Faust, die sich anspannt und wieder entspannt.

Wenn das Ich Bewusstheit in einem kontrahierten Zustand und Egolosigkeit Bewusstheit in einem entspannten Zustand ist, dann ist klar, dass das Ich nicht ohne Egolosigkeit existieren kann, die sein Grund ist. Daher hat der Theologe Harvey Cox unrecht, wenn er behauptet: „Es gibt in unserer westlichen Erfahrung überhaupt keine Basis dafür, zu verstehen, was der Buddhismus mit Egolosigkeit meint".[h] Jeder hat kurze Blicke auf Egolosigkeit in den Lücken und Zwischenräumen zwischen Gedanken, die gewöhnlich unbemerkt bleiben. Das Ich ist in jedem Moment Sterben und Wiedergeborenwerden. Wir müssen ständig loslassen, was wir schon gedacht, erreicht, gewusst, erlebt haben und geworden sind. Ein Gefühl der Panik liegt diesen Geburten und Toden zugrunde, das weiteres Festhalten und Klammern stimuliert. Existentielle Angst entsteht als eine Empfindung drohenden Todes, eine dämmernde Erkenntnis, dass das *Ich* nichts Festes ist, dass es keine wirkliche Unterstützung hat und ständig von der Möglichkeit bedroht ist, sich zurück in den egolosen Grund des Seins aufzulösen, aus dem es entstand. Das Ich enthält gerade in seinem Kern *eine Panik vor Egolosigkeit*, eine Angstreaktion auf die vorbehaltlose, bedingungslose Offenheit, die jedem Moment des Bewusstseins zugrunde liegt.

Wenn man sich mit einem Selbstkonzept identifiziert, ist das ein Versuch, sich selbst eine Form, eine gewisse Kontrolle über die Dinge, eine gewisse Sicherheit zu geben. Die Erfahrung kann sich ändern, aber wenigstens, so hoffen wir, bleibt der, der die Erfahrung macht. Aber indem er seine ständig drohende Auflösung in Offenheit hinein abwehrt, kommt der Erfahrende seiner eigenen Erfahrung in die Quere, indem er zu einer Verdunklung wird, die direkten Kontakt mit unserer wahren Natur, mit anderen und mit dem größeren Strom des Lebens verhindert.

Wenn man Egolosigkeit als die offene Hand versteht, aus der sich die geballte Faust des Ichs formt, dann hilft uns das zu sehen, dass sie für unsere Existenz oder für effektives Funktionieren in der Welt keine Bedrohung darstellt. Eine Faust kann für bestimmte Zwecke nützlich sein, aber auf lange Sicht können wir mit einer offenen Hand viel mehr tun. Und am Ende ist es nur egolose Bewusstheit, die uns ermöglicht, dem Tod in allen seinen Formen zu begegnen und ihn anzunehmen. Wenn wir den Tod des Egos als einen integralen, wiederkehrenden Aspekt des Lebens erkennen, wird es möglich, unsere Angst vor dem Loslassen zu überwinden. Wenn wir nicht getrieben sind, unser begrenztes Selbst zu beweisen, zu rechtfertigen, zu verteidigen oder unsterblich zu machen, können wir tiefer atmen, den Tod als ein erneuerndes Element innerhalb eines weiteren Lebenskreises wertschätzen und die Realität in allen Formen annehmen, in denen sie sich präsentiert.

Deshalb ist die Angst vieler Psychoanalytiker, für die Egolosigkeit wie ein Vorläufer einer Psychose, Paralyse oder Dekompensation klingt, unbegründet.[3] Denn egolose Bewusstheit bedeutet nicht, dass man die konventionellen Grenzen aus den Augen verliert, wo diese Psyche und dieser Körper aufhören und eine andere Psyche und ein anderer Körper beginnen. Vielmehr werden diese konventionellen Grenzen des Selbst als genau das gesehen – konventionelle Konstruktionen –, und nicht als absolute Abgrenzungen, die ein stabil existierendes, getrenntes Territorium einzäunen.

Die kontinuierliche Aktivität des Festhaltens an einer Ichidentität ist ihrem Wesen nach narzisstisch, denn sie hält uns damit beschäftigt, ein Bild von uns selbst zu entwerfen. Auch Freud erkannte den Narzissmus, der wesentlich zum Ich gehört, als er schrieb: „Die Entwicklung des Ichs besteht aus einem Abweichen vom primären Narzissmus und resultiert in einem kraftvollen Versuch, ihn wiederzuerlangen."[i] Wenn wir also wahrhaft über narzisstische Verwicklung des Selbst hinausgehen wollen, müssen wir daran arbeiten, unsere Identifikation mit allem zu überwinden, was wir zu sein uns vorstellen, was immer das ist – jedes Bild von uns selbst als etwas Festes, Getrenntes oder Definiertes. Je weniger wir mit Bildern davon beschäftigt sind, wer wir sind, um so mehr werden wir in der Lage sein, unsere tiefe Verbindung mit allen Lebewesen als andere Ausdrucksformen des Mysteriums zu erkennen, das auch unsere innerste Natur durchdringt.

4 Das Spiel des Geistes
Form, Leere und Jenseits

Form ist Leere, Leere selbst ist Form;
Leere ist nichts anderes als Form, Form ist nichts anderes als Leere.
HERZ-SÛTRA

Bei jeder Intensivierung der Sinneswahrnehmung, bei jeder Anstrengung, sich zu erinnern, bei jedem Fortschritt in Richtung der Befriedigung von Begehren ist diese Aufeinanderfolge einer Leere und einer Fülle, die aufeinander bezogen und ein Fleisch sind, die Essenz des Phänomens.
WILLIAM JAMES

In der Lücke zwischen Gedanken
scheint beständig nichtkonzeptuelle Weisheit.
MILAREPA

Man kann sich leicht vorstellen, dass uns das Leben einfach passiert, als hätten wir keinen Anteil an der Regie des dreidimensionalen Films, der überall um uns herum abläuft. Doch gemäß buddhistischer kontemplativer Psychologe und auch einiger westlicher psychologischer Theorien ist unsere Erfahrung der Realität – wie wir Dinge sehen, was sie für uns bedeuten, wie wir fühlen und auf sie reagieren – zum großen Teil von der Psyche konstruiert. Dies ist wirklich eine gute Botschaft. Denn wenn Leiden von der Psyche erzeugt wird, bedeutet dies, dass die Psyche das Leiden auch auflösen kann, das sie erzeugt hat.

Wenn wir bewusster leben oder uns selbst mehr kennen oder aus dem Albtraum unserer persönlichen oder kollektiven Vergangenheit aufwachen sollen, dann ist es essentiell, die Natur unserer Psyche anzuschauen – wie sie unsere Realität formt und wie sie uns auch freilassen könnte. Ein tibetischer tantrischer Text sagt dazu: „Die Psyche ist das, was sowohl Gefangenschaft als auch Befreiung, Verwirrung und Erwachen erzeugt, deshalb ist es essentiell, diesen König zu kennen, der all unsere Erfahrung erzeugt."

Die westliche Psychologie hat den Geist vor allem mittels begrifflichen Denkens und rationaler Analyse studiert; als Ergebnis hat sie dem Denken, sogar dem „Denken über das Denken", den höchsten Status zuerkannt. Die moderne Tiefenpsychologie ist über dieses traditionelle Verständnis hinausgegangen, indem sie dem größere Wichtigkeit beigemessen hat, was sich dem Denken entzieht: unterbewusste Gefühle, Wünsche, Impulse, Bilder. Doch die Sicht der modernen Psychologie von der Psyche bleibt begrenzt, weil sie ihre Aufmerksamkeit in für den Westen charakteristischer Weise auf die *Inhalte* der Psyche richtet, während sie die Psyche als einen in der Erfahrung gegebenen *Prozess* vernachlässigt.

William James war ein früher Kritiker der Tendenz der Psychologie, den Inhalt der Psyche zu überschätzen und dabei den fließenden Strom des Bewusstseins selbst zu ignorieren – was für ihn so war, als sagte man, dass „ein Fluss aus nichts anderem besteht als aus Eimern, Löffeln, Töpfen und Fässern voller Wasser und aus anderen gegossenen Formen von Wasser. Auch wenn die Eimer und die Töpfe tatsächlich alle in dem Strom stünden, würde zwischen ihnen immer noch das freie Wasser weiter *fließen*." Damit, dass er die Aufmerksamkeit auf den Fluss des Bewusstseins lenkt, auf das freie Wasser, das nicht auf seine gegossenen Formen eingeschränkt werden kann, kommt James dem buddhistischen Verständnis der Alltagspsyche als *Bewusstseinsstrom*, als ein kontinuierlicher Fluss von Erfahrung von Moment zu Moment, nahe.

Die buddhistische Psychologie geht aber einen Schritt weiter. Jenseits des statischen westlichen Fokus auf dem Inhalt der Psyche und der dynamischeren Sicht des Bewusstseinsstroms als einem Fluss der Erfahrung erkennt sie eine noch größere Dimension der Psyche an – die Präsenz nichtkonzeptueller Bewusstheit oder *Nichtdenkens*, wie sie manchmal genannt wird. Im Gegensatz zu den Formen, die das Bewusstsein annimmt – Gedanke, Gefühl, Wahrnehmung – besitzt die weitere Natur des Bewusstseins keine Gestalt oder Form. Daher wird sie oft als *Leere* beschrieben. Wenn der Inhalt der Psyche wie Eimer und Fässer ist, die in einem Strom schwimmen, und der Bewusstseinsstrom wie das dynamische Fließen des Wassers, dann ist reine Bewusstheit wie das Wasser selbst in seiner essentiellen Nässe. Manchmal ist das Wasser still, manchmal ist es aufgewühlt; doch es bleibt immer, wie es ist, nass, flüssig, wässrig. Auf dieselbe Weise ist reine Bewusstheit niemals von irgendeinem inneren Zustand eingeschränkt oder unterbrochen. Daher ist es die Quelle von Befreiung und wahrem Gleichmut.

Wenn wir das Spiel der Psyche zu beobachten beginnen, ist das, was wir am leichtesten bemerken, der Inhalt des Bewusstseins – die andauernde, sich überschneidende Folge von Wahrnehmungen, Gedanken und Gefühlen. Wenn wir durch eine Schulung wie Meditation eine subtilere, feinere und anhaltendere Art der Beobachtung entwickeln, entdecken wir zusätzlich zu diesen *differenzierten Bewusstseinsmomenten* einen anderen Aspekt des Bewusstseinsstroms, der gewöhnlich verborgen bleibt: unartikulierte Lücken oder Räume, die zwischen unseren einzelnen Gedanken, Gefühlen und Wahrnehmungen erscheinen. Diese Räume zwischen den Eimern und Fässern voller Wasser, die im Strom treiben, sind zuerst schwer zu erkennen und unmöglich zu erinnern, weil sie keine bestimmte Form oder Gestalt haben, an die wir uns halten können. Doch wenn wir nicht versuchen, sie festzuhalten, können diese *undifferenzierten Bewusstseinsmomente* einen Blick auf die größere, umfassendere Realität verschaffen, die jenseits des Bewusstseinsstroms liegt: auf den reinen Grund nichtkonzeptueller Bewusstheit, die alle Aktivitäten des Geistes umfasst und auch überschreitet und übertrifft.

So enthält das Spiel der Psyche drei Elemente: differenzierte und undifferenzierte Bewusstseinsmomente und die größere Bewusstheit im Hintergrund, in der das Zusammenspiel von diesen beiden stattfindet. In der tibetischen Mahâmudrâ-Tradition sind diese drei Elemente als Bewegung,

Stille und Bewustheit bekannt. Der Wechsel zwischen Bewegung und Stille – zwischen differenzierten und undifferenzierten Bewusstseinsmomenten – bildet den fließenden Strom des Bewusstseins, der die Vordergrundebene der Psyche ist. Und durch die relative Stille der schweigenden Räume zwischen Gedanken finden wir eine Tür in die Essenz der Psyche selbst, die weitere Bewusstheit im Hintergrund, die sowohl in Bewegung als auch in Stille präsent ist, ohne Präferenz für eine der beiden.[1] Diese weitere Bewusstheit existiert aus sich selbst. Sie kann nicht gemacht oder hergestellt werden, weil sie immer da ist, ob wir es bemerken oder nicht.

Form und Leere im Bewusstseinsstrom

Die Erfahrung von Nichtdenken oder Leere, die am häufigsten vorkommt und für uns ganz alltäglich und normal ist, ist die Erscheinung kleiner Lücken zwischen unseren Gedanken – von Lücken, die ständig vorkommen, doch normalerweise übersehen werden. Zum Beispiel gibt es, nachdem wir einen Satz gesprochen haben, eine natürliche Pause, die bei der schriftlichen Wiedergabe mit Punkten markiert wird und die für einen Bruchteil einer Sekunde eine Rückkehr zu undifferenzierter Bewusstheit erlaubt. Oder es kann zwischen den Worten des Satzes selbst Pausen und Lücken geben – oft verbal von „Hm" oder „Ah" verdeckt –, die für den Bruchteil einer Sekunde Aufmerksamkeit für den präverbalen Sinn dessen erlauben, was wir sagen möchten.

Als einer der ersten westlichen Erforscher des Bewusstseins war William James besonders an diesen undifferenzierten Momenten im Bewusstseinsstrom interessiert – die er die „transitiven Teile" nannte, im Gegensatz zu den substantielleren Momenten formalen Denkens und formaler Wahrnehmung. Er verstand auch die Unmöglichkeit, fokale Aufmerksamkeit zu nutzen, um zu versuchen, diese diffusen Räume des Übergangs zu beobachten, die zwischen mehr substantiellen Bewusstseinsmomenten vorkommen. „Nun ist es sehr schwierig, auf introspektive Weise die transitiven Teile als das zu sehen, was sie wirklich sind. Wenn sie nichts anderes als Fluchtbewegungen zu einer Schlussfolgerung sind, bedeutet es, sie wirklich auszulöschen, wenn man sie anhält, um sie anzuschauen, bevor die

Schlussfolgerung erreicht ist. ... Der Versuch introspektiver Analyse ist in diesen Fällen tatsächlich so, als griffe man nach einem sich drehenden Kreisel, um seine Bewegung zu fassen, oder als versuchte man, das Gas schnell genug aufzudrehen, um zu sehen, wie die Dunkelheit aussieht."[b]

Die Schwierigkeit, diese undifferenzierten Momente mit fokaler Aufmerksamkeit zu erfassen und wahrzunehmen, hat die westliche Psychologie dazu gebracht, sie vollkommen zu übergehen, ein Irrtum, den James den Trugschluss der Psychologen nannte: „Wenn es so schwer ist, die transitiven Teile des Gedankenstroms festzuhalten und zu beobachten, dann muss der grobe Fehler, der allen Schulen vorzuwerfen, das Versäumnis, die Unterlassung sein, sie aufzuzeichnen, und die unangemessene und übermäßige Betonung der substantielleren Teile des Stroms."[c]

Die Tendenz der Psyche, feste Formen zu ergreifen, kann man mit einem Vogel im Flug vergleichen, der immer nach dem nächsten Zweig Ausschau hält, auf dem er landen kann. Und dieser enge Fokus hält uns davon ab, wertzuschätzen, wie es ist, durch den Raum zu segeln, um das erfahren, was ein chassidischer Meister den „Zwischenzustand" nannte – einen Urzustand der Potentialität, der neue Möglichkeiten gebiert. Indem wir ständig nach einer Überzeugung oder einem Glauben, einer Haltung, einer Identität oder einer emotionalen Reaktion Ausschau halten, um uns verzweifelt daran festzuhalten, übersehen wir das Zusammenspiel von Form und Leere im Bewusstseinsstrom – aus dem alle Kreativität entsteht.

Schönheit selbst ist eine Funktion dieses Zusammenspiels. Dinge heben sich nur als schön in Beziehung zu dem Raum ab, der sie umgibt. Die schönsten Antiquitäten bedeuten nichts in einem verstopften Raum. Ein plötzlicher Donnerschlag ist nicht nur aufgrund des Tons ehrfurchteinflößend, sondern aufgrund der Stille, die er unterbrochen hat, wie James feststellt: „In das Bewusstsein vom Donner selbst dringt das Bewusstsein der vorangegangenen Stille und bleibt dann; denn was wir hören, wenn es donnert, ist nicht *reiner* Donner, sondern Donner-der-in-Stille-einbricht-und-mit-ihr-kontrastiert. ... Die *Empfindung* des Donners *ist* auch ein Gefühl der Stille, die gerade vorbei ist."[d]

Gefühle innerhalb des Stroms des Bewusstseins nehmen ihren spezifischen Charakter auch durch die Räume an, die sie umgeben. Echtes

Gefühl entsteht im Allgemeinen anders als reaktive Emotionen in Räumen der Stille und Kontemplation. Zum Beispiel kann eine Empfindung der Traurigkeit, die auf einen Moment stiller Reflexion folgt, eine tief schmerzliche Wahrheit vermitteln, anders als der Kummer, der aus einem aktiven, bewegten inneren Zustand entsteht, der von Gedanken der Selbstanklage erfüllt ist.

Ähnlich gehen in der Musik die Kontur, die Bedeutung und die Schönheit einer Melodie auf die Intervalle zwischen den Noten zurück. Der große Pianist Artur Schnabel hat das erkannt und schrieb: „Die Noten behandle ich nicht besser als viele Pianisten. Aber die Pausen zwischen den Noten – das ist der Ort, wo die Kunst ihren Sitz hat." Eine einzige Note hat an sich wenig Bedeutung, und sobald zwei Töne erklingen, stehen sie sofort durch die Gestalt des Raums oder des Intervalls zwischen Ihnen miteinander in Beziehung. Das Intervall einer Terz vermittelt ein vollkommen anderes Gefühl als eine Quinte. Wenn diese Intervalle erklingen, sind die Noten selbst von sekundärer Bedeutung, denn jedes Paar Noten, das dasselbe Intervall bildet, klingt ziemlich ähnlich.

Deshalb sorgt die Musik für eine interessante Analogie für das Zusammenspiel zwischen Form und Leere innerhalb der weiteren Ökologie der Psyche. *Form ist Leere*: die Melodie ist eigentlich ein Muster von Intervallen zwischen den Tönen. Obwohl man eine Melodie gewöhnlich für eine Folge von Noten hält, ist sie ebenso, wenn nicht noch mehr, eine Folge von Räumen, denen die Töne einfach dazu dienen, sie abzugrenzen. Und *Leere ist Form*: Nichtsdestoweniger bildet dieses Muster von Intervallen eine bestimmte, einzigartige melodische Progression, die gesungen und erinnert werden kann. Und der Grund sowohl der Töne als auch der Intervalle ist die größere Stille, die die Melodie umfasst und ihr ermöglicht, sich abzuheben, hervorzutreten und gehört zu werden.

Unsere gewohnte, gleichsam süchtige Abhängigkeit von der Tendenz der Psyche, haben und festhalten zu wollen, veranlasst uns, die Räume um Gedanken herum, den gefühlten Halbschatten zu übersehen, der unserer Erfahrung ihre subtile Schönheit und Bedeutung verleiht. Wenn man diese flüssigen Räume innerhalb des Bewusstseinsstroms vernachlässigt, trägt das zu einer Tendenz bei, sich mit dem Inhalt unserer Psyche zu überidentifizieren und anzunehmen, dass wir ihre Urheber und Verwalter sind. Die problemträchtige, lästige Gleichung „Ich = meine Gedanken über die Realität" führt zu einem verengten Gefühl von einem selbst, neben einer Angst um unsere Gedanken als ein Territorium, das wir verteidigen müssen.

Gefühlte Bedeutung

Bisher haben wir Leere als eine Folge von Lücken im Bewusstseinsstrom erforscht, die für einen umgebenden Raum oder Halbschatten sorgen, der unsere Erfahrung als das hervortreten lässt, was sie ist. Aber wenn wir in einen dieser undifferenzierten Bewusstseinsmomente tiefer hineinschauen, können wir auch eine reiche und diffuse Komplexität entdecken, die in der Erfahrung gegeben ist, bevor sie artikuliert wird, und die wir implizit spüren, bevor wir ihr einen expliziten Ausdruck verleihen. Bevor ich zum Beispiel diese Worte zu Papier bringe, ist das da, was Gendlin einen *Felt Sense*, einen gefühlten Sinn dessen nennt, was ich sagen möchte – wie ich vor der Reflexion die Richtung spüre, in die ich mich bewege, bevor ich sie in Worten artikuliere.

Wenn Sie dies lesen, haben Sie auch ein gewisses Gefühl von dem Ganzen dessen, was ich im Begriff bin zu sagen, auch wenn Sie es nicht genau artikulieren können. Dies ist es, was Sie von Wort zu Wort, von Satz zu Satz, von Absatz zu Absatz weiterträgt und Ihnen ermöglicht, weiter Sinn in dem zu finden und zu verstehen, was ich sage.

Ein Felt Sense ist das, worauf Sie sich innerlich beziehen würden, wenn Sie jemand fragen sollte: „Wie geht es Ihnen gerade?" Um eine präzise Antwort geben zu können, müssen Sie hinter die automatischen Antworten schauen, die Ihnen spontan einfallen, und in sich ein amorphes „Etwas" spüren, das zuerst undeutlich und unvollständig oder unfertig da ist. Vielleicht geht Ihr Blick zur Seite, Sie machen eine Pause, seufzen, murmeln etwas oder setzen sich hin, um diesem präverbal gefühlten Sinn nachzuspüren. Wenn Sie anfangen, eine Verbindung damit zu haben, wie Sie sich fühlen, nimmt dieses vage Etwas Gestalt an und es kommt zu einer Art Erkennen oder Wiedererkennen: „Ja, das ist es." Wenn Sie zur fokalen Aufmerksamkeit zurückkehren, könnten Sie dann artikulieren oder verschiedene Annahmen darüber ausführen, was Sie spüren, wie zum Beispiel: „Ich bin müde und frustriert und ein wenig vorsichtig, aber nicht ganz hoffnungslos."

Wie Gendlin gezeigt hat, ist der größte Teil unseres Handelns und unserer Rede von dieser grundlegenden, impliziten Weise des Erfahrens und Erlebens vor aller Artikulation geleitet. Denken, Bilder und Handeln sind verschiedene Weisen, wie wir diesen Sinn vor aller Artikulation formulieren und ausdrücken. Verglichen mit den Formen, die er annehmen kann, ist er relativ leer.

Wenn der „Geist leer wird" oder wenn wir einem „leeren Blick" begegnen, passiert es oft, dass es innerlich eine Verbindung mit einem reichen Hintergrund undifferenziert gefühlter Bedeutung gibt. Nach James „besteht ein gutes Drittel unseres Seelenlebens aus diesen schnellen, vorwarnenden perspektivischen Aussichten oder Blicken auf Vorhaben des Denkens, die noch nicht artikuliert sind".[e] Und deshalb ist, wie er es ausdrückt, „das Gefühl einer Abwesenheit" nicht dasselbe wie „die Abwesenheit eines Gefühls".[f] Tief innerhalb von Momenten relativer Leere entdecken wir den *diffusen Reichtum* unserer gefühlten Beteiligung am und Einbindung in das Leben.

Um einen noch nicht artikulierten Felt Sense zu artikulieren, müssen wir unsere gewohnte fokale Aufmerksamkeit entspannen und zu einer diffuseren Aufmerksamkeit übergehen, die ein holistisches Prüfen in der Erfahrung gegebener Komplexität ermöglicht. Kreatives Denken, Handeln und Entscheiden, spirituelle oder psychotherapeutische Einsicht und künstlerischer Ausdruck entstehen alle aus diesem holistischen Prüfen dessen, was wir spüren, aber noch nicht formal wissen. Es ist so, wie Mozart über den Prozess des Komponierens bemerkte: „Am besten ist es, wenn man alles auf einmal hört."[g]

Absolute Leere: der weitere Grund der Bewusstheit

Lücken im Bewusstseinsstrom – Räume zwischen Gedanken, Momente der Stille und diffuser Felt Sense – stellen eine *relative* Art von Leere dar. Diese Lücken sind im Vergleich mit den greifbaren Formen von Denken, Wahrnehmung oder Emotion relativ formlos. Doch die Stille in diesen

Lücken ist nur relativ, weil sie leicht unterbrochen oder gestört oder durch den nächsten Moment der Aktivität im Bewusstseinsstrom verdrängt oder ersetzt wird. Diese Art Stille ist einfach eine Erfahrung unter anderen Erfahrungen – was die Tibeter *nyam* (vorübergehende Erfahrung) nennen.

Jenseits der *relativen Leere*, die wir in diesen Lücken im Bewusstseinsstrom entdecken, liegt die viel größere *absolute Leere* der nichtkonzeptuellen Bewusstheit, die der Buddhismus gerade als die Essenz der Psyche betrachtet. Diese nichtkonzeptuelle Bewusstheit ist eine absolute Stille oder Leere, deren Raum und Schweigen eigentlich alles durchdringen, was in der Psyche vor sich geht, was sie daher auch nicht verdrängen oder ersetzen kann. Meditationspraxis kann uns helfen, diese größere Stille in Bewegung zu finden, dieses größere Schweigen im Ton, dieses Nichtdenken gerade in der Aktivität des Denkens.

Ohne anhaltende und disziplinierte innere Aufmerksamkeit ist es fast unmöglich, diesen absoluten Grund steter Bewusstheit zu entdecken, in ihn einzutreten oder in ihm zu bleiben. Denn solange wir uns schnell an der Oberfläche des Bewusstseins bewegen, werden unsere Momente der Stille schnell von der Aktivität des Denkens, des Fühlens und der Wahrnehmung gestört. Meditationspraxis sorgt für eine direkte Möglichkeit, wie man sich in diese größere Dimension nichtkonzeptueller Bewusstheit einfühlen oder einstimmen kann. Ein tibetischer Text beschreibt diese Entdeckung so: „Manchmal gibt es in der Meditation eine Lücke im normalen Bewusstsein, eine plötzlich vollkommene Offenheit. ... Sie ist ein Blick auf die Realität, ein plötzlicher Blitz, zu dem es zuerst selten, dann allmählich immer häufiger kommt. Es ist vielleicht überhaupt keine besonders erschütternde oder explosive Erfahrung, nur ein Moment großer Einfachheit."[h]

Meditation ist dazu bestimmt, uns zu helfen, über die Inhalte der Oberfläche der Psyche hinauszugelangen. Unter der Aktivität an der Oberfläche der Psyche – unter den lebendigen Schaumkronen von Denken und Emotion sowie der subtileren Ströme gefühlten Spürens – bleibt der Ozean der Bewusstheit vollkommen in Ruhe, unabhängig davon, was an seiner Oberfläche passiert. Solange wir in den Wellen des Denkens und des Gefühls verfangen sind, erscheinen sie fest und überwältigend. Aber wenn wir die Präsenz von Bewusstheit innerhalb unserer Gedanken und Gefühle finden können, verlieren sie ihre formale Festigkeit und lösen ihre Fixierungen.

Der tibetische Lehrer Tarthang Tulku drückt das so aus: „Bleibe in den Gedanken. Sei einfach da. … Du wirst zum Zentrum des Denkens. Aber es gibt nicht wirklich ein Zentrum. … Doch zugleich gibt es vollkommene Offenheit. … Wenn wir dies tun können, wird jeder Gedanke zu Meditation."[i] Auf diese Weise enthüllt Meditation die absolute Stille sowohl in den Turbulenzen der Psyche als auch in ihrer relativen Ruhe.

Hier ist dann der tiefere Sinn, in dem Form Leere ist: Die Essenz allen Denkens und aller Erfahrung ist vollkommene Offenheit und Klarheit. In diesem Sinn sorgt die buddhistische Psychologie für ein Verständnis der Psyche, das der Sicht der Quantenphysik von der Materie ähnelt. In Theorien des Quantenfeldes „ist der klassische Gegensatz von festen Partikeln und dem sie umgebenden Raum vollkommen überwunden". So wie subatomare Teilchen intensive Verdichtungen eines größeren Energiefeldes sind, so sind Gedanken momentane Verdichtungen von Bewusstheit. So wie Materie und Raum nur zwei Aspekte eines einzigen einheitlichen Feldes sind, so sind Denken und die Räume zwischen Gedanken zwei Aspekte des größeren Feldes der Bewusstheit, die der Zenmeister Suzuki Rôshi als *großer Geist* (big mind) beschrieb. Wenn der kleine Geist (small mind) die fortdauernde habenwollende und fixierende Aktivität fokaler Aufmerksamkeit ist, ist der große Geist der Hintergrund dieses ganzen Spiels – reine Präsenz und nichtkonzeptuelle Bewusstheit.

Abbildung 1 illustriert die Beziehung zwischen den drei Aspekten der Psyche, die hier besprochen werden. Die Punkte sind stehen für differenzierte Bewusstseinsmomente, die sich aufgrund der Zwischenräume zwischen ihnen als getrennte Ereignisse abheben. Obwohl diese Zwischenräume im Vergleich mit den Punkten nichts zu sein scheinen, sorgen sie dennoch für den Kontext, der den Punkten ermöglicht, sich als das abzuheben, was sie sind und was sie miteinander vereint. Die Zwischenräume zwischen den Punkten sorgen auch für Eingangspunkte in den Hintergrund, den weißen Raum der Seite, der den größeren Grund reiner Bewusstheit darstellt, in der das Zwischenspiel von Form und Leere stattfindet.

Abbildung 1   *Die drei Aspekte des Geistes*

Großer Geist

Der große Geist reiner Bewusstheit ist ein Niemandsland – eine freie, offene Realität ohne Bezugspunkte, Grundstücksgrenzen oder abgegrenzte Gegenden oder Wegzeichen. Obwohl er durch fokale Aufmerksamkeit nicht als ein Objekt erfasst werden kann, ist er kein bloßer Glaubensartikel. Ganz im Gegenteil; ein tibetischer Text sagt dazu: „Das Nichts, um das es geht, ist wirklich erfahrbar." Unglücklicherweise wird das juwelengleiche Strahlen dieser reinen Bewusstheit getrübt, wenn das ungeschulte Denken es als bloße Leere oder als Nichts betrachtet. Der Dzogchen-Lehrer Tenzin Wangyal erklärt: „Die Lücke zwischen zwei Gedanken *ist* Essenz. Aber wenn es in dieser Lücke einen Mangel an Präsenz gibt, wird sie zu Unwissenheit und wir erleben nur einen Mangel an Bewusstheit, eine Unbewusstheit, fast eine Bewusstlosigkeit. Wenn es in der Lücke Präsenz gibt, dann erfahren wir den Dharmakâya [das Letzte, Eigentliche, der letzte Grund]."k Die Essenz der Meditation könnte in Tenzin Wangyals Worten ganz einfach als „Präsenz in der Lücke"l beschrieben werden – als ein Akt nichtdualen, unitiven Wissens, der den Grund des Seins in dem enthüllt, was zuerst überhaupt nichts zu sein scheint. Ein anderer tibetischer Text erklärt: „Das Fundament von Lebewesen ist ohne Wurzeln. … Und diese Wurzellosigkeit ist die Wurzel der Erleuchtung."m Nur im grundlosen Grund des Seins kann sich der Tanz der Realität in all seiner leuchtenden Klarheit entfalten.

5 Meditation und das Unbewusste

Der große Irrtum der modernen Psychologie hat darin bestanden, vom Unbewussten so zu sprechen, als wäre es eine Art Unwissbares. ... Aber insofern, als das Unbewusste der Körper ist ... kann das Unbewusste gewusst und studiert werden. ... Und insofern es ... ein zeitloses Prinzip ist, kann das Unbewusste schließlich in einem Akt unitiven Wissens realisiert werden.

ALDOUS HUXLEY

Für den Zen ist der Hauptpunkt, dass die ganze Struktur des Seins, einschließlich seines unbewussten Aspektes, radikal durchbrochen werden muss. ... Das Ziel des Zen ist das Aufbrechen der dualistischen Struktur von Bewusstsein-und-Unbewusstheit.

RICHARD DE MARTINO

Meditation muss von der westlichen Psychologie erst noch genau beschrieben oder verstanden werden. C. G. Jung hat einen frühen Versuch unternommen, Meditation zu verstehen, indem er sie im Lichte seines Konzeptes des kollektiven Unbewussten interpretierte. Jungs Sicht ist für Praktizierende der Meditation unbefriedigend, da sie das dualistische Modell der unbewussten Psyche, die von Bewusstsein abgesetzt ist, als Beschreibung ihrer Erfahrung unzutreffend finden.

Die westliche Tiefenpsychologie hat Meditation allgemein als ein *Mittel* aufgefasst, wie Träume, um Zugang zum Unbewussten zu bekommen. Wolfgang Kretschmer schreibt zum Beispiel: „Träume ähneln der Meditation, außer dass Meditation die Reaktion des Unbewussten durch eine systematische Technik gewinnt, die schneller ist, als wenn man nur Träume nutzt."[a] Jung sah Meditation – er bezog sich dabei auf buddhistische Meditation –, als einen direkten Weg in das Unbewusste: „Meditation ist nicht auf irgendetwas zentriert. Indem sie nicht zentriert ist, wäre sie eher wie eine Auflösung des Bewusstseins und daher ein direkter Zugang zum unbewussten Zustand. ... Meditation ... scheint eine Art Königsweg zum Unbewussten zu sein."[b]

Doch was bedeutet die Aussage, Meditation sei ein Königsweg zum Unbewussten? Jungs Sicht der Meditation als eine Auflösung des Bewusstseins geht gegen die Erfahrung der meisten Meditierenden – dass Meditation das Bewusstsein eigentlich erhöht und schärft.

Die Tiefenpsychologie hat mit Sicherheit recht, wenn sie annimmt, dass Meditation für Zugang zu Dimensionen unserer Psyche sorgen kann, deren wir uns bisher nicht voll bewusst gewesen sind. Aber für die meisten Meditierenden ist Meditation eher ein Königsweg zu nichtdualistischer Erfahrung als zu einer unterirdischen unbewussten Psyche. Die Meditation enthüllt Bewusstheit als ein einheitliches Feld, wo strikte Teilungen zwischen Subjekt und Objekt, innen und außen oder bewusst und unbewusst einfach nicht existieren. Wenn wir Meditation mit Hilfe westlicher psychologischer Begriffe verstehen sollen, brauchen wir ein ganz neues Verständnis des unbewussten Prozesses. [1]

Das traditionelle Modell des Unbewussten

Das Unbewusste hat in der westlichen Psychologie als wichtiges explanatorisches Konzept gedient, indem es half, zu erklären, was in der Psychopathologie, in Träumen und in Zuständen veränderten Bewusstseins passiert. Doch da Diskussionen des Unbewussten zum großen Teil spekulativ sind, ist oft nicht klar, worauf sich dieser Begriff eigentlich genau bezieht. Ein Forscher hat darauf hingewiesen, dass westliche Psychologen den Begriff *unbewusst* als erklärenden Begriff in wenigstens sechzehn verschiedenen Bedeutungen verwendet haben.c Das Unbewusste ist zu einem Sammelbegriff geworden, der Phänomene zu erklären scheint, für die es keine andere Erklärung gibt, wobei er oft überhaupt nicht viel erklärt, da seine genaue, durch Erfahrung gedeckte Bedeutung dunkel bleibt.

Wenn wir uns traditionelle Vorstellungen vom Unbewussten anschauen, dürfen wir nicht übergehen oder verleugnen, dass in solchen Phänomenen wie bei selektiver Wahrnehmung und Vergessen, bei Versprechern, Lachen, gewohnheitsmäßigen Reaktionen, neurotischen Symptomen und Träumen eine Art unbewusster Prozess stattfindet. Diese Phänomene weisen deutlich auf eine Weise hin, wie der Organismus des Körper-Geistes als ganzer außerhalb der schmalen Bandbreite gewöhnlicher fokaler Aufmerksamkeit funktioniert. Es ist die Vorstellung *des* Unbewussten als ein getrennter mentaler Bereich mit seinen eigenen Inhalten, die neu bewertet werden muss, besonders für eine Psychologie des Erwachens.

Freud selbst erkannte, dass seine frühe topografische Vorstellung vom Unbewussten als einer getrennten Region problematisch war, und er versuchte, sie durch die Vorstellung von Unbewusstheit als einer dynamischen Eigenschaft des Zusammenspiels von Es, Ich und Über-Ich zu ersetzen. Doch trotz seiner Bereitschaft, seine Theorie immer wieder zu revidieren, unterschied Freud niemals klar das dynamische Modell des Unbewussten von dem topografischen.[2]

Jung, dessen Arbeit transpersonaler Erfahrung freundlicher gegenübersteht, war in Bezug auf die theoretischen Probleme, die das Konzept des Unbewussten aufwirft, leider weniger genau als Freud. Er tendierte dazu, Aussagen wie die folgende zu machen, die dem Unbewussten eine autonome Wirkkraft zuschreiben: „Das Unbewusste nimmt wahr, hat Ziele und Intuitionen, fühlt und denkt wie die bewusste Psyche."[d] Eine Folge ist, dass Jungianer immer noch sprechen, als wäre das Unbewusste ein psychisches System mit „einer eigenen Psyche", ein Behälter mit einer Reihe deutlich unterschiedener Inhalte, die wie jene des Bewusstseins sind, außer dass sie unter der Schwelle des Gewahrseins bleiben.

Beim Interpretieren bestimmter Arten von Erfahrung als verdinglichte „unbewusste Inhalte" (Instinkte, verdrängtes Material, Archetypen) setzt das tiefenpsychologische Modell die cartesianische Auffassung von der Psyche als „etwas Distinktem und Getrenntem, als einem Ort oder einem Bereich, der von solchen Entitäten wie Ideen bewohnt sein kann", fort.[3][e] Und für manche Jungianer, wie zum Beispiel für Esther Harding, wird dieser dunkle getrennte Raum für sich zu einer Projektionsfläche für viktorianische Ängste vor Vitalkräften. So schreibt sie z. B.: „Unter der anständigen Fassade des Bewusstseins mit seiner disziplinierten Moralordnung und seinen guten Absichten lauern die rohen, instinktiven Kräfte des Lebens, wie Monster der Tiefe." Dieser dualistische Ansatz definiert die Psyche als ein getrenntes System innerer Ereignisse und den größeren Teil der Psyche, der unbewusst ist, als an sich dunkel, unwissbar, *anders*. Dies erzeugt einen Dualismus innerhalb eines Dualismus, der Menschen essentiell von sich selbst und von der Realität entfremdet sein lässt.[4]

Die tiefenpsychologische Interpretation der Meditation

Wie die klassische Physik kann die traditionelle Auffassung vom Unbewussten einer nützlichen Funktion dienen, in gewissen Grenzen; besonders nützlich war sie, um Psychopathologie zu verstehen. Doch sie versagt völlig, wenn sie versucht, Meditation und nichtdualistische Erfahrung zu erklären – die analog zu den makro- und mikroskopischen Daten sind, die die moderne Physik gezwungen haben, die Relativitätstheorie und die Quantentheorie zu entwickeln.

Obwohl Jung eine mutige Anstrengung unternommen hat, Meditation zu verstehen, verurteilte ihn die Begrenztheit seines Modells des Unbewussten neben seinem Mangel an direkter Erfahrung mit der Praxis selbst zum Scheitern. Wie viele westliche Theoretiker verstand Jung Meditation als einen Rückzug vom Leben in eine innere Welt, der seiner Auffassung nach das verriet, was er das „introvertierte Vorurteil" des Ostens nannte. Er sah, dass Meditation einen näher „zu dem Zustand der Unbewusstheit mit ihren Qualitäten des Einsseins, der Unbestimmtheit und der Zeitlosigkeit"[f] brachte. Dies führte ihn zu der Schlussfolgerung, Meditation sei eine Art Hingabe an das Unbewusste – eine gefährliche Nachgiebigkeit und zweifelhafte Schwäche, die dem Sein in der Welt entgegenstehen und es behindern konnten. Wenn man Meditation als ein introvertiertes Sondieren unbewusster Inhalte versteht, scheint sie eine gefährliche Beschäftigung oder andernfalls eine Form von Narzissmus zu sein.

Jungs Sicht der Meditation als eine Auflösung des Bewusstseins, einen introvertierten Rückzug, einen Abstieg in die unbestimmten Regionen einer getrennten unbewussten Psyche, verrät die dualistischen Annahmen, die seinem Denken eigen sind. Jungs Annahme der realen Existenz einer getrennten unbewussten Psyche verlangte auch einen Glauben an die reale Existenz des Ichs als Gegengewicht. Das Ich war das, was dem Bewusstsein zu funktionieren ermöglichte, und stellte die wichtigste Verteidigungslinie gegen die Möglichkeit dar, von unbewussten Inhalten überwältigt zu werden. In seinen Worten: „Ich kann mir keinen bewussten mentalen Zustand vorstellen, der nicht mit einem Ich in Beziehung steht."[g]

Aus einer buddhistischen Perspektive sind solche dualistischen Einteilungen oder Trennungen – eine innere Welt, die von äußerer Realität getrennt ist, das Unbewusste als ein getrennter mentaler Bereich oder das Ich als eine notwendige Abwehr gegen unbewusste Inhalte – Konzepte, die die Spaltung zwischen Selbst und Anderen nur verstärken, die die Grundlage des verwirrten inneren Zustandes ist, der als *Samsâra* bekannt ist. Nach Chögyam Trungpa kommt es zu dem Abwehrcharakter des Egos als Reaktion auf unsere Wahrnehmung einer stabilen, achtunggebietenden Realität, die uns entgegengestellt ist:

> „Wo es ... das Konzept von etwas gibt, das getrennt von einem ist, tendieren wir dazu, zu denken, dass aus dem Grund, dass es außen etwas gibt, auch hier etwas sein muss. Das äußere Phänomen wird manchmal zu etwas so Überwältigendem und scheint alle Arten von verführenden und aggressiven Qualitäten zu haben; deshalb errichten wir eine Art Abwehr dagegen. ... Und dies erzeugt eine Art gigantischer Blase in uns, die aus nichts als Luft und Wasser, oder in diesem Fall, aus Angst und der Reflexion des äußeren Dinges besteht. Diese gewaltige Blase verhindert also, dass frische Luft hereinkommt, und die ist das ‚Ich' – das Ego. In diesem Sinn gibt es also die Existenz des Ichs, aber es ist eigentlich eine Illusion."[h]

Wenn wir einmal das Unbewusste als etwas *Anderes* auffassen, das vom Bewusstsein getrennt ist, dann ist es leicht, ihm „verführende und aggressive Qualitäten" zuzuschreiben, die ein Ich bedrohen, das gegen diese Provokationen verteidigt werden muss. In der Tat riet Jung genau aus diesem Grund Menschen aus dem Westen davon ab, Meditation zu praktizieren: Die verführerische Qualität des Ichverlustes könnte einen gefährlichen Einbruch aus dem Unbewussten auslösen. Deshalb konnte Jung nicht begreifen, wie die Erfahrung der egolosen Wahrnehmung in der Meditation eine klare und präzise Weise, in der Welt zu sein und zu leben, bieten konnte. Vielmehr konnte er die Auffassung eines erwachten Geistes nur von dem inneren Bereich des Unbewussten her verstehen: „Unser Konzept des kollektiven Unbewussten wäre das europäische Äquivalent von *buddhi*, des erleuchteten Geistes."[i]

Jungs Interpretation der Meditation als Königsweg zum Unbewussten kontrastiert scharf mit der Auffassung buddhistischer Lehrer, die meditative Bewusstheit als klare, transparente Wahrnehmung beschreiben, die frei von konzeptuellen Filtern ist, und nicht als einen Akt der Wendung nach innen: „Die Praxis der Meditation verlangt keine Konzentration nach innen. … Eigentlich wäre Meditation ohne die äußere Welt, die Welt sichtbarer Phänomene fast unmöglich zu praktizieren, denn das Individuum und die äußere Welt sind nicht getrennt, sondern koexistieren bloß zusammen."[j] Und das Ziel von Meditation besteht nicht darin, vage, tranceähnliche Zustände zu entwickeln; vielmehr geht es darum, Bewusstheit zu schärfen, um die Dinge so zu sehen, wie sie sind: „Wenn du ganz aufwachst, siehst du alles klar. Du bist nicht abgelenkt, weil du alles siehst, wie es ist."[k] „Zu Meditation [gehört] Beziehung zu den Konflikten, die sich in Situationen unseres Lebens einstellen, wie man einen Stein benutzt, um ein Messer zu schärfen, wobei die Situation der Stein ist."[l]

Wenn die östlichen Texte sagen, dass der erleuchtete Geist nicht beschrieben werden kann, setzt Jung *unbeschreibbar* mit *unwissbar* gleich, in der Annahme, dass sie sich nur auf das Unbewusste beziehen können. Und so wird die geschärfte Wahrnehmung des erleuchteten Geistes in seiner Sichtweise zu einer vagen Abstraktion abgestumpft:

„Die Aussage, dass ‚die verschiedenen Namen, die ihm [dem erleuchteten Geist] gegeben werden, zahllos sind' beweist, dass er etwas so Vages und Unbestimmtes sein muss wie der Stein der Philosophen. Von einer Substanz, die auf ‚zahllose' Weisen beschrieben werden kann, muss man erwarten, dass sie ebenso viele Aspekte oder Facetten zeigt. Wenn diese wirklich ‚zahllos' sind, können sie nicht gezählt werden, und daraus folgt, dass die Substanz geradezu unbeschreiblich und unwissbar ist. Sie kann nie vollständig realisiert werden. Dies gilt gewiss für das Unbewusste und ist ein weiterer Beweis, dass der Geist das östliche Äquivalent unseres Begriffs des Unbewussten ist, genauer des kollektiven Unbewussten."m

Was Jung nicht erkennt, ist, dass Meditation ein direktes, präzises Erkennen der letzten Natur, des letzten Grundes des Bewusstseins verschaffen kann, das auf zahllose Weise beschrieben werden kann. Dies ist so, als fotografierte man den Fujiyama aus jeder möglichen Perspektive, doch keines der Bilder, nicht einmal die ganze Serie, kann jemals die lebendige Majestät des Berges erfassen. Jung interpretiert dies falsch, wenn es für ihn bedeutet, dass der Berg einfach deshalb nie klar und direkt gesehen oder erkannt werden kann, weil er aus so vielen verschiedenen Perspektiven beschrieben werden kann.

Es ist dann klar, dass die nichtdualistische Bewusstheit, zu der man durch Meditation gelangt, in einer Theorie des Geistes nicht zu begreifen ist, die auf dualistischen Annahmen beruht. Ein neues Verständnis des unbewussten Prozesses ist notwendig, um sehen zu können, wie es möglich ist, dass Meditation uns in unmittelbare Berührung mit „Dingen [bringt], wie sie sind".

In Richtung eines neuen Verständnisses des unbewussten Prozesses

Das neue Modell des unbewussten Prozesses, das ich vorschlage, beruht auf der Annahme, dass menschliche Erfahrung eine interaktive Weise ist, Realität (psychische Welt, andere Menschen, Leben und Sein (Being) selbst) zu organisieren und mit ihr in Beziehung zu sein und kein inneres, rein mentales Phänomen. In diesem Licht sind bewusst und unbewusst nicht zwei getrennte Regionen der Psyche, sondern eher zwei verschiedene Modi, wie der Körper-Geist-Organismus Bezogenheit strukturiert. Unbewusster Prozess ist *ein holistischer Modus, Erfahrung zu organisieren und auf Reali-*

tät zu reagieren, der außerhalb der normalen Spanne fokaler Aufmerksamkeit wirksam ist. Dieser Modus des Funktionierens berücksichtigt größere vernetzte Felder, ohne sie in lineare, aufeinander folgende Einheiten zu zerlegen. Was unbewusst ist, sind dann die holistischen Weisen, wie der Körper-Geist-Organismus seine wechselseitige Verbundenheit mit der Realität erfährt, vor den Artikulationen reflexiven Denkens.

Diese holistische Verarbeitung durch den Körper-Geist verrät eine Intelligenz, die nichtreflexiv und nichtintellektuell ist. Sie wirkt im Hintergrund des Erfahrungsfeldes, dessen Vordergrund aus den Aktivitäten *fokaler Aufmerksamkeit* besteht, die diskrete Gegenstände (Objekte) des Denkens, des Gefühls und der Wahrnehmung genau ins Auge fasst und erkennt. Der unbewusste Prozess ist vielleicht nichtlinear, aber er ist nicht an sich dunkel oder unwissbar. Er ist nur nicht durch fokale Aufmerksamkeit wissbar, die notwendigerweise seine Natur entstellen würde, weil sie seine umfassenderen vernetzten Felder in gereihte, deutlich unterschiedene Elemente zerlegen würde.

Es gibt eine andere Art Aufmerksamkeit – eine *diffuse Aufmerksamkeit* –, die ermöglicht, dass ein ganzes Feld auf einmal erfahren wird, ohne lineare Analyse. Während die diffuse Aufmerksamkeit bei gewöhnlicher Bewusstheit eine wichtige, oft unerkannte Rolle spielt, erreicht sie ihren vollen Ausdruck in Meditation und nichtdualistischer Bewusstheit, wo der Fokus der Aufmerksamkeit sich für längere Zeitperioden verbreitert und sich die konventionelle Teilung in Subjekt und Objekt in einem größeren Feld der Bewusstheit auflöst.[n]

Die Dynamik von Figur und Grund

Da der unbewusste Prozess als der Hintergrund des Erfahrungsfeldes wirkt, verlangt die Wertschätzung dessen, wie er wirkt, ein Verständnis der Dynamik von Figur und Hintergrund. Vier Muster der Wechselbeziehung von Figur und Grund sind hier besonders relevant:

1. *Figur und Grund sind Muster des Erfahrungsfeldes, die sich ständig verändern.* Was immer als Figur in den Vordergrund des Bewusstseins

kommt, fungiert in der Folge als Teil des Ganzen des Hintergrundes (daher unbewusst). Zum Beispiel fungiert alles, was ich über eine bestimmte Person weiß und gesehen habe, jetzt als der globale Hintergrund, der mir ermöglicht, heute etwas Neues an dieser Person zu bemerken. Diese neue Qualität hebt sich als Figur eine Weile lang ab und wird dann auch Teil des Hintergrundes und ermöglicht weiteren Qualitäten, sich abzuheben. Auf diese Weise fungieren viele Arten von Information und Bezogenheit holistisch im Hintergrund des Bewusstseins, ohne dass wir uns ihrer ausdrücklich bewusst wären. So weiß der Körper-Geist-Organismus, wie wir sagen „unbewusst", mehr, als fokale Aufmerksamkeit je artikulieren kann. Dies erklärt, wie das, was einmal bewusst war, jetzt unbewusst (als Grund) funktionieren kann, und wie aus diesem Grund, der auf eine noch nicht artikulierte, holistische Weise funktioniert, plötzlich eine neue Gestalt auftauchen kann. Wenn sie erscheint, kann es den Anschein haben, als wäre sie die ganze Zeit, im „Unbewussten", da gewesen. Sie war jedoch nicht da wie ein deutlich unterschiedener Inhalt in einem Behälter, sondern als ein implizites Element in einem weiteren Hintergrundfeld einer Wechselbeziehung von Organismus und Umwelt.

2. *Der Grund ist in der Figur implizit.* Das heißt, die Figur setzt ihren Grund voraus und hat nur in Beziehung zu ihm Bedeutung. Ein kognitives Beispiel wäre der Fall, wenn ich den Begriff *Hund* in Collies, Beagles und Boxer differenziere und *Hund* dann zum kognitiven Hintergrund wird, der in meiner Studie über Collies implizit bleibt. In diesem Sinn ist der unbewusste Grund nicht ein getrenntes Prinzip, sondern ist implizit in allem anwesend, was fokale Aufmerksamkeit wahrnimmt.

3. *Während fokale Aufmerksamkeit Figuren ständig differenziert, haben wir auch Zugang zu einer diffusen Aufmerksamkeit, die ein ganzes Erfahrungsfeld auffassen kann, ohne es in Figur und Grund zu differenzieren.* Diffuse Aufmerksamkeit ist notwendig, um mit Teilen des Erfahrungsfeldes im Hintergrund vor ihrer Artikulierung Kontakt aufzunehmen und sie zu kennen und zu wissen.

4. *Der Begriff* Grund *hat so, wie er hier verwendet wird, eine doppelte Bedeutung – es bezieht sich sowohl auf das, was im Hintergrund ist, als auch auf das, was als Grund dient, der dem gegenwärtigen Erfahren zugrunde liegt, es umfasst und es möglich macht.* Insofern dieser Grund nicht fest oder fixiert, sondern ein sich verschiebender, organischer Fluss ist, ist er ein „grundloser Grund".

Was folgt ist eine phänomenologische Beschreibung von vier zunehmend weiteren, sich wechselseitig durchdringenden Ebenen des normalerweise unbewussten Hintergrundes der Erfahrung. Das Wort *Ebenen* hat hier keine topologische Bedeutung, sondern bezieht sich vielmehr auf „Felder in Feldern" oder „Gründen in Gründen". Jedes dieser Felder beeinflusst, wie wir uns zu der Realität verhalten, und ermöglicht eine bestimmte Art von Wissen. Die weiteren Hintergrundfelder formen das Alltagsbewusstsein auf eine globale, allumfassende Weise, während die eher „frontalen", der Welt zugewandten Felder differenziertere Arten von Wissen ermöglichen.

Der unbewusste Grund kann in vier Ebenen differenziert werden: den *situationsbezogenen Grund* gefühlter Bedeutung – unser implizit wahrgenommener Felt Sense von der unmittelbaren Situation, in der wir uns befinden; den *persönlichen Grund* – wie Muster vergangener Erfahrung und angesammelter Bedeutung implizit unser gegenwärtiges Bewusstsein, unser Verhalten und unsere Weltsicht formen; den *transpersonalen Grund* – die Weisen, wie der Körper-Geist-Organismus sich in weitere universelle Qualitäten der Existenz einfühlt; und den *offenen Grund* – reine, unmittelbare Präsenz für Realität vor der Identifikation mit dem Körper-Geist-Organismus.

Der situationsbezogene Grund: gefühlte Bedeutung

Der am leichtesten zugängliche Grund unserer Erfahrung ist das, was Eugene Gendlin *gefühlte Bedeutung* (felt meaning) nannte, die Weise, wie jede Situation, in der wir sind, immer implizite Bedeutung für uns hat, die wir wirklich in unserem Körper spüren können. Es ist der Felt

Sense, wodurch wir unsere Beziehung mit bestimmten Situationen empfinden. Wenn Sie zum Beispiel zufällig jemanden, den Sie kennen, auf der Straße treffen, hat Ihr Körper, bevor Sie *denken* können, was dieser Mensch für Sie bedeutet, schon eine gefühlte Reaktion darauf, dass Sie ihn treffen, wie zum Beispiel Freude oder Furcht. Menschen fällt es oft schwer, Zugang zu ihren körperlich gefühlten Reaktionen zu bekommen, können das aber gewöhnlich lernen, wenn sie fokale Aufmerksamkeit entspannen und mehr diffus auf körperliche Empfindungen achten. Dieser relativ leicht zugängliche Hintergrund entspricht dem traditionellen Konzept des *Vorbewussten* und ist eine auf Erfahrung angewendete Fassung dieses Konzeptes.

Gefühlte Bedeutung fungiert normalerweise als der unmittelbare situative Hintergrund, gegen den die fokale Aufmerksamkeit bestimmte Objekte, die von Interesse sind, differenziert. Wie Gendlin gezeigt hat, ist der größte Teil unserer Rede und unseres Handelns implizit von gefühlten Hintergrundbedeutungen geleitet, die für Kontinuität und Kontext für unsere gegenwärtigen Transaktionen mit der Welt sorgen:

> „Was wir durchmachen, ist viel mehr, als was wir ‚haben' [explizit]. ... Wenn man eine einfache Handlung durchmacht, gehört dazu eine enorme Menge von Vertrautheiten, Gelerntem, Sinn für die Situation, Verständnis von Leben und Menschen sowie den vielen Einzelheiten der jeweiligen Situation. All dies geht in die passende Weise ein, wie man einem nicht sehr nahen Freund einfach ‚Hallo' sagt. Wir machen das alles durch, wie sind alles das, aber wir ‚haben' nur ein paar fokale Stückchen davon. Zu dem Gefühl, etwas zu tun, gehört unsere Empfindung der ganzen Situation in jedem Moment, obwohl wir nicht fokal über sie als solche reflektieren."[o]

Während der Meditation beginnt sich die Aufmerksamkeit zu zerstreuen, wenn wir kein bestimmtes Objekt haben, auf das wir fokussieren, und Aspekte des situationsbezogenen Grundes beginnen in Form von Gedanken und Gefühlen über das eigene Leben oder die unmittelbaren Umstände aufzutauchen. Wir erinnern uns vielleicht an Dinge, die vergessen waren, merken, wie wir über Entscheidungen oder Probleme in unserem Leben grübeln, oder bemerken unsere Reaktionen auf andere, die im selben Raum sitzen und meditieren. Wenn wir diesen Gedanken und Gefühlen nicht folgen, verringert sich ihre Faszination. Bei genug Zeit beginnen wir uns mit diesem „unterbewussten Tratsch", wie Trungpa das nannte, zu langweilen und gehen darüber hinaus.

Der persönliche Grund

Der persönliche Grund ist etwas weniger leicht zugänglich als der situationsbezogene Grund. Auf dem Wege dieses Hintergrundes formen persönliche Bedeutungen, Assoziationen und zwischenmenschliche Muster, die in der Kindheit des Individuums gebildet wurden, gegenwärtig das Bewusstsein und die Wahrnehmung. Bei Merleau-Ponty gibt es einen Begriff der „Sedimentierung" von Schichten von Bedeutung, die den gewohnten Stil der Beziehung des Individuums mit der Welt bilden. Der persönliche Grund entspricht auch Stanislav Grofs „Systemen verdichteter Erfahrung" (COEX-Systeme)P, die in Sitzungen mit psychedelischen Drogen lebendig auftauchen können. Aber statt diese als Inhalte zu sehen, die in einer unbewussten Psyche gespeichert sind, können wir sie als Stränge eines ganzen Hintergrundgewebes von Bedeutung verstehen, das unsere gegenwärtige Erfahrung subtil beeinflusst und formt. Spezifische Methoden, die die diffuse Aufmerksamkeit kultivieren, wie Hypnose, psychotherapeutische Introspektion oder Drogen, machen diesen Grund für bewusste Untersuchung zugänglicher.

Die fokale Aufmerksamkeit blendet gerade von ihrer Natur her Ganzheiten zugunsten von differenzierten Teilen aus. Dieser enge Fokus, verstärkt durch die Tendenz, auf fixierte, gewohnheitsmäßige Weisen wahrzunehmen, erzeugt Entstellungen im Erfahrungsfeld, die der Organismus durch Ausdruck in Form von Verhalten und in imaginativem und emotionalem Ausdruck (Träume, Phantasien, bizarre Symptome) zu korrigieren versucht. Für Jung ist diese korrektive Tendenz, die eine zentrale Rolle in der Psychopathologie spielt, ein Aspekt des *Schattens*, der kompensatorischen Funktion des Unbewussten.

Auch der Schatten kann als ein Beispiel für den holistischen Strukturierungsprozess des Organismus verstanden werden, statt als eine Aktivität einer getrennten unbewussten Psyche. Fokale Aufmerksamkeit betont selektiv bestimmte Aspekte des Erfahrungsfeldes, während sie andere ignoriert, und rückt dadurch diese unbeachteten Teile des Feldes in den Schatten. Der Schatten ist das umgekehrte Spiegelbild dessen, was fokale Aufmerksamkeit betont hat. Überbetonung irgendeines Teils auf Kosten des Ganzen setzt als Teil eines größeren Prozesses zur Erhaltung des Gleichgewichts eine entgegensetzte Tendenz in Bewegung. Daher können wir „Botschaften des Unbewussten" als den Versuch des Körper-Geist-Organismus verstehen, Aspekte des Erfahrungsfeldes in den Vordergrund zu bringen, die selektiv ignoriert wurden.

Während der Meditation taucht der persönliche Grund (sowohl seine habituellen Tendenzen als auch seine Schattenaspekte) in Form von Erinnerungen, Phantasien, Projektionen oder emotionalem Umbruch auf. Wenn wir nicht mit unseren gewöhnlichen Aktivitäten beschäftigt sind, können wir die Optiken klarer sehen – unsere Überzeugungen, Tendenzen, Strategien und Selbsttäuschungen –, die unseren persönlichen Realitätssinn formen. Die diffuse Aufmerksamkeit der Meditation lädt das, was unter den Teppich gekehrt wurde, ein, aufzutauchen und anerkannt zu werden, was oft zu wichtigen Einsichten führt. Meditation ist in diesem Sinn ein Mittel der Selbsterkenntnis, da sie uns ermöglicht, ganze Muster der Konditionierung zu beobachten und die Identifikation mit ihnen zu lösen. Der buddhistische Lehrer Dhiravamsa drückt das so aus: „Indem wir unsere Gedanken und Gefühle beobachten, sind wir in der Lage, zu sehen, dass jeder einzelne Gedanke und jedes Gefühl von etwas anderem konditioniert ist. ... Man sieht, was für ein Mensch man ist, welche besonderen Schwächen, Qualitäten und Charakteristika man hat ..., ohne dass es einem jemand sagen muss, ohne getestet, interpretiert oder diagnostiziert zu werden. Man kann sein eigener Analytiker sein, indem man in sich hineinschaut, sich jeden Augenblick sieht."[9]

Der transpersonale Grund

Die nächstweitere Ebene des Grundes drückt eine noch tiefere wechselseitige Verbundenheit von Organismus und Welt aus und erstreckt sich über die Grenzen rein persönlicher Erfahrung hinaus. Dieser transpersonale Grund beinhaltet tiefe Strukturen des Reagierens auf und Beziehung mit Realität, die zu unserer Ausstattung als Menschen gehören. Hier entdecken wir alle Qualitäten der menschlichen Natur, die universell geschätzt werden – Mitgefühl, Großzügigkeit, Humor, Mut, Sanftheit, Stärke und so weiter. Diese Fähigkeiten sind Ausdruck unserer fundamentalen Empfänglichkeit für Realität. Jede von ihnen stellt eine angemessene Weise der Reaktion auf eine andere Facette der Realität dar. In manchen Situationen hilft nur Humor, während andere Situationen Großzügigkeit, Geduld oder Mut verlangen. Humor ist eine Weise, mit dem zu spielen, was ist, es leicht zu nehmen, statt es ernst und schwer zu machen, während Stärke uns ermöglicht, durch Hindernisse zu schneiden.

Diese *Seelenqualitäten* sind Samen universeller Potentiale, die Teil unseres menschlichen Erbes sind und die Menschen auf ihre je verschiedene Weise kultivieren und aktualisieren. Sie sind nicht unsere persönliche Schöpfung. Der transpersonale Grund ist eine Zwischenzone, wo wir nach Ken Wilbers Worten „unserer Identität mit dem All nicht bewusst sind und unsere Identität doch auch nicht auf die Grenzen des individuellen Organismus beschränkt ist."[r]

Aus dieser Perspektive können Archetypen als menschliche Grundmodi der wechselseitigen Verbundenheit mit Realität verstanden werden, statt als auf Instinkt beruhende Inhalte eines kollektiven Unbewussten. Der Mutterarchetyp zum Beispiel geht auf die fundamentale menschliche Erfahrung zu halten und gehalten zu werden zurück. Zuerst erleben wir dieses Halten als körperlich – in den Armen der Mutter. Aber Säuglinge brauchen auch eine weitere „haltende Umgebung" als Hilfe, damit sie lernen, wie sie ihre eigene Erfahrung halten und mit ihr umgehen können. In den östlichen Traditionen ist ein Mandala eine hoch entwickelte Form eines haltgebenden Behälters – eine fördernde Struktur, die Erfahrung ermöglicht, sich in Richtung tieferer Wahrheit zu entfalten und zu entwickeln. Auf der archetypischen Ebene gibt es eine Verbindung zwischen

Mutter, Mandala und Grund – es sind Formen, in denen das archetypische Prinzip der haltenden Umgebung wirksam ist.

Archetypische Prinzipien nehmen immer individuelle Bedeutungen und Formen des Ausdrucks an, die zum Teil von der Lebensgeschichte, dem sozialen Kontext und der unmittelbaren Situation eines Menschen bestimmt sind. Zum Beispiel kann die persönliche Bedeutung des Haltens für jemanden, der Mangel an Halten in der Kindheit (Misstrauen, Fallangst) erfahren hat, anders sein als für jemanden, der invasives oder aggressives Halten (Angst vor Verbindlichkeit, Angst vor Zugehörigkeit) erlebt hat. In ähnlicher Weise wird natürlich je nach ihren persönlichen Charakteristika und ihrem kulturellen Kontext verschieden sein, wie bestimmte Individuen Mitgefühl, Humor oder Großzügigkeit ausdrücken oder betonen. Doch die allgemeine Erfahrung von Mitgefühl ist universell; alle Menschen kennen sie in irgendeiner Form.

Der transpersonale Grund ist gewöhnlich weit im Hintergrund des Bewusstseins wirksam, verdeckt davon, dass unsere Aufmerksamkeit auf bereitwilliger ergriffene, von der Situation gegebene oder persönliche Belange oder Sorgen gerichtet ist. Doch manchmal bricht er in Form plötzlicher Einsichten, Erfindungen, kreativer Inspiration, Visionen, intuitiven Durchbrüchen und psychischen Phänomenen in das Bewusstsein durch – die alle aus unserer fundamentalen Verbundenheit mit der Realität entstehen. Kreative Einsicht entwickelt sich dadurch, dass größere Netzwerke von Bezogenheit und Verbundenheit durchfühlt und in Synthese gebracht werden, auf eine Art und Weise, wie es für fokale Aufmerksamkeit unmöglich ist. Diese organismische Lösung von Problemen ist auch ein essentieller Faktor in der Psychotherapie und bei körperlichem Heilen. In der Meditation kann dieses Grundgefühl von Verbundenheit als ein Zustand von Wohlbefinden, von Gelassenheit und Einssein mit dem Leben gefühlt werden.

Transpersonale wechselseitige Verbundenheit kann im ekstatischen Einssein der Naturmystik auch direkt erlebt werden. Der Mystiker Thomas Traherne feiert dieses Einssein: „Du erfreust dich niemals richtig an der Welt, bis die See selbst in deinen Adern fließt, bis du mit den Himmeln bekleidet und mit den Sternen gekrönt bist; und dich selbst wahrnimmst als einzigen Erben der ganzen Welt ... bis du sie mehr fühlst als deinen privaten

Grund und Boden, und in der Hemisphäre, in Anbetracht der Glorien und Schönheiten, mehr präsent bist, als in deinem eigenen Haus."s

Der transpersonale Grund scheint ungefähr dem zu entsprechen, was einige Schulen des Buddhismus als das *âlaya-vijñâna* bezeichnen. Die Yogâcâra-Schule sieht den *âlaya* als ein Übergangs-Bewusstsein, das zwischen total offener, unbedingter Bewusstheit und individuiertem, persönlichem Bewusstsein liegt. Es ist „die erste Phase im Prozess der Differenzierung des Selbst ... Es ist nicht das absolute Bewusstsein, da ... Bewusstsein schon begonnen hat, sich zu teilen. ... Der *âlaya* ist die erste Phänomenalisierung des Absoluten."t An dieser Stelle beginnt – durch die Identifikation mit der subtilen Empfänglichkeit der Totalität von Geist und Körper – sich die Empfindung eines getrennten Selbst zu entwickeln. In D. T. Suzukis Worten: „Obwohl es rein und makellos in seiner ursprünglichen Natur ist, erlaubt sich *(âlaya)* von *manas*, dem Prinzip der Individuation, beeinflusst zu sein. Und so beeinflusst wird der Dualismus von Subjekt und Objekt in ihm erzeugt."u

Der offene Grund

Während der transpersonale Grund als eine Empfindung von Einssein zwischen Selbst und Welt erlebt werden kann, gehört immer noch eine subtile Identifikation mit dem Organismus des Körper-Geistes dazu. Jenseits des *Einsseins* des transpersonalen Grundes liegt die *Nullheit* (zero-ness) des offenen Grundes, die auf eine noch tiefere wechselseitige Durchdringung mit Realität hinweist.

Dieser weitere Grund der Erfahrung ist eine reine, unmittelbare wechselseitig bezogene Präsenz, bevor sie in Wahrnehmung von Subjekt-Objekt-Beziehung differenziert wird. In der Erfahrung kann der offene Grund als die Empfindung reinen Seins gefühlt werden, das all unseren differenzierten Erfahrungen zugrunde liegt. Trungpa beschrieb dies so: „Unser fundamentalster innerer Zustand ... ist derart, dass es fundamentale Offenheit, fundamentale Freiheit, eine Qualität von Raum gibt; und diese Offenheit haben wir jetzt und haben sie immer gehabt. Sie ist natürliches Sein, das einfach ist."v

Zu Bruchteile von Sekunden langen Blicken auf diesen offenen Grund – im Buddhismus auch als Urbewusstheit, ursprünglicher Geist oder Nicht-Geist (no-mind) beschrieben – kommt es dauernd, bevor Ereignisse auf eine bestimmte Weise interpretiert werden. Diese Art Präsenz ist so transparent und allumfassend, dass sie gewöhnlich in den Hintergrund des Erfahrungsfeldes zurückweicht, während die differenzierten Objekte der Aufmerksamkeit – Gedanken, Emotionen, Wahrnehmungen – den Fokus der Aufmerksamkeit einnehmen. Doch kann man sie in jedem frischen Moment von Bewusstheit entdecken, bevor unsere Gedanken sie in Konzepte oder Begriffe einhüllen. Der Psychologe Matte Blanco beschreibt dies so:

„Die Ergebnisse der Introspektion legen nahe, dass es in der Tat einen sehr flüchtigen Augenblick der *prise de connaissance* oder des ‚Sichbewusstwerdens' gibt, … wenn Sinneswahrnehmung in einem nackten Zustand im Bewusstsein ist, weder in explizite noch in implizite Sätze, nicht einmal rudimentäre gekleidet. Aber ein essentieller Zug dieses Phänomens ist, dass sie flüchtig ist. Sobald sie im Bewusstsein auftaucht, wird Sinneswahrnehmung von Gedanken erfasst, von ihnen quasi verpackt."[w]

Trungpa beschreibt es so:

„Wenn wir ein Objekt sehen, gibt es im ersten Moment eine plötzliche Wahrnehmung, die vollkommen frei von Logik oder Konzeptualisierung ist; wir nehmen nur das Ding im offenen Grund wahr. Dann beginnen wir sofort … uns schnell daran zu machen und zu versuchen, etwas hinzuzufügen, entweder einen Namen dafür zu finden oder zu versuchen, Fächer zu finden, in denen wir ihnen einen Platz anweisen und sie kategorisieren könnten. Schrittweise entwickeln sich die Dinge von da aus."[x]

Durch dieses momenthafte, automatische Einpacken nackter Bewusstheit in Schemata von Denken und Interpretation, die von persönlichen Bedeutungen und Assoziationen getränkt sind, erzeugen wir kontinuierlich unsere konzeptuellen Versionen der Realität. Wenn ich zum Beispiel einem singenden Vogel zuhöre, kann meine Aufmerksamkeit von Gefühlen, die der Gesang in mir weckt, oder von Gedanken und Assoziationen, die als Reaktion darauf entstehen, gefesselt, fasziniert sein. Normalerweise bemerke ich die bloße Klarheit der Präsenz nicht, die der Grund und die reine Essenz dieser Erfahrung ist. Trotzdem ist es möglich, diese größere Transparenz durch Lücken von Bruchteilen von Sekunden zu bemerken, die in dem normalerweise dichten Gewebe der Psyche erscheinen. Die ersten Momente am Morgen, gleich nach dem Aufwachen, bevor das Denken beginnt, die Kontrolle zu übernehmen, sind die beste Zeit dafür, einen Blick auf diesen offenen, weiträumigen Grund der Bewusstheit zu werfen.

In der Meditation bricht Bewusstheit des offenen Grundes durch, wenn wir die Projekte und Ablenkungen des Denkens und der Emotion abtragen. Plötzlich erscheint eine Lücke im Strom des Denkens, ein Blitz an Klarheit und Offenheit. Das ist weder besonders mystisch oder esoterisch, noch eine Art introvertierten Selbst-Bewusstseins, sondern eine klare Wahrnehmung direkter Realität oder *Soheit* (suchness).

Aus einer buddhistischen Perspektive ist Unwissenheit das Versäumnis, diesen weiteren Grund reiner Bewusstheit zu erkennen, der allen Objekten des Bewusstseins zugrunde liegt, während letztere als objektive Realität behandelt werden. Diese reine Bewusstheit ist unsere ursprüngliche Natur, und Meditation ist der Hauptweg, sie aus der Position im Hintergrund auftauchen zu lassen, in die sie verwiesen wurde. Im *Satori* des Zen kann das Auftauchen des fundamentalen Grundes eine plötzliche und dramatische Qualität haben – als „Durchbrechen des Bodens des Eimers" zu der gründlich klaren, immer anwesenden Bewusstheit, in der die Dichotomien von Subjekt und Objekt und bewusst und unbewusst verschwinden und die Dinge sich klar als das abheben, was sie sind.

Dieser fundamentale Grund reiner Bewusstheit ist eine bedingungslose Präsenz, die facettiert, geformt und ausgearbeitet werden kann, ohne dass sie ihre expansive Offenheit verliert. Aus dieser Perspektive beginnt Bewusstheit mit reiner Offenheit; sie wird erst auf der transpersonalen Ebene differenziert, und endlich auf der persönlichen Ebene individualisiert und schließlich auf der situativen Ebene spezifiziert. Obwohl Bewusstheit immer facettierter wird, auf jeder differenzierteren Ebene des Bewusstseins immer weiter geformt wird, ist ihre offene, nichtkonditionierte Natur immer da, sogar in den fixiertesten inneren Zuständen. Dieser offene

Grund ist, obwohl jenseits der Reichweite und des Zugriffs fokaler Aufmerksamkeit (und in diesem Sinn „unbewusst"), keine geheimnisvolle übersinnliche Region, sondern ist vollkommen wissbar, sowohl in flüchtigen Blicken als auch in plötzlichem Erwachen. Er ist eine tiefe Ebene der wechselseitigen Durchdringung von Psyche und Welt, die weit über Konzeptualisierung und Denken hinausgeht. Dadurch, dass die Meditation diese größere Einstimmung nutzt, gewährt und ermöglicht sie eine direktere, präzisere Beziehung mit dem, was ist. Auf dieser Ebene offener Bewusstheit „entwickelt der Meditierende neue Tiefen der Einsicht durch direkte Kommunikation mit der phänomenalen Welt. Konzeptualisiertes Denken ist an der Wahrnehmung nicht beteiligt, und daher sind wir in der Lage, mit großer Präzision zu sehen, als wäre der Schleier von unseren Augen entfernt."y

Der offene Grund ist immer da. In jedem Moment, besonders wenn man seine Aufmerksamkeit durch Meditation schärft, kann man einen Blick auf diese unbeschreibliche, nicht bestimmbare, mit allem Potential ausgestattete offene Bewusstheit werfen, die den spezifischen Zuständen der Psyche zugrunde liegt.

Zusammenfassung und Schlussfolgerungen

Diese kurze Phänomenologie des unbewussten Prozesses als ein Netz von Feldern in Feldern ermöglicht uns, die Polarität von bewusst und unbewusst als zwei Aspekte der wechselseitigen Verbundenheit des Organismus mit der Realität zu verstehen. Dieser Ansatz erlaubt uns, die Fehlinterpretationen der Meditation zu korrigieren, die vom dualistischen tiefenpsychologischen Modell des Unbewussten gefördert werden.

Die Jungianer tendieren dazu, die Psyche als ein psychisches Gefäß mit verschiedenen Inhalten zu sehen, was sie dazu führt, spirituelles Erwachen als „einen außerordentlich bedeutsamen und numinosen Inhalt zu sehen, [der] in das Bewusstsein eintritt", was zu einer „neuen Sichtweise" führt.z Aber diese Redeweise verdunkelt das Wesen kontemplativer Erfahrung, die ein radikales Hinausgehen über alle „Sichtweisen" ist. Erwachen ist nicht additiv in dem Sinn, dass unbewusste Inhalte in das Bewusstsein durchbrechen, sondern sozusagen subtraktiv, insofern es die Beschäftigung mit *allen* Inhalten der Psyche beseitigt. In der Erfahrung des Erwachens ist „die Aufmerksamkeit bei dem Feld und nicht bei den Inhalten", wie Herbert Guenther feststellt. [z-1]

Die Tiefenpsychologie beschreibt das Unbewusste als *anders* – fremd –, unwissbar, sogar bedrohlich. Und so wird Meditation als potentiell gefährlich aufgefasst, insofern sie das Ich „den desintegrierenden Kräften des Unbewussten" [z-2] aussetzen kann. Solche Verwirrungen führten den Zenlehrer Hisamatsu Shin-ichi nach einem Gespräch mit Jung dazu, den Unterschied zwischen dem offenen Grund (den er „Nicht-Geist" (no-mind) nennt) und dem Jungianischen Unbewussten zu umreißen:

„Das Unbewusste der Psychoanalyse unterscheidet sich deutlich vom Nicht-Geist (no-mind) des Zen. Im Unbewussten ... gibt es das *a posteriori* persönliche Unbewusste und das *a priori* kollektive Unbewusste. Sie sind beide dem Ich unbekannt. Aber der Nicht-Geist (no-mind) des Zen ist im Gegensatz dazu nicht nur bekannt, gewusst, sondern äußerst klar bekannt oder gewusst. ... Genauer, er ist deutlich ‚Selbst, das zu sich selbst erwacht' ohne Trennung zwischen dem Wissenden und dem Gewussten. Nicht-Geist (no-mind) ist ein Zustand des Geistes, der sich immer klar bewusst ist." [z-3]

Das psychoanalytische Modell betrachtet die inneren Forderungen des Unbewussten und die äußeren Forderungen der Welt als zwei entgegengesetzte Welten, mit dem Ich dazwischen. Dies führt zu der Sicht, dass Meditation ein innerer Rückzug ist, weg von Beziehung mit der Realität. Die Verwirrung, die es hier gibt, stammt von der dualistischen Auffassung von innen und außen, nach der „innen" als „in dem Körper-Geist-Organismus" verstanden wird. Wir können innen und außen jedoch auch anders verstehen. *Innere* Realität muss sich nicht auf einen Bereich der Psyche innerhalb des Organismus beziehen. Eher ist das, was innen ist, das essentielle organisierende Prinzip, das die äußere Realität der konstituierenden Elemente formt. In der Musik ist die Bewegung der Melodie innerlich, während die einzelnen Töne äußerlich sind; beim Verhalten sind Absicht und Sinn innerlich, während Handeln äußerlich ist; beim Sex ist der Akt selbst innerlich, während sexuelle Technik äußerlich ist. Als die innerstte Realität des menschlichen Bewusstseins ist der offene Grund das, was dem endlosen Fluss der Momente ermöglicht, sich zu entfalten und Sinn und Bedeutung zu haben. Er ist keine unbewusste Psyche, die irgendwo innerhalb des Organismus gelegen ist.

Wenn das, was normalerweise unbewusst ist, unsere wechselseitige Verbundenheit mit allen Dingen ist, hat dies auch wichtige Implikationen für das Verständnis der Neurose, von Abwehrmechanismen und von Psychopathologie im Allgemeinen. Aus dieser Perspektive ist das, was dem Ich Angst und was es ängstlich macht, nicht so sehr bedrohlicher unbewusster Inhalt, sondern es ist die grundlose, offene Natur unseres Seins. Wir können unser Ich niemals sicher etablieren, unsere Selbst-Identitäten entgleiten uns immer wieder, und es gibt nichts, woran man sich festhalten kann. Widerstand, Verdrängung und Abwehrmechanismen sind Weisen, wie wir uns gegen diese größere Offenheit rüsten, die unseren Versuch bedroht, eine permanente getrennte Identität zu etablieren. „Normalität ist Neurose" nach Ernest Becker, weil sie eine Weigerung und Verdrängung unserer essentiellen Natur darstellt – unserer vollkommenen Offenheit und Empfänglichkeit für Realität. In diesem Licht wäre es wichtig, Klienten in der Therapie zu helfen, sich mit der offenen Natur ihres Seins anzufreunden, statt mit ihnen darin zu kolludieren, sie zu vermeiden. Der Therapeut Wilson van Dusen schlägt vor: „Der gefürchtete leere Raum ist eine fruchtbare Leere. Wenn man sie erforscht, ist das ein Wendepunkt in Richtung therapeutischer Veränderung." [24]

Falsche Vorstellungen von Meditation sind im Westen üblich. Manche sehen sie als Technik zur Selbstverbesserung, andere betrachten sie als einen passiven Rückzug aus der Welt. Der hier entwickelte Ansatz ermöglicht uns, diese beiden Missverständnisse zu vermeiden, denn er ist in einem Verständnis der totalen wechselseitigen Durchdringung von Organismus und Umwelt, von Selbst und Welt geerdet. In diesem Licht ergibt die folgende Beschreibung der Meditation aus einem tibetischen Text Sinn:

„Man sollte sich darüber klar sein, dass man nicht meditiert, um tief in sich selbst zu gehen und sich von der Welt zurückzuziehen. ... Es sollte kein Gefühl des Strebens nach einem erhabenen oder höheren Zustand geben, da dies einfach etwas Konditioniertes und Künstliches hervorruft, das als ein

Hindernis gegen den freien Fluss der Psyche wirken wird. ... Die Übung im Alltag ist einfach dazu da, eine vollkommene Bewusstheit und Offenheit für alle Situationen und Emotionen und für alle Menschen zu entwickeln, indem alle vollkommen ohne mentale Vorbehalte und Blockierungen erlebt werden, so dass man sich nie zurückzieht oder auf sich selbst zentriert ist. ... Wenn man die Meditationsübung macht, sollte man das Gefühl entwickeln, sich selbst mit absoluter Einfachheit und Nacktheit des Denkens vollkommen nach außen zum ganzen Universum zu öffnen." z-5

Dieses Verständnis erlaubt uns, Meditation als einen Prozess der Selbstentdeckung zu sehen, der zugleich eine Entdeckung der Welt ist, insofern wir ständig unsere Welt mit erschaffen, und auch, darüber hinaus, Welt *sind;* wir sind nichts anderes als Realität. Der Weg nach innen ist der Weg nach außen.

6 Psychischer Raum

Die Essenz der Psyche ist wie Raum.
Deshalb gibt es nichts, was sie nicht umfasst.

TILOPA

Durch jeden Menschen öffnet sich
zur Welt einzigartiger Raum, intimer Raum.

RAINER MARIA RILKE

Was ermöglicht uns, uns von den zwanghaften Gewohnheiten der konditionierten Persönlichkeit und dem Denken, das mit Begriffen arbeitet, zu befreien? Sich anstrengen, um zu verändern, wie wir sind, funktioniert sicher nicht, denn damit erzeugt man nur innere Aufregung und Anspannung, keine echte Freiheit oder Erwachen. Aus der Perspektive der buddhistischen Psychologie ist das, was uns ermöglicht, zur Natur der Realität zu erwachen und frisch im Augenblick zu leben, die Qualität Raum, die unser Sein kennzeichnet, das an sich von alten Konditionierungen frei ist. Gerade unsere Bewusstheit ist tatsächlich eine Art offener Raum. So wie die Leinwand, auf die ein Film projiziert wird, nicht von den Dramen und Tragödien, die sich auf ihr abspielen, berührt wird (sie bleibt fleckenlos, auch wenn im Film ein blutiger Mord stattfindet), so kann keines der Dramen der Psyche an Bewusstheit, die Raum ist, kleben bleiben. Die weiträumige, transparente, leuchtende Natur unserer Bewusstheit ist viel größer und mächtiger als jeder Glaube, jede Fixierung, jeder Komplex oder Zwang, die vorübergehend darin auftauchen oder Fuß fassen.

Die westliche Psychologie hat zum größten Teil versäumt, eine Beziehung zwischen Psyche und Raum zu erkennen.[1] Zweifellos liegt das zum Teil an dem andauernden Einfluss von Descartes, der die Realität in zwei getrennte Bereiche teilte: die Psyche als denkende Substanz und Materie als räumlich ausgedehnte Substanz. Doch der Begriff psychologischen Raums ist für eine Psychologie des Erwachens von zentraler Bedeutung. Er hilft uns, tiefer in die Natur des Bewusstseins, von psychologischer Gefangenschaft und spiritueller Freiheit zu schauen.

Gelebter Raum

Das westliche Denken versteht Raum vor allem, indem es ihn objektiviert – durch Messen seiner Ausdehnung, von Entfernungen und Ausrichtung, oder durch Konzeptualisierung als abstraktes Kontinuum, um die Beziehung zwischen Objekten und Kräften in der physischen Welt zu erklären.

Aber man kann Raum auch anders verstehen – als *psychischen Raum*, der unmittelbar erfahrbar, aber nicht objektiv messbar ist. Der Phänomenologe Eugene Minkowski nannte diesen Raum *gelebten Raum*: „Für uns kann Raum nicht auf geometrische Beziehungen reduziert werden, Beziehungen, die wir festlegen, als wären wir auf die einfache Rolle von neugierigen Zuschauern oder Wissenschaftlern reduziert, die sich außerhalb des Raums befinden. Wir *leben und handeln im Raum*. ... Leben breitet sich im Raum aus. ... Wir brauchen Expansion, Perspektive, um leben zu können."[a]

Gefühlsraum

Gelebter Raum kann in gröberen und subtileren Formen erlebt werden. Wir können drei Ebenen unserer Erfahrung des Raums unterscheiden – den Raum der körperlichen Orientierung, den Raum des Gefühls und den offenen Raum des Seins –, die ungefähr der tibetischen Unterscheidung von äußerem (grobem), innerem (subtilem) und geheimem (sehr subtilem) Raum entsprechen.[2]

Auf der *äußeren* Ebene orientiert sich der Körper ständig in Beziehung zum Raum „da draußen", als dem Medium, in dem er sich bewegt, und zu verschiedenen räumlichen Dimensionen – horizontalen und vertikalen Ebenen, Ort, Größe und Abstand und Entfernung.

Auf der *inneren* Ebene bewegen wir uns ständig durch eine Reihe verschiedener Gefühlszustände, die auch eine bestimmte räumliche Dimension haben. Gefühlsräume sind wie sich verändernde affektive Landschaften, die wir bewohnen und durch die wir uns von Moment zu Moment bewegen. Wenn Sie betrachten, wie Sie sich in diesem Moment fühlen – die affektive Landschaft, die Sie bewohnen –, und sie mit dem Raum vergleichen, in dem Sie heute Morgen waren, als Sie aufwachten, oder als Sie zum letzten Mal von einer intensiven Emotion erfasst waren, kann Ihnen das helfen zu bemerken, dass verschiedene innere Räume ganz verschiedene Gefühlsqualitäten haben.

Manche Gefühlsräume erscheinen flüssig oder wässrig, andere eher scharf definiert. Manche sind diffus und luftig, andere sind intensiv und schwer. Manche erscheinen flach, andere haben Tiefe und Textur. Jede dieser affektiven Umgebungen ist eine Art Raum mit seiner eigenen atmosphärischen Qualität, Textur, Dichte und ihrem eigenen Fluss, der uns zu umgeben und einzuhüllen scheint.

Gefühlsräume sind wie das Wetter in ständiger Bewegung. Ihre Qualitäten verändern sich im Einklang damit, wie verbunden oder unverbunden wir mit unserer tieferen Natur sind. Wenn wir mit dem Grund unseres Seins in Kontakt sind, fühlen wir uns im Allgemeinen expansiver. Raum fühlt sich dynamisch, leicht oder voll an und es gibt mehr Raum, in dem man sich bewegen und sein kann. Der Dichter Baudelaire verwendete ein Lieblingswort, *vast* (unermesslich weit), um diese Räume „unermesslicher Gedanken", „unermesslicher Perspektiven", „unermesslicher Stille" zu beschreiben. Aber wenn wir von dem abgeschnitten sind, was am realsten und lebendigsten in uns ist, fühlt sich der Raum, den wir bewohnen, schwer, bedrückend und klaustrophobisch an und scheint uns niederzudrücken und unsere Bewegung zu behindern. Der Körper fühlt sich dichter an, der Zug der Schwerkraft scheint stärker zu sein und der Raum um uns herum dichter. Wir fühlen uns an unsere Grenzen gedrängt, mit wenig Spielraum.

Neben dem Schwingen oder Pendeln zwischen den Polen von Expansion und Kontraktion bewegen sich Gefühlsräume auch zwischen Oberfläche und Tiefe. Wenn wir von der lebendigen Präsenz unserer Quelle getrennt sind, fühlt sich unsere affektive Landschaft oft flach, schal und zweidimensional an. Das Leben kommt einem wie eine endlose, eintönige ausgedörrte Ebene vor, die sich überall um uns herum erstreckt. Wenn wir innerlich verbunden sind, hat der Gefühlsraum dagegen Tiefe und Textur – er ist „erfüllt von zahllosen Präsenzen" wie Rilke es ausdrückt.[b]

Offener Raum

Da Gefühlsraum sich ausdehnt, vertieft und fließt, wenn wir in unserem Sein geerdet sind, und kontrahiert, trocken und flach wird, wenn wir uns von ihm entfernen, ist es klar, dass die Gefühlsräume, die wir bewohnen, alle wie Ströme aus einer zentralen Quelle fließen – unserer Beziehung zum *Seinsraum*, der offenen, alle Potentiale enthaltenden Weite reiner Bewusstheit. Wenn wir uns von unserem Sein abwenden, ist das so, wie wenn wir unser Sein in einer stickigen, vollgestopften Zelle in dem weiten Gebäude reiner Bewusstheit abschlössen. Wenn wir uns dagegen unserem Sein zuwenden, ist das so, wie wenn wir die Fenster öffneten und frische Luft hereinließen. So übt unsere weitere Natur eine magnetische Anziehung auf uns aus, indem sie uns in den klaustrophobisch engen inneren Zuständen, in denen wir so oft gefangen zu sein scheinen, ständig ruft.

In der Tat ist sogar die Anziehung, die weite offene Räume in der Natur auf uns ausüben – die geheimnisvolle Anziehung unerforschter Länder, der weite Horizont des ruhelosen Meeres oder die grenzenlosen Weiten des Weltraumes – im Grunde eine Sehnsucht nach der Verbindung mit dieser expansiven Dimension unserer eigenen Natur. Lama Govinda drückt es so aus:

> „Wenn Menschen in den Raum des Himmels hinaufschauen und den Himmel oder eine Macht, die da angeblich wohnt, anrufen, dann rufen sie in Wirklichkeit Kräfte in sich selbst, die, indem sie nach außen projiziert werden, als Himmel oder kosmischer Raum visualisiert oder gefühlt werden. Wenn wir die geheimnisvolle Tiefe und Bläue des Firmaments kontemplativ betrachten, betrachten wir die Tiefe unseres inneren Seins, unseres eigenen geheimnisvollen, alles umfassenden Bewusstseins in seiner ursprünglichen, unbefleckten Reinheit: unbefleckt durch Gedanken … ungeteilt durch Unterscheidungen, Begierden und Abneigungen."[c]

Doch wir tendieren dazu, uns gegenüber dem offenen Raum im Kern unserer Natur ambivalent zu fühlen. Obwohl wir von seiner Tendenz zur Ausdehnung angezogen sind, fürchten wir auch seine unermessliche Weite und seinen Mangel an Festigkeit, der keine *terra firma*, keinen festen Boden bereitstellt, der unsere konventionelle Identität unterstützt. Obwohl wir uns also oft nach mehr Raum sehnen, fliehen wir ihn schnell, wenn er verfügbar ist, oder versuchen, ihn zu füllen. Wie Menschen, die das Gedränge der Städte fliehen, das all die Annehmlichkeiten des Lebens in der Stadt mit sich bringt, und dabei das offene Land einer suburbanen Zersiedelung preisgeben, sind wir anfänglich zu dem offenen Raum des Seins hingezogen, aber versuchen schließlich, ihn mit unseren vertrauten Bezugspunkten zu füllen.

Der offene Raum des Seins bricht ständig in unerwarteten Wahrnehmungen und Empfindungen in das Bewusstsein durch; zum Beispiel wenn wir einem unergründlichen Geheimnis in uns oder in denen begegnen, die wir lieben. Zu diesem einfachen Erwachen kommt es auch in der Meditation, wenn ein belastender Seelenzustand plötzlich wegfällt. Dann sehen wir, dass sogar die dichtesten Seelenzustände bloß wie Bojen auf dieser weiteren offenen See der Bewusstheit treiben. Die Meditation öffnet ein Tor in diesen weiteren Raum, indem sie unsere Tendenz entspannt, uns mit dem zwanghaften Denken zu identifizieren, der ihn gewöhnlich füllt.

Aus diesem Grund beschreibt die Tradition der Mahâmudrâ des tibetischen Buddhismus die Meditation als „Mischen von Psyche und Raum". Hier schließt sich der Kreis von Descartes' dualistischem Trennen dieser beiden Bereiche.

Ein Zentext[d] nennt zehn Weisen, wie die Natur der Bewusstheit wie offener Raum ist, denn er ist:

- *unverstellt*, niemals begrenzt oder eingeschränkt durch Gedanken oder Gefühle, die in ihm entstehen
- *allgegenwärtig*, immer sofort verfügbar und erstreckt sich in alle Richtungen
- *unparteiisch*, erlaubt allem zu sein, was es ist
- *unermesslich*, er erstreckt sich unendlich über alle Beschränkungen des Denkens hinaus
- *formlos*, unfähig, in einer begrifflichen Schublade gehalten werden zu können
- *rein*, durch nichts verfälscht, was in ihm auftaucht
- *stabil*, weder entstehend noch vergehend, sondern der Boden aller vergänglichen Erfahrung, der immer da ist
- *jenseits von Existenz*, denn er kann auf keine bestimmte Weise lokalisiert werden
- *jenseits von Nichtexistenz*, denn er ist nicht einfach nichts, sondern eher eine klare, helle Präsenz
- *ungreifbar*, denn er kann nicht fixiert oder irgendwie festgehalten werden

Die tantrische Tradition bezeichnet den offenen Raum auch als *geheim*, weil er von dem Verstand nicht lokalisiert oder definiert werden kann. Da er für den begrifflich denkenden Verstand so unergründlich und unerforschlich ist, ist die einzige Weise, wie man ihn darstellen kann, symbolisch, wie der tantrische Buddhismus das durch das Mandala tut. Mandalas sind Abbildungen des kreativen Tanzes der Phänomene, die im dynamischen Feld offenen Raumes spielen. Im Mittelpunkt des Mandalas ist die Weisheit des offenen Raumes, der ohne Zentrum ist und alles durchdringt. Anders als die egoische Psyche, die versucht, sich sozusagen zum zentralen Macher oder einzigen Geschäftsführer seiner Welt zu machen, hat die weiträumige Natur der Bewusstheit weder ein feststehendes Zentrum – einen definierbaren Punkt des Ursprungs, der Entstehung – noch einen definierbaren äußeren Umfang oder eine definierbare äußere Grenze. Sie ist nicht *hier* im Gegensatz zu *da*, nicht *meine* im Gegensatz zu *deiner*. Noch ist sie das Produkt eines zentralen Denkers, Machers oder Kontrolleurs. Trungpa beschreibt dies so:

> „In der tantrischen Version des Mandalas ist alles um den Raum zentriert, der keine Mitte hat, in dem es keinen Beobachter oder Wahrnehmenden gibt. Weil es keinen Beobachter und keinen Wahrnehmenden gibt, wird der Rand extrem lebendig. Das Mandala-Prinzip drückt die Erfahrung der Bezogenheit aller Phänomene aus. ... Die Muster von Phänomenen werden klar, weil es in der eigenen Perspektive keine Parteilichkeit gibt. Alle Ecken sind sichtbar, Bewusstheit durchdringt alles ... [und] jeder Winkel des Raums ist sowohl Zentrum als auch Rand."[e]

Obwohl Jung den Symbolismus von Mandalas in den östlichen Religionen studiert und erkannt hat, wie sie eine tiefe, wesentliche psychologische Verschiebung von der Fixierung auf das Ego weg bedeuten, entging ihm ihre weitere Bedeutung – als Darstellungen oder Abbildungen des weiten Raumes der Weisheits-Psyche (wisdom-mind), der kreativen Offenheit und Potentialität des Seins, in dem sich das Spiel des Bewusstseins entfaltet, ohne an irgendeinen zentralen Bezugspunkt des Selbst gebunden zu sein. Jungs Verständnis asiatischer Mandalas war eher begrenzt, denn er sah sie als Symbole, die dazu bestimmt sind, „der Konzentration zu helfen, indem sie das psychische Gesichtsfeld verengen und es auf das Zentrum beschränken ... ein Zentrum der Persönlichkeit, eine Art zentralen Teil innerhalb der Psyche, mit dem alles in Beziehung steht."[f] Jungs enge Interpretation von Mandalas verrät die typische Voreingenommenheit der westlichen Psychologie, wenn sie versucht, die weiteren Dimensionen des Bewusstseins zu erforschen.

Leben im Raum

Auf einer persönlichen Ebene übersehen die meisten von uns aufgrund unseres Bedürfnisses, im Zentrum der Dinge zu sein, den lebendigen funkelnden Tanz der Phänomene, der sich im Mandala menschlichen Bewusstseins entfaltet. Weil der offene Raum im Kern unseres Wesens keine Unterstützung oder Bestätigung für das Projekt unserer Identität bereithält, wenden wir uns aus Angst gegen ihn und machen ihn zu einem Feind. Und wenn wir das tun, beginnt der offene Raum unseres Seins wie ein bedrohliches schwarzes Loch zu erscheinen, das uns verschlingen könnte.

Aus dieser Perspektive ist Psychopathologie das Ergebnis der Ablehnung unseres Wesens als offener Raum. Als Folge leben wir in leeren, erstarrten, eingeengten Räumen, die sich bemächtigend, verschlingend oder klaustrophobisch eng anfühlen und die wir ständig abzuwehren versuchen. Wie Wilson van Dusen es beschreibt, kämpft jede Art von Pathologie mit einer anderen Form von schwarzem Loch:

> „Immer mehr schien es so, dass diese Löcher ... sich als Schlüssel sowohl zu Pathologie als auch zu psychotherapeutischer Veränderung herausstellten. ... Beim Zwanghaften repräsentiert das schwarze Loch den Verlust von Ordnung und Kontrolle. Beim Depressiven ist es das schwarze Loch der stillstehenden Zeit. Bei den Charakterstörungen ist es die Überwältigung durch Sinnlosigkeit oder Terror. In jedem Fall repräsentieren sie die unbekannte, die unbenannte Bedrohung, die Quelle von Angst und Desintegration. Sie sind Nichts, Nichtsein, Bedrohung. ... Viele reden, um Raum zu füllen. Viele müssen etwas tun, um den leeren Raum mit sich selbst zu füllen. In allen Fällen muss er gefüllt oder verschlossen werden. Ich bin noch keinem Fall von Psychopathologie begegnet, bei dem die Leere gut ertragen wurde."[g]

Aus diesem Grund fand ich es als Psychotherapeut ganz wesentlich, Menschen zu helfen, den offenen Raum ihres Seins wertzuschätzen zu lernen und ihn als freundlich, und nicht als bedrohlich zu betrachten. Statt mit Klienten darin gemeinsame Sache zu machen, Raum zu füllen, helfe ich ihnen ständig, sich der Anwesenheit offenen Raums bewusst zu sein und zu lernen, sich voller in ihn zu entspannen.

Psychische Probleme bewegen sich nur dann in Richtung von Heilung, wenn wir ihnen gegenüber eine Beziehung haben können, die Raum gibt, vom Raum unseres Seins aus. Wenn wir versuchen, unsere Probleme direkt zu beheben, stellen wir gewöhnlich eine Seite von uns gegen eine andere, und das erzeugt inneren Druck und Stress – was unseren Raum nur kontrahiert. So ist unsere Psyche den größten Teil der Zeit eine belebte enge Gasse, die mit Verkehr verstopft ist, der versucht, in verschiedenen Richtungen voranzukommen. Ein Gedanke bewegt sich in die eine Richtung und andere Gedanken bewegen sich gegen ihn. („Ich bin wütend" – „Ich sollte nicht wütend sein" – „Warum sollte ich wütend sein?" – „Aber was werden die Leute denken?") Diese inneren Gegensätze erzeugen einen Verkehrsstau und verschließen den Raum. Wenn wir unserer Erfahrung Raum geben können, indem wir mit Bewusstheit sein können, beginnt sich der Stau aufzulösen und der Verkehr hat Raum, sich wieder frei zu bewegen. Wir haben das Problem vielleicht nicht gelöst, aber wir haben einen weiteren Raum gefunden, in dem wir das Problem halten können. So kommt es zu wahrem Heilen.

Wann immer wir uns erlauben, ein schwieriges Gefühl zu erleben, oder wann immer eine alte Identität beginnt, sich zu lockern, beginnt der weitere Raum des Seins, den dieses Gefühl oder diese Identität verdunkelt hat, enthüllt zu werden. Dies ist ein herausfordernder Moment, weil es sich oft so anfühlen kann, als fielen wir durch den Raum. Wenn wir Raum an diesem Punkt Widerstand entgegensetzen, wird das Fallen zu Schrecken und wir versuchen dann vielleicht, die Erfahrung abzubrechen, „uns zusammenzureißen", indem wir kontrahieren und uns anspannen. Dies hält uns davon ab, uns von der alten Fixierung, die anfing, sich aufzulösen, zu befreien.

Doch wenn wir lernen können, uns in die sich öffnende Ausdehnung hinein zu entspannen, dann beginnen wir vielleicht, *Raum als Unterstützung* zu entdecken. Der Grund unseres Seins hält uns tatsächlich aufrecht. Vielleicht fühlen wir uns zugleich auch extrem leicht, als schwebten wir auf einem Bett aus Wolken. Wenn wir diese Entdeckung einmal gemacht haben, wird das Abwerfen alter Identitäten weit weniger beängstigend.

Wenn wir uns also gegen Raum wenden, erscheint Raum bedrohlich, und dann fühlen wir die Gefahr, in ihm verloren zu gehen – in dem schwarzen Loch des Nichtseins. Eine übliche Weise, im schwarzen Loch verloren zu gehen, besteht in „spacing out" – wenn die konzeptuelle Psyche vorübergehend ihre Orientierung verliert und unsere Aufmerksamkeit verwischt und zerstreut wird. Wenn wir in Raum als unseren Grund vertrauen und uns in ihn entspannen, werden wir im Gegensatz dazu im Raum *gefunden*. Statt „spaced out" zu sein, werden wir weit, geräumig. Wir entdecken, dass es diese expansive Präsenz ist, was und wer wir wirklich sind.

Diese Fähigkeit, sich in den offenen Raum zu entspannen und ihm zu vertrauen, ist auch essentiell für kreative Arbeit. Künstler, Wissenschaftler, Erfinder und Mathematiker machen ihre kreativsten Entdeckungen oft in Momenten, wenn sie sich nicht direkt auf das anliegende Problem konzentrieren, sondern sich entspannen und ihm Raum geben zu sein. Die tiefsten spirituellen Realisierungen entstehen ebenfalls aus diesem wachen Zustand leeren Geistes, der ihm erlaubt, sich „auf Stille zuzubewegen", jenseits konventioneller Bezugspunkte. In der buddhistischen Tradition nennt man dies „von selbst entstehende Weisheit".

Eine beeindruckende Weise, wie ich das Spiel zwischen Sichöffnen für Raum und Widerstand gegen Raum erlebt habe, war in der Gegenwart eines hochwachen spirituellen Lehrers, eines Lehrers, der in der weiträumigen Qualität, in der Weite des Seins bleibt und ruht. Wenn man so einem Lehrer begegnet, bin ich manchmal sehr deutlich gewahr gewesen, wie ihre unermesslich weite Präsenz in mir zugleich eine ehrfürchtige Anziehung und eine gewaltige Angst und Widerstand ausgelöst hat. Je nach dem, welches Gefühl die Oberhand hatte, konnte ich den Lehrer als total anziehend oder total bedrohlich sehen. Währenddessen schien die Weiträumigkeit des Lehrers allen meinen Projektionen entgegenzukommen, und dies diente als Einladung, mich weiter zu öffnen. Nicht nur konnte ich keine Barrieren, Einschränkungen oder Grenzen in dem Raum finden, den der Lehrer bewohnte, sondern ich erlebte, dass seine Geräumigkeit meinen Raum nicht ausschloss; es war ein und derselbe Raum.[3] Diese Entdeckung half mir, meine Grenzen zu entspannen und mich der mächtigen Präsenz des Lehrers zu öffnen.

Obwohl offener Raum kalt oder unpersönlich klingen könnte, ist er eigentlich das, was Liebe und intimen menschlichen Kontakt möglich macht. Es ist das, was zwei Liebenden ermöglicht, „einander als ganz und gegen einen weiten Himmel zu sehen", wie Rilke es formuliert hat.[h] Was sehen wir denn, wenn wir in die Augen von jemandem sehen, den wir lieben? Warum ist Blickkontakt eine so vorsichtige, behutsame, enthüllende, oft verlegen machende und potentiell „kosmische" Erfahrung? So wie die Augen, die hinausschauen, eine Beziehung mit physischem Raum haben, so ermöglichen sie, wenn man in sie hineinschaut, eine Tür in den Raum des Seins. Wenn wir in die Augen unserer Geliebten schauen, sehen wir nicht Pupillen und Iris, sondern eher eine namenlose Präsenz, die von unserer eigenen Präsenz nicht getrennt ist, ein inneres Licht, das zu unserem eigenen inneren Licht spricht, es ruft. Plötzlich können wir diesen Menschen nicht objektivieren oder einordnen und nicht mehr irgendeine künstliche Trennung aufrechterhalten. Blickkontakt ist unmittelbare Kommunikation durch Raum, der uns über die ganze Spaltung von Subjekt und Objekt hinausträgt.

Dies ist der Grund, weshalb es schwer sein kann, mit jemandem intim am Telefon zu sprechen, und sogar noch schwerer über das Internet, denn ohne die leuchtende räumliche Verbindung durch die Augen ist es eine schiefe, unvollständige Kommunikation. In der Tat ist es vielleicht die Verbindung mit offenem Raum, die uns ermöglicht, überhaupt etwas zu verstehen. Ist dies der Grund, weshalb *Sehen* ein Synonym für Verstehen ist? In diesem Sinn fungieren die Augen wie die Tore eines Mandalas, durch das wir eine Welt expansiver und leuchtender Bewusstheit betreten.

Deshalb ist der offene Raum des Seins – den wir in unserer Empfänglichkeit für die Welt *spüren*, den wir in unserer Zärtlichkeit und Sensibilität *fühlen*, den wir in liebendem Kontakt mit anderen *teilen* und den wir in der Transparenz und Fülle menschlicher Präsenz *wissen* können – das, was uns ermöglicht, mit der Realität auf intime Weise in Verbindung zu sein und die Freiheit zu entdecken, die jenseits der Grenzen der konditionierten Psyche liegt.

7 Die Entfaltung der Erfahrung

Gibt es auch nur eine einzige Seele, die, wie materialistisch auch immer, sich nicht wünscht, sich zu entfalten? Das kann nicht sein. Es liegt in der Entfaltung der Seele, dass der Sinn des Lebens erfüllt ist.

HAZRAT INAYAT KHAN

Ich möchte mich entfalten. Ich möchte nicht irgendwo eingefaltet bleiben, denn wo ich eingefaltet bin, bin ich unwahrhaftig.

RAINER MARIA RILKE

Unser Lebensweg entwickelt sich durch einen Prozess der *Entfaltung*, der Anlass für einen sichtbar werdenden Fluss neuer Entdeckungen ist, so wie wenn das, was verborgen war, enthüllt wird, und das, was dunkel war, zugänglich und klar wird. Mindestens zwei Arten der Entfaltung sind in der menschlichen Entwicklung wirksam: eine allmähliche oder „horizontale" Entfaltung, bei der neue Entdeckungen und Entwicklungen fortschreitend in Erscheinung treten, wobei jede einzelne auf denen aufbaut, die ihr vorangegangen sind; und außerdem eine eher plötzliche und überraschende Art „vertikaler" Emergenz, bei der eine größere, tiefere Art Bewusstheit unerwartet in das Bewusstsein durchbricht, was uns erlaubt,

Dinge in einem radikal neuen Licht zu sehen. Der organische Prozess der Entfaltung erweist die kreative, emergente Natur menschlicher Erfahrung. Er wirft auch Licht darauf, wie es in der Psychotherapie zu Veränderung kommt und in welcher Beziehung therapeutische Veränderung, Kreativität und radikalere Arten spirituellen Erwachens zueinander stehen.

Die Ebenen der Erfahrung

Menschliche Erfahrung ist ein reiches, komplexes Gewebe, das aus vielen, miteinander verwobenen Strängen von Gefühl, Spüren und Wissen besteht. In jedem Moment verarbeiten wir viel mehr Informationen, spüren wir viel mehr Ebenen von Bedeutung und tiefere Qualitäten der Existenz, als wir uns zu dem Zeitpunkt explizit bewusst sind. William James beschreibt dieses holistische Gewebe: „In dem Puls inneren Lebens ist jetzt in jedem von uns unmittelbar präsent eine kleine Vergangenheit, eine kleine Zukunft, eine kleine Bewusstheit unseres eigenen Körpers, der Person des anderen, dieser erhabenen Dinge, über die wir zu sprechen versuchen, von der Geografie der Erde und der Richtung der Geschichte, von Wahrheit und Irrtum, von gut und schlecht und wer weiß von wie viel mehr?"[a]

Weil wir so, auf subtile, nonverbale Weisen, viel mehr wissen, als wir jemals auf einmal artikulieren können, tauchen ständig neue Bedeutungen – neue Weisen zu sehen und neue gesehene Dinge – im Bewusstsein auf. Die klassische Tiefenpsychologie sieht als Quelle dieser neuen Bedeutungen das Unbewusste. Dieses Modell fördert jedoch eine deterministische Sicht, die von einem geschlossenen System ausgeht und bewusste Erfahrung als Abkömmling vorweg existierender unbewusster Inhalte, wie Instinkten, Trieben, Archetypen oder Objektbeziehungen sieht. Wenn wir stattdessen das Auftauchen unbewussten Materials als die Entfaltung subtilen Wissens des Körper-Geistes verstehen, das in der holistischen Weise, die William James oben beschrieben hat, im Bewusstsein eingefaltet war, bekommt man ein viel dynamischeres, nichtdeterministisches Verständnis davon, wie Erfahrung funktioniert. In dem Maß, in dem sich neue Enthüllungen entfalten, machen sie explizit, was bis dahin implizit war – ein reich gemustertes Feld der Vernetzung des Körper-Geistes mit der Welt.

Zum Beispiel fühlt sich ein Mann nach einem kurzen Gespräch mit seinem Vater am Telefon leer, ohne genau zu wissen warum. Obwohl sein *Geist der Oberfläche*, der durch lineare, fokale Aufmerksamkeit wirkt, über das, was gerade passiert ist, immer noch im Dunkeln ist, spürt sein *Körper-Geist* die tieferen Implikationen dieses Dialogs und scheint sie *im Stillen* zu kennen. Er empfindet dies als eine Hohlheit in seinem Solarplexus. Wenn er das komplexe Durcheinander gefühlter Bedeutung untersucht, das er nach dem Auflegen erlebt, könnte er anfangen, verschiedene Aspekte davon zu entfalten – wie zum Beispiel Schuld, Resignation darüber, nicht gehört zu werden, Hilflosigkeit und die Sehnsucht nach einer echteren Beziehung. Einige sind unmittelbare Reaktionen auf das, was eben passiert ist, anderes geht auf eine ganze Beziehung von dreißig Jahren zurück. Doch alle waren in seinem anfänglichen leeren Gefühl implizit enthalten.

Die holografische Natur gefühlter Erfahrung

Eine Analogie, die uns helfen kann, wertzuschätzen, wie sich implizite Erfahrung entfaltet, ist die des Hologramms, das Karl Pribram auch benutzte, um bestimmte Aspekte der Gedächtnisfunktion im Gehirn zu erklären.[b] Ein Hologramm ist eine fotografische Platte, die komplexe Interaktionen von Lichtwellen aufzeichnet und von der ein realistisches dreidimensionales Bild projiziert werden kann. In einem Hologramm werden Lichtwellen gleichmäßig über die ganze fotografische Platte so verteilt, dass jeder Teil Informationen über das Ganze trägt. Sehr große Mengen von Informationen werden auf einem winzigen Gebiet gespeichert. Pribram schreibt: „Etwa zehn Milliarden Bits an Information wurden auf komplexe Weise holografisch in einem Kubikzentimeter zweckmäßig gespeichert."[c] Die Lichtwellen in einem Hologramm überlagern sich in komplexen Mustern („Interferenzmuster" genannt), um eine unscharfe ganze Konfiguration zu bilden. Die holografische Unschärfe ähnelt weder dem fotografierten Objekt noch hat sie überhaupt eine erkennbare Form. Es ist die Komplexität dieser Welleninteraktionen, die dem holografischen Bild seine realistische dreidimensionale Qualität verleiht, wenn es von der holografischen Platte reproduziert wird.

Das reich gemusterte Gewebe unserer inneren Erfahrung ist in gewisser Weise analog zu der Struktur eines Hologramms. Wenn Sie sich zum Beispiel fragen, wie es Ihnen jetzt geht, ist das, was Sie bekommen, wenn Sie sich innerlich als Erstes Ihrem körperlichen wahrgenommenen Felt Sense zuwenden, ein unscharfes Ganzes. Oder versuchen Sie einen Felt Sense von einem Menschen zu finden, der Ihnen in ihrem Leben nahesteht. Was ist Ihr Gesamtgefühl von Ihrem Vater, Ihr ganzes Gefühl von ihm? Lassen Sie jede besondere Erinnerung, jeden Gedanken und jedes Bild von ihm los und lassen Sie sich die ganze Qualität Ihrer Beziehung mit ihm fühlen. Unter jedem Bild können Sie möglicherweise einen unscharfen ganzen Felt Sense von Ihrem Vater und Ihrer Beziehung mit ihm finden. Dieser Felt Sense hat eine globale Gefühlstextur, eine Gefühlsfarbe oder einen Gefühlston und keine bestimmte Form, die Sie leicht artikulieren können. Nichtsdestoweniger ist er immer noch ziemlich deutlich verschieden von Ihrem Felt Sense von anderen Menschen, wie Sie sehen können, wenn Sie ihn mit Ihrem Felt Sense von Ihrer Mutter vergleichen.

Der Felt Sense enthält implizit gefühlte Bedeutung. *Gefühlt* bezieht sich auf die körperliche Komponente; *Bedeutung* impliziert eine Art Wissen oder Muster, wenn auch nicht logischer, sondern konzeptueller Art; *Sinn* (sense) weist daraufhin, dass diese Bedeutung noch nicht klar ist. *Implizit* bedeutet wörtlich „gefaltet in, eingefaltet". So wie ein Hologramm unscharf ist, weil es eine komprimierte Aufzeichnung vieler sich überlagernder Wellenmuster ist, so ist ein Felt Sense unklar oder diffus, weil er eine Reihe sich überlagernder Bedeutungen enthält, die eine bestimmte Situation für Sie hat und die auf den unterschiedlichen Weisen beruhen, wie Sie mit ihr interagiert haben. Machen Sie sich klar, dass Ihr Felt Sense von Ihrem Vater alles umfasst, was Sie je mit ihm erlebt und erfahren haben. Er ist wie eine holografische Aufzeichnung aller Ihrer Interaktionen mit ihm (analog dem Interferenzmuster). Alle Ihre Freuden, Verletzungen, Enttäuschungen, Wertschätzungen und all Ihr Ärger – Ihre ganze Erfahrung mit ihm ist in diesem einen Felt Sense holografisch komprimiert enthalten. Der Felt Sense ist insofern unscharf, als er all dies *implizit* enthält. Dies Implizierte ist nicht scharf definiert, sondern eher da als ein globaler Hintergrund. Vieles von unserer Alltagserfahrung funktioniert in dieser holistischen Weise als Hintergrund.

Der Entfaltungsprozess

Die Entfaltung, zu der es in psychologischer Selbsterforschung kommt, ist ein Prozess, in dem implizit gefühlte Bedeutung explizit gemacht wird. Er beginnt oft mit einer diffusen Art rezeptiver Aufmerksamkeit auf den ganzen Felt Sense einer Situation neben all den verschiedenen Gedanken, die man über sie hat. Mit Klienten, die sich nicht darauf einlassen können, sich ganz auf fokale Aufmerksamkeit zu verlassen, und Mehrdeutigkeit nicht tolerieren können, ist es viel schwerer zu arbeiten, weil ihre Worte nicht von einem Felt Sense kommen, sondern von früherem Nachdenken oder Nachsinnen her. Da die Art und Weise, wie sie über ihre Probleme sprechen, nicht frisch, lebendig oder mit gegenwärtiger Erfahrung verbunden ist, kommt es zu keiner Entfaltung. Es passiert nichts Neues.

Doch wenn wir an einen diffusen Felt Sense anschließen und ihn nutzen und *von ihm aus* sprechen können, statt nur unsere Gedanken *darüber* auszubreiten, ermöglicht dies eine frische Artikulierung dessen, was für uns wahr ist und was bisher nicht zugänglich war oder ausgedrückt werden konnte. Es kann sich etwas Frisches, etwas was wir vielleicht vage gespürt, aber noch nicht ganz verstanden und erkannt haben, allein aus der anfänglichen Unschärfe entfalten. Das ist der Grund, weshalb wir gewöhnlich erst zulassen müssen, etwas *nicht zu wissen*, bevor wir etwas Neues entdecken können.

Eugene Gendlin hat die Methode des Focusing[d] als Reaktion auf Ergebnisse der Forschung entwickelt, die belegten, dass die Wahrscheinlichkeit sich erhöht, dass Klienten der Psychotherapie sich verändern und Fortschritte machen, wenn ihre Worte aus der im Moment gefühlten Erfahrung kommen, die zuerst oft unklar oder mehrdeutig erscheint. Diesen Forschungsergebnissen zufolge wird Klienten in der Therapie im Allgemeinen auch nicht vermittelt, wie sie Zugang zu diesem impliziten Wissen des Körper-Geistes bekommen können. Focusing war eine wichtige Neuerung, weil sie Menschen genau zeigte, wie sie diffuse Aufmerksamkeit nutzen konnten, um aufmerksam bei unklar gefühltem Felt Sense zu sein.

Zum Beispiel kommt ein Klient herein, der wegen seiner Ehe deprimiert ist. Erst erzählt er, wie unglücklich er mit seiner Frau ist, und drückt seine Beschwerden, Schuldgefühle und Frustration aus. Aber seine Worte sind eher leblos. Er spricht „von seinem Kopf aus", ohne einen frischen Bezug zu seinem Inneren. Als Therapeut führe ich ihn zu seinem Felt Sense dieser Situation neben allen seinen Gedanken und emotionalen Reaktionen. Wie fühlt sich diese Situation in seinem Körper an? Ich könnte ihn diesem Gefühl eine Weile nachgehen lassen, ohne viel zu sagen. Wenn man einfach auf diese Weise damit Kontakt herstellt, führt das oft zu einer gewissen Erleichterung und einer Ermutigung, sich tiefer darauf einzulassen.

Er beschreibt seinen Felt Sense so: „Es ist eine Schwere in meinem Bauch." Jetzt, da er mit diesem Gefühl der Schwere in Kontakt ist, kann er anfangen, die implizite Bedeutung, die in ihr enthalten ist, zu entfalten. Dazu gehören eine bestimmte Art Untersuchung und Aufmerksamkeit, die der globalen Schwere ermöglichen, in schärferen Fokus zu kommen. Dies ist etwa analog zu dem Vorgang, bei dem man einem Hologramm die Unschärfe nimmt, indem man Hauptkonturen hervorhebt, so dass besondere Züge aus der Unschärfe auftauchen. Eine Frage, die ich dem Klienten stelle, hilft ihm, seine Aufmerksamkeit zu dem gefühlten Impliziten zu bringen: „Was ist hieran so schwer für Sie?" Wieder wendet er sich zu seinem Felt Sense, und wir warten darauf, dass etwas auftaucht.

„Es ist Wut, die einfach in meinem Bauch ist", sagt er jetzt, „und die mich runterdrückt, mich von innen auffrisst." Mit diesem nächsten Schritt der Entfaltung beginnen seine Worte, Kraft zu bekommen. Und als er in die Wut hineinspürt, die er jetzt artikuliert hat, erscheint der nächste Hinweis: „Aber noch mehr als wütend, ich bin gewaltig enttäuscht von ihr. Sie ist nicht für mich da, so wie sie es bisher war." Pause. Seine Worte haben jetzt noch mehr Energie. Wir sind anscheinend kurz davor, dass etwas Neues auftaucht. „Aber ich bin auch von mir enttäuscht. Es war so gut zwischen uns, und jetzt hören wir einander nicht einmal mehr zu." Er seufzt jetzt tief, als er näher an den Kern dessen kommt, was er fühlt. Ich kann an dem Zittern seiner Stille erkennen, dass er nahe daran ist, sich für etwas Größeres und Bedeutsameres zu öffnen. Er spricht nicht mehr *über* seinen Felt Sense; er spricht direkt *aus* ihm. Seine nächste Aussage bricht es wirklich auf: „Und wissen Sie, ich merke jetzt gerade, dass ich meine Liebe für sie lange nicht mehr gefühlt habe. Das ist es, was so schwer ist. Ich habe meine Liebe weggeschlossen und sitze jetzt seit Monaten auf ihr. Es fällt mir schwer, noch meine Liebe zu fühlen." Etwas in seinem Körper entspannt sich jetzt – er atmet tiefer, Tränen beginnen, sich zu bilden, und das Blut kehrt in sein Gesicht zurück. Er ist jetzt an einer ganz anderen Stelle als vor einer halben Stunde, als er hereinkam.

Abbildung 2 bildet diesen fortschreitenden Zickzackprozess der Entfaltung ab, bei dem der Klient zwischen Verbindung mit einem vagen Felt Sense – dargestellt durch die wolkigen Punkte – und der Artikulation der Bedeutung implizit in diesem Gefühl hin und her wechselt. Wichtiger als die besonderen Entdeckungen von Wut, von Enttäuschung oder blockierter Liebe war die dynamische Bewegung der Entfaltung, die eine spontan empfundene Veränderung ermöglichte, als er artikulierte, was sein Körper-Geist schon spürte und implizit fühlte.

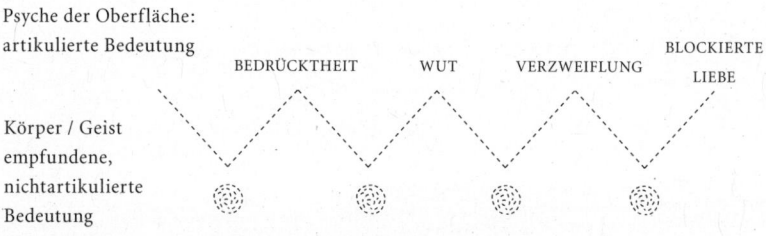

Abbildung 2   *Therapeutische Entfaltung*

Diese Art Entfaltung, die sich zwischen Artikulation und dem Nichtartikulierten hin und her bewegt, liegt im Herzen aller kreativen Entdeckung, ob in der Therapie, den Künsten oder den Wissenschaften. Der Therapeut Edgar Levinson sagt dazu: „Der Prozess therapeutischer Veränderung besitzt seine eigene Phänomenologie, die sich nicht von der Weise unterscheidet, wie ein Künstler zu einem visuellen Konzept oder ein Mathematiker zu einer neuen Formel gelangt."[e] Und in Worten, die in gleicher Weise von Dichtung wie von Psychotherapie ausgesagt werden können, meint der Philosoph Max Picard, dass Rede nur dann Potenz und Tiefe besitzt, wenn sie aus einem weiteren undifferenzierten Raum jenseits von

Worten kommt, indem sie sich „aus Schweigen in das Wort und dann wieder zurück in das Schweigen und so weiter bewegt, so dass das Wort immer vom Zentrum des Schweigens kommt. ... Rein verbales Geräusch auf der anderen Seite bewegt sich ununterbrochen entlang der horizontalen Linie des Satzes. ... Worte, die nur von anderen Worten kommen, sind hart ... und einsam."[f] Der Physiker David Bohm beschreibt, wie ein kreativer Physiker ähnlich vorgehen sollte, und verwendet eine Sprache, die auch für die Therapie passt: „Man muss die neue Situation sehr breit und behutsam beobachten und die relevanten neuen Züge ‚ausfühlen'."[g]

Als ich zum Beispiel dieses Kapitel schrieb, begann ich mit einem diffusen Felt Sense von dem, was ich sagen wollte und worauf ich mich entlang des Weges immer wieder beziehen muss. Ich kann nicht genau wissen, was ich sagen will, außer indem ich es sich Wort für Wort, Satz für Satz entfalten lasse. Jeder Satz führt zum nächsten, der seinerseits auf dem aufbaut, was sich vorher entfaltet hat. Am Ende dieses Kapitels sollte ich das volle Spektrum dessen, was meine Absicht war, entdeckt haben (obwohl es natürlich immer noch mehr gibt). Ähnlich enthält Ihr ganzes Gefühl von Ihrem Vater, nach dem ich Sie oben gefragt habe, wahrscheinlich einen ganzen Roman Ihrer Beziehung mit ihm, der sich aus ihm entfalten könnte. Ihr ganzer Roman (alle sechshundert Seiten!) steckt holografisch verdichtet in Ihrem ersten diffusen Gefühl von Ihrem Vater.

Wenn sich ein impliziter Felt Sense einmal geöffnet hat – ob in der Therapie oder beim Entwickeln einer neuen wissenschaftlichen Theorie –, sind die Dinge niemals wieder ganz dieselben. Was an dem Entfaltungsprozess kreativ oder heilend ist, ist, dass er uns ermöglicht, uns in einer größeren Art und Weise zu erleben als vorher. Diese „Art und größere Weise" resultiert aus der dynamischen Interaktion hin und her zwischen zwei Weisen des Wissens: dem der Psyche der Oberfläche und der fokalen Aufmerksamkeit und dem des größeren Körper-Geistes. Jeder Schritt der Untersuchung bringt eine neue Facette des Felt Sense ans Licht, der sich zu bewegen und zu verändern beginnt wie ein verheddertes Bündel Garn, das entwirrt wird. Wenn man an einem bestimmten Strang zieht, löst man damit das ganze Knäuel, womit auch der nächste Strang sichtbar wird, der abgewickelt werden muss. Allmählich verändert sich die Form des Knäuels – das Problem ist nicht mehr dasselbe.

Während jedes Lebensproblem viele verschiedene Aspekte oder viele irritierende Facetten haben kann, gibt es gewöhnlich eine zentrale Verwicklung, eine zentrale Krux (oder manchmal auch zwei oder drei). Wenn man dieses zentrale Thema – gewöhnlich eine verwirrte oder ungelöste Weise, wie wir uns zu uns selbst, zu anderen oder zum Leben verhalten – ins Bewusstsein bringt, dann hilft das, die verwickelte Situation zu entwirren und zu entspannen.

Ein anderer Klient kam mit dem Gefühl eines durchdringenden Mangels an Erfüllung in seinem Leben. Im Laufe vieler Wochen musste er viele verschiedene Facetten dieser Leere erforschen, bevor die Krux des Problems sich enthüllen konnte. Endlich erkannte er, dass es nicht so war, dass etwas Bestimmtes in seinem Leben fehlte, sondern dass er sich nicht wahrnehmen und betrachten lassen konnte, was sein Herz ersehnte. „Dann würde ich mich zu verletzlich fühlen." Viele Schritte der Arbeit mit dem Felt Sense der Leere waren zu Anfang notwendig, die zu diesem Punkt führten (so wie ein Künstler oder Wissenschaftler viel Zeit damit verbringen muss, die verschiedenen Dimensionen eines kreativen Problems zu betrachten und zu bedenken, bevor es zu einem Durchbruch kommen kann). Jetzt konnte er sehen, dass das wirkliche Thema nicht war, dass etwas in seinem äußeren Leben fehlte, außer seiner eigenen Angst davor, sich wissen zu lassen, was er wirklich wollte. Statt sein Leben durch diese entstellende Optik zu sehen, konnte er endlich die Optik selbst sehen, die diese Entstellungen verursachte. Die Einsicht, dass er nicht einfach ein Opfer der Umstände war, brachte ein gewaltiges Gefühl der Erleichterung mit sich, was ihm erlaubte, auf eine ganz neue Weise an sein Leben heranzugehen.

Die therapeutische Entfaltung hat daher drei Hauptstufen: sich erweiternde Aufmerksamkeit, um einen globalen Felt Sense einer Situation auszufühlen; direkte Erforschung dieses Felt Sense; und indem es schrittweise aus verschiedenen Blickwinkeln artikuliert wird, Entdecken seiner Krux, was seine Blockierung löst und neuen Richtungen erlaubt, sich zu offenbaren. So bewegt sich Verwirrung allmählich zu Klarheit, Falschheit zu Richtigkeit und Getrenntheit zu Verbundenheit. Gendlin meint, dass jedes Lebensproblem in sich ein Gefühl für eine neue Richtung enthält, wenn wir es sich nur entfalten lassen können: „Das Gefühl davon, was falsch ist, trägt in sich ... untrennbar ein Gefühl von der Richtung auf das zu, was richtig ist. ... Jedes schlechte Gefühl ist potentielle Energie in Richtung einer richtigeren Weise zu sein, wenn man ihm Raum gibt, sich in Richtung des Richtigen zu bewegen."[h]

Bei psychologischer Arbeit ist es der Dialog zwischen Therapeut und Klient, was den Entfaltungsprozess fördert. Was jemanden zu einem guten Zuhörer macht, ist die Fähigkeit, einem anderen Menschen zu helfen, sich in das Schweigen der un- und noch nicht artikulierten Erfahrung einzufühlen und es zu einem immer volleren Ausdruck zu bringen, statt auf einen besonderen Inhalt zu fixieren, der artikuliert wird. Wichtiger als das, was wir sagen, wenn wir auf jemanden reagieren, ist unsere Fähigkeit, den (immer noch unklaren) Felt Sense des anderen hervorzuheben und mit ihm mitzuschwingen. Levinson beschreibt das so:

„Es ist klar, dass der Therapeut nicht so sehr in seinen Formulierungen korrekt sein sollte, wie er mit dem in Harmonie oder in Resonanz sein sollte, was im Patienten passiert. ... Es könnte übertrieben klingen, zu meinen, dass es möglich wäre, gute Therapie zu machen, ohne je wirklich zu verstehen, was vor sich geht, solange der Therapeut mit einer Erweiterung der Bewusstheit beschäftigt ist und seine eigene Beteiligung nutzt, um die Welt des Patienten weiter auszuarbeiten und zu aktualisieren. *Der Therapeut erklärt nicht Inhalt; er erweitert Bewusstheit von Mustern.*"[i]

Oft ist es schwer, Therapiesitzungen zu verstehen, wenn sie transkribiert und verschriftlicht werden. Dies liegt daran, dass die Worte nicht das Wesentliche sind. Bei dem therapeutischen Prozess geht es nicht nur darum, Gefühle in Worte zu bringen. Worte können im Grunde niemals buchstäbliche Schnappschüsse gefühlter Erfahrung sein – ebenso wenig wie ein dreidimensionales holografisches Bild buchstäblich die komplexen Wellenmuster, die in einer holografischen Platte gespeichert sind, reproduzieren kann. Die durch Klienten und Therapeuten gesprochenen Worte haben eine transformierende Wirkung, wenn sie mit dem mitschwingen, was der Klient schon implizit fühlt, womit den Gefühlen geholfen wird, sich zu entfalten und, in Gendlins Worten, „sich fortzusetzen". Bei diesem „Sichfortsetzen", das durch die Entfaltung passiert, enthüllen sich neues Verständnis, neue Tiefen, neue Weisen zu sein und sich zum Leben zu verhalten.

Dieses Verständnis therapeutischen Durcharbeitens als eines interaktiven Zwei-Wege-Prozesses – innerlich auf einen Felt Sense Bezug nehmen und ihn dann durch Untersuchung und Entfalten weitertragen und „fortsetzen" – sorgt für ein Modell der Therapie, das dynamischer und befreiender ist als die Einbahnstraße, die darin besteht, das Unbewusste bewusst zu machen. Die alte Auffassung vom Unbewussten als eine getrennte Region der Psyche mit ihren eigenen expliziten Inhalten und Trieben fördert einen deterministischen Ansatz zur Therapie, der durch rationale Analyse feste, greifbare Probleme aufzudecken sucht, die in der Psyche gespeichert sind. Indem sie versäumen, den sich beständig entwickelnden Reichtum und die Offenheit menschlicher Erfahrung anzuerkennen oder zu achten, verstärken deterministische Modelle der Therapie die Spaltung zwischen Oberfläche, fokaler Psyche und unserem tieferen Sein, und damit die Teilung, die überhaupt an der Wurzel unserer Probleme liegt. James Hillman hat darauf hingewiesen, dass diese Art Analyse „in Wirklichkeit Teil der Krankheit selbst ist und weiter zu ihr beiträgt".[j]

Spirituelle Emergenz

Wenn wir entdecken, dass psychische Probleme ewig veränderlich, immer fähig sind, sich auf neue Weise zu entfalten, und keine festen, fixierten Einheiten, die in uns festgeklemmt sind, ist das eine befreiende Erkenntnis, die zu einem ausdehnungsfähigeren Verständnis menschlicher Erfahrung führt. Was ist es, was eigentlich passiert, wenn sich ein Felt Sense entfaltet, ein erstarrtes Gefühl auftaut oder ein verwickeltes Lebensproblem sich entwirrt? Was taucht in diesem Moment der Lösung auf, wenn eine alte Fixierung plötzlich loslässt?

Wenn sich ein innerer Knoten löst, seufzen wir gewöhnlich vor Erleichterung und machen dann weiter, ohne zu bemerken, wie solche Momente eine direkte Erfahrung von unserem größeren Sein liefern. In dem Moment, wenn der Zugriff eines Problems auf uns sich auflöst, bekommen wir wieder Zugang zu einem geerdeten Gefühl von Präsenz und Lebendigkeit. Ich nenne dies oft *seinen Platz finden*, denn man empfindet es als ein Niederlassen in sich selbst, in die Unmittelbarkeit des Seins.

Dies fühlt sich oft frisch und überraschend an, wie das plötzliche Öffnen einer Blüte. Es ermöglicht auch oft, dass eine neue Bewusstheit der Vertikalität – oder Tiefe des Seins – auftaucht. Ich nenne dies eine *vertikale Verschiebung oder Veränderung*.

Zu zunehmenden *horizontalen Verschiebungen* kommt es während des Entfaltungsprozesses, wenn das Knäuel Schnur sich entwirrt und seine Gestalt verändert. Bei einer vertikalen Verschiebung geschieht etwas anderes: Wir bewegen uns plötzlich von dem Bereich der Persönlichkeit in den Bereich reinen Seins. Horizontale Entfaltung erlaubt uns zu erleben, wie unser Bewusstsein wächst und sich erweitert, wenn wir immer mehr über unsere Situation entdecken. Vertikale Emergenz ist ein Durchbruch zu unserer wahren Natur, die jenseits horizontaler Entwicklung und horizontalen Werdens liegt. Hier entdecken wir eine Qualität des Seins, die schon vollständig, in sich voll und in sich beständig ist. Im tibetischen Buddhismus ist das Symbol für den Durchbruch dieser größeren Natur, die in sich vollständig ist, der *Garuda*, ein mythischer Vogel, der ganz erwachsen geboren wird und der zu fliegen beginnt, sobald er aus dem Ei geschlüpft ist.

So wie der Felt Sense ein subtiles Muster unter den gröberen Formen von Gedanke und Konzept ist, so unterliegt dieser weitere, größere Sinn des Seins dem ganzen horizontalen Bereich persönlichen Werdens. Diese reine Seiendheit (beingness) ist implizit in all unserer gefühlten Erfahrung, so wie Wasser überall und in allen lebendigen Dingen enthalten ist. Und so wie wir Wasser nicht in allen lebendigen Formen sehen, in denen es eingefaltet ist (in Fleisch, Gras oder Holz), so erkennen wir gewöhnlich nicht die eigentliche, letzte Offenherzigkeit im Kern aller unserer Erfahrungen – die im Buddhismus *Bodhicitta* genannt wird, der Herz/Geist (heart/mind) der Erleuchtung. Der Moment, in dem sie in das Bewusstsein voll auftaucht, ist in der Sprache des Zen wie „der Boden des Eimers, der durchbricht".

Wie können wir dann den Boden unseres Lebens in diese radikale Offenheit durchbrechen lassen, ohne ständig den Eimer flicken zu müssen, weil wir diesen weiteren Raum fürchten? Während die psychologische Arbeit für Blicke auf die größere Offenheit im Kern unserer Natur sorgen kann, ist sie in der spirituellen Praxis unmittelbar das Ziel. Wenn die psychologische Arbeit hilft, *uns selbst zu finden*, bringt spirituelle Arbeit uns einen Schritt weiter, indem sie uns hilft, *uns loszulassen*. In diesem Sinn sind psychologische und spirituelle Arbeit, horizontales Entfalten und vertikale Emergenz, Finden und Loslassen unserer selbst zwei Seiten einer ganzen Dialektik der Selbstentdeckung.

Besonders Meditation lehrt uns, die Fixierungen des Denkens der Oberfläche und körperlich gefühlter Bedeutung loszulassen – dadurch, dass wir sie auftauchen lassen, ohne ihnen zu folgen oder auf sie zu reagieren. Statt zu versuchen, gefühlte Bedeutung zu entfalten, erlaubt Meditation eine kontinuierliche Rückkehr zum Unbekannten, so dass eine größere Bewusstheit beginnen kann, die enge Welt der Beschäftigung mit sich selbst zu ventilieren und zu durchdringen. Mit Übung wird der Meditierende zunehmend fähig, das Spiel der Psyche geschehen zu lassen, wie es will – gewohnte Denkmuster, subverbale Texturen impliziten Gefühls, und die offene Bewusstheit, die allem zugrunde liegt –, ohne von etwas davon weggetragen zu werden.

Deshalb ist die Meditationspraxis eine wertvolle Methode, die uns helfen kann, den größeren heiligen Grund des Seins zu betreten, der all unseren Gedanken und Gefühlen zugrunde liegt. Ohne die Wissenschaft, die mit der Psyche der Oberfläche erklärt, noch die Psychologie zu negieren, die den Körper-Geist untersucht, bringt sie uns einen Schritt weiter. Dadurch, dass sie uns zu der wachen, weiträumigen Präsenz unseres Seins hinführt, enthüllt sie die essentielle Integrität, die im Kern menschlicher Existenz liegt. Aus diesem Blickwinkel können wir dann alle verschiedenen Ebenen menschlicher Erfahrung als Stränge eines einzigen Gewebes zu sehen und anzunehmen beginnen.

8 Reflexion und Präsenz
Die Dialektik des Erwachens

Während meines Studiums der klinischen Psychologie in den Sechziger Jahren war ich an den kulturellen Veränderungen intensiv beteiligt, die um mich herum im Gang waren – dem Aufblühen des politischen Aktivismus, der sexuellen Revolution, der musikalischen Erneuerung, von Encountergruppen und Arbeit an persönlichem Wachstum, der psychedelischen Entdeckung und nicht zuletzt an den frühen Wellen östlicher spiritueller Lehren, die an unsere Ufer gelangten. Dieser kulturelle Strom stimulierte ohne Zweifel mein intensives Interesse an der ganzen Frage der Veränderung der Persönlichkeit. Welche Art Veränderung ist Menschen wirklich möglich, was macht Veränderung möglich und wie kommt es zu einer Veränderung? Als ich zum ersten Mal Eugene Gendlin über die *gefühlte Verschiebung* (felt shift) sprechen hörte – diese Momente des Übergangs, wenn alte Fixierungen nachgeben und dabei frische Einsicht, Entspannung und eine neue Richtung bringen –, fühlte ich mich erhoben und gesegnet, als wäre ich gerade in ein bedeutendes Mysterium eingeweiht worden. Und als ich sie schließlich selbst erlebte, kam sie mir sogar noch geheimnisvoller und tiefer vor, beinahe wie eine mystische Minierfahrung.

Zugleich vertiefte ich mich auch in den Zen und wurde an der Beziehung zwischen der gefühlten Verschiebung und *Satori* interessiert, dem plötzlichen Erwachen, das im Herzen des Zen ist. Ich war besonders von den Zengeschichten fasziniert, in denen der Schüler zum Beispiel allein dadurch, dass er den Schrei eines Vogels hört, den Boden fegt oder von seinem Lehrer einen Schlag bekommt, plötzlich aufwachte und die Realität auf eine völlig neue Weise sah. *Satori* schien wie eine ungeheure, kosmische gefühlte Veränderung zu sein, bei der sich das eigene Leben plötzlich veränderte und man als neues Wesen davonging. Ich fragte mich, wie die gefühlte Verschiebung und *Satori* miteinander zusammenhingen. Waren sie miteinander verwandt, zwei Versionen derselben Sache, oder etwas ganz Verschiedenes?

Für mich als angehenden Schüler sowohl des Buddhismus als auch der Psychotherapie war dies keine akademische Frage, sondern eine, die wichtige persönliche und professionelle Implikationen hatte. Wenn die gefühlte Verschiebung eine Art „Mini-Satori" oder sogar ein Schritt in diese Richtung war, dann konnte die westliche psychologische Arbeit vielleicht eine neue Weise darstellen, an diese Art Realisierungen heranzugehen, die früher allein das Gebiet von Mystikern und Menschen gewesen waren, die sich für ein monastisches Leben entschieden hatten.

Psychologische Reflexion

Später, als ich anfing, als Psychotherapeut zu arbeiten, nahm diese Frage eine neue Wendung. Mittlerweile hatte ich eine ganze Menge an psychologischer wie an meditativer Arbeit getan und hatte mit beiden mächtige Erfahrungen gemacht und Resultate erzielt. Obwohl beide Arten der Arbeit innere Aufmerksamkeit und Bewusstheit verlangten, war ich auch davon überrascht, wie sehr sie sich in ihrer Herangehensweise an den Strom der Erfahrung unterschieden.

Auf der einen Seite gehörte es zum therapeutischen Prozess, von der eigenen gefühlten Erfahrung zurückzutreten, um sie auf eine dialogische Weise zu untersuchen. Im Laufe des therapeutischen Dialoges – mit dem Therapeuten und mit den eigenen Gefühlen – öffnete sich die gefühlte

Erfahrung, verborgene Bedeutungen entfalteten und Gefühle veränderten sich, was zu wichtigen kognitiven und affektiven Veränderungen und Veränderungen des Verhaltens führte.

Zugleich studierte ich auch die meditative Tradition der Mahâmudrâ und des Dzogchen des tibetischen Buddhismus, die einen ganz anderen Ansatz darstellt. Zu der Methode gehörte eine radikalere Öffnung für jede Erfahrung, die sich gerade einstellte, statt von ihr zurückzutreten und gefühlte Bedeutungen aus ihr zu entfalten oder sie in dialogischer Form zu erforschen. Wenn man so mit Erfahrung arbeitete, konnte das zu spontanen, unmittelbaren Arten von Enthüllung führen, die verschieden beschrieben werden: als *Umwandlung*, *Selbstbefreiung* oder *spontane Präsenz*.

Bei diesem Ansatz erkennt man die eigene Erfahrung direkt an und begegnet ihr so, wie sie ist, ohne sich darum zu kümmern, was sie bedeutet, woher sie stammt oder wohin sie führt. Es gibt keine Verstärkung eines beobachtenden Selbst, das einen beobachteten Bewusstseinsinhalt zu erfassen, zu verstehen oder zu verarbeiten versucht. Die frühen Stufen der Dzogchen/Mahâmudrâ-Meditation lehren den Schüler, Fixierung auf alles loszulassen, was in der Psyche auftaucht. Dadurch entwickelt sich schließlich die Fähigkeit, zu entspannen und wach inmitten von jeder Erfahrung zu bleiben, welcher auch immer. Wenn es weder eine Identifikation mit dem Beobachter noch mit dem Beobachteten gibt, bleibt Bewusstheit von jeder Teilung ungestört und eine neue Freiheit, Frische, Klarheit und Mitgefühl werden verfügbar. Diese nichtduale Bewusstheit ist in den Worten des indischen Lehrers H. L. Poonja „Ihre ureigene Bewusstheit und man nennt sie *Freiheit von allem*".[a]

Während Psychotherapie und Meditation beide zu einer Befreiung von mentalen und emotionalen Fixierungen führten, überzeugte mich der meditative Ansatz als der tiefere und spannendere der beiden, weil er direkter, radikaler und der essentiellen Natur der Bewusstheit als einer offenen Präsenz treuer war. Er ist überhaupt wesentlich frei von Festhalten, strategischem Kalkulieren und von der Subjekt-Objekt-Spaltung. Zugleich verschaffte mir der reflexive dialogische Prozess der Psychotherapie eine wirksamere und zugänglichere Weise, an den Themen und Problemen persönlichen und weltlichen Lebens zu arbeiten – Meditierende tendieren oft dazu, zu vermeiden, sich damit zu beschäftigen. Doch ich hatte Zweifel in Bezug auf den eigentlichen Wert eines Ansatzes, der die Trennung von Subjekt und Objekt, die an der Wurzel des größten Teils menschlicher Entfremdung und menschlichen Leidens lag, nicht ansprach und auch nicht bestimmt war, sie zu überwinden.

Auf zwei therapeutische Techniken, die ich in meinen frühen Jahren als Therapeut nützlich fand, richtete sich dieser Zweifel besonders. Lange bevor durch John Bradshaw die Arbeit mit dem „Inneren Kind" populär wurde, entdeckte ich, dass viele Menschen, die sonst damit Mühe hatten, sich auf eine hilfreiche, mitfühlende Weise zu ihren Gefühlen des Schmerzes, der Angst, der Hilflosigkeit, der Wut oder des Kummers zu verhalten, dies konnten, wenn sie sich vorstellten, dass diese Gefühle dem Kind gehörten, das immer noch in ihnen lebte. Da ich dieser Technik von allein begegnet war und sie nicht aus einem vorgefassten theoretischen Rahmen übernommen hatte, kam sie mir um so eindrucksvoller vor. Doch ich blieb mir auch ihrer Schwächen bewusst: Sie ließ einen Menschen innerlich zwischen einem beobachtenden „Erwachsenen" und einem beobachteten „Kind" gespalten, wobei der größte Teil der Gefühlsenergie dem Kind zu gehören schien.

„Den richtigen Abstand zu einem Gefühl finden" war eine andere nützliche Technik und ein zentraler Zug der Methode des Focusing, die ich viele Jahre lang gelehrt habe. Viele Klienten, die bedrohlichen Gefühlen zu nahe kommen, werden entweder von ihnen überwältigt oder lehnen sie ab, um sich vor ihrer Intensität zu schützen. Wenn man zu starken Gefühlen eine bestimmte reflexive Distanz herstellt, wird es deshalb leichter, mit ihnen umzugehen, so man etwas, was jemand sehr laut sagt, eher verstehen kann, wenn man von ihm ein wenig zurücktritt. Um den richtigen Abstand zu finden, muss man seine Aufmerksamkeit „in die Nähe" des Gefühls bringen, an seinen Rand, nahe genug, um in Kontakt mit ihm zu sein, und doch weit genug weg, um sich wohlzufühlen. Diese etwas zurückgenommene Position ist eine nützliche therapeutische Technik, die einen interaktiven Dialog mit Gefühlen ermöglicht, der sonst vielleicht nicht möglich ist. Wenn dies aber die einzige Weise ist, wie man sich zu seinen Erfahrungen verhält, kann es sein, dass man damit auch eine innere Trennung aufrechterhält und verstärkt – zwischen beobachtendem Ich und dem beobachteten Fluss der Erfahrung –, die schließlich zu einer Einschränkung für sich werden und sich verselbstständigen kann.

Je weiter ich mit der Meditation ging, um so weniger war ich damit zufrieden, dass ich nur reflexive Methoden nutzte, die diese innere Teilung aufrechterhielten. Aus der Sicht kontemplativer Praxis ist die Wurzel und dauernde Quelle menschlichen Leidens gerade die Spaltung zwischen „ich" und „meine Erfahrung". Leiden ist nichts anderes, als dass der Beobachter Erfahrungen beurteilt, ihnen Widerstand entgegenstellt, mit ihnen ringt und sie zu kontrollieren versucht, die ihm schmerzhaft, angstmachend oder bedrohlich vorkommen. Ohne diesen Kampf können schwierige Gefühle einfacher und direkter erlebt werden, statt als schlimme Bedrohungen „meines" Überlebens und „meiner" Integrität. Die konventionelle Psychotherapie lehrt Klienten, das Leiden, das aus der Identifikation mit einem getrennten Ego-Selbst entsteht, zu verstehen, mit ihm umzugehen und es zu reduzieren, aber sie stellt selten den fundamentalen inneren Rahmen in Frage, der es entstehen lässt.

Geteiltes und ungeteiltes Bewusstsein

Obwohl reflexive Methoden für die therapeutische Arbeit gewiss wesentlich sind, ließ mich meine Erfahrung mit der Meditation des Dzogchen und der Mahâmudrâ erkennen, wie sie nach östlichen Vorstellungen dennoch ein Ausdruck geteilten Bewusstseins waren. Der Sanskritbegriff für den gewöhnlichen, alltäglichen Zustand des Bewusstseins ist *vijñâna*. *Vi-* kann man mit „geteilt" und *jñâna* mit „wissen" übersetzen. *Geteilt* bezieht sich hier auf die Subjekt-Objekt-Spaltung, bei der die Trennung zwischen Beobachter und Beobachtetem, Wahrnehmendem und Wahrgenommenem eine primäre Determinante davon ist, wie und was wir wahrnehmen. Zu allem konventionellen Wissen, einschließlich dessen, was wir in der Psychotherapie entdecken, kommt es innerhalb des Rahmenwerks geteilten Bewusstseins, wie der Phänomenologe Peter Koestenbaum bemerkt: „Alles Wissen ist von dieser dualen Art, und psychotherapeutische Interventionen sind keine Ausnahme. ... Psychotherapie ist wie alle anderen Formen des Wissens Reflexion über das Selbst; sie ist Wissen und Bewusstsein vom Selbst."[b]

Wenn wir über das Selbst reflektieren, wird das Selbst geteilt – in ein Objekt der Reflexion und ein beobachtendes Subjekt. Dies ist *vijñâna* in Aktion. Das Teilen des Erfahrungsfeldes in zwei Pole ist für die meisten Zwecke eine nützliche Technik und ergibt relatives Wissen vom Selbst. Wir lernen unsere Konditionierung, unsere Charakterstruktur und unsere besonderen Weisen kennen, wie wir denken, fühlen, handeln und wahrnehmen. Diese Entdeckungen können zwar relativ befreiend sein, aber mit den Mustern von Geist und Körper, die wir durch reflexives Unterscheiden entdecken, kann niemals identisch sein, *wer wir sind*. Noch sind wir mit dem Wahrnehmenden identisch, der von jenen Mustern zurücktritt und über sie reflektiert. Beide Pole sind Schöpfungen des konzeptuellen Geistes, der so wirkt, dass er das Erfahrungsfeld in zwei teilt und die Realität mit Begriffen und Konzepten interpretiert, die auf dieser Teilung beruhen.

Präzise Aufmerksamkeit auf die Natur des Erfahrens enthüllt, dass der größte Teil unserer Wahrnehmung und unseres Erkennens von dieser konzeptuellen Trennung bestimmt ist. Zum Beispiel sehen wir einen Baum im Allgemeinen nicht in seiner einzigartigen und lebendigen Unmittelbarkeit – in seiner Soheit (suchness). Vielmehr wird unsere Erfahrung des Baums von Vorstellungen und Überzeugungen über eine Kategorie von Objekten geformt, die „Baum" genannt wird. Krishnamurti beschreibt im Gegensatz dazu, wie es ist, einen Baum direkter und nicht entfremdet zu sehen:

> „Man schaut diesen großartigen Baum an und fragt sich, wer wen beobachtet und im Moment gibt es überhaupt keinen Beobachter. Alles ist so intensiv lebendig und da ist nur Leben, und der Beobachter ist so tot wie das Blatt. ... Äußerst still, ... lauschen ohne einen Moment der Reaktion, ohne sich zu merken, ohne zu erfahren, nur sehen und lauschen. ... In Wirklichkeit ist das Außen das Innen und das Innen ist das Außen, und es ist schwer, fast unmöglich, sie zu trennen."[c]

So wie die „Nachrichten" vorgeben, eine genaue und neutrale Darstellung der Ereignisse in der Welt zu sein, während sie ihre versteckten Tendenzen verbergen, so stellen wir uns vor, dass das konventionelle geteilte Bewusstsein uns ein genaues Porträt davon gibt, was wir vor uns haben, während wir übersehen, wie unsere konzeptuellen Annahmen gewöhnlich ein entstelltes Bild von der Realität erzeugen. Auf diese Weise erleben wir nicht die „Dinge, wie sie sind" – in ihrer reichen und lebendigen Unmittelbarkeit in der Erfahrung. Der große Dzogchen-Yogî Mipham formulierte es so: „Was immer man sich vorstellt, genau so ist es niemals."d

Diese gewohnheitsmäßig entstellte Wahrnehmung – wo wir unbewusst unser kognitives Schema mit Realität verwechseln – ist, aus buddhistischer Sicht, *Samsâra*, „täuschende Erscheinung". Die Grundlage von *Samsâra* ist die dauernde Gewohnheit, das Erfahrungsfeld in zwei zu teilen und sich vorzustellen, dass das beobachtende Selbst etwas vom Rest des Feldes Abgesetztes ist. Meditative Erfahrung offenbart eine andere Art zu wissen, ein direktes Erkennen der *Dasheit* (thatness) oder *Soheit* (suchness) – die lebendige, nicht zu beschreibende Jetztheit, das Hier und Jetzt der Realität, wie sie sich in der Klarheit reiner Bewusstheit erschließt, frei von den Zwängen begrifflicher oder dualistischer Fixierung. Wenn diese Art zu wissen nach innen gerichtet wird, wird sie zu dem, was im Zen „direktes Sehen in die eigene Natur" genannt wird. In diesem Fall ist „die eigene Natur" kein Objekt von Denken, Beobachtung oder Reflexion. Die Psyche kann in ihrem objektivierenden Modus die unmittelbare Seiendheit (beingness) von irgendetwas nicht fassen, am wenigsten ihre eigene Natur.

Wir können die Soheit (suchness) von Dingen nur durch eine Bewusstheit wahrnehmen, die sich für sie nichtkonzeptuell und bedingungslos öffnet, wobei ihnen erlaubt wird, sich in ihrer Wie-sie-sind-heit (as-it-isness) zu offenbaren. Der Dichter Basho sagt:

Von der Kiefer
über die Kiefer lernen.
Und vom Bambus
über den Bambus.

Der japanische Philosoph Nishitani Keiji kommentiert diese Zeilen und erklärt, dass Basho nicht meint, „wir sollten die Kiefer genau beobachten. Noch weniger meint er, wir sollten die Kiefer wissenschaftlich studieren. Er meint, wir sollten in die Seinsweise eintreten, wo die Kiefer die Kiefer an sich und der Bambus der Bambus an sich ist, und die Kiefer und den

Bambus von da betrachten. Er ruft uns auf, uns zu der Dimension zu begeben, wo Dinge in ihrer Soheit manifest werden."[e] In demselben Sinn rät der Zenmeister Dôgen: „Du solltest dich nicht darauf beschränken, zu lernen, Wasser allein aus der Sicht des Menschen zu sehen. Du musst wissen, dass du Wasser sehen musst, wie Wasser Wasser sieht."[f] „Wasser so sehen, wie Wasser Wasser sieht" bedeutet, Wasser in seiner Soheit zu erkennen, frei von allen Konzepten, die einer beobachtenden Psyche entspringen, die von der Erfahrung zurücktritt.

Wenn man diese Zeilen von Basho und Dôgen auf den Schauplatz der Realisierung des Selbst anwendet, könnten wir sagen: „Wenn du herausfinden willst, wer du bist, öffne dich direkt dir selbst in diesem Moment, geh in den Modus des Seins, wo du bist, was du bist, und lass dich in deiner eigenen Natur nieder. So wie eine Momentaufnahme vom Bambus nicht der Bambus selbst ist, wie können die mentalen Momentaufnahmen, die du von dir selbst hast – die Vorstellungen und Schlussfolgerungen über dich selbst, zu denen du durch reflexive Beobachtung gekommen bist –, eine genaue Wiedergabe dessen sein, der du wirklich bist?" Geteiltes Bewusstsein – *vi-jñâna* – kann niemals *jñâna* ergeben – direktes, unvermitteltes Wissen, ungeteiltes Bewusstsein, das Selbst erleuchtende Bewusstheit, aus sich selbst existierende Weisheit. *Jñâna* ist eine andere Art von Wissen des Selbst, das primär durch kontemplative Disziplin entdeckt wird und bei dem die Freiheit von der Teilung in Subjekt und Objekt es möglich macht, direkt „in die eigene Natur zu sehen".

In der Spannung zwischen den Disziplinen der Psychotherapie und der Meditation war ich immer wieder mit diesen Fragen konfrontiert: Wie könnte psychologische Reflexion als Sprungbrett auf dem Weg des Erwachens dienen? Oder könnte es sein, dass psychologische Reflexion, da sie ihrem Wesen nach eine Form gespaltenen Bewusstseins ist, einen permanenten Zustand innerer Teilung im Namen von Heilung auf subtile Weise fortsetzt? Ich habe spirituelle Lehrer und Praktizierende gekannt, die eine Kritik der Therapie in diesem Sinn vorbrachten. Sie argumentierten, Psychotherapie sei einfach ein Palliativum, eine Weise, das Gefängnis des Egos angenehmer zu machen, weil sie den Irrtum an der Wurzel allen Leidens nicht anspräche, sondern vielmehr verstärke: die Identifikation mit einem getrennten Selbst, das seine Erfahrung immer zu kontrollieren oder zu verändern sucht. Am anderen Ende betrachten viele Therapeuten spirituelle Praxis als ein Vermeiden, mit den persönlichen und zwischenmenschlichen Knoten umzugehen, die verhindern, dass man ein volles, reiches, engagiertes Leben lebt.

Obwohl diese Vorbehalte gegenüber psychologischer und spiritueller Arbeit sicher eine gewisse Berechtigung haben können, konnte ich mich keiner dieser extremen Sichtweisen anschließen. Ich respektierte die Psychotherapie als einen Bereich eigener Art, wo Methoden und Perspektiven genutzt wurden, die in ihrem eigenen Kontext gültig waren, ohne notwendigerweise den höchsten Standards nichtdualer Realisierung entsprechen zu müssen. Und ich fühlte auch, dass es möglich war, eine Brücke zwischen psychologischer Reflexion, die gültiges relatives Wissen vom Selbst erbringt, auch wenn es von geteiltem Bewusstsein vermittelt wird, und der tieferen, ungeteilten Bewusstheit und dem wortlosen Wissen zu bauen, das in Meditation entdeckt wird. Ich wollte sehen, wie diese zwei Arten des Wissens vom Selbst als Teil einer größeren Dialektik des Erwachens zusammenwirken könnten, die die zwei Pole menschlicher Erfahrung – konditioniertes und unkonditioniertes, relatives und absolutes, psychologisches und spirituelles, persönliches und universelles Wissen – umfassen und zusammenbringen würde.

Dadurch, dass ich diese Fragen verfolgte, entwickelte sich mein eigener therapeutischer Ansatz in die Richtung dessen, was ich jetzt „psychologische Arbeit in spirituellem Kontext" oder „auf Präsenz zentrierte Psychotherapie" nenne. Indem ich einen Zwischenschritt zwischen konventioneller psychologischer Reflexion und dem tieferen Prozess der Meditation zur Verfügung stelle, hat sich diese Art zu arbeiten als kongruenter mit meiner meditativen Erfahrung erwiesen als die Weise, wie ich Therapie zu Anfang praktizierte. Im Rest dieses Kapitels stelle ich diesen Zwischenschritt in eine weitere Dialektik des Erwachens, wie sie sich durch psychologische Reflexion und spirituelle Präsenz entfaltet.

Das Grundproblem: *vorreflexive Identifikation*

Was unseren gewöhnlichen Bewusstseinszustand für psychologische wie auch für spirituelle Traditionen problematisch macht, ist unbewusste Identifikation. Für uns als kleine Kinder ist unsere Bewusstheit im Wesentlichen offen und rezeptiv, doch die Fähigkeit, über unsere eigene Erfahrung zu reflektieren, entwickelt sich nicht voll vor den frühen Teenagerjahren, während der Phase, die Piaget mit dem Begriff „formale Operationen" bezeichnet hat. Bis dahin steht unsere Selbststruktur unter dem Einfluss einer primitiveren Fähigkeit – der Identifikation.

Weil uns in der Kindheit selbstreflexive Bewusstheit fehlt, sind wir zum größten Teil davon abhängig, dass uns andere helfen, uns selbst zu sehen und zu kennen – unsere Reflexion für uns zu machen. Daher beginnen wir unvermeidlich, ihre Reflexionen zu internalisieren – wie sie uns sehen und auf uns reagieren –, indem wir dahin gelangen, uns selbst so zu sehen, wie wir anderen erscheinen. Auf diese Weise entwickeln wir eine Ichidentität, ein stabiles Selbstbild, das aus Selbstrepräsentanzen zusammengesetzt ist, die Teil umfassenderer Objektbeziehungen sind – von Schemata von einem selbst und anderen, die in unseren frühen Interaktionen mit unseren Eltern gebildet werden. Eine Identität zu bilden bedeutet, *uns selbst für etwas zu halten*, auf der Grundlage davon, wie andere sich uns gegenüber verhalten.

Identifikation ist wie ein Klebstoff, durch den das Bewusstsein sich an Inhalte des Bewusstseins – Gedanken, Gefühle, Bilder, Überzeugungen, Erinnerungen – heftet und mit jedem von ihnen die Annahme verbindet: „Das bin ich" oder „Das stellt mich dar": Die Bildung einer Identität ist eine Weise, wie das Bewusstsein sich objektiviert, sich zu einem Objekt macht. Es ist so, als schaute man in einen Spiegel und hielte das Spiegelbild für sich selbst, während man seine unmittelbarere, gelebte Erfahrung verkörperten Seins ignoriert. Identifikation ist eine primitive Form des Selbst-Wissens – das Beste, was wir als Kind tun konnten, wenn man bedenkt, wie begrenzt unsere kognitiven Fähigkeiten waren.

Wenn sich dann unsere Fähigkeit für reflexives Wissen vom Selbst entwickelt, sind unsere Identitäten voll ausgebildet. Unser Wissen von uns selbst ist indirekt, vermittelt durch Erinnerungen, Selbstbilder und Überzeugungen von uns selbst, die aus diesen Erinnerungen und Bildern geformt wurden. Da wir uns durch Selbstbilder kennen, sind wir in unseren eigenen Augen zu einem Objekt geworden und sehen niemals, inwiefern wir ein weiteres Feld des Seins und von Präsenz sind, in dem diese Gedankenformen entstehen. Wir sind zu Gefangenen unserer eigenen Psyche und der Art und Weise, wie sie die Realität konstruiert hat, geworden.

Reflexion: Abstand von Identifikation

Der erste Schritt unserer Befreiung aus dem Gefängnis unbewusster Identifikation besteht darin, es bewusst zu machen, das heißt, über es zu reflektieren. Wir können uns nicht direkt aus der präreflexiven Identifikation in nichtduale Bewusstheit bewegen. Aber wir *können* geteiltes Bewusstsein benutzen, um über geteiltes Bewusstsein nachzudenken, zu reflektieren. Der Buddha verglich dies mit dem Benutzen eines Dorns, um einen Dorn aus dem eigenen Fleisch zu entfernen. Zu jeder Reflexion gehört, dass man von der eigenen Erfahrung zurücktritt, um ihre Muster, die Textur der Gefühle, ihre Bedeutungen, ihren *Logos*, einschließlich der Grundannahmen, Überzeugungen, Auffassungen von der Realität zu untersuchen und zu erforschen, die unsere Erfahrung formen. Im Vergleich mit Identifikation stellt diese Art Selbstreflexion einen riesigen Schritt nach vorne in Richtung größeren Selbstverständnisses und größerer Freiheit dar. Gabriel Marcel formuliert das so: „Reflexion … ist eine der Weisen des Lebens, von einer Ebene zur anderen aufzusteigen."[g]

Es gibt verschiedene Weisen, wie man über die eigene Erfahrung reflektieren kann. Einige sind gröber, andere subtiler, je nach der Rigidität oder Strenge des Dualismus und der Größe der Lücke, die sie zwischen Beobachter und Beobachtetem voraussetzen und aufrechterhalten. Ich möchte drei Ebenen reflexiver Methode unterscheiden: konzeptuelle Reflexion, phänomenologische Reflexion und achtsames Zeugesein.

Konzeptuelle Reflexion:
Kognitive Analyse und Verhaltensanalyse

Die meisten von uns beginnen über ihre Erfahrung zu reflektieren, indem sie über sie nachdenken – Theorien und Begriffe benutzen oder analysieren, was geschieht. Begriffe ermöglichen uns, aus unserem präreflexiven Eintauchen in Erfahrung herauszutreten, so dass wir sie in einem neuen Licht oder aus einem neuen Blickwinkel sehen können. Die meisten psychologischen und spirituellen Traditionen verwenden zuerst begriffliche Reflexion und führen bestimmte Vorstellungen oder Ideen ein, die Menschen helfen, einen neuen Blick auf ihre Erfahrung zu werfen. Buddhas Vier Edle Wahrheiten zum Beispiel sind eine Weise, Menschen zu helfen, von ihrem unbewussten Leiden zurückzutreten, um ihre Natur und Ursache zu betrachten, sowie als Gegenmittel gegen sie. In der westlichen Psychologie dienen Entwicklungstheorien, Landkarten des Bewusstseins und Charaktertypologien einem ähnlichen Zweck, indem sie einen Rahmen zur Verfügung stellen, der Menschen hilft, ihre Erfahrung auf eine kohärentere Weise zu analysieren, zu organisieren und zu verstehen.

Einige Arten der Therapie beruhen primär auf begrifflicher Reflexion. Sie suchen die problematischen *Inhalte* der Erfahrung eines Klienten zu erklären oder zu verändern, statt mit dem *Prozess* an sich zu arbeiten, wie der Klient erfährt oder erlebt. Dies ist ein relativ grober Ansatz, insofern es keine direkte Begegnung mit unmittelbarer, gelebter Erfahrung gibt. Vielmehr wird die Beziehung mit Erfahrung immer durch theoretische Konstrukte *vermittelt*. Der Therapeut wendet eine Theorie menschlicher Entwicklung oder menschlichen Verhaltens an, um die Erfahrung des Klienten zu interpretieren, während die Hauptaktivität des Klienten in Denken und Sprechen über seine Erfahrung besteht, und zwar im Abstand von der Erfahrung selbst. Oder der Therapeut nutzt vorformulierte Techniken, um auf das Verhalten des Klienten einzuwirken, und wendet bestimmte kognitive Strategien (z. B. Reframing, positive Verstärkungen) oder Verhaltensstrategien (z. B. Desensibilisierung, emotionale Katharsis) an, um unerwünschte Inhalte der Erfahrung zu verändern. So ein Ansatz ist oft bei Klienten äußerst nützlich, denen die Ichstärke oder die Motivation fehlt, ihrer Erfahrung direkter, unmittelbarer zu begegnen.

Spirituelle Traditionen formulieren die kontemplativen Realisierungen großer Lehrer der Vergangenheit oft zu einer „Sicht", die neuen Schülern übermittelt wird, um ihnen zu helfen, die Essenz spiritueller Realisierung selbst zu entdecken. In der Tradition der Mahâmudrâ zum Beispiel präsentiert der Lehrer die Sicht, indem er Bewusstheit direkt als in sich ungeheuer weit und grenzenlos beschreibt. Lodro Thaye, ein großer Mahâmudrâ-Meister des achtzehnten Jahrhunderts, benutzt das Bild des *Garuda*, eines mythischen Vogels, der losfliegt, sobald er ausgeschlüpft ist, um die Wirkung dieser Sicht auf das Bewusstsein zu veranschaulichen:

Wenn man mit dieser Sicht meditiert,
kann man es mit einem Garuda vergleichen, der durch den Raum fliegt,
ungerührt von Angst oder Zweifel.
Jemand, der ohne diese Sicht meditiert,
ist wie ein Blinder, der über die Ebenen wandert.

Doch so eine Sicht kann keine transformierende Wirkung haben, wenn sie nur begrifflich bleibt. Deshalb fügt Lodro Thaye hinzu:

Jemand, der diese Sicht hat, aber nicht meditiert,
ist wie ein reicher Mann, der durch Geiz gebunden ist,
der weder sich selbst noch anderen Frucht bringen kann.
Annehmen der Sicht und Meditation ist die heilige Tradition.[h]

Die Gefahr jeder Sichtweise besteht darin, dass wir beginnen könnten, die Theorie an die Stelle der Realität zu setzen, auf die sie hinweist. Das ist der Grund, weshalb in der Mahâmudrâ/Dzogchen-Tradition der Meister die Sicht zusammen mit bestimmten Anweisungen weitergibt – die dem Schüler den tatsächlichen Zustand, den die Sicht beschreibt, übermitteln oder durch Erfahrung vermitteln.

Phänomenologische Reflexion: Erfahrung direkt begegnen

Begriffliche Reflexion, die eine Karte oder eine Strategie vermittelt, um zu sehen, wo wir sind, wie wir vorgehen sollen, gibt eine allgemeine Orientierung, hat aber nur begrenzten Wert als Hilfe, uns unmittelbarer dazu zu verhalten, wo wir in diesem Moment sind. Konzeptuelles Kartieren und begriffliche Analyse – Denken und Sprechen über Erfahrung – muss schließlich einem Ansatz weichen, der uns hilft, direkter mit Erfahrung zu arbeiten.

Phänomenologische Reflexion besteht darin, gewohnte begriffliche Annahmen beiseitezulegen, um Erfahrung auf eine frischere, lockerere Weise zu erforschen. Weil sie an Erfahrung ohne vorgefasste Begriffe oder Strategien herangeht, ist sie ein verfeinerterer Ansatz. Die Konzepte, die sie verwendet, sind „erfahrungsnah": Sie entstehen aus dem, was direkt gefühlt und wahrgenommen wurde, beschreiben es und weisen auf es zurück. Auf diese Weise verkleinert die Phänomenologie den Abstand oder die Kluft zwischen Beobachter und Beobachtetem.

Phänomenologische Ansätze zur Psychotherapie betrachten Erfahrung als einen komplexen, lebendigen Prozess, der nicht genau kontrolliert oder vorhergesagt werden kann. Hier bleibt das beobachtende Bewusstsein nahe an der gefühlten Erfahrung, untersucht es vorsichtig und wartet geduldig auf Reaktionen, Antworten und Einsichten, die direkt von da kommen, und nicht aus irgendeinem kognitiven Schema. Erfahren selbst ist der Führer, indem es Hinweise für Veränderung enthüllt, die sich im Verlaufe seiner Erforschung entfalten.

Zum Beispiel könnte sich eine Spannung in der Brust erst als Angst, dann nach weiterer Reflexion als eine Empfindung der Hilflosigkeit, dann als eine Unsicherheit enthüllen, ob Sie liebenswert sind. Vielleicht haben Sie die Angst zuerst abgelehnt oder Sie haben sich bedroht gefühlt, aber wenn sie sich als eine Unsicherheit in Bezug darauf enthüllt, ob Sie liebenswert sind, könnte eine weichere Zartheit entstehen. Und diese neue Art und Weise der Beziehung zu dem, was Sie durchmachen, ermöglicht ihm, sich weiter zu entfalten, da sich die Angst entspannt und Sie mehr Mitgefühl mit sich empfinden. Bei dieser Art Reflexion werden Beobachter und Beobachtetes zu Polen eines gemeinsamen Tanzes, bei dem sich die Rollen umkehren. Dieses Zurücktreten von gewohnten Reaktionen und Annahmen, um in eine frischere Beziehung mit gelebter Erfahrung zu kommen, ist die Essenz dessen, was in philosophischen Begriffen „phänomenologische Reduktion" genannt wird.

Reflexion als Zeuge: nackte, achtsame Aufmerksamkeit

Zu einer noch subtileren Art Reflexion kommt es in den frühen Phasen achtsamer Meditation, wo man ohne Rücksicht auf besondere Inhalte der Erfahrung, die sich einstellen, einfach aufmerksam auf den andauernden Fluss des Bewusstseinsstroms ist. Bei diesem Ansatz verkleinert sich der Abstand, die Kluft zwischen Beobachter und Beobachtetem noch weiter, insofern es kein Interesse daran gibt, in irgendeiner Weise – durch Verstehen, Entfalten, Artikulieren oder Bewegung in Richtung einer Entspannung oder Lösung – auf den Bewusstseinsstrom einzuwirken. Im Kontext der Meditation würde jedes dieser Ziele auf das Wirken einer inneren Haltung hinweisen, und daher auf eine Einmischung in den Prozess, die darin besteht, sich von Identifikationen mit allen inneren Zuständen zu befreien. Während die phänomenologische Reflexion ein Versuch ist, neue Bedeutung, neues Verständnis, neue Hinweise zu finden, ist die Meditation ein radikalerer Weg des *Auflösens*, wozu gehört, jede Tendenz zu entspannen, sich in Gefühlen, Gedanken und Identifikationen zu verfangen. Aber Achtsamkeitsübung ist noch nicht das totale Nichttun (nondoing) des Dzogchen, denn sie verlangt immer noch ein gewisses Bemühen, (von Identifikationen) zurückzutreten und Zeuge zu sein.

Die Praxis der Achtsamkeit stellt einen Schritt des Übergangs zwischen Reflexion und nichtdualer Präsenz dar, indem sie Elemente von beiden enthält. Wenn man achtsame Aufmerksamkeit auf Denken richtet, ermöglicht uns das, einen entscheidenden Unterschied zu bemerken – zwischen Denken und Bewusstheit, zwischen den Inhalten des Bewusstseins, die wie Wolken sind, die am Himmel ziehen, und reinem Bewusstsein, das wie der weite offene Himmel selbst ist. Wenn man die gewohnten Identifikationen loslässt, erlaubt uns das, in reine Bewusstheit einzutreten, die von ihrem Wesen her frei von den Zwängen von Denken und

Emotionen ist. Dies ist ein wichtiger Schritt, wenn wir anfangen, uns aus dem Gefängnis dualistischer Fixierung zu befreien. In der Tradition des Dzogchen nennt man dies das Unterscheiden der Psyche, die in Dualismus gefangen ist (tibetisch *sems*), von reiner nichtdualer Bewusstheit (*rigpa*). Der tibetische Lehrer Chökyi Nyima beschreibt diese Unterscheidung so: „Im Grunde gibt es zwei innere Zustände. *Sems* bezieht sich auf den Zustand begrifflichen Denkens, wozu die Fixierung auf eine Sache gehört. … *Rigpa* bedeutet „frei von Fixierung" und bezieht sich auf einen Zustand natürlicher Wachheit, die ohne dualistisches Klammern ist. Es ist extrem wichtig, hinsichtlich des Unterschiedes zwischen diesen beiden inneren Zuständen klar zu sein."[i]

Reine Präsenz: Erwachen in der (innerhalb) Erfahrung

Bis wir selbstreflexiv werden, bleiben wir mit Gedanken, Überzeugungen, Gefühlen und Erinnerungen, die im Bewusstsein auftauchen, identifiziert, und diese Identifikation hält uns in der konditionierten Psyche gefangen. Mit Reflexion können wir beginnen, uns von diesen unbewussten Identifikationen zu befreien, indem wir zurücktreten und sie beobachten. Doch solange wir zurücktreten, bleiben wir in einem Zustand geteilten Bewusstseins. Ein weiterer Schritt würde sein, über die Reflexion hinauszugehen und mit unserem Erfahren und unserer Erfahrung eins zu werden, ohne in präreflexive Identifikation zurückzufallen – dadurch, dass wir alles Kämpfen mit ihm überwinden und hinter uns lassen und die stille, tiefe Quelle, aus der alle Erfahrung entsteht, entdecken und in ihr bleiben. Diese dritte Ebene der Dialektik, die uns über konventionelle psychologische Modelle und philosophisches Rahmenwerk hinausbringt, ist *postreflexiv*, insofern sie gewöhnlich auf eine Vorarbeit reflexiver Arbeit folgt und aus ihr hervorgeht, und *transreflexiv*, insofern sie eine Weise zu sein erschließt, die jenseits geteilten Bewusstseins liegt.

Sogar die Phänomenologie, die in der Betonung der wechselseitigen Beziehung von Subjekt und Objekt einer der verfeinertsten, am wenigsten dualistischen westlichen Wege ist, menschliche Erfahrung zu erforschen, versäumt gewöhnlich, diesen weiteren Schritt zu gehen. Peter Koestenbaum zum Beispiel, dessen Arbeit *The New Image of the Person* ein würdiger Versuch ist, eine phänomenologische klinische Philosophie zu entwickeln, und der im Allgemeinen mit Meditation und transpersonaler Erfahrung sympathisiert, beschreibt die Meditation nur als ein Zurücktreten. Er betrachtet meditative Präsenz – was er das Ewige Jetzt nennt – als die eigentliche, letzte phänomenologische Reduktion:

> „Der regressive Prozess der Reflexion hat kein Ende, weil das Bewusstseinsfeld als unendlich erlebt wird. Besonders *gibt es Unendlichkeit im Zurücktreten*. ... Das Ewige Jetzt ist eine Erfahrung, bei der wir nicht mehr innerhalb des Raums und innerhalb der Zeit sind, sondern *zu einem Beobachter von Zeit und Raum geworden* sind. ... Bei der Meditation *nimmt das Individuum eine Haltung eines Zuschauers gegenüber aller Erfahrung ein.* ... Der Meditierende folgt dem Fluss des Körpers, des Gefühls oder der Umwelt. ... Auf diese Weise *können Individuen sich üben, zu Beobachtern zu werden, statt Teilnehmer am Leben zu sein* [meine Kursivsetzung]."ʲ

Koestenbaums Worte sind bis zu frühen Phasen reflexiven Zeugeseins in der Achtsamkeitspraxis genau. Meditation, die nur soweit geht, führt jedoch nicht über geteiltes Bewusstsein hinaus. Das eigentliche, letzte Ziel der Meditation geht weit über das Üben hinaus, „Beobachter, und nicht Teilnehmer" zu sein, wie Koestenbaum behauptet. Ihr Ziel ist volle Teilnahme am Leben, aber *bewusste* Teilnahme, und nicht die unbewusste Teilnahme präreflexiver Identifikation. Was schließlich geteiltes Bewusstsein ersetzt, ist reine Präsenz.

Von allen Phänomenologen sind Heidegger und Merleau-Ponty vielleicht am weitesten darin gegangen, einen Modus der Bewusstheit jenseits von Subjekt und Objekt, sowie seine heilige Bedeutung anzuerkennen. Heidegger übernahm einen Begriff von Meister Eckhart und spricht von *Gelassenheit*. Damit benutzt er eine Sprache, die an buddhistische Verweise oder Bezugnahmen auf Soheit (suchness) erinnert: „*Sein lassen* - das heißt Wesen als die Wesen sein zu lassen, die sie sind – bedeutet, sich auf die offene Region und ihre Offenheit einzulassen, in die jedes Wesen zu stehen kommt, indem es diese Offenheit sozusagen mit sich bringt."ᵏ Merleau-Ponty erwägt die Notwendigkeit, zu entwickeln, was er *surré-*

flection nennt (was man mit „höhere Reflexion" übersetzen könnte), „die sich selbst und die Veränderungen, die sie in das Schauspiel einführt, berücksichtigen würde. ... Sie muss in die Welt eintauchen, statt sie zu beobachten und zu überschauen, sie muss zu ihr hinabsteigen, so wie sie ist ... so dass der Seher und das Gesehene sich wechselseitig einander entsprechen und wir nicht mehr wissen, was sieht und was gesehen wird."¹ Diese Versuche zweier großer Philosophen, den Weg über traditionelles westliches dualistisches Denken hinaus zu zeigen, sind bewundernswert. Doch sogar in ihrer besten Form kann die Phänomenologie zwar hinweisen, aber sie sorgt nicht für *upâya*, einen wahren Weg zur vollen Realisierung nichtdualer Präsenz.

In der Praxis der Mahâmudrâ und des Dzogchen entdecken Meditierende nichtduale Bewusstheit, zuerst als kurze Blicke, wenn der Fokus auf Objekte des Bewusstseins allmählich wegfällt, und sie lernen, in offener Präsenz, in dem zu bleiben, was Franklin Merrill-Wolff „Bewusstsein ohne Gegenstand"ᵐ nannte. Diese nichtduale Präsenz könnte man mit Begriffen von Qualitäten wie Tiefe, Leuchten oder Geräumigkeit beschreiben, doch in ihrer Unmittelbarkeit gibt es keine selbst-bewusste Reflexion über irgendwelche derartigen Eigenschaften. Vielmehr bleibt man einfach in der Klarheit weit offener, immer wacher Bewusstheit, ohne jeden Versuch, die Erfahrung zu verändern oder absichtlich zu erzeugen.

Hier gibt es direktes Selbst-Wissen, direktes Erkennen der eigenen Natur als reines Sein, ohne Selbst-Reflexion. Wenn die Aufmerksamkeit nach außen gerichtet ist, ist die Wahrnehmung klar und scharf, da sie nicht in Begriffe gekleidet ist. Die Welt wird nicht als etwas von der Bewusstheit Getrenntes gesehen, noch ist sie weniger lebendig und unmittelbar als die Bewusstheit selbst. Noch wird Bewusstheit als etwas Subjektives gesehen, als „hier drin", das getrennt von Erscheinungen wäre. Bewusstheit und das, was in der Bewusstheit erscheint, tauchen gemeinsam in einem einzigen einheitlichen Feld von Präsenz auf.

In diesem einheitlichen Feld von Präsenz können weder Wahrnehmungen noch Bewusstheit zu irgendeinem Objekt gemacht werden, das der Geist erfassen könnte. Diese nicht zu erfassende Qualität der Erfahrung ist die Grundbedeutung des buddhistischen Begriffes *Leere*. Die Tradition der Mahâmudrâ spricht von der Untrennbarkeit von Leere und Bewusstheit, Leere und Klarheit, Leere und Erscheinung, Leere und Energie. Man könnte auch von der Untrennbarkeit von Leere und Sein sprechen. Reine Präsenz ist die Realisierung von Sein-als-Leere: Sein, ohne *etwas* zu sein. Sein (Being) ist leer, nicht weil ihm irgendetwas fehlt, sondern weil es nicht in Begriffen im Sinne eines Bezugspunktes außerhalb seiner selbst begriffen werden kann. Sein ist genau das, was nie innerhalb einer physischen Grenze oder begrifflichen Bezeichnung erfasst oder enthalten sein kann. In Nishitanis Worten: „Sein ist nur Sein, wenn es eins mit Leere ist. … In diesem Sinn könnte Leere das Feld von Sein-Werdung (be-ification) genannt werden."

Leere in diesem Sinn ist kein „Attribut", das zu Bewusstheit, Erscheinung oder Sein gehört, sondern ihre äußerste Transparenz, wenn sie in reiner Präsenz, jenseits der Teilung in Subjekt und Objekt, wahrgenommen und ergriffen wird. Diese Realisierung wird mit vielen verschiedenen Namen belegt, wie „das Selbst erleuchtende Bewusstheit", *jñâna*, Buddhanatur, Weisheits-Denken (wisdom-mind), großer Segen (great bliss), große Vollkommenheit. Als das Selbst erleuchtende Bewusstheit, die das ganze Erfahrungsfeld simultan erleuchtet, ist reine Präsenz eher intime innere Beteiligung als distanziertes Zurücktreten. Im Gegensatz zu Reflexion gehört zu ihr überhaupt kein „Tun" (Handeln), worauf der große Dzogchenmeister Longchenpa hinweist, wenn er sagt: „Anstatt Denken mit Denken zu suchen, lasst sein."⁰

Wenn sich Bewusstheit einmal durch Reflexion und Achtsamkeit aus den Fesseln begrifflichen Denkens herauswindet und befreit, kann sie ihre eigentliche Natur als reine Freiheit, Entspannung, Offenheit, Leuchten und Präsenz als Selbst realisieren. Dies passiert, in der Sprache der Mahâmudrâ, dadurch, dass „sie sich in ihre eigene Natur niederlässt". Da dieses Ruhen in Präsenz über Anstrengung, Ausgerichtetsein auf einen Punkt (one-pointedness) und Zeugesein hinausgeht, wird es *Nichtmeditation* (nonmeditation) genannt. Wenn auch Analogien einen Eindruck davon vermitteln können, wie das ist, kann kein Wort oder Bild ihre strahlende Unmittelbarkeit beschreiben, wie Lodro Thaye erklärt:

> Es ist Raum, unfassbar als Ding oder Sache.
> Es ist ein fehlerloser, kostbarer, klarer Kristall.
> Es ist das lampengleiche Strahlen deines eigenen selbst-leuchtenden Denkens.
> Es ist unausdrückbar, wie die Erfahrung eines Stummen.
> Es ist ungetrübte, transparente Weisheit.
> Der leuchtende Dharmakâya, Buddhanatur,
> ursprungsnah rein und spontan.
> Es kann nicht durch Analogie bewiesen,
> und es kann nicht in Worten ausgedrückt werden.
> Es ist der Raum des Dharma,
> ewig überwältigender Prüfung des Geistes.⁹

Im Zustand der Nichtmeditation ist es nicht mehr nötig, eine Unterscheidung zwischen begrifflichem Denken und reiner Bewusstheit zu machen, insofern alle inneren Zustände als Formen von Bewusstheit und Präsenz erkannt werden. Es geht eher darum, innerhalb von Gedanken, Gefühlen und Wahrnehmungen ganz wach zu sein, wenn sie sich einstellen und keine Haaresbreite an Trennung mehr aufrechtzuerhalten, was immer auch auftaucht.

Diese Qualität reiner Präsenz führt zu spontanen Klärungen im Bewusstseinsstrom, ohne jede überlegte, vorsätzliche Strategie oder Absicht, Veränderung herbeizuführen. Es gibt zwei eng verwandte Weisen, wie es zu diesen Klärungen kommen kann: durch *Umwandlung*, zu der ein gewisses Bemühen gehört, und durch *Selbstbefreiung*, zu der es eher mühelos und spontan kommt.

Umwandlung

Die tantrische Tradition des Vajrayâna-Buddhismus ist als der Weg der Transformation bekannt, bei dem „unreine" Erfahrung – gekennzeichnet durch Unwissenheit, Dualismus, Aggression, Habenwollen – in „reine" Erfahrung umgewandelt wird, die von Bewusstheit, Offenheit, Nicht-Habenwollen und spontaner Wertschätzung erleuchtet ist. Die grundlegenden Vajrayâna-Methoden der Visualisierung, der Verwendung von

Mantras und Mudrâs und des symbolischen Rituals führen schließlich zu dem fortgeschritteneren, äußerst direkten Ansatz der Mahâmudrâ/Dzogchen, wo der Praktizierende die Trennung von Rein und Unrein endlich dadurch durchschneidet, dass der rohen Unmittelbarkeit der Erfahrung sofort vollständig begegnet wird und man sich ihr öffnet.

Bei dieser unmittelbaren Begegnung fällt die dichte, schwere, fixierte Qualität der Erfahrung weg und eine tiefere, lebendige Intelligenz, die in ihr enthalten ist, wird offenbart. Chögyam Trungpa beschreibt diese Art Veränderung so:

„An diesem Punkt ist alles, was im alltäglichen Leben durch Sinneswahrnehmung erfahren wird, was immer das ist, eine nackte Erfahrung, weil sie direkt ist. Es gibt keinen Schleier zwischen [dir] und ‚dem da'. ... Tantra lehrt, Energie nicht zu unterdrücken oder zu zerstören, sondern sie umzuwandeln; mit anderen Worten, gehe mit dem Muster der Energie. ... Wenn [du] mit dem Muster der Energie gehst, wird die Erfahrung sehr kreativ. ... Du siehst, dass du nicht mehr irgendetwas aufgeben musst. Du beginnst in deiner Lebenssituation die grundlegenden Qualitäten der Weisheit zu sehen. ... Wenn du in einer Emotion wie Wut tief verwickelt bist, beginnst du dadurch, dass du plötzlich einen Blick auf Offenheit wirfst, zu sehen, dass du deine Energie nicht unterdrücken musst ... sondern dass du deine Aggression zu dynamischer Energie transformieren kannst. ... Wenn wir die lebendige Qualität, die Textur und den Stoff der Emotionen, wie sie in ihrem nackten Zustand sind, wirklich fühlen, dann enthält diese Erfahrung auch letzte Wahrheit. ... Wir entdecken, dass Emotion wirklich nicht so existiert, wie sie erscheint, sondern sie enthält viel Weisheit und offenen Raum. ... Dann findet der Prozess ... der Umwandlung der Emotionen zu Weisheit automatisch statt."q

Hier gibt es keine überlegte, absichtliche Anstrengung, die Emotionen umzuwandeln; eher kommt es spontan zu Umwandlung, indem man sich ihnen ganz öffnet:

„Du erlebst emotionalen Aufruhr, wie er ist, aber ... wirst eins mit ihm. ... Lass dich in der Emotion sein, geh durch sie durch, gib ihr nach, erlebe sie. Du beginnst, auf die Emotion zuzugehen, statt nur zu erleben, wie die Emotion auf dich zukommt. ... Dann können die mächtigsten Energien bearbeitet werden. ... Was immer im samsârischen Geist geschieht, wird als der Weg angesehen; alles kann bearbeitet und verändert werden. Es ist eine furchtlose Ankündigung – das Brüllen des Löwen."[r]

Als Schüler in dieser Tradition mit ein paar aufkeimenden flüchtigen Eindrücken davon, worauf diese Worte sich eigentlich beziehen könnten, begann ich zu fühlen, dass sogar Focusing –das die einfachste, eindringlichste erfahrungsnahe Methode war, die ich kannte – immer noch nicht weit genug ging.

Zu Focusing gehört, dass man auf einen unklaren körperlichen Felt Sense achtet, während man extrem respektvoll, sanft und aufmerksam auf jede Nuance der Erfahrung bleibt, die daraus auftaucht. Wenn man sieht, wie konkrete Schritte der Veränderung der Erfahrung daraus entstehen können, wenn man auf einen Felt Sense achtet, ist das eine wichtige Entdeckung. Menschen, die spirituelle Praxis benutzen, um ihre Gefühle und persönliche Erfahrung zu vermeiden, täten gut daran, das zu lernen. Doch so, wie Focusing allgemein praktiziert wird, gibt es oft eine Vorliebe oder Tendenz dahin, aus einem Felt Sense Bedeutung in Richtung einer Lösung zu entwickeln, dahin, eine gefühlte Verschiebung zu suchen. Auf diese Weise kann es zu einer Form von „Tun" werden, das eine subtile Haltung aufrechterhält, sich als „Ich" gegenüber der eigenen Erfahrung als „es" zu verhalten. Die Tendenz kann hier sehr subtil sein. Der Wunsch, die Erfahrung zu verändern, enthält gewöhnlich einen subtilen Widerstand gegen das, was ist, gegenüber Jetztheit (nowness), Hier und Jetzt, gegen das, was ich *bedingungslose Präsenz* nenne – die Fähigkeit, Erfahrung voll und direkt zu begegnen, ohne sie durch begriffliche oder strategische Vorstellungen zu filtern.

Die subtile spirituelle Falle psychologischer Arbeit besteht darin, dass sie bestimmte Tendenzen, die zu unserer konditionierten Persönlichkeit gehören, verstärken kann: uns selbst als Macher zu sehen, immer nach der Bedeutung in der Erfahrung zu suchen oder ständig nach „etwas Besserem" zu streben. Obwohl psychologische Reflexion bestimmten Menschen sicher helfen kann, in wichtigen Dingen vorwärtszugehen, kann an einem bestimmten Punkt der geringste Wunsch nach Veränderung oder Verbesserung das tiefere Loslassen und die Entspannung behindern, die dafür notwendig sind, wenn man sich von dem Bereich der Persönlichkeit in den Bereich des Seins bewegen will, der nur in und durch Jetztheit zu entdecken ist – in Momenten, wenn alles Konzeptualisieren und Streben aufhört.

Wenn wir Erfahrung sein lassen, wie sie ist, statt zu versuchen, sie auf irgendeine Weise zu verändern, verschiebt sich der innere Fokus auf eine wichtige und mächtige Weise. Unsere Erfahrung ist nicht mehr etwas von uns Getrenntes, das wir verändern oder lösen müssen; vielmehr weitet sich der Fokus auf das weitere Feld aus: wie wir mit unserer Erfahrung sind. Und wenn wir uns auf eine geräumigere, räumlich nicht begrenzende, zulassendere Art und Weise zu unserer Erfahrung verhalten, wird sie weniger problematisch, weil wir nicht mehr in einer Spannung zu ihr sind, die daraus hervorgeht, dass wir uns als Ich zu ihr als ein Etwas, als Subjekt zu einem Objekt verhalten.

Obwohl das Hauptziel der Psychotherapie darin besteht, seelische Not zu reduzieren und Selbsterkenntnis und Selbstverständnis zu steigern, statt geteiltes Bewusstsein zu überwinden, empfand ich nichtsdestoweniger ein Bedürfnis, Therapie auf eine Weise zu praktizieren, die mit der Qualität des Nicht-Tuns meditativer Präsenz kongruenter war. Ich wurde in dieser Vision auch von Momenten in meiner eigenen persönlichen Arbeit inspiriert, denn wenn ich mich für meine Erfahrung öffnete, so wie sie war, brachte mich das in eine vollere Empfindung meiner Präsenz – eine Art, „ohne Plan zu sein", die zu einer mächtigen Empfindung der Stille, des Angenommenseins und der Lebendigkeit führte. Solche Momente erlaubten mir einen Blick auf das, was auf der anderen Seite des geteilten Bewusstseins lag: mit mir selbst auf neue und tiefere Weise eins zu sein.

Natürlich gibt es eine Zeit dafür, aktiv die Schleier der Erfahrung zu durchdringen, so wie eine Zeit dafür, Erfahrung zu erlauben, so zu sein, wie sie ist. Wenn wir unfähig oder nicht bereit sind, uns aktiv mit unseren persönlichen Lebensthemen zu befassen, kann Seinlassen zu einer Haltung der Vermeidung und zu einer Sackgasse werden. Wenn wir aber unfähig sind, unsere Erfahrung sein zu lassen oder uns ihr zu öffnen, so wie sie ist, dann kann psychologische Arbeit die gewohnte Tendenz der konditionierten Persönlichkeit verstärken, sich vom Hier und Jetzt abzuwenden. Während Focusing mir einen Weg aus der ersten Falle zeigte, zeigte mir Meditation – die mich etwas über die Weisheit des Nicht-Tuns lehrte – einen Weg über die zweite Falle hinaus.

Bei der Ausbildung von Therapeuten habe ich auch die Erfahrung gemacht, dass das Engagement des Therapeuten für Veränderung seine Reaktionen subtil beeinflussen und dem Klienten dadurch vermitteln kann: „Du bist nicht in Ordnung, so wie Du bist". Und dies kann die entfremdete Haltung verstärken, unter der die meisten Menschen schon leiden: „Ich sollte eine bessere Erfahrung als die haben, die ich habe – was stimmt mit mir nicht?" Wenn Klienten bei ihren Therapeuten diese Tendenz wahrnehmen, kann sie zu einem fundamentalen Hindernis im therapeutischen Prozess und in der Beziehung werden. Klienten versuchen dann entweder, sich der Erwartung und dem Vorgehen des Therapeuten anzupassen, was sie von ihrem eigenen Sein trennen kann, oder sie gehen in den Widerstand gegen den Plan des Therapeuten, was dazu führt, dass sie in der Blockierung bleiben.

Je mehr ich Therapeuten ausbildete, um so klarer wurde es, dass die wichtigste Qualität bei einem Therapeuten die Fähigkeit für bedingungslose Präsenz ist – die bei den meisten Ausbildungen seltsamerweise kaum erwähnt oder unterrichtet wird. Wenn Therapeuten bei der Erfahrung eines Klienten in dieser Weise präsent sind, kann sich in dem Klienten etwas entspannen und voller zu öffnen beginnen. Ich habe immer wieder die Erfahrung gemacht, dass bedingungslose Präsenz die mächtigste umwandelnde Kraft ist, die es gibt, weil sie eine Bereitschaft ist, mit unserer Erfahrung da zu sein, ohne uns in zwei zu teilen, indem wir zu beeinflussen oder zu manipulieren versuchen, was wir fühlen.

Das Nichttun (nondoing) bedingungsloser Präsenz ist mit einem weiten Spektrum an therapeutischen Methoden kompatibel, sowohl mit direktiven als auch nichtdirektiven. Es ist keine passive Haltung, sondern eher eine aktive Bereitschaft, auf eine total unvoreingenommene, nichtreaktive, nichtkontrollierende Weise der gefühlten Erfahrung zu begegnen und sie zu erforschen.

Beim Lehren bedingungsloser Präsenz, habe ich es hilfreich gefunden, verschiedene Phasen dieses In-Kontakt-Kommens zu beschreiben. Zuerst muss es eine *Bereitschaft zu erforschen* geben, eine Bereitschaft, unserer gefühlten Erfahrung direkt zu begegnen und zu sehen, was da ist. Dann können wir beginnen *anzuerkennen*, was in uns geschieht: „Ja, dies ist es, was ich in diesem Moment erfahre. Ich fühle mich bedroht ... verletzt ... ärgerlich ... abwehrend." Zum Anerkennen gehört, dass man erkennt und benennt, was geschieht, sieht, wie es sich im Körper anfühlt und es noch mehr, voller in die Bewusstheit einlädt. Die Kraft einfachen Anerkennens sollte nie unterschätzt werden. Um Klienten zu helfen, hier zu verweilen und nicht in Richtung einer erhofften Lösung weiter zu eilen, sage ich oft etwas wie: „Achten Sie darauf, wie es ist, in diesem Moment *einfach anzuerkennen*, was Sie fühlen." Aufmerksamkeit auf die gefühlte Qualität dieses Erkennens beendet den Impuls, auf den Inhalt zu reagieren, indem sie dem Klienten erlaubt, bei ihm präsenter zu sein.

Wenn wir einmal anerkennen, was da ist, wird es möglich, ihm voller zu begegnen, indem man ihm *erlaubt*, da zu sein, wie es ist. Dies bedeutet nicht, sich in Gefühlen zu suhlen oder sie auszuagieren. Vielmehr bedeutet Zulassen, dass man der Erfahrung Raum gibt und sie aktiv so sein lässt, wie sie ist, indem man jeden Drang beiseite tut, etwas mit ihr zu machen oder sie zu bewerten. Oft wird das dadurch verhindert, dass man sich entweder mit dem Gefühl identifiziert („Ich bin diese Wut") oder dass man ihr Widerstand entgegensetzt („Ich bin nicht diese Wut"). Ein gewisses Quantum an Zeit und Konzentration ist oft notwendig, bevor wir unsere Erfahrung auf diese mehr zulassende Weise da sein lassen können.

Wenn wir unserer Erfahrung erlaubt haben zu sein, wie sie ist, können wir uns voller *für sie offen* sein lassen, indem wir keinen Abstand zwischen ihr und uns selbst als Beobachter, Richter oder Manager mehr aufrechterhalten. Dies ist der Punkt, an dem bedingungslose Präsenz von Focusing und anderen reflexiven Methoden abweicht. Es gibt eine vollkommene Öffnung für die gefühlte Erfahrung, ein Eintreten in sie und ein Einswerden mit ihr, ohne jeden Versuch, Sinn oder Bedeutung in ihr zu finden oder etwas mit ihr zu machen oder an ihr verändern zu wollen. Was hier am wichtigsten ist, ist nicht so sehr, was wir fühlen, sondern der Akt, sich dem zu öffnen.

Zum Beispiel hat eine Klientin Angst, dass sie nichts ist – dass sie, wenn sie in sich hineinschaut, da nichts findet. Obwohl ich sie zuerst auffordere, auf diese „Angst, nichts zu sein" in ihrem Körper zu achten und wir besprechen, was es mit Situationen in ihrer Vergangenheit zu tun hat (dies ist noch reflexive Untersuchung), lade ich sie schließlich ein, sich direkt dem Gefühl zu öffnen, nichts zu sein – ganz in es einzutreten und sich nichts *sein* zu lassen. (Hier tritt die Reflexion vor Präsenz zurück.) Nach einer Weile sagt sie: „Es fühlt sich leer an, aber da ist auch eine Fülle und eine Art Frieden." Sie fühlt sich voll, weil sie jetzt präsent ist, und nicht getrennt. Es ist ihr Sein, das sich friedlich und voll anfühlt. Und sie beginnt zu merken und zu erkennen, dass ihr Gefühl von Nichts eigentlich ein Symptom davon war, von sich selbst abgeschnitten zu sein – eine Trennung, die von Geschichten und Überzeugungen verstärkt wurde, die sie zu der gefürchteten Stimme in ihrem Kern hatte. Natürlich wandeln sich Gefühle nicht immer so leicht um. Es hängt ganz von dem Klienten und von unserer Beziehung ab. Doch bei Klienten, die dies eine Reihe von Malen erlebt haben, kann es immer leichter dazu kommen.

Gefühle an sich führen nicht notwendigerweise zu Weisheit, aber der Prozess, in dem man sich ihnen ganz öffnet, kann es. Wenn wir zu einem Gefühl keinen Abstand mehr aufrechterhalten, kann es nicht mehr seine scheinbare Festigkeit behalten, die es nur dann annimmt, wenn wir es als ein Objekt behandeln, das von uns getrennt ist. In dem oben beschriebenen Beispiel hielt die Angst der Klientin, nichts zu sein, nur solange an, wie sie dieser Erfahrung Widerstand entgegensetzte. Aber als sie sich bedingungslos dafür öffnete, nichts zu sein, hörte diese innere Teilung auf, wenigstens für eine Weile. Sie gab die fixierte Einstellung, die festen Haltungen und die Assoziationen zu dem Gefühl, „nichts zu sein", auf – mit ihrer langen Geschichte, die auf ihre Kindheit zurückging. Dadurch, dass sie an einer Stelle präsent wurde, wo sie abwesend gewesen war, erlebte sie ihr Sein und nicht ihr Nichts. „Nichts sein" verwandelte sich in die leere Fülle des Seins – wo die Angst davor, nichts zu sein, keine Macht mehr über sie hatte.

Wenn der Fokus der Bewusstheit sich von einem Gefühl – als einem Objekt von Lust oder Schmerz, Mögen oder Nichtmögen, Annehmen oder Ablehnung – zu unserem Zustand der Präsenz mit ihm verschiebt, ermöglicht uns dies, neue Ressourcen und Weisheit zu entdecken, die in ihm verborgen sind, wenn wir uns von dem Bereich der Persönlichkeit in den weiteren Raum des Seins bewegen. Aus unserer Präsenz mit Wut taucht oft Stärke auf; aus Präsenz mit Kummer Mitgefühl; aus Präsenz mit Angst Mut und Geerdetsein; aus Präsenz mit Leere expansive Weiträumigkeit und Frieden. Stärke, Mitgefühl, Mut, Raum, Frieden sind differenzierte Qualitäten von Sein – verschiedene Weisen, auf die sich Präsenz manifestiert.

Auf diese Weise überwindet volle Präsenz mit uns selbst den inneren Krieg zwischen einem Selbst und einem Anderen, zwischen „mir" und „meiner Erfahrung", wenigstens für einen Moment. Und von da sieht alles anders aus und fühlt sich anders an. Es kommt zu einer gefühlten Verschiebung, aber dies ist mehr als die „Veränderung des Inhalts", die Gendlin als das Ergebnis reflexiver Entfaltung beschreibt.[5] Ein Beispiel für Umwandlung des Inhalts wäre Wut, die sich entfaltet, um Angst zu enthüllen, die sich ihrerseits weiter entfalten könnte, indem sie sich als ein Wunsch enthüllt, geliebt zu werden, und dann eine Empfindung der Erleichterung bei der Erkenntnis, dass der eigene Ärger die Liebe weggedrängt hat, die man wollte. Ich nenne dies „horizontale" gefühlte Verschiebungen, denn der Prozess bleibt vor allem im Bereich der Persönlichkeit, auch wenn sich tiefere Gefühle und Realisierungen entfalten können. Aber die Umwandlung, zu der es oft durch bedingungslose Präsenz kommt, ist eine „vertikale" Veränderung, bei der man sich von der Persönlichkeit in eine tiefere Qualität des Seins bewegt, wenn sich eine fixierte Konstellation von Beobachter und Beobachtetem neben allem, was an Reaktivität, Kontraktion und Strebungen da ist, auflöst.

Natürlich kann es zu dieser Art Vertiefung nicht schnell oder leicht kommen oder von sich aus zu einer dauernden persönlichen Transformation führen. Oft ist eine lange Folge von Schritten horizontaler Entfaltung die Voraussetzung, bevor eine vertikale Verschiebung eintreten kann, und eine lange Periode der Integration ist notwendig, bevor diese Verschiebungen zu wirklichen Veränderungen in der Lebensweise führen können. Ich meine auch nicht, dass Focusing und andere reflexive Methoden nicht auch zu vertikalen Veränderungen führen können. Aber wenn sich jemand vollkommen für das öffnet, was er erfährt, verschwindet die Persönlichkeit – die eine Aktivität der Bewertung, der Kontrolle und des Widerstandes ist – einen Moment lang. Für Therapeuten ohne eine gewisse Erfahrung mit Meditation kann es schwer sein, dies ganz wertzuschätzen oder es sich entfalten zu lassen.

Mir ist es wichtig, Klienten zu helfen, das Wesen und die Bedeutung dieser Veränderung in Sein hinein zu erkennen, wenn es zu ihr kommt. Ich ermutige sie, da zu bleiben, die neue Qualität von Präsenz wertzuschätzen, die verfügbar geworden ist, und sie sich frei in ihrem Körper bewegen zu lassen, ohne zu einem anderen Problem oder zu etwas anderem weitergehen zu müssen. Die Empfindung von Präsenz kann sich vertiefen und neue Aspekte oder Implikationen können sich enthüllen. Oder der Klient beginnt vielleicht, sich unwohl zu fühlen, in Widerstand zu gehen oder zu dissoziieren. In dem Fall könnten wir zu der reflexiven Untersuchung zurückkehren, um zu schauen, was passiert – welche alten Überzeugungen, Objektbeziehungen oder Identitäten vielleicht dazwischen kommen oder behindern. Wir könnten diese Hindernisse dann in der Reflexion erforschen, bis ich den Klienten an einem bestimmten Punkt dann wieder einlade, mit seiner Erfahrung so, wie ich es oben beschrieben habe, präsent zu sein. Auf diese Weise erweitert sich die Fähigkeit zu Präsenz, während auch Hindernisse, die ihr im Weg stehen, durchgearbeitet werden.

Dieser kontemplative Ansatz psychologischer Arbeit unterscheidet sich von konventioneller Therapie darin, dass es bei ihm mehr darum geht, die Präsenz von Sein wiederzugewinnen – zu der man den Zugang bekommt, indem man sich unmittelbar der Erfahrung öffnet – als um Problemlösung. Die Mentalität, der es um Problemlösung geht, verstärkt die innere Teilung zwischen einem an Reform interessierten Selbst und einem problematischen „Ich", das es ändern möchte. Im Gegensatz dazu ist die vertikale Veränderung, die von bedingungsloser Präsenz gefördert wird, eine Veränderung des Kontextes, die die ganze Weise verändert, wie ein Problem gehalten wird. Menschen entdecken oft, dass ihre entfremdete, kontrollierende und ablehnende Haltung gegenüber dem Problem, um das es geht, im Grunde ein großer Teil des Problems selbst ist. Dies ermöglicht ihnen, neue Möglichkeiten zu sehen und zu erwägen, wie sie sich zu der problematischen Situation verhalten können.

Bedingungslose Präsenz ist radikaler als psychologische Reflexion, insofern zu ihr gehört, unserer Erfahrung *nachzugeben* (wie in Trungpas Aussage: „Lass dich in deiner Emotion sein, geh durch sie hindurch, gib ihr nach"), während man lernt, achtsam mit der Energie mitzugehen, ohne von ihr überwältigt zu werden. Dies ist klarerweise kein Ansatz für Menschen, denen es an Ichstärke fehlt – die unfähig sind, zurückzutreten und über ihre Gefühle zu reflektieren, oder deren primäre Aufgabe es ist, eine stabile, kohärente Selbststruktur zu etablieren. Focusing hilft im Gegensatz dazu, das beobachtende Ich zu stärken, indem Klienten geholfen wird, den richtigen Abstand zu ihrem emotionalen Aufruhr zu finden. Aber hier taucht man einfach ein, indem man jede Trennung von der eigenen Erfahrung radikal auslöscht.

Zu Umwandlung durch bedingungslose Präsenz kommt es in psychologischer Arbeit etwas anders als in meditativer Praxis. In der Therapie ist sie Teil eines dialogischen Prozesses und entwickelt sich daher immer aus reflexivem Austausch und kehrt zu ihm zurück. Die Reflexion über das, was in einer vertikalen Veränderung passiert ist, hilft auch, die neue Qualität von Präsenz in andauerndes tägliches Funktionieren zu integrieren. Im Gegensatz dazu können sich bei der meditativen Praxis innere Zustände auf unmittelbarere, spontane Weise ohne Bezug auf einen vorangehenden oder folgenden reflexiven Prozess umwandeln. Der Meditierende kann dadurch, dass er seine Erfahrungen nicht reflexiv artikuliert, oft auf eine tiefere, anhaltendere Weise über geteiltes Bewusstsein hinausgehen. Die Aufgabe liegt hier jedoch darin, diese tiefere Bewusstheit in das tägliche Leben und Funktionieren zu integrieren.

Dauernde Selbstbefreiung

Zu Umwandlung gehört, wie oben beschrieben, wenigstens anfangs immer noch eine leichte Empfindung der Dualität, indem man einige Anstrengung unternimmt, auf Erfahrung zuzugehen, in sie hineinzugehen und sich ihr zu öffnen. Jenseits von Umwandlung liegen noch subtilere Möglichkeiten nichtdualer Präsenz, die gewöhnlich nur durch fortgeschrittene meditative Praxis realisiert werden. In der Tradition der Mahâmudrâ und des Dzogchen ist dies der Weg der Selbstbefreiung. Hier lernt man, kontinuierlich innerhalb der Bewegung der Erfahrung – ob Denken, Wahrnehmung, Gefühl oder Sinneswahrnehmung – präsent zu bleiben. Der große Dzogchenmeister Patrul Rinpoche sagt: „Es reicht aus, deinen Geist einfach in dem Zustand dessen ruhen zu lassen, was stattfindet, was immer das ist, in allem, was geschieht."ᵗ Diese Art nackter Bewusstheit – bei der es keine mentale oder emotionale Reaktion auf etwas gibt, was immer geschieht – erlaubt jeder Erfahrung einfach zu sein, was sie ist, frei von dualistischem Habenwollen und Fixierung und total transparent. Reine Präsenz macht die *Selbstbefreiung* des Bewusstseinsstroms möglich. Dies ist Mahâmudrâ – die höchste Mudrâ, das äußerste Sehen, das „Wesen die Wesen sein lässt, die sie sind".

Was ist diese höchste Mudrâ? Tilopa, einer der Großväter der Mahâmudrâ sagt: „Wenn der Geist frei von Bezugspunkten ist, das ist Mahâmudrâ". Sich nicht auf Bezugspunkte verlassen – Haltungen, Überzeugungen, Absichten, Abneigungen, Selbstkonzepte, Objektbeziehungen –, um unsere Erfahrung zu interpretieren oder einzuschätzen, wer wir in Beziehung zu ihr sind, bedeutet, im „Kern" des Seins zu ruhen, „im stillen Zentrum der sich drehenden Welt, weder von ihr weg noch auf sie zu". Dieses Gefühl des „Ruhens in der Mitte der eigenen Erfahrung" ist keine „Position" an irgendeinem bestimmten „Ort". Dieser Gebrauch des Begriffs *Mitte* stammt von Nishitani, der ihn so beschreibt: Sie sei der „Modus des Seins der Dinge, wie sie in sich selbst sind – nämlich der Modus des Seins, worin die Dinge in der vollkommenen Einzigartigkeit dessen ruhen, was sie selbst sind. ... Sie ist unmittelbar präsent – und unmittelbar als solche realisiert – an dem Punkt, an dem wir selbst tatsächlich sind. Sie ist ‚zur Hand' und ‚unter unseren Füßen'. ... Alle Handlungen implizieren eine absolute Unmittelbarkeit. Und da ist es, dass das, was wir ‚Mitte' nennen, erscheint".ᵘ In der Mitte des Seins ruhen bedeutet, in reiner Bewusstheit stehen.

Das normale geteilte Bewusstsein positioniert uns auf dem Umkreis, sozusagen dem Rand des Feldes der Erfahrung, von allem zurückgenommen, was wir jeweils beobachten. Wenn wir im Gegensatz dazu in der Mitte ruhen, ist „der Standpunkt des Subjekts, das Dinge objektiv kennt und sich entsprechend selbst objektiv als ein Ding, das das Selbst genannt wird, kennt, zusammengebrochen, aufgehoben."ᵛ Das Wissen vom Selbst, das hier entsteht, ist unmittelbar und nichtobjektivierend.

„Es ist kein ‚Wissen', das darin besteht, dass sich das Selbst zu sich selbst wendet und sich in sich selbst bricht. Es ist kein ‚reflexives' Wissen. ... Diese Selbst-Bewusstheit ... ist ein Wissen, zu dem es nicht als eine *Brechung* des Selbst kommt, das in das Selbst gebeugt, gewendet ist, sondern nur an einer Stelle oder in einer Position, die sozusagen absolut geradlinig ist. ... Dies ist deshalb so, weil es ein Wissen ist, das seinen Ursprung in der ‚Mitte' hat. Es ist ein absolut nichtobjektives Wissen des absoluten nichtobjektiven Selbst an sich; es ist ein vollkommen nichtreflexives Wissen. ... Auf allen anderen Gebieten ist das Selbst jederzeit reflexiv und gefangen in seinem eigenen Habenwollen im Akt des Habenwollens selbst und gefangen im Habenwollen von Dingen in seinem Versuch, sie festzuhalten. ... Es kann niemals das ‚gerade Herz' sein, von dem die Alten sprechen."[w]

Die eigentliche Übung besteht hier darin, dass man lernt, inmitten von allem, was an Gedanken, Gefühlen, Wahrnehmungen oder Empfindungen auftaucht, ganz präsent und wach zu bleiben und sie, in der Sprache der Tradition der Mahâmudrâ und des Dzogchen als *Dharmakâya* – als eine ornamentale Schau der leeren, leuchtenden Essenz von Bewusstheit – wertzuschätzen. Wie Wellen auf dem Ozean sind Gedanken nicht von Bewusstheit getrennt. Sie sind die strahlende Klarheit der Bewusstheit in Bewegung. Indem der Praktizierende inmitten von Gedanken wach bleibt – und sie als die leuchtende Energie der Bewusstheit anerkennt –, hält er Präsenz aufrecht und kann in ihrer Bewegung ruhen. Namkhai Norbu sagt: „Das essentielle Prinzip besteht darin, ... Präsenz im Zustand der sich bewegenden Welle des Denkens selbst aufrechtzuerhalten. ...Wenn man den ruhigen Zustand als etwas Positives betrachtet, das man erlangen sollte, und die Welle des Denkens als etwas Negatives, das aufgegeben werden sollte, und wenn man in der Dualität von Habenwollen und Ablehnen gefangen bleibt, gibt es keine Möglichkeit, den gewöhnlichen Zustand des Geistes zu überwinden."[x]

Es ist die dualistische Fixierung, die Spannung zwischen „mir" – als Selbst – und „meinen Gedanken" – als anderes –, die die Dinge problematisch, quälend, „klebrig" macht. Gedanken werden nur dann dicht, fest und schwer, wenn wir auf sie reagieren. Jede Reaktion löst weiteres Denken aus, so dass die Gedanken in etwas, was ein kontinuierlicher innerer Zustand zu sein scheint, zusammengekettet werden. Diese Gedankenketten sind wie ein Stafettenlauf, wo jeder neue Gedanke den Stab von dem vorhergehenden Gedanken übernimmt, einen Moment mit ihm läuft und dann an einen folgenden Gedanken übergibt. Wenn der Meditierende inmitten des Denkens aber Präsenz aufrechterhalten kann, frei von Habenwollen oder Ablehnen, dann hat der Gedanke nichts, an das er den Stab weitergeben kann, und das Denken hört von sich aus auf. Obwohl dies einfach klingt, ist es doch fortgeschrittene Praxis, die gewöhnlich viel Training und viel Entschlossenheit und innere Verpflichtung verlangt.

Wenn man sogar inmitten von Gedanken, Wahrnehmungen oder intensiven Emotionen in Präsenz ruhen kann, werden diese als Gelegenheiten, eine durchgehende Qualität von gleichmäßiger Bewusstheit in allen Aktivitäten zu entdecken, zu einem dauernden Teil der eigenen kontemplativen Praxis. Tarthang Tulku beschreibt dies so:

„Es ist möglich, Denken selbst zu Meditation zu machen. ...Wie gehen wir in diesen Zustand? In dem Moment, indem man versucht, sich von Denken zu trennen, hat man es mit einer Dualität, einer Subjekt-Objekt-Beziehung zu tun. Man verliert den Zustand von Bewusstheit, weil man seine Erfahrung ablehnt und getrennt von ihr wird. ...Wenn unsere Bewusstheit aber im Zentrum des Denkens ist, löst sich das Denken selbst auf. ... Ganz zu Beginn ... muss man in den Gedanken bleiben. Man muss einfach da sein. ... Man wird zum Zentrum des Denkens. Aber es gibt nicht wirklich ein Zentrum – das Zentrum wird Ausgewogenheit. Es gibt kein ‚Sein', keine ‚Subjekt-Objekt-Beziehungen': Keine dieser Kategorien existiert. Doch zugleich gibt es vollständige Offenheit. ...Wir knacken also sozusagen jeden Gedanken, wie man Nüsse knackt. Wenn wir dies tun können, wird jeder Gedanke zur Meditation. ...

In jedem Moment, wo immer man ist, Auto fährt, herumsitzt, arbeitet, redet, bei allen Aktivitäten – sogar, wenn man emotional sehr aufgewühlt, sehr leidenschaftlich ist oder sogar wenn der Geist oder die Psyche sehr stark ist, tobt, von den schlimmstmöglichen Dingen überwältigt ist und man sich nicht kontrollieren kann oder wenn man deprimiert ist ... wenn man wirklich hineingeht, ist nichts da. Was immer auftaucht, wird zu Meditation. Auch wenn man extrem angespannt wird, wenn man in das eigene Denken geht und die Bewusstheit lebendig wird, dann kann dieser Moment mächtiger sein, als wenn man lange Zeit mit Meditationspraxis arbeitet."[y]

Hier muss kein Gegenmittel angewendet werden: kein begriffliches Verstehen, keine Reflexion, kein Zurücktreten, keine Distanzierung, kein Beobachten als Zeuge. Wenn man im Gedanken, in der Emotion, in der Störung total präsent ist, entspannt sie sich von sich aus und wird für den größeren Grund der Bewusstheit transparent. Die Welle geht zurück in den Ozean. Die Wolke löst sich in den Himmel auf. Die Schlange entrollt sich von sich aus. Dies sind alles Metaphern, die sagen: Es befreit sich von selbst.

Selbstbefreiung ist kein dialogischer Prozess, sondern eine Realisierung „geraden Herzens" von Sein-Leere. Sie macht ein intimes Wissen der Realität möglich, wie Nishitani meint, wenn er schreibt, dass „Dinge sich uns nur dann enthüllen, wenn wir von der Peripherie zum Zentrum springen, genau in ihre [Soheit (suchness)]."[z] Dieses „Wissen des Nichtwissens" ist eine vollkommene Offenheit für und Einstimmung in die das Selbst enthüllenden Qualitäten von Selbst, Welt und anderen Wesen.

Für jemanden, der auch inmitten durch Täuschungen beeinflusster Gedanken und Emotionen ganz präsent sein kann, ist die Unterscheidung von *Samsâra* und *Nirvâna*, von konventionellem und erwachtem Bewusstsein, von Dualität und Nichtdualität nicht mehr von großer Bedeutung. Dies ist als die Bewusstheit des *einen Geschmacks* bekannt. Wenn man nicht mehr in geteiltem Bewusstsein gefangen ist, ist die relative Dualität oder das Spiel von Selbst und Anderem im täglichen Leben kein Problem. Man kann nach den konventionellen Grundregeln der Dualität spielen, wenn es angemessen ist, und sie fallen lassen, wenn sie nicht nützlich sind. Das Zusammenspiel von Selbst und Anderem wird zu einem humorvollen Tanz, zu einem energetischen Austausch, zu einem Ornament und ist keine Behinderung mehr.

Zusammenfassung und abschließende Bemerkungen

Die meisten von uns leben die meiste Zeit in präreflexiver Identifikation gefangen, indem sie sich einbilden, dass ihre Gedanken, Gefühle, Haltungen und Sichtweisen eine genaue Abbildung der Realität sind. Aber wenn Bewusstheit von präreflexiver Identifikation umwölkt ist, *haben* wir unsere

Erfahrung noch nicht ganz. Eher *hat sie uns*: Wir werden von Gegenströmungen des Denkens und des Gefühls, in die wir unbewusst eingetaucht sind, davongetragen. Getrieben von diesen unbewussten Identifikationen – Selbstbildern, widerstreitenden Emotionen, Befehlen des Über-Ichs, Objektbeziehungen, wiederkehrenden Denkmustern – bleiben wir wie im Schlaf für die tiefere Bedeutung unserer Erfahrung unerreichbar. Wir bleiben wütend, ohne auch nur zu wissen, dass wir wütend sind, ängstlich, ohne zu verstehen, warum wir ängstlich sind, und hungrig, ohne zu merken, wonach wir wahrhaft hungern. Dies ist der Zustand, den Gurdjieff „die Maschine" nannte.

Reflexive Aufmerksamkeit hilft uns, von da aus einen großen Schritt vorwärts zu machen. Begriffliche Reflexion ermöglicht uns, eine anfängliche Einschätzung davon vorzunehmen, was geschieht und warum. Darüber hinaus können subtilere, direktere Arten phänomenologischer Reflexion uns helfen, endlich anzufangen, unsere Erfahrung zu *haben*. In der Psychotherapie ist es ein wichtiger Fortschritt, wenn Klienten zum Beispiel von einem Zustand, in dem sie einfach wütend sind, dazu übergehen können, ihre Wut zu *haben*. Dies bedeutet, dass ihre Bewusstheit die Wut halten und über sie reflektieren kann, statt von ihr überwältigt zu werden oder umwölkt zu sein. Jenseits davon erlaubt uns achtsame Bewusstheit als Zeuge, von unserer Erfahrung zurückzutreten und sie sein zu lassen, ohne in Reaktionen auf sie oder Identifikation mit ihr verfangen zu sein.

Zu einem weiteren Schritt auf dem Weg des Erwachens gehört, dass wir lernen, *mit* unserer Erfahrung auf eine sogar noch direktere und durchdringendere Art zu *sein*, die ich *bedingungslose Präsenz* nenne. Hier liegt der Fokus nicht so sehr auf dem, was wir erfahren, als vielmehr darauf, *wie wir damit sind*. Wenn wir mit unserer Erfahrung ganz präsent sind, wird damit eine vertikale Verschiebung von der Persönlichkeit zu Sein gefördert. Zum Beispiel gehört zum Sein mit Wut, dass man sich ihrer Energie direkt öffnet, was oft eine spontane Umwandlung bewirkt. Die Wut enthüllt tiefere Qualitäten von Sein, die in ihr verborgen sind, wie Stärke, Selbstvertrauen oder strahlende Klarheit, und dies bringt uns in tiefere Verbindung mit Sein selbst. Von diesem größeren Gefühl innerer Verbundenheit aus sieht die ursprüngliche Situation, die die Wut entstehen ließ, oft ganz anders aus.

Jenseits von Umwandlung liegt das noch subtilere Potential, Erfahrung durch nackte Bewusstheit selbst zu befreien. Dies bedeutet, statt in die Wut zu gehen, einfach in Präsenz zu ruhen, wenn die Wut entsteht und sich bewegt, während man sie als einen transparenten, energetischen Ausdruck von Sein-Bewusstheit-Leere erkennt. Diese Möglichkeit wird nicht durch einen dialogischen Prozess wie Psychotherapie entdeckt, sondern durch kontemplative Praxis.

Ich fasse den hier beschriebenen Vorgang zusammen: Er ist eine Bewegung von unbewusstem, präreflexivem Eintauchen in unsere Erfahrung (Identifikation) zu denken und Sprechen über Erfahrung (begriffliche Reflexion) über das direkte Haben unserer Erfahrung (phänomenologische Reflexion) und nichtidentifiziertes Zeugesein (Achtsamkeit) dahin, mit Erfahrung präsent zu sein (bedingungslose Präsenz, die zu Umwandlung führt) und hin zu einem transreflexiven Ruhen in offener Präsenz in aller Erfahrung, die auftaucht, was nichts anderes ist als Sein und Leere in reiner Form (Selbstbefreiung).

Wenn wir Bewusstheit mit der Analogie des Spiegels beschreiben, dann ist präreflexive Identifikation so, als wäre man von den Spiegelbildern, die in dem Spiegel auftauchen, fasziniert und gefesselt und verlöre sich in ihnen. Zu Reflexion gehört, dass man von diesen Erscheinungen zurücktritt, sie studiert und eine objektivere Beziehung mit ihnen entwickelt. Und transreflexive Präsenz, Präsenz jenseits von Reflexion, ist so, als wäre man der Spiegel selbst – die unermesslich weite, erleuchtende Offenheit und Klarheit, die der Realität ermöglicht, als das gesehen zu werden, was sie ist. In reiner Präsenz ist Bewusstheit selbst-erleuchtend oder ohne Objektivierung ihrer selbst bewusst. Der Spiegel bleibt einfach in seiner eigenen Natur, ohne sich von seinen Reflexionen zu trennen noch sich mit ihnen zu verwechseln. Negative Reflexionen beflecken den Spiegel nicht, positive Reflexionen verbessern ihn nicht. Sie sind nichts als das, was der Spiegel zeigt und was das Selbst erleuchtet.

Psychotherapie als ein dialogischer Prozess ist essentiell reflexiv, obwohl sie, wenn sie von einem Therapeuten mit einem kontemplativen Hintergrund praktiziert wird, auch Momente nichtreflexiver Präsenz einschließen oder enthalten kann, die eine Verschiebung in eine tiefere Dimension von Sein ermöglichen. In den spirituellen Traditionen dient disziplinierte Reflexion auch als Zugang zu einem Weg zu größerer Präsenz. In Gurdjieffs Lehre zum Beispiel ist fokussierte Selbstbeobachtung das, was Menschen ermöglicht, aus der „Maschine" herauszutreten und für die gerichtetere Präsenz verfügbar zu werden, die er Selbst-Erinnerung (self-remembering) nennt. Während sowohl Psychotherapie als auch spirituelle Praxis Reflexion und Präsenz enthalten können, ist der eigentliche Boden der Psychotherapie Reflexion und der Boden der Spiritualität Präsenz.

Ich möchte mit ein paar abschließenden Überlegungen für westliche Schüler über die ferneren Weiten kontemplativer Bewusstheit schließen. Anekdoten belegen, dass die Stabilisierung der reinen Präsenz von *rigpa* in der permanenten Realisierung der Selbstbefreiung ziemlich selten zu sein scheint, auch unter Schülern der Dzogchen/Mahâmudrâ-Tradition, die sich ihr mit Leib und Seele widmen. Diese Tradition blühte in Tibet, einer weit einfacheren und geerdeteren Kultur, als unsere es ist, die auch für ein soziales Mandala, einen zusammenhängenden kulturellen Kontext sorgte, der Tausende von Klöstern und Einsiedeleien unterstützte, wo Meditationspraxis und Realisierung blühen konnten. Doch sogar da wurden gewöhnlich Jahre an vorbereitender Übung und Einzelretreat als Vorarbeit und Grundlage für die volle nichtduale Realisierung empfohlen, die manchmal als das goldene Dach beschrieben wurde, das die ganze spirituelle Unternehmung krönt.

Die Frage für moderne Menschen aus dem Westen, denen die kulturelle Unterstützung, die man im traditionellen Asien findet, fehlt und die es oft schwer finden, Jahre in Abgeschiedenheit zu verbringen oder sogar die traditionellen tibetischen Vorübungen zu absolvieren, lautet, wie man eine ausreichend starke Basis baut, auf der dieses goldene Dach ruhen kann. Welche Vorübungen oder welche innere Arbeit sind für moderne Menschen als Vorarbeit für nichtduale Realisierung am relevantesten und nützlichsten? Welche besonderen Bedingungen sind vielleicht notwendig, um nichtduale Präsenz außerhalb des Settings von Retreats zu nähren und zu erhalten? Und wie kann diese geräumige, entspannte Qualität von Präsenz in den Alltag einer schnellen, komplex technologischen Gesellschaft integriert werden, die solche hohen Ebenen mentaler Aktivität und mentaler Abstraktion verlangt?

Da ungelöste psychische Themen und Entwicklungsmängel oft größere Hindernisse darstellen, spirituelle Realisierungen in das tägliche Leben zu integrieren, müssen spirituelle Aspiranten im Westen vielleicht in einem gewissen Umfang als nützliche Ergänzung zu ihrer spirituellen Arbeit und vielleicht auch ganz unabhängig davon als Vorarbeit oder Vorübung psychologische Arbeit auf sich nehmen. Vielleicht können von Menschen aus dem Westen echtes Nichttun und Sein-Lassen nur dann auf eine gesunde, integrierte Weise ganz verkörpert werden, wenn man einmal gelernt hat, Körpergefühle aufmerksam wahrzunehmen und sich mit der eigenen persönlichen Erfahrung auf eine reflexive Weise im Stil des Focusing auseinanderzusetzen. Das ist der Grund, weshalb es wichtig ist, den Gebrauch und die Grenzen psychologischer Reflexion zu verstehen und ihre Rolle als Sprungbrett sowohl hin als auch „zurück" von nichtdualer Präsenz zu studieren – mit anderen Worten als eine Brücke, die beginnen kann, tiefere Qualitäten des Seins zu erschließen und zu helfen, sie voller in das Alltagsleben zu integrieren.

TEIL II

 Psychotherapie
in einem
spirituellen Kontext

Einleitung

Während mehrere Kapitel im ersten Teil des Buches die spirituelle Dimension psychologischer Arbeit berühren, sprechen die Kapitel in diesem zweiten Teil dieses Thema direkter an. Mein Interesse gilt hier nicht so sehr der konventionellen Psychotherapie, die innerhalb eines medizinischen Modells von Krankheit und Heilung arbeitet und primär auf Symptomerleichterung und Problemlösung hin orientiert ist, als mit psychologischer Arbeit in einem spirituellen Kontext.

Natürlich gibt es für konventionelle Therapie einen Platz, und es ist sicher nichts verkehrt an Symptomerleichterung, besonders wenn das alles ist, was Krankenversicherungen bezahlen, oder alles, wozu ein bestimmter Mensch bereit ist. Aber aus einer weiteren spirituellen Perspektive gesehen ist die innere Haltung, der es um Problemlösung geht, extrem begrenzt, insofern sie uns davon ablenkt, ganz bei dem präsent zu sein, was wirklich in diesem Moment vor sich geht. Wann immer wir mit einem bestimmten Ergebnis oder einer bestimmten Lösung im Sinn an uns arbeiten oder danach streben, an einen anderen Ort zu gelangen als dem, wo wir sind, schneiden wir uns von der Unmittelbarkeit des Seins ab – was die einzige wahre Wirkkraft der Heilung und Transformation ist, die es gibt. Wir können nur durch Erfahrung des gegenwärtigen Moments Zugang zu unserem Sein bekommen, was daher der einzige Ort ist, wo Heilung geschehen kann. Wir können nicht von hier aus dahin – zur Heilung – gelangen, wenn wir nicht zuallererst ganz hier sind, wo wir sind.

Die Mentalität der schnellen Reparatur funktioniert nur wirklich auf der groben äußeren Ebene der Dinge. Wenn man versucht, ein Auto oder eine Leitung am Waschbecken zu reparieren, ist es angemessen und passend, eine Rohrzange zu nehmen und Druck auf den verhärteten Rost auszuüben, um die festsitzende Mutter beweglich zu machen. Aber wenn man auf diese Weise an ein inneres Problem herangeht, hat das gewöhnlich die entgegengesetzte Wirkung, indem sich das Problem um so mehr verhärtet. Dies liegt daran, dass der Teil von uns, den wir reparieren möchten, sich inakzeptabel oder abgelehnt fühlt. Noch wichtiger ist, dass die Quelle lebendiger Veränderung der aus sich selbst existierende Fluss unseres Seins ist. Wenn wir Druck auf einen Teil unserer Erfahrung ausüben, schalten wir diesen Fluss ab, und dies blockiert das Ganze.

Wenn wir zum Beispiel an unserer Angst arbeiten, ist die größere Frage deshalb nicht so sehr: „Wie kann ich diese Angst überwinden?", „Wie kann ich mich beruhigen?" oder „Wie kann ich Situationen vermeiden, die Angst auslösen?", sondern eher „Kann ich mich diesem Gefühl öffnen?", „Kann ich erforschen, woher es kommt?" oder „Kann ich lernen, mit dieser Erfahrung ganz präsent zu sein, wenn ich sie in meinem Körper spüre, und herausfinden, was da wirklich geschieht?" Natürlich ist die Absicht oder der Wunsch, unsere Angst zu überwinden, ganz in Ordnung, solange dies nicht eine subtile Weise ist, sie abzulehnen. Wann immer wir uns von einem Aspekt unserer eigenen Erfahrung abwenden, bilden sich emotionale schwarze Löcher in der Psyche. Wirkliches Heilen kann nur beginnen, wenn wir endlich lernen, an den Stellen präsent zu sein, wo wir abwesend waren.

Der Lebenssaft psychologischer Arbeit in einem spirituellen Kontext ist die heilende Kraft bedingungsloser Präsenz. Dazu gehört, zu lernen, unsere Erfahrung anzuerkennen, sie zuzulassen, uns ihr zu öffnen und sie zu erforschen, wie sie ist, ohne zu versuchen, eine andere Erfahrung zu haben, als die, die wir haben. Da dazu sowohl aufseiten des Klienten wie auf der des Therapeuten eine Praxis und Übung von Präsenz gehört, nenne ich dies auch *präsenzzentrierte Behandlung* oder *Beratung*.

Unglücklicherweise gibt es wenig in unserem westlichen Erziehungssystem, das uns hilft, diese Fähigkeit, präsent zu sein, zu entwickeln. Weil meine Erfahrung mit Meditation mich gelehrt hat, wie ich bei allen Höhen und Tiefen der Psyche präsent bleiben kann, stellte sie sich als ein essentielles Grundtraining dafür heraus, ein Therapeut und darüber hinaus ein guter Zuhörer, ein empfänglicher Schüler, ein verständnisvoller Freund, ein einfühlsamer Liebhaber und ein freundlicher Lehrer zu sein. Obwohl zu Meditation gehört, dass man sich zeitweise von der Welt und seinen Ablenkungen beurlaubt, geht es nicht darum, sich ganz aus der Welt zurückzuziehen. Indem die Meditation uns hilft, eine Qualität von Präsenz und Bewusstheit zu entdecken, die viel stetiger und besonnener als der gewohnte Wirbel der Gedanken und Emotionen ist, ist sie in sozialer Hinsicht mit großem Gewinn verbunden, denn sie hilft uns, andere so wie uns selbst direkter zu erfahren. Dann sind wir in der Lage, Menschen klarer zu sehen, umfassender zu verstehen, was sie fühlen und mit mehr Empathie auf sie zu reagieren.

Der zweite Teil dieses Buches beginnt mit einer Erforschung dieses Kerns, dem essentiellen Element bei psychischer Heilung: der Fähigkeit, ganz präsent mit unserer Erfahrung zu sein, wie sie ist. Kapitel 9 zeigt, wie bedingungslose Präsenz das Gegenmittel gegen das zentrale Problem der konditionierten Persönlichkeit ist – der automatischen Tendenz, sich von Aspekten unserer Erfahrung, die schmerzhaft, unangenehm oder bedrohlich sind, abzuwenden.

Kapitel 10 ist ein breit angelegtes Kapitel über eine zentrale menschliche Erfahrung, die ich den *Moment des Zusammenbruchs der Welt* nenne, und darüber, wie sie uns helfen kann, die grundlegende Verletzlichkeit des Menschseins wertzuschätzen, durch eine Identitätskrise weiter zu wachsen und in diesem Prozess unsere wahre Kraft zu finden. Dieses Kapitel beschreibt auch etwas von meiner eigenen persönlichen Entwicklung in ihrer Bewegung von einem heroischen, existentiellen Ansatz zur Arbeit mit Themen der Sinnlosigkeit bis schließlich zu einem größeren Verständnis des Ortes der Leere in der menschlichen Existenz.

Kapitel 11 untersucht den Platz des *Herzens* bei psychischer Heilung und wie die heilende Beziehung eine Art bedingungsloser Liebe verlangt. Dieses Kapitel zeigt auch, wie liebende Güte oder bedingungslose Freundlichkeit zu der Entdeckung grundlegender Gutheit im Kern unserer Natur beiträgt – eine Entdeckung, die uns den treibenden Zwang überwinden hilft, zu beweisen, dass wir wertvoll sind.

Kapitel 12 betrachtet Depression als Mutlosigkeit, als einen Verlust des Herzens, der aus dem Verlust vertrauter Bezugspunkte resultiert, die uns einmal Sicherheit gaben. Depression ist eine negative Reaktion auf die Entdeckung dieser offenen, grenzenlosen, unfassbaren Dimension der Realität, die der Buddhismus als *Leere* bezeichnet. Der depressive Mensch nimmt Leere oft persönlich, indem er sie als ein Zeichen von Versagen oder als Mangel interpretiert. Wenn man sie aber als spirituelle Gelegenheit sieht, bietet Depression eine Gelegenheit, unter die Oberfläche des Lebens zu schauen und die einzig wahre Unterstützung zu entdecken, die es gibt - den Grund des Seins.

Kapitel 13 betrachtet den Unterschied zwischen psychologischen und meditativen Wegen der Arbeit mit Emotion. Bei psychologischer Arbeit ist es essentiell, die wichtige Unterscheidung zwischen mentalen Deutungen und Geschichten und gefühlter Erfahrung zu treffen, um emotionalen Aufruhr unbefangen zu erforschen und herauszufinden, was ihm zugrunde liegt. Ein radikalerer Ansatz findet sich im tantrischen Buddhismus, wo man lernt, alle Trennung von der Energie der Emotion zu überwinden, und dadurch verwirrte, konflikthafte innere Zustände in Weisheit alles durchdringender Bewusstheit umzuwandeln.

Dieser Teil schließt mit dem jüngsten und zweifellos umstrittensten Kapitel des ganzen Buches – über psychologische Arbeit im Dienst spiritueller Entwicklung. Mein Ziel in diesem Kapitel ist es, einigen schwierigen Fragen über die Integration von Psyche und Geist, von relativer und absoluter Wahrheit, von Individuation und Befreiung nachzugehen – mit der Absicht, dazu beizutragen, dass die Lehren und Praktiken spirituellen Erwachens mehr in das alltägliche Leben übernommen werden können. Dieses Kapitel schlägt einen anderen Weg ein als der größte Teil des restlichen Buches, in dem es mehr darum geht, wie Meditation die psychologische Arbeit beeinflussen und erhellen kann. Statt darauf zu sehen, was die Spiritualität der Psychotherapie zu bieten hat, betrachte ich hier, was psychologische Arbeit der Spiritualität zu geben hat, besonders modernen Menschen aus dem Westen, die sich auf einem spirituellen Weg befinden.

Einleitung 177

Obwohl meine Argumentation vor allem die spirituelle Realisierung thematisiert, wie sie von den östlichen nichtdualen kontemplativen Wegen beschrieben wird, sollte es auch für andere spirituelle Traditionen Gültigkeit haben.

Nichts in diesem Kapitel sollte als Kritik oder als ein Versuch verstanden werden, den Wert der Lehren oder Praktiken der östlichen Traditionen zu verkleinern. Mein Fokus hier liegt nicht auf diesen Lehren an sich, sondern darauf, wie westliche Praktizierende dazu tendieren, sie zu verstehen und anzuwenden. Die Frage, wie man diese Lehren in das Leben im Westen und die westliche Psyche aufnehmen kann, ist eine extrem schwierige, die eine Menge neuer Fragen aufwirft, die die Gründer dieser Traditionen nie zu bedenken hatten. Ich biete dieses Kapitel in einem Geist der Erforschung an, und nicht als eine endgültige, definitive Aussage. Dem Text dieses Kapitels liegt ein Vortrag auf einem Kongress in England zugrunde. In diesem Zusammenhang war es das, dem am schwierigsten eine Form zu geben war, da ich ein genau ausgewogenes Verständnis davon herzustellen suchte, wie psychologische und spirituelle Arbeit einander zu diesem Zeitpunkt im Westen unterstützen und ergänzen könnten.

9 Die heilende Kraft bedingungsloser Präsenz

Wenn deine Alltagspraxis darin besteht, dich für alle deine Emotionen, für alle Menschen, denen du begegnest, für alle Situationen, in denen du dich findest, zu öffnen, ohne dich zu verschließen, in dem Vertrauen darauf, dass du das tun kannst – dann wird dich das so weit bringen, wie du gehen kannst. Und dann wirst du alle Lehren verstehen, die jemals jemand gelehrt hat.

PEMA CHÖDRÖN

Was ist die Essenz psychischen Heilens – der Kern, das unverzichtbare Element, das uns erlaubt, alte, selbstzerstörerische Muster hinter uns zu lassen und eine neue Richtung einzuschlagen? Um diese Frage zu beantworten, müssen wir erst die zugrunde liegende Krankheit oder die Not an der Wurzel aller psychischen Probleme verstehen: Wir liegen ständig mit unserer Erfahrung im Streit, es fällt uns schwer, sie so sein zu lassen, wie sie ist.

Warum ist es so schwer, unsere Erfahrung einfach das sein zu lassen, was sie ist? Warum ist uns das so unangenehm? Was ist diese innere Unruhe, dieses Unbehagen, das wir in Bezug auf unsere Gefühle und inneren Zustände empfinden?

Die grundlegende Krankheit

Die Natur unserer Krankheit ist diese: Wir beurteilen ständig bestimmte Bereiche unserer Erfahrung, die uns Unbehagen, Schmerz oder Angst bereiten, oder lehnen sie ab und wenden uns von ihnen ab. Dieser innere Zwiespalt hat zur Folge, dass wir innerlich geteilt sind, indem er Druck und Stress erzeugt und uns von der Totalität dessen, wer wir sind, abschneidet. Zum ersten Mal haben wir gelernt, unsere Erfahrung abzulehnen, als wir aufwuchsen. Für uns als Kinder waren unsere Gefühle oft zu überwältigend, als dass unsere jungen Nervensysteme mit ihnen hätten umgehen, geschweige denn sie verstehen können. Wenn also eine Erfahrung zu viel war und die Erwachsenen in unserer Umgebung uns nicht helfen konnten, mit ihr umzugehen, haben wir gelernt, unsere Psyche und unseren Körper zu kontrahieren und uns abzuschalten, wie einen Sicherungsschalter, damit unsere Sicherungen nicht rausfliegen. Dies war unsere Weise, uns zu erhalten und zu schützen. Auf diese Weise fingen wir an, unsere Wut, unser Bedürfnis nach Liebe, unsere Zärtlichkeit, unseren Willen oder unsere Sexualität abzuschalten. Und wir haben negative, sogar strenge Urteile über diese Teile von uns gebildet, die uns Schmerz verursachten, und unser Bewusstsein von ihnen zurückgezogen.

Wenn zum Beispiel unser Bedürfnis nach Liebe kontinuierlich frustriert war, wurde es zu schmerzhaft, dieses Bedürfnis zu fühlen. Wenn also das Bedürfnis aufkam, haben wir gelernt, uns dagegen und gegen den damit verbundenen Schmerz zusammenzuziehen und sie aus der Bewusstheit auszuschließen. Im späteren Leben wird sich unser Bedürfnis nach Liebe immer noch überwältigend anfühlen, wann immer es sich meldet, und deshalb werden wir weiter gegen es kontrahieren. Auf diese Weise werden wir behindert und unfähig, in Bereichen unseres Lebens zu funktionieren, die Gefühle hervorrufen, die zu tolerieren wir nie gelernt haben. Die Abwendung von diesem primären Schmerz erzeugt eine zweite, andauernde Ebene des Leidens: Leben in einem Zustand der Kontraktion und eingeengter Bewusstheit.

Erzeugen einer Identität, die auf Kontraktion beruht

Mit der Zeit bilden diese Kontraktionen den Kern eines Gesamtstils von Vermeidung und Verleugnung. Wir entwickeln eine ganze Identität oder Sichtweise von uns selbst, die darauf beruht, schmerzhafte Aspekte unserer Erfahrung abzulehnen. Wenn wir zum Beispiel nicht mit Wut umgehen können, versuchen wir vielleicht stattdessen „ein netter Mensch" zu werden. So eine Identität ist immer einseitig oder schief und spiegelt niemals die Gesamtheit unserer Erfahrung, das Ganze dessen, was wir sind. Es beruht auf Habenwollen und Identifizieren mit Aspekten unserer Erfahrung, die wir mögen, und Ablehnung solcher, die wir nicht mögen.

Weil solche Identitäten nicht wirklich das sind, was wir sind, verlangen sie, dass man sie ständig aufrechterhält. Wir müssen sie ständig abstützen und gegen Angriffe der Realität verteidigen, die sie zu untergraben drohen. Es ist so, als versuchten wir, einen schwachen Damm oder Deich gegen einen ruhelosen Ozean zu halten, der ständig dagegen anbrandet. Das Leben ist wie der Ozean, der unablässig versucht, unsere engen Selbstkonzepte oder Selbstbilder abzutragen, die seine Bewegungsfreiheit beeinträchtigen. Das ständige Bedürfnis, unsere Erfahrung zu beobachten oder zu kontrollieren, um etwas abzuwehren, was unsere Identität bedrohen könnte, erzeugt eine dritte Ebene von Leiden: einen andauernden Zustand von Spannung, Angst und Stress.

So besteht unsere psychische Not aus mindestens drei Elementen: dem Grundschmerz der Gefühle, die überwältigend zu sein scheinen; dem Kontrahieren von Psyche und Körper, um zu vermeiden, diesen Schmerz zu fühlen; und dem Stress, kontinuierlich eine Identität abstützen und verteidigen zu müssen, die auf diesem Vermeiden und dieser Verleugnung beruht.

Eine der wichtigsten Weisen, wie wir versuchen, unsere Identität zusammenzuhalten, besteht darin, dass wir ein ausgeklügeltes Gewebe von Rationalisierungen entwickeln – *Geschichten* darüber, wie wir sind oder wie die Realität ist –, um zu rechtfertigen, wie wir verleugnen und vermeiden. Eine Geschichte in diesem Sinn ist eine mentale Interpretation unserer Erfahrung, eine Weise, unsere Überzeugungen zu einer Gesamtsicht der Realität zu organisieren. Solche Geschichten sind nicht immer ganz bewusst. Oft sind sie mehr wie Träume, die aus unterbewussten Phantasien und Erwartungen bestehen.

Zum Beispiel hatte eine Frau, deren Vater in der Kindheit sehr distanziert gewesen war, Schwierigkeiten damit, ihr Bedürfnis nach emotionalem Kontakt anzuerkennen. Sie rechtfertigte ihre Ablehnung dieses Bedürfnisses durch eine Geschichte, die sie sich selbst erzählte: „Männer sind emotional nicht erreichbar. Da man ihnen nie trauen kann, wäre es dumm, jemals zuzulassen, einen Mann zu brauchen." Wenn diese Frau in einer Beziehung war, kontrahierte sie gegen ihr eigenes Bedürfnis und hielt sich zurück, weil sie niemals wieder in einer so verletzlichen Position sein wollte. Als Ergebnis verließen Männer sie immer wieder, weil sie keine reale Verbindung mit ihr fühlen konnten. Und dies verstärkte ihre Geschichte: „Man kann sich nie darauf verlassen, dass Männer da sind."

So funktionieren Geschichten – sie werden zu „selffulfilling prophecies". Eine Geschichte erzeugt eine Realität, die ihrerseits die Geschichte bestätigt. So schließen wir uns immer mehr in ein falsches Selbst und eine entstellte Sicht der Realität ein.

Warum verwenden wir so viel Energie darauf, ein falsches Selbst aufrechtzuerhalten, das uns von unserem größeren Sein abhält? Unser Selbstkonzept bleibt trotz allen Schmerzes, den es verursacht, in Kraft, weil es für ein Gefühl sorgt, dass „dies das ist, wer ich bin". Auch wenn dieses falsche Selbst innere Teilung und Not erzeugt, sorgt es doch wenigstens für eine Illusion der Stabilität und Dauer in der Ungewissheit und im Fluss der Existenz. Auch wenn Ihre Geschichte lautet: „Ich bin nichts, ich bin niemand", ist wenigstens *dies etwas*. Sie wissen, wer Sie sind, und dies verschafft Ihnen ein Gefühl von Trost und Sicherheit.

Bedingungslose Präsenz und Heilen

Wenn wir uns *vollständig* mit diesem falschen Selbst identifizieren könnten, würde es uns keine Not bereiten – es wäre bloß das, wer wir sind. Der Schmerz, den es verursacht, entsteht aus etwas Tieferem in uns, das sich durch diese Identität eingeengt fühlt und leidet, wenn wir nicht voll leben. Diese tiefere Intelligenz in uns empfindet den Schmerz, in einem Gewebe von Geschichten und Überzeugungen, Skripten und Verhaltensweisen gefangen zu sein, die uns von unserer wahren Natur und unserem Potential abschneiden. Wir leiden, wenn wir die Möglichkeiten nicht verwirklichen, uns immer mehr auszudehnen, die unser Geburtsrecht sind.

Der erste und schwierigste Schritt beim Heilen besteht darin, diese Wunde freizulegen – unsere Getrenntheit von unserem größeren Sein und das Leiden, das sie erzeugt. *In diesem Schmerz liegt unsere Heilung.* Wenn wir uns von ihm abwenden, ist das nur ein weiteres Glied in der Kette der Kontraktion und Verleugnung, die unsere Krankheit ausmacht. Wenn wir uns dem Schmerz öffnen, bringt er uns aber in direkten Kontakt mit den Aspekten unserer Erfahrung, von denen wir uns abgeschnitten haben oder die wir verleugnen. Der erste Schritt bei der Heilung besteht darin, unsere Krankheit anzuerkennen.

Natürlich ist es oft schwer, uns unseren Schmerz und unsere Getrenntheit fühlen zu lassen. Sobald wir anfangen, das anzuschauen, ist eine Geschichte da, eine ablenkende Überzeugung, ein Gedanke oder eine Phantasie. Sobald wir uns fragen: „Was ist das? Warum geht es mir so schlecht?", schaltet sich unser Denken ein und sagt: „Ich weiß, was es ist. Es ist x oder y. Es ist mein Problem mit meiner Mutter. Es ist mein Minderwertigkeitskomplex. Es ist nichts Ernstes, nichts, für das es sich lohnt, Energie aufzuverwenden. Jeder hat Probleme wie diese, gib ihnen nicht nach." Solche Geschichten sind ein großes Hindernis beim Heilen, weil sie uns von unserer Erfahrung getrennt und in Kontraktion und Ablehnung blockiert halten.

Dies ist der Grund, weshalb es für Psychotherapeuten wichtig ist, Menschen zu helfen, eine essentielle Unterscheidung zu treffen – zwischen ihren Geschichten und ihrer lebendigen Erfahrung. Wenn ich zum Beispiel einen Klienten frage, wie es ihm geht, und er sagt: „Ich fühle mich dumm", würde ich antworten: „Das ist kein Gefühl. Sie *fühlen* sich nicht dumm – das ist eine Geschichte, die sie sich über sich erzählen. Was ist das wirkliche Gefühl?" Dann sagt er vielleicht: „Also, ich fühle mich wacklig und habe Angst, wenn ich zu sagen versuche, was ich denke." *Das* ist ein Gefühl.

Um wirksam zu sein, müssen Therapeuten oder Heiler ständig ihre eigenen Geschichten so wie die Geschichten ihrer Klienten auf das hin sichten, was passiert. Dies ist möglicherweise gar nicht so einfach. Therapeuten denken gerne, dass sie wissen, was mit Menschen los ist. Sie sind Profis, sie sind jahrelang ausgebildet worden, sie haben all dieses Wissen von Psychodynamik. Aber wenn sie wirklich mit jemandem arbeiten, hat dieses Wissen an sich noch keine heilende Kraft. Es kann nützlich und hilfreich sein. Aber Wissen und Können eines Therapeuten können von Klienten leicht als eine andere Form von Ablehnung erlebt werden. Die einzige Möglichkeit, Heilung zu fördern, besteht darin, den Zustand der Ablehnung, der die Krankheit überhaupt erst hervorgerufen hat, rückgängig zu machen.

Da der Zustand, die Bedingungen, die unsere Krankheit hervorgerufen haben, eine fixierte, einseitige, beschränkte Sicht unserer Erfahrung ist, können wir Heilung nicht allein dadurch fördern, dass wir eine andere Sicht annehmen. Es kann eine bessere Sicht sein, es kann eine wunderbare Sicht sein, es kann die tollste Sicht der Realität der Welt sein, aber sie wird nicht heilend sein, wenn sie nur aus einer Reihe anderer Überzeugungen und Haltungen besteht. Es wird nur ein anderer Rahmen sein, der einen Aspekt der Erfahrung ausblendet, eine andere Schachtel oder Schublade, aus der wir schließlich herauswachsen müssen.

Statt größere oder einfallsreichere oder originellere Schubladen zu bauen, müssen wir das Gegenmittel gegen alle unsere einseitigen Sichtweisen der Realität entwickeln: *präsent mit unserer Erfahrung sein, wie sie ist.* Dies ist *bedingungslose Erfahrung.* Wir könnten sie auch *Anfängergeist* nennen. Suzuki Rôshi sagt: „Beim Anfängergeist gibt es viele Möglichkeiten, im Denken des Experten gibt es nur wenige." Wir sind darin, wie wir wir selbst sind, alle zu Experten geworden, und dabei haben wir unsere Fähigkeit verloren, mit einem frischen, offenen Geist bei unserer Erfahrung präsent zu sein.

Auch wenn Therapeuten sich oft für Experten in Menschenkenntnis halten, ist die Wahrheit, dass es im Bereich menschlicher Erfahrung keine Experten gibt. Das ist so, weil menschliche Erfahrung ihrem Wesen nach unbegrenzt und offen ist – menschliche Erfahrung kommt eben nicht aus Schubladen. Wenn man Experte ist, beruht das Fachwissen auf dem, was man weiß, und was man weiß, besteht aus einer Reihe von Schubladen, einer Sammlung von Konzepten, Begriffen, Erinnerungen, Überzeugungen und Ideen über Realität – nicht der Realität selbst.

Im Gegensatz dazu ist Anfängergeist eine Bereitschaft, allem, was auftaucht, frisch zu begegnen, ohne eine feste Vorstellung über das festzuhalten, was es bedeutet oder wie es sich entfalten sollte. Als mächtiger Zustand der Offenheit, der durch alte Vorurteile und Überzeugungen schneiden kann, lässt er uns Dinge frisch sehen und neue Richtungen finden. Was könnte einfacher sein als das? Und doch, was könnte schwieriger sein?

Wenn ich Sie frage: „Wie fühlen Sie sich in diesem Moment? Was geht in Ihnen vor sich?" und Sie dann in sich hineinschauen, würde die aufrichtigste erste Antwort wahrscheinlich lauten: „Ich weiß es nicht." Wenn Sie sofort wissen, was in Ihnen vor sich geht, ist das wahrscheinlich nur ein Gedanke – Ihr Denken, das auf eine vertraute Insel auf dem größeren Meer des Unbekannten springt. Lassen Sie das los und bleiben Sie einfach bei der Frage.

Wenn Sie in sich hineinschauen, finden Sie vielleicht kein einzelnes Ding, das Sie festhalten oder an das Sie sich halten können, nichts, das leicht in eine begriffliche Schublade passt. Tatsächlich ist die Totalität unserer gegenwärtigen Erfahrung viel größer und reicher als alles, was wir zu irgendeinem Zeitpunkt darüber wissen oder sagen können. Um an die heilende Kraft in uns anschließen und sie nutzen zu können, müssen wir uns zuerst *nicht wissen* lassen, damit wir jenseits all unserer vertrauten Gedanken mit der frischen, lebendigen Textur unserer Erfahrung in Kontakt kommen können. Wenn wir dann ausdrücken, was wir fühlen, haben unsere Worte wirkliche Kraft.

Der therapeutische Dialog ist wie jede intime Begegnung von zwei Menschen voller Geheimnis, Überraschung und unvorhersehbarer Wendungen. Daher sind große Therapeuten wahrscheinlich mehr an dem interessiert, was sie über ihre Klienten nicht wissen, als was sie wissen. Wenn Therapeuten vor allem von Wissen aus arbeiten, sind sie wahrscheinlich eher manipulativ, als dass sie authentische Präsenz verkörpern. Wenn man sich selbst nicht wissen lässt, was man als Nächstes tun soll, lädt man damit eine tiefere Qualität von Stille und Aufmerksamkeit in die Arbeit ein.

Bei der Supervision von Therapeuten habe ich die Erfahrung gemacht, dass sie oft eine übermäßige Angst vor diesen Momenten der Ungewissheit und Unsicherheit haben. Die therapeutische Ausbildung lehrt Menschen selten, angesichts des Unbekannten offen und wach zu bleiben. Wenn

Therapeuten also nicht wissen, was sie als Nächstes tun oder sagen sollen, fühlen sie sich gewöhnlich mangelhaft. Und sie suchen in ihrer Trickkiste herum oder lenken die Aufmerksamkeit des Klienten schnell auf sichereren oder vertrauteren Boden – und lassen damit die kreative Zone des gegenwärtigen Moments weit zurück.

Wie können wir dann daran gehen, bei unserer Erfahrung präsent zu sein? Eigentlich kommt es andauernd zu dieser tieferen Präsenz des Hintergrundes unseres Seins, auch wenn wir es gewöhnlich nicht erkennen. Was wir stattdessen merken, sind die Inseln im Strom des Bewusstseins – die Inseln sind in diesem Fall unsere Gedanken, die Stellen, wo unser geschäftiges Denken von Moment zu Moment landet. Wir bemerken nur, wo unser Denken landet, nicht die Zwischenräume, durch die der Verstand sich wie ein Vogel im Flug bewegt. Wir bemerken nicht die Lücken zwischen unseren Gedanken, auch wenn es sie andauernd gibt. Wenn ich sehr langsam spreche, werden …Sie … anfangen, … die… Räume … zwischen … den … Worten … zu … bemerken.

Was passiert in diesen Lücken? Gewöhnlich beachten wir sie nicht, weil wir zu beschäftigt damit sind, die Stränge unseres Denkens zu dem vertrauten Gewebe unserer Ichidentität zusammenzuweben. Aus der Sicht des Egos machen diese Lücken Angst, sie bedeuten Abwesenheit von Kontrolle. Doch diese Lücken sind Eingangspunkte in eine stille, nichtkonzeptuelle Bewusstheit, die immer da ist und aus sich selbst existiert. Wenn wir uns in dieser Bewusstheit niederlassen, wird sie zu bedingungsloser Präsenz – indem sie einfach bei dem ist, was ist, offen und interessiert, ohne Plan. Wenn wir uns also freundlich, nichtreaktiv und gelassen gegenüber unserer Erfahrung verhalten, öffnen wir uns dem Annehmen unserer größeren, bedingungslosen Natur. Und hier – wenn sich der Funke unserer einfach gegebenen fundamentalen Gesundheit offenbart, wie eine Lotosblüte, die sich aus dem Dreck der Neurose und der Verwirrung erhebt – findet die Heilung unseres konditionierten Selbst statt.

Wir müssen also bedingungslose Präsenz nicht herstellen; im Grunde können wir das nicht, weil sie schon da ist, wie die Sonne hinter den Wolken unseres beschäftigten Denkens. Dies ist die große Entdeckung der meditativen Traditionen, die Tausende von Jahren zurückreichen. Reine Bewusstheit ist direktes, nicht gemachtes oder hergestelltes Wissen, klar und flüssig wie Wasser. Obwohl wir in diesem Meer reiner Bewusstheit schwimmen, springt unser geschäftiger Verstand ständig von Insel zu Insel, von Gedanke zu Gedanke, springt über und durch diese Bewusstheit hindurch, die ihr Boden ist, ohne da jemals zur Ruhe zu kommen. Inzwischen wirkt unsere bedingungslose Bewusstheit still im Hintergrund, gleich, was unser geschäftiges Denken tut. Jeder hat zu ihr Zugang. Sie ist unsere intimste Realität, so nahe, dass sie oft schwer zu sehen ist.

Natürlich versucht unsere konditionierte Persönlichkeit oft, wann immer wir uns in eine größere Präsenz öffnen, vor dieser Erfahrung zu fliehen oder sie zu fassen und in eine vertraute Schublade zu tun. Obwohl wir uns zum Beispiel vielleicht auf eine wunderbare neue Weise mit jemandem, den wir lieben, öffnen, kann dies auch Angst machen, deshalb tun wir schnell etwas, um die Energie abzuschalten. Im einen Moment sind wir vielleicht ganz präsent bei einer Musik und im nächsten Moment sind wir abgelenkt. Oder wir versuchen, diesen Moment wieder zu fassen zu bekommen – was eine andere Weise ist, Präsenz abzuschalten. Statt zu versuchen, nicht abzuschalten, ist alles, was wir tun können, sehen, wie wir dies immer wieder machen, und bewusst wahrnehmen, wie es sich auf uns auswirkt. Der Schlüssel zum Aufwachen besteht darin, Bewusstsein zu unserem Mangel an Bewusstheit zu bringen und bei unserem Mangel an Präsenz präsent zu sein.

Therapeuten verschließen die Erfahrung ihrer Klienten oft unbemerkt, indem auch sie sie in vertraute Schubladen von Interpretationen tun. Wenn ein Klient anfängt, sich in den umfassenderen Raum des Seins zu öffnen, kann er, wenn der Therapeut diese Öffnung nicht ihren eigenen Lauf nehmen lassen kann oder sie auf eine konventionelle Weise interpretiert, schnell in seine alte, vertraute Identität zurückfallen. Oder ein Klient öffnet ein Gefühl, gegen dessen Erfahrung der Therapeut einen Widerstand hat. Dies ist die Stelle, wo Therapeuten auch bereit sein müssen, bei ihren eigenen rohen Kanten zu bleiben, sonst ziehen sie sich zurück, bieten eine schnelle Lösung an oder versuchen, Klienten in eine andere Richtung zu lenken, wenn sie diese empfindlichen Bereiche aktivieren.

Die mächtigsten Heiler und Lehrer sind diejenigen, die authentische Präsenz vorleben und sie in ihre Arbeit einbringen können. Wenn man einen anderen Menschen dazu einlädt und ihm ermöglicht, seine Erfahrung zu haben, wie sie ist, ist das vielleicht das größte Geschenk, das man machen kann. Aber obwohl offene Präsenz natürlich und spontan ist, verlangt die Fähigkeit, sie inmitten der Ablenkungen der Psyche zu erkennen und zu erhalten, Training und Übung. Leider besteht die berufliche psychologische Ausbildung zum größten Teil aus Vermittlung von Wissen und Informationen. Das Wichtigste – die Fähigkeit, der Erfahrung, wie sie ist, eine Qualität unvoreingenommener Präsenz entgegenzubringen – wird kaum auch nur erwähnt.

Das ist der Grund, weshalb Meditation für Therapeuten und Heiler so ein nützliches Training ist. Sie lehrt uns, bei unserer eigenen Erfahrung zu sein, wie sie ist, und uns mit den Lücken, wo unsere Identität nicht existiert, anzufreunden. Wir entdecken, dass es uns nicht umbringt, wenn wir unsere vertraute Identität loslassen. Wir machen die Erfahrung, dass Schmerz und Angst nur dann starr und überwältigend werden, wenn wir uns gegen sie kontrahieren. Wir sehen, dass keine inneren Zustände endgültig sind. Sie werden nur dann fixiert, wenn wir Geschichten darüber erfinden, was sie bedeuten. Wir lernen, dem Unbekannten als Führer zu dem zu vertrauen, was im Moment am frischesten und lebendigsten ist. Mit diesem Zutrauen können Therapeuten anfangen, ihr Wissen loszulassen und von der frischen Kante des Moments spontan das auftauchen zu lassen, was nötig ist, um anderen zu helfen.

Bedingungslose Präsenz fördert Heilen, indem sie uns erlaubt, die Art und Weise zu *sehen*, wie wir kontrahiert sind, und ihre Wirkung auf unseren Körper und unsere Beziehungen mit der Welt zu *fühlen*. Es ist nicht genug, einfach nur zu sehen, nicht genug, einfach nur zu fühlen. Wir müssen *sowohl* sehen *als auch* fühlen. Natürlich kann es Monate oder Jahre brauchen, mit Bewusstheit ein Muster klar zu sehen, zu fühlen und zu durchdringen, in dem wir blockiert sind. Wenn das Muster weniger fest und transparenter wird, öffnen sich Lücken in ihm, und diese Lücken werden zu Eingängen, die uns erlauben, tiefere Ressourcen zu nutzen, die das Muster bisher blockiert hatte.

Wenn wir zum Beispiel Angst aus unserem Bewusstsein ausgeschlossen haben, bleibt sie tief im Inneren unseres Körpers erstarrt und zeigt sich als Angst, Spannung, Sorge und Unsicherheit im Hintergrund. Wenn wir schließlich unsere ganze Aufmerksamkeit zu der Angst bringen und sie fühlen und uns ihr öffnen, kommt unser größeres Sein mit der Angst in Kontakt, vielleicht zum ersten Mal. Wenn dies geschieht, beginnt sich die Angst zu lockern; sie kann in der Umarmung unserer vollen, liebevollen Präsenz nicht so eng kontrahiert bleiben. Wenn die Angst sich lockert, kann es sein, dass wir auch Zugang zu unserem Mitgefühl bekommen, dem Gegenmittel, das unserer Angst erlauben könnte, sich sogar noch weiter zu entspannen. Natürlich kann es sein, dass wir tieferen, älteren Mustern, die uns seit unserer Kindheit begleiten, viele Male so begegnen müssen, bevor sie sich ganz entspannen oder transformieren.

Wenn Kinder Schmerz haben, brauchen sie am meisten diese Art Präsenz, mehr als Pflaster oder Trost. Sie möchten wissen, dass wir in dem, was sie durchmachen, wirklich bei ihnen sind. Das ist das, was unsere verwundeten Stellen auch von uns am meisten brauchen – einfach bei ihnen und da zu sein. Sie brauchen uns nicht dafür, dass wir sagen: „Es wird jeden Tag besser." Die volle Präsenz unseres Seins ist an sich und durch sich heilend.

Wenn man versuchen würde, ein Problem zu lösen, ohne ganz präsent bei ihm zu sein, wäre das so, als würde man Medikamente benutzen, um einen Zustand der Gesundheit herzustellen. Auch wenn Medikamente Symptome lindern können, bewirkt Symptomerleichterung nicht Gesundheit. Was den Organismus gesund erhält, sind das Immunsystem und die vitalen Ressourcen des Körpers. Wenn die nicht aktiviert werden, wird kein Maß an Symptomerleichterung uns je gesund erhalten. Deshalb können bestimmte therapeutische Techniken Symptome erleichtern, ohne wirkliche Heilung zu fördern.

Eine „Lösung" suchen kann nicht zu echter Heilung führen, weil sie uns in derselben inneren Haltung hält – dass wir wollen, dass unsere Erfahrung anders ist, als sie ist –, die unsere Krankheit überhaupt erst erzeugt hat. Unsere natürlichen Ressourcen zur Heilung werden nur dann mobilisiert, wenn wir die Wahrheit sehen und fühlen – das unsägliche Leiden, das wir uns selbst und anderen bereiten, indem wir unsere Erfahrung ablehnen und damit unsere Fähigkeit abschalten, ganz präsent zu sein. Wenn wir dies erkennen, beginnt unsere Krankheit, zu bewusstem Leiden zu werden. Wenn unser Leiden bewusster wird, beginnt es, unser Verlangen und unseren Willen zu wecken, auf eine neue Weise zu leben.

Echtes Mitgefühl

Wenn wir uns für unsere Erfahrung des Lebens öffnen, wie es ist, machen wir oft die Erfahrung, dass es nicht unsere Erwartungen erfüllt, wie es sein sollte. Vielleicht passen wir nicht zu dem Bild in unserem Kopf, wer wir sein sollten. Vielleicht entsprechen die, die wir lieben, nicht unseren Idealen. Oder wir finden den Zustand der Welt entmutigend oder sogar schockierend. Die Realität bricht ständig unser Herz auf, indem wir nicht so leben, wie wir sie gerne hätten.

Wenn wir uns auch für unser „aufgebrochenes Herz" öffnen können, hat es eine bittersüße Qualität. Die Realität passt nie wirklich zu den Hoffnungen, die uns am Herzen liegen – das ist der bittere Geschmack. Die Süße besteht darin, dass wir eine süße, rohe Zärtlichkeit uns und der fragilen, vergänglichen Schönheit des Lebens als Ganzem gegenüber entdecken, wenn die Realität unser Herz aufbricht.

Dies ist der Anfang wirklichen Mitgefühls mit uns selbst und mit anderen – wegen der Schwierigkeiten, denen wir in unserem Leben gegenüberstehen. Eine Freundin, die an Krebs starb, versuchte jede nur mögliche Behandlung, die sie finden konnte. Keine half. Zuerst machte sie sich Vorwürfe, aber schließlich erkannte sie, dass die größte Heilung nicht in der Heilung des Krebses bestand, sondern darin, mit ihm ins Reine zu kommen. Wir müssen alle unsere Trennung von der Realität und unseren Kampf mit ihr heilen. Die ganze Welt braucht das.

Die größten Schwierigkeiten, denen wir gegenüberstehen, bieten daher auch die besten Gelegenheiten, bedingungslose Präsenz zu üben. Besonders hilfreich bei dieser Übung ist es, immer wieder zu erkennen, dass unsere Erfahrung nicht so unveränderlich und fest ist, wie wir denken. Eigentlich ist nichts das, wofür wir es halten. Meditation hilft uns, dies zu erkennen, indem sie uns die Lücken oder offenen Räume in unserer Erfahrung bemerken und mit ihnen umgehen lässt, aus denen echte Klarheit und Weisheit entstehen.

Wenn wir diesen Ansatz nehmen, können unsere alten Wunden aus der Vergangenheit verborgene Schätze offenbaren. An den Stellen, wo wir kontrahiert und von unserer Erfahrung abgewandt sind, können wir anfangen, echte Qualitäten unseres Seins aufzudecken, die lange verhüllt waren. In den schmerzhaftesten Ecken unserer Erfahrung wartet immer etwas Lebendiges darauf, aufzutauchen. Gleich, welchen Schmerz oder welches Problem wir auch haben, wenn sie uns helfen, eine Qualität von Präsenz zu finden – wo wir uns ihnen öffnen, sie sehen, sie fühlen, sie annehmen und die Wahrheit finden können, die in ihnen verborgen ist –, ist *das* unsere Heilung.

10 Verletzlichkeit, Kraft und die heilende Beziehung

Es gibt eine zentrale menschliche Erfahrung, die uns bis in die Wurzeln erschüttert und der sich jeder schließlich stellen muss. Niemand möchte sie anerkennen oder spricht gerne darüber. Deshalb versuchen wir gewöhnlich, sie zu ignorieren, indem wir uns selbst in gewohnte Routinen einhüllen, um ihr nicht begegnen zu müssen. Da es keinen schon vorhandenen Begriff für diese Erfahrung gibt, nenne ich sie *den Moment des Zusammenbruchs der Welt*. Diese Erfahrung, dass der Boden unter einem wegfällt, gehört zum Kern der existentialistischen wie auch der buddhistischen Traditionen. Für den Existentialismus ist sie eine Quelle existentieller Angst, während sie für den Buddhismus der Anfang eines Weges ist, der zu Erleuchtung, Erwachen oder Befreiung führt.

Zum Zusammenbruch der Welt kommt es, wenn die Stützen, die unserem Leben Halt gegeben haben, unerwartet nachgeben. Plötzlich scheint es dem Sinn, den unser Leben bis dahin hatte, an Gewicht und Substanz zu mangeln, und er nährt uns nicht mehr, wie er das einmal getan hat. Bis dahin waren wir vielleicht von Träumen von Erfolg, Leistung, Reichtum oder einfach von einem Wunsch, geliebt zu werden oder unsere Familie zu versorgen, motiviert. Jetzt fragen wir uns plötzlich, warum wir all dies tun und worum es bei all dem geht. Wir suchen vielleicht vergeblich nach einem absoluten, unabweisbaren Grund von all dem, einen unerschütterlichen Boden, doch alles, was uns bleibt, ist die Beliebigkeit von allem und unsere hoffnungslosen Versuche, etwas Festes und Sicheres zu fassen zu bekommen.

Zugleich fühlen wir uns wie wund und wacklig, wenn unsere alten Strukturen wegfallen und wir nichts haben, was sie ersetzen könnte. Doch die Zartheit und Nacktheit, die wir hier entdecken, sind essentielle Qualitäten des Menschseins – die wir gewöhnlich zu verdecken und zu verbergen suchen. Wenn die Stützen unserer Identität nachzugeben beginnen, begegnen wir unserer *grundlegenden Verletzlichkeit*. Die Art Verletzlichkeit, die die Momente des Zusammenbruchs der Welt begleitet, ist eine, die ich durch ausgedehnte Meditationspraxis ziemlich gut kennengelernt habe. Mir als in der existentialistischen Methode ausgebildetem Therapeuten, der viele Jahre auch Meditation praktiziert hat, ist klar, dass wir weder Therapie noch Meditation noch wie sie uns helfen, Zugang zu tieferen Qualitäten unserer Natur zu bekommen, ganz wertschätzen können, ohne die zentrale Wichtigkeit des Zusammenbruchs der Welt und unserer fundamentalen Verletzlichkeit zu berücksichtigen.

Existentialistischer Heroismus

In der existentialistischen Tradition nennt man das Gefühl, das die Augenblicke des Zusammenbruchs der Welt begleitet, *existentielle Angst* oder, in Kierkegaards Worten *Angst*. Existentialisten betrachten diese Art Angst als ontologisch, das heißt als eine Reaktion auf den möglichen *Verlust des Seins*. Wenn wir die fundamentale Bodenlosigkeit all unserer endlichen Projekte wahrnehmen, ist unsere ganze Empfindung davon, wer wir sind, in Frage gestellt. Diese Art Angst taucht aus der Natur menschlicher Existenz auf und ist intim mit ihr verbunden. Sinn, Ziel, Unterstützung, Orientierung, Stabilität, Zusammenhang – nichts davon ist so vorgegeben, dass wir uns darauf sicher verlassen können. Da unser Denken sie erzeugt, können wir sie ebenso leicht durchschauen oder uns plötzlich unfähig finden, uns auf sie zu verlassen. Die Angst vor der Begegnung mit dem Tod ist vielleicht das dramatischste Beispiel für diesen Verlust von vertrauten Unterstützungen und Bezugspunkten.

Die existentielle Psychologie macht eine Unterscheidung zwischen dieser Art ontologischer Angst und gewöhnlicher neurotischer Angst – aufgrund von Bedrohungen unseres Selbstwertgefühls, unserer Lust oder unserer Sicherheit. Gewöhnliche Angst ist oft eine Nebelwand, die uns erlaubt, uns von der angstmachenden Bodenlosigkeit abzulenken, die dem Leben zugrunde liegt. Wenn man sich zum Beispiel darum Sorgen macht, was Leute von uns denken oder darüber, ob wir beruflich vorankommen, hält uns das davon ab, uns der tieferen existentiellen Angst davor, dass unser ganzer Boden unter uns nachgibt, stellen zu müssen. Wir scheinen oft in unsere Neurose verliebt zu sein, weil sie uns wenigstens beschäftigt und uns etwas gibt, woran wir uns festhalten können. Sie gibt uns ein Gefühl von uns selbst – anders als jene Momente des Zusammenbruchs der Welt, wenn überhaupt nichts da zu sein scheint.

In der existentialistischen Tradition entstanden Sartres Auffassung vom Ekel, Camus' Untersuchung des Selbstmords, Kierkegaards Entfremdung von konventionellen, rationalen, philosophischen und religiösen Strukturen und Nietzsches Versuch, neue Werte zu erschaffen, die auf Leben statt auf der Angst beruhen, auf der Grundlage einer scharfen Wahrnehmung, dass die alten Strukturen von Sinn, die das Leben der Menschen früher leiteten und unterstützten, nicht mehr funktionierten. Es gab keinen klaren, absoluten Grund menschlichen Lebens mehr, mit Nietzsches Worten: „Gott ist tot". Der Existentialismus entwickelte sich aus diesem Verlust eines absoluten, unerschütterlichen Grundes, der das Leben von Menschen rechtfertigt. Er suchte eine Möglichkeit, Sinn aus der eigenen individuellen Existenz eines Menschen zu *erschaffen*. Die einzige authentische Quelle von Sinn wären unsere individuelle Überzeugung, unser Handeln und unsere Entscheidung.

Das menschliche Leben nahm so für die Existentialisten, die ihren eigenen Sinn in einer sinnlosen Welt zu finden und zu erschaffen versuchten, eine heroische Dimension an. Ein Archetyp dieser heroischen Anstrengung war der Mythos von Sisyphus, wie Camus ihn verstand. Obwohl der Felsbrocken immer wieder den Hügel zurückrollt, wälzt

Sisyphus in ihn immer wieder hinauf und findet in seinem Willen und in seiner Entschlossenheit heroischen Sinn.

Aus dieser Perspektive ist existentielle Angst vorgegeben. Es gibt keine Möglichkeit, die Empfindung von Bodenlosigkeit und Furcht endgültig zu überwinden, denn es kann nie eine Garantie dafür geben, dass der persönliche Sinn, den man für sich erschafft oder findet, sehr lange Bestand haben wird, besonders angesichts des immer drohenden Todes. Was heute sinnvoll ist, ist nicht notwendigerweise morgen sinnvoll, und was während des ganzen Lebens sinnvoll war, bedeutet einem in dem Moment, in dem man stirbt, vielleicht nicht viel. Es kann sein, dass man im Augenblick des Todes zurückschaut und sich fragt: „Was habe ich mit meinem Leben gemacht, was wirklich zählt?" Da ein Sinn, den man selbst erzeugt hat, einem keinen absoluten Sinn verschaffen kann, ist *Angst* unvermeidlich.

Bevor wir untersuchen, welche Rolle der Zusammenbruch der Welt und die grundlegende Verletzlichkeit bei psychischer Heilung spielen, möchte ich den Übergang beschreiben, den ich durchgemacht habe, als ich von der existentialistischen Perspektive – dem heroischen Versuch, meinen eigenen Sinn zu erschaffen – zu einer mehr vom Buddhismus inspirierten Sicht gelangte. Während der frühen 60er Jahre lebte und studierte ich in Paris – in einem Alter zwischen zwanzig und dreißig und zu einer Zeit, als ich stark von den Existentialisten beeinflusst war. Dies war zu der Zeit der Ort, wo man den existentialistischen Geschmack der Zeit aufnehmen konnte. Die Existentialisten waren meine persönlichen Helden, weil die Welt, in der ich aufgewachsen war, mir nicht viel Sinn ergab. Dies waren Menschen, die wenigstens versuchten, für sich und die Welt ein neues Gefühl von Sinn zu finden. So saß ich also in den Cafés, die Sartre besuchte, und ich streifte durch die Straßen, über die Rilke geschrieben hatte. Sogar die Steine, die Straßen und die Mauern in Paris hatten für mich eine bestimmte existentielle Aura. Ich ging über die Brücken, von denen ich mir vorstellte, dass sie es waren, von denen Camus sich hatte in die Seine stürzen wollen. Es war wunderbar romantisch und schmerzhaft zugleich. Doch ich war verzweifelt, weil ich es nicht wirklich befriedigend fand, nur die Absurdität der Welt anzuerkennen und von da aus heroisch weiterzukämpfen.

Als ich zu fühlen anfing, dass ich den Felsbrocken ein paarmal zu oft den Hügel hinaufgerollt hatte, begegnete ich glücklicherweise dem Zen, der mir einen Weg aus der existentiellen Sackgasse zeigte. Das wirkliche Problem war nicht, dass die menschliche Existenz absurd war oder dass es keine absolute Basis für ein sinnvolles Leben gab. Das Grundproblem lag vielmehr in der Natur des Selbst, das wir erzeugen und das wir zu sein glauben. Mit anderen Worten, ich erkannte, dass nicht das Leben das Problem, sondern eher, dass „Ich" das Problem war. Mit dieser Erkenntnis machte für mich alles auf eine ganz neue Weise Sinn. Angst, Sinnlosigkeit und Verzweiflung mussten nicht verleugnet werden, sondern konnten zu einem Zugang zu etwas Tieferem werden.

Leere und das hergestellte Selbst

Der Existentialismus versucht die Leere, die sich in Momenten des Zusammenbruchs einer Welt öffnet, mit dem heroischen Versuch zu füllen, eine eigene authentische Antwort auf die Realität herzustellen. Im Gegensatz dazu versucht der Buddhismus überhaupt nicht, diese Leere zu füllen, sondern sorgt eher für eine Weise, tiefer in sie einzudringen. Als ich die Geschichten über die Zenmeister las, sah es so aus, als hätten sie eine Weise gefunden, sich an dieser Leere wirklich zu freuen und sie sogar zu feiern. Dies führte zu einer radikalen Veränderung meiner Perspektive. Im Kontext des Buddhismus konnte ich die Verzweiflung des Zusammenbruchs der Welt als einen Moment auf einer größeren Reise der Transformation sehen, und nicht als einen endgültigen oder eigentlichen, letzten Zustand.

Wie der Existentialismus entwickelte der Buddhismus eine Antwort auf die Erfahrung des Zusammenbruchs der Welt. Der Buddha selbst war als indischer Prinz in eine Welt kohärenter sozialer Traditionen und Bedeutungen geboren worden. Sein Leben war von seinem Vater und seiner sozialen Kaste für ihn vorprogrammiert gewesen. Obwohl er das Königreich seines Vaters erben sollte, machte er die Erfahrung, dass sein Leben von vier Momenten des Zusammenbruchs der Welt permanent verändert wurde – als er einen alten Menschen, einen kranken Menschen, einen sterbenden Menschen und einen wandernden heiligen Mann sah. Der Schock dieser Begegnungen, die den Sinn untergruben, der sein Leben bis dahin getragen hatte, gab den Anstoß für seine eigene persönliche Suche, um herauszufinden, was wirklich zählt. Nachdem er die verschiedenen asketischen Praktiken seiner Zeit kennengelernt und ausprobiert hatte, beschloss er schließlich, solange still in Meditation zu sitzen, bis er auf den Grund der Dinge gelangt war. Eine seiner Hauptentdeckungen war die zentrale Tatsache, die ich hier hervorheben möchte: die illusorische Natur des konventionellen Selbst. Er sah, dass alle seine Vorstellungen von sich selbst keinen Boden, keine Substanz, keine Stabilität, keine Kontinuität hatten. Im Grunde hielten sie ihn nur davon ab, sich und das Leben unmittelbar und direkt zu erfahren.

Wie auch die westliche Psychologie zeigt, ist das konventionelle Selbst nicht etwas in der Natur der Dinge Gegebenes, sondern eher ein Konstrukt. Wir stellen unsere Vorstellung davon, wer wir sind, aus „Selbstrepräsentanzen" her – aus Bildern von uns, die aus frühen Interaktionen mit unseren Eltern und unserer sozialen Umgebung übernommen und internalisiert wurden. Unser Bewusstsein identifiziert sich schließlich mit verschiedenen Gegenständen des Bewusstseins – mit Vorstellungen von uns selbst und von der Welt, der Arbeit, die wir machen, den Dingen, die wir besitzen, von unserer persönlichen Geschichte, persönlichen Dramen und Leistungen, den intimen Beziehungen, die uns am nächsten sind. Wir halten an allen diesen Dingen fest, weil sie unsere Identität unterstützen und weil sie uns das Gefühl geben, dass wir existieren, dass wir real sind.

Das Wort *Identität* ist von einem lateinischen Wort abgeleitet – idem –, das „dasselbe" bedeutet. Aufrechterhalten einer Identität bedeutet buchstäblich, dass wir versuchen, eine Art von Gleichheit von Tag zu Tag zu etablieren. Unsere Identität ist das, was uns zusammenhält, und wir benutzen sie, um die schreckliche Erfahrung zu vermeiden, dass unsere Welt zusammenbricht. Doch Identifikation ist eine Form falschen Bewusstseins. Unsere hergestellte Identität kann niemals real sein, weil sie darauf beruht, dass wir uns mit Dingen identifizieren, die uns äußerlich sind. Deshalb kann sie niemals wahre Befriedigung oder Sicherheit verschaffen.

Warum müssen wir uns so eng mit Dingen identifizieren, die nicht sind, wer wir sind – mit Überzeugungen, Bildern, Besitz, Verhaltensweisen, sozialem Status? Dies ist die Stelle, an der der Buddha tiefer forschte als die Existentialisten. Durch die Erfahrung der Meditation entdeckte er, dass das Wesen des Bewusstseins eine radikale Offenheit ist, die für das Ganze der Realität weit offen ist.

Natürlich beschrieb auch Sartre das Bewusstsein als Nichts (no-thingness). Doch in seiner Sicht ist der Mensch dazu bestimmt, dies im Vergleich mit der scheinbar festen Felsheit eines Felsens oder der Baumheit eines Baums (was er das *en-soi*, das Ansichsein der Dinge nannte) als einen Mangel zu erleben. Der Baum ist ganz klar einfach das, was er ist. Aber was ist ein Mensch? Mein Vater ist der, der er ist, ein Baum ist, was er ist, doch wer bin ich im Vergleich dazu? Wir möchten dieselbe Festigkeit besitzen, die wir im Anderen wahrzunehmen tendieren. „Sie scheinen kein Problem damit zu haben, zu sein, was sie sind, warum ist es dann für mich so schwer zu sein, was ich bin?"

Doch wenn wir die scheinbare solide Realität des Anderen beneiden, versäumen wir wertzuschätzen, wie unsere Bewusstheit eine Art erhellender Präsenz ist, die Dingen ermöglicht, in den Vordergrund zu treten und als das enthüllt zu werden, was sie sind – in ihrer Soheit. Wir betrachten unsere Weiträumigkeit und Nichtfestigkeit (nonsolidity) als einen Mangel, als etwas, was gefüllt oder festgelegt werden sollte. Doch gerade die Tatsache, dass wir Dinge in uns aufnehmen und uns von ihnen beeinflussen lassen, oder den Anderen überhaupt als fest sehen können, bedeutet, dass wir selbst nicht fest sind, sondern eher leer wie ein Spiegel, offen wie Raum sind.

Hier ist die Stelle, an der Meditation äußerst hilfreich sein kann –indem sie uns hilft, unsere Nichtfestigkeit als eine mächtige Klarheit und Präsenz wertzuschätzen und nicht als schrecklichen Mangel zu sehen. Meditation erlaubt einem, das Denken dabei zu beobachten, wie es versucht, den Strom vorübergehender Gedanken, Gefühle und Wahrnehmungen zu fassen oder sich mit ihnen zu identifizieren, doch damit niemals irgendwohin gelangt. Man versucht weiter, zu einer Schlussfolgerung zu kommen, aber auf jede Position, die das Denken einnimmt, folgt ein paar Momente später eine andere. Man macht die Erfahrung, dass man an nichts festhalten kann. Dies führt zu einer unmittelbaren Erfahrung des Mangels an Festigkeit des Selbst.

Verletzlichkeit, Kraft und die heilende Beziehung

Dies muss jedoch nicht zu existentieller Angst führen. Wenn man anfängt, meditieren zu lernen, merkt man, dass man ständig versucht, etwas mit den Gedanken zu machen – sich mit ihnen zu identifizieren oder Identifikation mit ihnen zu lösen, sie zu bekämpfen oder sie zu lieben, sie zu besitzen oder sich ihrer zu entledigen. Aber wenn man weiter meditiert, merkt man, dass es unmöglich ist, dieses Festhalten und Ablehnen permanent aufrechtzuerhalten. Man entdeckt Momente des Raums zwischen jeder mentalen Fixierung, wo etwas anderes, etwas Unbekanntes passiert, was nicht Festhalten ist. Allmählich macht man die Erfahrung, dass man sich ein wenig in diese Lücken hinein entspannen kann. Wenn man dabei bleibt und weiter sitzt und sich in diese offenen Räume hinein entspannt, entdeckt man den größeren Grund von Bewusstheit und Frieden, in dem das Habenwollen und Festhalten stattfindet – was man den *offenen Grund* unseres Seins nennen könnte. Diese Entdeckung weist auf eine Befreiung hin, die weit jenseits der existentiellen Freiheit liegt, sinnvolle Entscheidungen zu treffen. Es ist der Anfang eines Weges jenseits existentieller Verzweiflung.

Viele von uns erkennen, dass das Leben ein kontinuierlicher Prozess der Bewegung nach vorne ist, und dass es unmöglich ist, sich mit Grazie durch das Leben zu bewegen, wenn wir nicht loslassen können, wo wir schon gewesen sind. Auch wenn wir dies rational vielleicht wissen, ist es dennoch schwer, loszulassen und weiter schmerzhaft, wenn alte Strukturen von sich aus kollabieren, ohne uns erst zu konsultieren. Wenn unsere Identität sozusagen vor unseren Augen bröckelt, ist das besonders schmerzhaft. Aber da das Leben ein kontinuierlicher Fluss ist, bedeutet dies, dass wir darauf vorbereitet sein müssen, eine Reihe von Identitätskrisen durchzumachen. Besonders in dieser Zeit fortgeschrittenen Zukunftsschocks, da der Sinn, der das Leben der Menschen zusammenhält, immer schneller erodiert, kommt es unvermeidlich immer häufiger zu Identitätskrisen.

Meditation ist eine Weise, wie man lernen kann, dies zu akzeptieren und willkommen zu heißen, indem man mit einer Art Anmut loslässt und zerfällt. Beim Sitzen können wir sehen, dass die meisten unserer Gedanken sich um uns selbst drehen; eigentlich versuchen wir so, uns selbst von einem Moment zum nächsten zusammenzuhalten. Wenn wir diese Gedanken nicht mehr verstärken, beginnt das Selbst, das wir versucht haben, in einem schönen, ordentlichen Paket zusammenzuhalten, sich vor unseren Augen aufzulösen. Sobald wir aufhören zu versuchen, es zusammenzukleben, fällt es schnell auseinander. Dies ermöglicht uns zu sehen, wie wir es konstruieren und zu erhalten versuchen und wie dadurch ohne Ende Spannung und Stress verursacht werden.

Die Nichtexistenz einer stabilen, kontinuierlichen Identität ist nicht allein eine Idee des Buddhismus. Man kennt sie auch in der westlichen Tradition, wo sie sich aber aus der philosophischen Analyse und nicht aus meditativer Praxis entwickelt hat. David Hume zum Beispiel hat beobachtet, dass wir immer nur verschiedene Gegenstände des Bewusstseins beobachten können, niemals ein getrenntes Subjekt: „Für meinen Teil stoße ich immer nur auf die eine oder andere besondere Wahrnehmung, wenn ich ganz intim in das eintrete, was ich mich selbst nenne. Ich erwische nie *mich selbst.*"[a] William James meinte, dass das kontinuierliche Selbst ein Glaube ist, der aus der endlosen Folge von Gedanken konstruiert ist, die einander überlappen und in dem Prozess eine Illusion von Besitzerschaft weiterreichen. Dieser Streich, den jeder Gedanke spielt – indem er sofort den Stab aufnimmt, der ihm von dem vorhergehenden verlöschenden Gedanken gereicht wurde, und ihn an den nächsten entstehenden Gedanken weiterreicht –, erzeugt die Illusion eines zentralen Denkers, der über oder hinter dem Bewusstseinsstrom liegt. Auch Sartre erwähnt den illusorischen Charakter des lenkenden, regierenden Egos: „Alles geschieht, als wäre das Bewusstsein von diesem Ego hypnotisiert, das es etabliert hat, das es konstruiert hat, und würde in ihm absorbiert, wie um das Ego zu seinem Wächter und Gesetz zu machen."[b]

Meditation und der Weg über die Furcht hinaus

Doch wir könnten uns gut fragen: „Was nun, wenn unsere Identität eine willkürliche Konstruktion ist – wie hilft das, Angst und Leiden zu erleichtern?" Wenn wir die Substanzlosigkeit der Ichidentität entdeckt haben, brauchen wir dennoch einen Weg, der uns entdecken hilft, was auf der anderen Seite unserer konventionellen, begrenzten Vorstellungen des Selbst ist. Sonst könnten wir leicht in nihilistische Verzweiflung verfallen.

In ähnlicher Weise reicht es in der Psychotherapie nicht aus, Menschen nur zu helfen, ihr altes falsches Selbst zu dekonstruieren. Es ist auch entscheidend, ihnen sehen zu helfen, was jenseits davon liegt. Als jemand, der meditiert, bin ich mir sehr genau der Schönheit des ersten Moments bewusst, wenn ein Klient schließlich erkennt: „Ich weiß nicht, wer ich bin." Für mich sind diese Momente heilig, weil sie potentiell die Geburt einer ganz neuen Weise zu sein bedeuten. Die Einsicht „Ich weiß nicht, wer ich bin" taucht in der Therapie an einem Punkt auf, wenn die alten Strukturen unter dem Gewicht größeren Bewusstseins anfangen, zusammenzubrechen und wegzufallen, aber eine neue Orientierung noch nicht aufgetaucht ist. Damit bleibt der Klient in einer Zwischenzone, die die Schwelle einer neuen Geburt ist.

Wenn wir präsent bleiben können und nicht vor der Leere zurückschrecken, wenn unser vertrautes Gefühl der Identität zusammenbricht, dann entdecken wir schließlich nicht nur eine sinnlose Leere, sondern auch eine frischere Qualität von Präsenz, die sich wach, lebendig und befreiend anfühlt. Aber weil konventionelle Therapeuten mit dem Weg, der durch Leere führt, oft nicht vertraut sind, versuchen sie, ihre Klienten von solchen Momenten wegzulenken oder übergehen sie einfach. Es gibt wenig in der westlichen Kultur oder der westlichen Psychologie, was Menschen auf Momente des Identitätsverlustes vorbereitet. Weil die meisten westlichen Therapien auf Theorien der *Persönlichkeit* aufgebaut sind, sind sie auf Wissen und nicht auf Nichtwissen hin ausgerichtet. Eine unausgesprochene Annahme in der therapeutischen Welt ist, dass wir immer wissen sollten, wer wir sind, und dass wir ein wirkliches Problem haben, wenn dies nicht so ist.

Wenn also eine alte, schlecht angepasste Identität zusammenzubrechen beginnt und der Klient nichts findet, woran er sich festhalten kann, kann dies dem Klienten wie dem Therapeuten Angst machen. Was mache ich an diesem Punkt als Therapeut? Sollte ich versuchen, die alte Struktur abzustützen oder eine neue zusammenzubasteln? Oder ist es in Ordnung, den Klienten an der Kante des Abgrunds im Raum hängen zu lassen? In solchen Momenten verlasse ich mich auf meine Einsicht, dass niemand von uns wirklich weiß, wer er ist, dass dies die Natur unseres Seins ist, dass ein wahres Selbst, wenn wir überhaupt eins haben, irgendwo im Herzen des Unwissens liegt, das sich öffnet, wenn wir unsere Erfahrung in der Tiefe erforschen, und dass wir, wenn wir an der Kante dieses Unbekannten bleiben können, vielleicht entdecken, wie wir uns sein lassen können, ohne *etwas* sein zu müssen.

Indem sie mir diese Einsicht verschafft hat, hat Meditation mir auch einen Kontext für die Arbeit mit diesen Momenten in der Therapie geliefert. Während eines dreimonatigen Meditationsretreats mit meinem Lehrer hatte ich einmal eine mächtige Erfahrung des Zusammenbruchs der Welt. Auf dem Retreat merkte ich nach etwa sechs Wochen, wie die Muster und Bedeutungen, die mich zusammenhielten, radikal wegfielen, mit einer Intensität, die mich an meine alten existentialistischen Tage erinnerte, nur um ein paar zusätzliche Grade vergrößert. Ich merkte, dass ich nicht wirklich an das Selbst glaubte, an dem ich auf Leben und Tod festhielt, auch wenn es ein besseres Selbst war, als ich es jemals gehabt hatte. Und doch – wenn ich mich loslasse, was dann? Ich wusste, ich würde fallen, und ich wusste nicht, wo ich landen würde.

Es war extrem hilfreich, mit dieser Angst in einer Umgebung der Meditation zu arbeiten. Ich machte die Erfahrung, dass ich mich selbst zerfallen lassen *konnte*. Die Atmosphäre der Übungsumgebung lud in einer freundlichen Art und Weise dazu ein – andere Menschen übten auch, und der ganze Zweck, da zu sein, war, die eigene Welt zusammenbrechen zu lassen, weiter zu machen und etwas Neues und Unerwartetes geschehen zu lassen. Ich möchte nicht sagen, es war „sinnvoll", weil ich da nicht notwendigerweise einen neuen Sinn fand, etwas, an das ich mich als Fundament für den Aufbau einer neuen und verbesserten Selbststruktur halten und dafür nutzen konnte. Und doch fiel ich auch nicht in ein Gefühl äußerster Sinnlosigkeit oder existentieller Verzweiflung zurück.

Wenn man das Bedürfnis, *etwas* zu sein, loslassen und die Anstrengung, mit der man an den alten Bedeutungen festhält, die unsere Identität unterstützen, aufgeben kann, wenn auch nur kurz, dann wird dadurch möglich, dass sich im Denken eine Lichtung öffnet. Und dies seinerseits führt zu der Erfahrung einer grundlegenden Intelligenz und eines Wohlbefindens, die in der buddhistischen Tradition als *Buddhanatur* bekannt ist – eine essentielle Klarheit, Transparenz und Wärme, die wesentlich zum menschlichen Bewusstsein gehören. Dies ist nicht die neutrale oder beängstigende Leere, um die es dem Existentialismus geht, sondern eine Fülle der Präsenz, deren Helle und Schärfe durch Verwirrung, Rationalisierung, Projektion, Selbsttäuschung und alle anderen Streiche schneidet, die wir uns selbst spielen, und sie aufhebt.

Therapeuten versuchen oft, ihren Klienten zu helfen, sich von der äußersten Verletzlichkeit wegzubewegen, die darin besteht, nichts zu haben, womit sie sich identifizieren können, und nicht zu wissen, wer sie sind. Aber diese Verletzlichkeit ist eine wichtige Stufe, die zu einer tieferen Erkenntnis dessen führen kann, was es bedeutet, Mensch zu sein.

Als Menschen sind wir die Tiere, die mit einer weichen Vorderseite aufrecht stehen und ihr Herz und ihren Bauch ganz der Welt öffnen. Wir nehmen durch diese weiche Vorderseite die Welt in uns auf. Wenn man eine sensible Haut hat, bedeutet das, dass sie leicht durchstoßen werden kann. Diese buchstäbliche Verletzlichkeit wird in unserem psychischen Aufbau als eine grundlegende Zartheit und Ansprechbarkeit reflektiert, die sich oft roh und wacklig anfühlt, wenn wir ihr zum ersten Mal begegnen. Wenn wir diese Verletzlichkeit berühren, beginnen Klienten, mit ihrem lebendigen Herzen in Verbindung zu kommen, was vollkommen verändern kann, wie sie sich zu ihren Problemen verhalten. In meiner Arbeit muss ich gewöhnlich nicht erst versuchen, jemanden seine Verletzlichkeit fühlen zu lassen, sie stellt sich ganz von allein ein.

Es ist interessant, dass das Wort *Verletzlichkeit* in unserer Kultur gewöhnlich eine pejorative Bedeutung hat. Das ist der Grund, weshalb wir mit diesem Wort Verlust von Kraft und Stärke assoziieren. Wenn wir sagen, dass jemand verletzlich ist, bedeutet dies gewöhnlich, dass er weich, übersensibel und leicht verletzt ist. Aber es ist wichtig, unsere fundamentale menschliche Verletzlichkeit von der Fragilität der Ichidentität zu unterscheiden, dieser zerbrechlichen Schale, die wir um unseren weichen rezeptiven Kern gebaut haben, wo die Welt in uns hereinströmt. Da wir uns von unserem Wesen her zart ums Herz fühlen, verbergen wir unsere Verletzlichkeit gewöhnlich hinter einer Fassade oder Maske, die einen Abstand zwischen uns und der Welt herstellt. Aber die Schale, die wir aufbauen, ist zerbrechlich und immer dafür empfänglich und nie davor geschützt, zu brechen, wenn nicht zerstört zu werden (in Momenten des Zusammenbruchs der Welt). Andere Menschen können unsere Fassaden gewöhnlich durchschauen und der Tod oder ein anderes schicksalhaftes Ereignis wird diese Schale schließlich durchbrechen. Dass wir permanent unsere Schale aufrechterhalten und flicken müssen, macht uns brüchig und verletzlich und auf Abwehr hin orientiert – und *dies* ist die Verletzlichkeit, die wir in unserer Kultur gewöhnlich mit Schwäche assoziieren. Diese Brüchigkeit *ist* im Grunde schwach. Ständig wachsam sein zu müssen, ist eine Position der Schwäche.

Kraft und Verletzlichkeit

Wenn man im Gegensatz dazu lernt, seine Verletzlichkeit anzunehmen und mit ihr umzugehen, ist das eine Quelle wirklicher innerer Kraft und Stärke. Falsche Kraft der Art, wie bestimmte Machos sie zur Schau stellen – die in Wirklichkeit eine Form von Kontrolle, Enge und Spannung ist –, hat keine reale Stärke in sich. Als ein Versuch, Macht *über* jemanden oder etwas zu haben, ist sie kopflastig und deshalb ewig in Gefahr, umgestürzt zu werden. Der Versuch, auf diese Weise Kontrolle zu behalten, hat zur Folge, dass wir im Sinn des fragilen Egos äußerst verletzlich bleiben. Da das Leben unsere Versuche, es zu kontrollieren, ständig in Frage stellt, schwächen wir uns nur, wenn wir unsere Energie in Wachsamkeit und Abwehr stecken.

Die Kraft, die darauf beruht, dass man sich in den offenen Grund des Seins hinein entspannt und sich mit der Rohheit und Verletzlichkeit anfreundet, die wir da finden, ist geerdeter und realer. Diese Art Stärke ist auf die Weise mächtig, wie Wasser es ist. Wasser ist das weichste Element, insofern es in alles eindringen kann; es passt sich jeder Form an und folgt jeder Kontur. Und doch übertrifft es, wie das *Tao Te King* (Nr. 78) sagt, in seiner Fähigkeit abzunutzen, alles andere, was hart und starr ist. Der Weg, der von grundlegender Verletzlichkeit zu wahrer Kraft führt, führt über Sanftheit und Liebende Güte, die die Panik beruhigen helfen, die unsere Verletzlichkeit umgibt. In der Tat sind Güte und Sanftheit unsere natürlichste Reaktion auf Verletzlichkeit – wie wenn wir ein kleines Kind, ein Tier oder einen nahen Freund sehen, der Schmerzen leidet. Seltsamerweise ist das gewöhnlich nicht so bei uns selbst. Irgendwie müssen wir *lernen*, freundlich zu uns selbst zu sein.

Ich möchte dies mit einem Fallbeispiel illustrieren. Ein Klient – etwa Mitte dreißig, ich nenne ihn Ray – kam zu mir, weil er unter Exhibitionismus, Alkoholabhängigkeit und einer Angst litt, homosexuell zu sein (er hatte Probleme mit Frauen). Seine Mutter hatte ihn verlassen, als er sechs Jahre alt war, und er war von einem Onkel adoptiert worden. Der Onkel war seiner Art nach ein Macho, der nicht in der Lage war, freundlich oder zart mit ihm zu sein. Nichtsdestoweniger identifizierte er sich stark mit diesem Onkel.

Ich habe das Beispiel dieses Klienten ausgewählt, weil alle seine Symptome auf die eine oder andere Weise immer wieder auf das Thema der Verletzlichkeit verwiesen. Sein Exhibitionismus war eines der seltsam angemessenen Symptome, die vollkommen symbolisch sind. Es war seine Weise, seine Verletzlichkeit zu zeigen und zugleich nicht seine Kontrolle aufgeben zu müssen. Seine Angst, homosexuell zu sein, war mit der Angst vor seiner Zartheit verbunden. Seine Alkoholabhängigkeit – sich betrinken, um auszubrechen – war eine Weise, wie seine Lebendigkeit versuchte, aus der übertriebenen Kontrolle seines Ichs auszubrechen. Und seine Kälte gegenüber Frauen entstand aus einer Angst, ihnen ausgeliefert zu sein und wieder in eine verletzliche Position zu geraten.

Rays Weise, sich männlich zu fühlen, bestand darin, immer an die Grenze zu gehen. Dies waren seine Worte: „Ich gehe immer an die Grenze". Er versuchte dies durch das Bild zu vermitteln, wie er mit dem Auto auf einer Autobahn fährt und hinter Leuten feststeckt, die zu langsam fahren. Damit veranschaulichte er seine Frustration darüber, wie er selbst fuhr. Doch immer an die Grenze zu gehen, war eine Weise zu versuchen, sich selbst zusammenzuhalten, die Kontrolle zu behalten und sich wie ein Mann zu fühlen.

Ich arbeitete mit Ray so, dass ich an den rohen Stellen blieb, die für ihn aufkamen, während wir zusammenarbeiteten. Ich führte nie das Wort *Verletzlichkeit* ein – das kam von ihm. Aber diese Seite von ihm wollte klar anerkannt und in sein Leben aufgenommen werden. Es war für ihn wichtig, zu entdecken, dass Verletzlichkeit nicht bedeutete, dass er zum Opfer wurde. Eines Tages sagte er: „Es ist in Ordnung, verletzt zu werden. Das bedeutet nicht, dass ich schlecht oder nicht liebenswert bin." Und er begann zu sehen, wie er Wut und Streit mit Frauen provozierte, um sich eher stark als zärtlich oder zart zu fühlen.

Ein anderes Bild, das Ray für seinen permanenten Zustand hoher Spannung hatte, war, dass er am Rand eines Abgrundes hing. Wir kamen oft zu diesem Gefühl zurück, sich an der Kante eines Abgrundes festzuhalten, und wie das für ihn war. Ein drittes Bild war, allein dazustehen – wie er sich fühlte, wenn er verliebt war. Wenn seine Liebe nicht ganz erwidert wurde oder wenn seine Geliebte ihn verließ, hatte er Angst, er würde in einen Abgrund fallen und von gefürchteten Gefühlen des Terrors und der Leere verschlungen werden. Als er einmal das Gefühl hatte, ganz allein dazustehen, forderte ich ihn auf, seine Aufmerksamkeit auf das Gefühl zu richten, dass „nichts da ist, wenn sie mich verlässt". Als er bei der Leere präsent blieb, ohne sie zu bewerten, gegen sie zu reagieren oder Schlussfolgerungen über sich selbst daraus zu ziehen, erlebte er eine innere Wärme, die ganz rot und gelb war und die in dieser Leere entstand. Diese Erfahrung half, die Gleichsetzung in seinem Denken von Verletzlichkeit und Opfersein zu untergraben und zu schwächen.

Ray war in der klassischen Klemme eines Machos – er konnte sich nur stark fühlen, wenn er angespannte Kontrolle aufrechterhielt, die ihn ewig wachsam und in Hochspannung sein ließ. Doch ein gelegentlicher hilfloser Ausdruck seiner Augen, seine Sehnsucht danach, spontan zu sein (die er dadurch ausagierte, dass er sich betrank und ausbrach), sowie seine Bereitschaft, weiter zur Therapie zu kommen und an seinen Problemen zu arbeiten, enthüllte eine tiefere Zartheit, die einen Ausdruck zu finden versuchte. Was er brauchte, war, ohne es zu wissen, dass seine Verletzlichkeit gehalten wurde – etwas, was es in seinem Leben noch nie gegeben hatte. Ich meine nicht, dass er es brauchte, buchstäblich gehalten zu werden, sondern eher, dass er es brauchte, dass seine Verletzlichkeit gesehen, erkannt und akzeptiert wurde, das heißt *im Bewusstsein gehalten* wurde. Schließlich ist unsere umfassendere Bewusstheit die eigentliche haltende Umgebung (holding environment), die uns ermöglichen kann, all unsere verschiedenen Gefühle und Erfahrungen anzunehmen, so dass sie uns nicht länger terrorisieren oder überwältigen müssen.

Aus der Zeit, die Ray und ich zusammen verbrachten, erinnere ich mich am meisten an das Gefühl, zusammen zu sein, uns an der Kante dieses Abgrundes aufzuhalten – und zu erforschen, wie es war, verzweifelt festzuhalten, und wie es war, loszulassen und ins Leere zu fallen, wie es war, wenn seine Gefühle in einem freundlichen, offenen Raum von Bewusstheit und Mitgefühl gehalten wurden. Durch diese Arbeit gelangte Ray schließlich dahin, dass er erkannte, dass Verletzlichkeit nicht Vernichtung, Schande, Demütigung, Entehrung oder Verlassenheit bedeuten musste. Er entdeckte zu seiner großen Überraschung, dass es möglich war, sanft und stark zugleich zu sein. Schließlich war er in der Lage, seine alkoholischen Exzesse sein zu lassen und eine partnerschaftliche Ehe einzugehen, auch wenn seine Ehe weitere Ebenen der Verletzlichkeit öffnete, mit denen er konfrontiert wurde.

Natürlich könnte jemand einwenden: „Vielleicht ist es für Menschen mit intaktem Ego in Ordnung, ihre Verletzlichkeit zu öffnen, aber wie ist es mit Menschen, die sich überhaupt nicht zusammenhalten können, weil ihre Welt immer kollabiert?" Ich würde mit Klienten mit einer schwachen Ichstruktur anders arbeiten als mit solchen, die über eine Reihe intakter Abwehrmechanismen verfügen. Wenn sie ständig zerfallen, ist meine erste Sorge, ihnen zu helfen, stabilere innere Unterstützung, Selbstvertrauen und Selbstrespekt zu entwickeln. Wenn das konventionelle Ego in *absoluter* Hinsicht letztlich eine Fiktion ist, besitzt es doch eine *relative* Nützlichkeit, besonders für die, deren Identitätsgefühl schwach oder beschädigt ist. Wenn einmal ein Gefühl der Unterstützung und von Selbstvertrauen da ist, wird es eher möglich, sich den Gefühlen der Verletzlichkeit zu öffnen, die damit verbunden sind, wenn man offen ist. Etablieren dieser Art inneren Vertrauens und innerer Freundlichkeit ist bei sehr gestörten Klienten besonders wichtig, damit ihre Verletzlichkeit nicht eine ständige Quelle von Panik ist.

Je mehr Therapeuten ihrer eigenen Verletzlichkeit Misstrauen, um so eher machen sie sich Sorgen: „Was passiert, wenn ich Klienten ihrer existentiellen Leere begegnen lasse? Sie könnten ‚über die Kante gehen', dekompensieren!" Tatsächlich war Ray früher in seinem Leben „über die Kante" gegangen. Als er einmal mit Drogen high gewesen war, fühlte er seine ganze Welt zerfallen und ließ sich für ein paar Wochen in eine psychiatrische Klinik einweisen. Das hatte sein Gefühl „Ich kann nie wieder an diesen beängstigenden Ort gehen, er ist tabu" verstärkt. Aber direktes Erleben unserer Angst oder Verletzlichkeit ist nicht das, was diese Art von „Dekompensation" („freak-out") verursacht. Das wirkliche Problem ist, wie wir auf diese Gefühle reagieren und in Panik über sie erstarren. Dies ist so, wie wenn man auf einer glatten Straße hart auf die Bremse tritt und das Auto außer Kontrolle gerät. Wichtig ist, wie Menschen sich gegenüber ihrer Verletzlichkeit und Angst verhalten. Und dies ist die Stelle, an der Meditation von besonderem Wert sein kann, besonders für Therapeuten. Wenn Therapeuten lernen, direkt mit ihrer eigenen Verletzlichkeit und ihrem Verlust der Identität zu arbeiten, ist es weniger wahrscheinlich, dass sie aufgrund ihrer eigenen Angst ihre Klienten von ihren rohen Kanten weglenken.

Meditation lehrt uns, dadurch weiter Raum, freundlich und sanft zu sein, dass wir unsere Welt zusammenbrechen lassen und entdecken, dass uns dies nicht umbringt, sondern stärker macht. Durch Konfrontieren unserer rohen Kanten können wir mitfühlender mit anderen werden und ihnen auch besser helfen, ihre Verletzlichkeit zu akzeptieren. Aus buddhistischer Sicht ist unsere fundamentale Verletzlichkeit der Same der Erleuchtung, der schon in uns da ist. Man sagt, dass dieses zarte Herz, wenn wir es ganz reifen und sich entwickeln lassen, zu einer mächtigen Kraft wird, die durch alle inneren Barrieren schneiden kann, die wir errichtet haben. In seiner voll entwickelten Form wird das zarte Herz zu dem erwachten Herz, *bodhicitta*, transformiert.

Die beiderseitige Verletzlichkeit zwischen zwei Menschen, die einander transparent begegnen – Klient und Therapeut, Liebender und Geliebte, Guru und Schüler – ist das, was ihnen ermöglicht, eine tiefe Wirkung aufeinander zu haben. Wenn wir den Gott und die Göttin der Liebe in der griechischen Mythologie betrachten, sehen wir Aphrodite mit Attributen des Krieges assoziiert und Eros mit Pfeilen bewaffnet. Dies legt nahe, dass wir nur wahrhaft lieben können, wenn wir bereit sind, uns verwunden zu lassen. In diesem Sinn bedeutet Verletzlichkeit die „Fähigkeit, in Beziehung zu sein". In Teil 3 werden wir weiter erforschen, wie diese Fähigkeit, verletzlich zu sein – für die rohen Kanten in unserer eigenen Erfahrung –, das ist, was uns ermöglicht, wahrhaft mit uns selbst, mit anderen und mit dem Leben in Beziehung zu sein.

11 Psychotherapie als Praxis der Liebe

Echter psychotherapeutischer Eros muss eine Selbstlosigkeit und Achtung vor der Existenz und der Einzigartigkeit des Patienten sein.
MEDARD BOSS

Freud gab in einem Brief an Jung einmal zu, dass „Psychoanalyse im Wesentlichen eine Kur durch Liebe ist." Doch während viele Psychotherapeuten privat vielleicht zustimmen, dass Liebe im Heilungsprozess eine gewisse Rolle spielt, fehlt das Wort *Liebe* seltsamerweise im größten Teil der therapeutischen Literatur. Dasselbe gilt für den Begriff *Herz.* Nicht nur fehlt dieses Wort in der psychologischen Literatur, sondern auch dem Ton der Literatur fehlt Herz.

Mein Interesse an der Stellung des Herzens in der Psychotherapie entwickelte sich aus meiner Erfahrung mit Meditation. Obwohl im westlichen Denken Geist oft im Sinne von Vernunft und Ratio und Herz im Sinne von Gefühl definiert wird, können im Buddhismus *Herz* und *Psyche* mit demselben Begriff (Sanskrit *citta*) bezeichnet werden. Tatsächlich zeigen tibetische Buddhisten, wenn sie Psyche meinen, oft auf ihre Brust. Psyche in diesem Sinn ist nicht die denkende Psyche, sondern eher die große Psyche (big mind) – ein direktes Wissen der Realität, das gegenüber allem, was ist, fundamental offen und freundlich ist. Jahrhundertelang waren Meditierende der Auffassung, dass diese Offenheit der zentrale Zug menschlichen Bewusstseins ist.

Herz und grundlegende Gutheit

Herz ist dann eine direkte Präsenz, die eine vollständige Einstimmung auf die Realität ermöglicht. In diesem Sinn hat es nichts mit Sentimentalität zu tun. Herz ist die Fähigkeit, zu berühren und berührt zu werden, auszulangen und einzulassen. Unsere Sprache drückt diese zweifache Aktivität des Herzens aus, die sich wie eine Schwingtür in beide Richtungen öffnet: „Mein Herz hat sich ihm zugewendet" oder „Sie hat einen Platz in meinem Herzen". Wie bei dem physischen Organ mit seiner Systole und Diastole gehört zur Herz-Psyche (heart-mind) sowohl das rezeptive Hereinlassen oder Seinlassen als auch das aktive Hinausgehen, um jemandem zu begegnen oder mit etwas zu sein. Auf verschiedene Weise beseitigen sowohl psychologische als auch spirituelle Arbeit die Barrieren dieser zwei Bewegungen des Herzens, wie ein Ölen der Tür, damit sie sich frei in beide Richtungen öffnen kann.

Mehr als alles andere verschließt das Herz, wenn wir uns unsere Erfahrung nicht haben lassen, sondern sie bewerten, sie kritisieren oder versuchen, sie zu etwas anderem zu machen, als was sie ist. Wir stellen uns oft vor, dass etwas mit uns nicht in Ordnung ist, wenn wir wütend, bedürftig, abhängig, einsam, verwirrt, traurig oder ängstlich sind. Wir stellen uns und unserer Erfahrung Bedingungen: „Wenn ich dies fühle, kann etwas mit mir nicht stimmen. ... Ich kann mich nur akzeptieren, wenn meine Erfahrung meinem Standard entspricht, wie ich sein sollte."

Psychologische Arbeit kann, wenn sie in einem weiteren spirituellen Kontext praktiziert wird, Menschen entdecken helfen, dass es möglich ist, bedingungslos mit sich selbst zu sein – ihre Erfahrung willkommen zu heißen und sie mit Verständnis und Mitgefühl zu halten, ganz gleich, ob sie sie in einem bestimmten Moment mögen oder nicht. Was dies anfangs möglich macht, ist die Fähigkeit des Therapeuten, der Erfahrung des Klienten gegenüber bedingungslose Wärme, Sorge und Freundlichkeit zu zeigen, gleich, was der Klient durchmacht. Die meisten Menschen in unserer Kultur haben diese Art bedingungslosen Angenommenseins in ihrer Kindheit nicht bekommen. Deshalb haben sie die Bedingungen internalisiert, die ihre Eltern oder die Gesellschaft ihnen stellten: „Du bist nur dann ein akzeptabler Mensch, wenn du unseren Standards entsprichst." Und weil sie sich diese selben Bedingungen selbst weiter auferlegen, bleiben sie von sich entfremdet.

Der Dalai Lama und viele andere tibetische Lehrer haben von der großen Überraschung und von dem Schock über die Entdeckung gesprochen, wie viel Selbsthass die Menschen im Westen in sich herumtragen. Selbstvorwurf kann man in einer solchen Intensität in buddhistischen Kulturen nicht finden, wo es ein Verständnis gibt, dass die Herz-Psyche (heart-mind), auch bekannt als Buddhanatur, bedingungslos offen, mitfühlend und heilsam ist. Warum sollte sich jemand hassen, wenn wir alle embryonische Buddhas sind?

Chögyam Trungpa beschrieb die Essenz unserer Natur als *fundamentale Gutheit*. Als er diesen Begriff verwendete, wollte er damit nicht sagen, dass Menschen nur moralisch gut sind – das wäre naiv, wenn man an all das Böse denkt, was Menschen in dieser Welt tun. Vielmehr bezieht sich fundamentale Gutheit auf unsere Ur-Natur, die bedingungslos heilsam ist, weil sie von sich aus, in sich auf Realität eingestimmt ist. Diese primordiale Gutheit geht über konventionelle Vorstellungen von Gut und Schlecht hinaus. Sie liegt viel tiefer als die konditionierte Persönlichkeit und als konditioniertes Verhalten, die immer eine Mischung aus positiven und negativen Tendenzen sind. Aus dieser Perspektive ist alles böse und destruktive Verhalten, das es in unserer Welt gibt, das Ergebnis davon, dass Menschen die fundamentale Heilsamkeit ihrer essentiellen Natur nicht erkennen.

Meditation, Psychotherapie und bedingungslose Freundlichkeit

Als ich an der Universität den therapeutischen Ansatz von Carl Rogers studierte, war ich von seinem Begriff „bedingungsloser, positiver Zugewandtheit und Hochachtung" fasziniert, eingeschüchtert und verwirrt.

Obwohl es als Ideal therapeutischer Haltung attraktiv klang, fand ich es in der Praxis schwer umzusetzen. Erst einmal gab es kein besonderes Training dafür. Und da die westliche Psychologie mir kein Verständnis des Herzens oder der essentiellen Gutheit vermittelt hatte, die der Psychopathologie zugrunde liegt, war mir einfach unklar, wohin (oder worauf) bedingungslose positive Zugewandtheit gerichtet werden sollte. Erst als ich mich den meditativen Traditionen zuwandte, lernte ich die bedingungslose Gutheit im Kern des Menschen wertschätzen, und dies half mir dann, die Möglichkeit bedingungsloser Liebe und ihre Rolle im Heilungsprozess zu verstehen.

Das buddhistische Gegenstück zu bedingungsloser positiver Zugewandtheit ist Liebende Güte (*maitrî* in Sanskrit, *mettâ* in Pâli). Liebende Güte ist bedingungslose Freundlichkeit – eine Qualität, die darin besteht, Menschen und ihre Erfahrung anzunehmen und sie willkommen zu heißen. Doch bevor ich diese Art Annehmen anderen gegenüber authentisch ausdrücken konnte, musste ich erst entdecken, was es für mich selbst bedeutete. Meditation war das, was mir ermöglichte, dies zu tun.

Meditation kultiviert dadurch bedingungslose Freundlichkeit, dass sie einen lehrt, wie man *einfach sein* kann, ohne etwas zu tun, ohne an etwas festzuhalten, ohne zu versuchen, gute Gedanken zu denken, schlechte Gedanken loszuwerden oder einen reinen inneren Zustand herzustellen. Dies ist eine radikale Übung. Es gibt nichts, was ihr gleichkommt. Normalerweise tun wir alles, was wir können, um zu vermeiden, einfach zu sein. Wenn wir ohne ein Projekt mit uns allein gelassen sind, mit dem wir uns beschäftigen können, werden wir nervös. Wir fangen an, uns zu bewerten oder denken darüber nach, was wir tun oder fühlen *sollten*. Wir fangen an, uns Bedingungen aufzuerlegen, zu versuchen, unsere Erfahrung so zu arrangieren, dass sie unseren inneren Standards entspricht. Da diese innere Anstrengung so schmerzhaft ist, suchen wir immer nach etwas, was uns davon ablenken kann, bei uns selbst zu sein.

Wenn man meditiert, arbeitet man direkt mit seinen verwirrten inneren Zuständen, ohne Kreuzzüge gegen irgendeinen Aspekt der Erfahrung zu führen. Man lässt alle seine Tendenzen auftauchen, ohne zu versuchen, irgendetwas auszublenden, die Erfahrung irgendwie zu manipulieren oder irgendeinem idealen Standard zu entsprechen. Wenn man sich den Raum lässt, so zu sein, wie man ist – auftauchen lässt, was immer auftaucht, ohne Fixierung darauf, und zur einfachen Präsenz zurückkommt –, ist dies vielleicht die liebevollste und mitfühlendste Weise, wie man mit sich umgehen kann. Es hilft einem, sich mit der ganzen Bandbreite der eigenen Erfahrung anzufreunden.[a]

Wenn man in dieser Weise einfach wird, fängt man an, seine Präsenz an sich schon als in und durch sich selbst gesund und heilsam zu empfinden. Man muss nicht beweisen, dass man gut ist. Man entdeckt eine aus sich selbst existierende Gesundheit, die tiefer als alles Denken oder Gefühl liegt. Man schätzt die Schönheit, die darin liegt, dass man einfach für das Leben wach, empfänglich und offen ist. Das Wertschätzen dieser fundamentalen grundlegenden Empfindung von Gutheit ist die Geburt von *maitrî* – eine bedingungslose Freundlichkeit und Güte gegenüber sich selbst.

Man kann die Entdeckung fundamentaler Gutheit mit dem Klären schlammigen Wassers vergleichen – eine alte Metapher aus den taoistischen und buddhistischen Traditionen. Wasser ist von Natur aus rein und klar, doch Wirbel können von unten Schlamm aufrühren. Unsere Bewusstheit ist genau so, essentiell klar und offen, aber getrübt von dem Wirbel widerstreitender Gedanken und Emotionen. Was muss man mehr tun, wenn wir das Wasser klären möchten, als es still werden lassen? Gewöhnlich möchten wir mit unseren Händen in das Wasser langen und etwas mit dem Schmutz machen – sich mit ihm auseinandersetzen, versuchen, ihn zu verändern, ihn zu fassen bekommen, ihn entfernen –, aber damit rührt man nur noch mehr Schlamm auf. „Vielleicht kann ich meine Traurigkeit loswerden, wenn ich positive Gedanken denke." Aber dann sinkt die Traurigkeit tiefer und verhärtet sich zu Depression. „Vielleicht kann ich meine Wut ausdrücken und den Leuten zeigen, wie es mir geht." Aber damit verbreitet man nur den Schmutz in der Gegend. Das Wasser der Bewusstheit gewinnt seine Klarheit nur dadurch zurück, dass man die Trübung als das sieht, was sie ist – indem man die Turbulenzen von Denken und Gefühl als Lärm oder Hintergrundrauschen erkennt, und sie nicht für das hält, was wir wirklich sind. Wenn wir aufhören, auf den Schlamm zu reagieren, kann er sich setzen, sonst rührt man ihn nur um so mehr auf.

Diese wichtige Entdeckung befähigte mich, diese selbe Art bedingungsloser Freundlichkeit auf meine Klienten auszudehnen. Als ich anfing, therapeutisch zu arbeiten, und merkte, dass ich manche Klienten oder manche Dinge an ihnen nicht mochte, fühlte ich mich schuldig oder scheinheilig. Aber schließlich lernte ich, dies anders zu verstehen. Bedingungslose Liebe oder Liebende Güte bedeuteten nicht, dass ich immer meine Klienten mögen musste, nicht mehr als ich meine eigenen Drehungen und Wendungen meiner eigenen Ränke schmiedenden Psyche mögen musste. Eher bedeutete sie, dass ich für einen passenden Raum sorgte, in dem ihre Knoten anfangen konnten, sich zu lösen.

Ein Teil dessen, was für mich verwirrend gewesen war, bestand darin, dass ich bedingungslose positive Zugewandtheit mit Carl Rogers' Persönlichkeit und seiner nichtdirektiven Weise identifizierte, auf Menschen zu reagieren. Ich erkannte, dass bedingungslose Freundlichkeit nicht bedeutet, immer nährend, nichtdirektiv oder nett zu sein. In Wahrheit mag ich oft nicht nett sein. Manchmal möchte ich Klienten auf eine Weise konfrontieren, die sie mehr herausfordert. Als ich mich von meinem klientenzentrierten Über-Ich befreite, das mir einflüsterte, ich sollte wie Carl Rogers sein und immer positive Gefühle gegenüber meinen Klienten haben, konnte ich wirklich präsenter bei ihnen sein. Je mehr ich mich selbst *sein* lassen konnte, um so mehr konnte ich bei anderen sein und *sie sie selbst* sein lassen.

Es war sehr erleichternd zu erkennen, dass ich das, was konditioniert ist – die Persönlichkeit eines anderen Menschen – nicht lieben oder bedingungslos annehmen musste. Eher ist bedingungslose Freundlichkeit eine natürliche Reaktion auf das, was selbst bedingungslos ist – die grundlegende Gutheit und das offene Herz bei anderen, unter all ihren Abwehrmechanismen, Rationalisierungen und Verstellungen. Bedingungslose Liebe ist kein Gefühl, sondern eine Bereitschaft, offen zu sein. Sie ist keine Liebe der Persönlichkeit, sondern die Liebe des Seins, die in der Erkenntnis der bedingungslosen Gutheit des menschlichen Herzens geerdet ist.

Glücklicherweise bedeutet bedingungslose Freundlichkeit nicht, dass einem gefallen muss, was passiert. Vielmehr bedeutet sie, das sein zu lassen, was immer da ist, und es einladen, sich voller zu offenbaren. Wenn ich versuche, Klienten zu helfen, bedingungslose Freundlichkeit gegenüber einem schwierigen Gefühl zu entwickeln, sage ich oft: „Sie müssen es nicht mögen. Sie können es einfach da sein lassen, und auch Ihrer Abneigung einen Platz geben."

Psychotherapie als Praxis der Liebe

Die Metapher vom Schmutz, der sich im Wasser absetzt, lässt sich auch auf die therapeutische Arbeit anwenden. In ihrer besten Form geht es bei ihr nicht darum, Probleme zu analysieren oder Lösungen zu finden. Wenn ein Therapeut bedingungslose Freundlichkeit auf alles ausdehnen kann, was in seinen Klienten auftaucht – es sein lässt und dabei ist –, hilft ihnen das, sich in sich selbst und in ihrer Erfahrung niederzulassen. Dann können sie den nächsten Schritt machen – ihrer Erfahrung ganz begegnen, was das, was unter der Oberfläche vor sich geht, einlädt, enthüllt und begegnet zu werden.

Die Gesundheit lebender Organismen wird durch den freifließenden Kreislauf der Energie aufrechterhalten. Wir sehen dies in den endlosen Zyklen und dem Fließen des Wassers, der Wiege des Lebens, das sich dadurch reinigt, dass es zirkuliert, aus den Ozeanen aufsteigt, als Regen auf die Berge herabfällt und in klaren Strömen zurück ins Meer fließt. Ähnlich bringt der Blutkreislauf im Körper neues Leben in Form von Sauerstoff zu den Zellen, wobei er die Ausscheidung von Toxinen aus dem Körper ermöglicht. Jede Störung der Zirkulation ist der Beginn von Krankheit.

Ähnlich blüht Selbstzweifel wie Algen im Wasser, wenn wir unsere grundlegende Gutheit nicht erkennen, und blockiert den natürlichen Fluss der Selbstliebe, die uns gesund erhält. Wenn Liebende Güte nicht durch unser System zirkuliert, bauen sich Blockierungen und Panzerung auf und wir werden krank, psychisch und physisch. Wenn ein Therapeut Maitrî, bedingungslose Freundlichkeit, auf die ganze Bandbreite der Erfahrung und das Sein an sich eines Klienten ausdehnt, beginnt dies die Wolken der Selbstbewertung aufzulösen, so dass die Lebensenergie dieses Menschen wieder frei zirkulieren kann.

Dieses Verständnis ermöglichte mir, mich der Psychotherapie auf eine neue Weise zu nähern. Ich machte die Erfahrung, wenn ich mit der grundlegenden Gutheit in denen, mit denen ich arbeitete, eine Verbindung herstellen konnte – der grundlegenden, oft verborgenen Sehnsucht danach und den Willen, die zu sein, die sie sind und mit ihrer ganzen Kraft ins Leben zu gehen – nicht nur als ein Ideal oder als positives Denken sondern als eine lebendige Realität, dann konnte ich anfangen, ein Bündnis mit dem essentiellen Kern der Gesundheit in ihnen zu einzugehen. Ich konnte ihnen helfen, allem zu begegnen, was sie erlebten und fühlten, und durch es hindurchzugehen, so beängstigend oder erschreckend es auch zu sein schien, so wie ich es selbst auf dem Meditationskissen getan hatte. Indem ich mich zu der grundlegenden Gutheit, die unter ihren Konflikten und Kämpfen verborgen ist, hin orientierte, konnte ich mit der tieferen Lebendigkeit in Kontakt kommen, die in ihnen und zwischen uns im gegenwärtigen Moment zirkulierte. Dies machte eine Herz-Verbindung möglich, die eine wirkliche Veränderung förderte.

Ich war in diesem Ansatz von den Beispielen der Bodhisattvas im Buddhismus inspiriert, die in ihrer Entschlossenheit, allen Lebewesen zu helfen, Mitgefühl mit der unterscheidenden Weisheit verbinden, die durch das Leiden der Menschen zu dem embryonischen Buddha in ihrem Inneren hindurchschaut. Wenn ich den Buddha in ihnen sehe, bedeutet das für mich nicht, dass ich ihr Leiden oder ihre Konflikte leugne oder verharmlose. Es ist eher, wie Robert Thurmann sagt: „Ein Bodhisattva sieht ein Wesen, wie es frei von Leiden ist, und zugleich sieht er es mit seinem Leiden, und das verleiht dem Bodhisattva ein großes Mitgefühl, das wahrhaft wirksam ist."[b] Wenn Bodhisattvas diese Art allsehenden Mitgefühls erzeugen, entwickeln sie nach dem *Vimalakîrti Sûtra* „die Liebe, die für alle Lebewesen wahrhaft eine Zuflucht ist; die Liebe, die friedlich ist, weil frei von Habenwollen; die Liebe, die nicht hitzig ist, weil frei von Leidenschaften; die Liebe, die mit der Realität in Einklang ist, weil sie Gleichmut enthält; die Liebe, die keine Anmaßung kennt, weil sie Anhaften und Abneigung eliminiert hat; die Liebe, die nichtdual ist, weil sie weder mit dem Äußeren noch mit dem Inneren zu tun hat; die Liebe, die unerschütterlich ist, weil sie in vollkommener Weise das Eigentliche und der letzte Grund ist."[c]

Das Aikido der Therapie

Die Wahrheit über menschliches Leiden ist, dass alle unsere neurotischen, selbstzerstörerischen Muster eigentlich verdrehte Formen von grundlegender Gutheit sind, die in ihnen verborgen ist. Zum Beispiel sieht ein kleines Mädchen, das einen alkoholabhängigen Vater hat, sein Unglück und möchte ihn glücklich machen, damit sie bedingungslose

Liebe – die Liebe zu sein – erleben kann, wie sie zwischen ihnen fließt. Unglücklicherweise fängt sie in ihrem Wunsch, ihm zu gefallen, auch an, sich zu verbiegen, vernachlässigt ihre eigenen Bedürfnisse und gibt sich die Schuld, wenn es ihr nicht gelingt, ihn glücklich zu machen. Als Folge entwickelt sie schließlich einen harschen inneren Kritiker und wiederholt mit den Männern in ihrem Leben eine neurotische Opferrolle. Auch wenn ihre Fixierung darauf, gefallen zu wollen, fehlgeleitet ist, ist sie ursprünglich aus einem Funken von Großzügigkeit und Liebe zu ihrem Vater entstanden.

So wie schlammiges Wasser klares Wasser enthält, wenn der Schmutz sich gesetzt hat, so enthüllen alle unsere negativen Tendenzen einen Funken grundlegender Gutheit und Intelligenz in ihrem Kern, der normalerweise von unseren gewohnten Tendenzen getrübt ist. In unserer Wut kann es zum Beispiel eine pfeilähnliche Geradheit geben, die eine wahre Gabe sein kann, wenn sie ohne Angriff oder Vorwurf vorgebracht wird. Unsere Passivität kann eine Fähigkeit enthalten, Dinge anzunehmen und sein zu lassen, wie sie sind. Und unser Selbsthass enthält oft einen Wunsch, die Elemente unserer Persönlichkeit zu zerstören, die uns bedrücken und davon abhalten, ganz wir selbst zu sein. Da jedes negative oder selbstschädigende Verhalten nur eine entstellte Form unserer größeren Intelligenz ist, müssen wir gegen diesen Schmutz, der das Wasser unseres Seins trübt, nicht ankämpfen.

Mit diesem Verständnis wird psychologische Arbeit wie Aikido, die Kampfkunst, zu der gehört, mit dem Angriff des Gegners zu fließen, statt gegen ihn anzugehen. Wenn wir den tieferen, positiven Drang anerkennen, der in den Strategien unseres Egos verborgen ist, müssen wir sie nicht mehr als Feind behandeln. Schließlich sind diese Strategien alles Formen, wie wir versuchen *zu sein*. Sie waren das Beste, was wir als Kind tun konnten. Und sie sind gar nicht so schlecht, wenn man berücksichtigt, dass sie von der Psyche eines Kindes hervorgebracht wurden. Wenn wir erkennen, dass wir das Beste taten, was wir unter den gegebenen Umständen tun konnten, und das Ego als eine Replik, als ein Imitat des Eigentlichen sehen – als einen Versuch, in einer Welt zu sein, die unser Sein nicht erkannt, willkommen geheißen oder unterstützt hat –, hilft uns das, mehr Verständnis und Mitgefühl mit uns selbst zu haben.

Unser Ego ist Zeugnis für die Kraft der Liebe. Es hat sich als eine Weise entwickelt, angesichts wahrgenommener Bedrohungen unserer Existenz, vor allem Mangel an Liebe, weiterzumachen. An den Stellen, an denen Liebe gefehlt hat, haben wir Abwehrmechanismen des Egos gebildet. Jedes Mal wenn wir eine unserer defensiven Verhaltensweisen wiederholen, erweisen wir also implizit der Liebe als dem Allerwichtigsten Ehrerbietung.

Als Therapeut war Meditation mein Aikidolehrer. Als ich mit einer ganzen Reihe „pathologischer" innerer Zustände auf dem Meditationskissen saß, die durch mein Bewusstsein zogen, begann ich Depression, Paranoia, Zwang und Sucht als nichts anderes als das sich verändernde Wetter der Psyche zu sehen. Diese inneren Zustände gehörten nicht speziell zu mir und sagten nichts darüber aus, wer ich bin. Als ich dies erkannte, half mir das, mich mit dem ganzen Spektrum meiner Erfahrung zu entspannen und ihr neugieriger und interessierter zu begegnen.

Dies half mir auch, mich bei den inneren Zuständen meiner Klienten zu entspannen. Wenn ich mit dem Schrecken eines Klienten arbeitete, konnte ich ihn als die intensive Erfahrung achten, die sie war, ohne mich durch sie aus der Fassung bringen zu lassen. Ich verstand sie auch als eine Gelegenheit, noch einmal meiner eigenen Angst zu begegnen und mit ihr zu arbeiten. Oder wenn ich jemandem half, eine leere, einsame Stelle in sich zu erforschen, sah ich das als eine Chance, auch diesen Teil meiner selbst zu überprüfen. Es wurde klar, dass es nur eine Psyche gibt, auch wenn sie in vielen Verkleidungen erscheinen kann. Dies mag seltsam und geheimnisvoll klingen, aber ich meine es in einem sehr praktischen Sinn: Die Bewusstheit des Klienten und meine eigene sind zwei Enden eines Kontinuums, wenn wir zusammenarbeiten. Angst ist wesentlich Angst, Selbstzweifel ist Selbstzweifel, blockierte Wünsche sind blockierte Wünsche – auch wenn sie bei verschiedenen Menschen verschiedene Formen und Bedeutungen annehmen können. Als mir klar wurde, dass ich mit den Menschen, mit denen ich arbeitete, eine einzige Bewusstheit teilte, ermöglichte mir das, mein Herz offen zu halten, statt mich auf eine Position klinischer Distanz zurückzuziehen.

Wenn zwei Menschen sich begegnen und in Beziehung treten, teilen sie dieselbe Präsenz von Bewusstheit und es gibt keine Möglichkeit, sie sauber in „deine Bewusstheit" und „meine Bewusstheit" zu trennen. Ich meine damit nicht, dass ich meine konventionellen Grenzen verliere oder mich mit Problemen von Klienten identifiziere, sondern vielmehr, dass ich die Erfahrung des anderen Menschen in mir und durch mich hindurch schwingen lasse. Ich mache die Erfahrung, dass ich meine Arbeit am meisten genieße und dass ich am hilfreichsten bin, wenn ich auf die Arbeit des anderen Menschen als einen Teil unserer gemeinsamen Reise reagieren kann – in Richtung der Entdeckung eines authentischen Grundes menschlicher Präsenz inmitten der turbulenten Gegenströmungen des Geistes.

12 Depression als Mutlosigkeit oder Verlust des Herzens

Depression ist vielleicht das am weitesten verbreitete psychische Problem der Moderne, das Menschen sowohl in chronischer schwacher Form als auch in eher akuten Schüben befällt, die sie vollkommen entkräften. Durch die Definition als „psychische Krankheit", die so schnell wie möglich beseitigt werden soll, haben die Psychiatrie und die Kultur als Ganze es schwer gemacht, sich dieser Erfahrung mit Neugier und Interesse zu nähern oder eine Bedeutung in ihr zu finden. Obwohl es bei der Depression sicher eine somatische Komponente gibt, die mit Medikamenten, körperlicher Betätigung, Änderung des Lebensstils, Ernährung, Kräutern oder Biofeedback behandelt werden kann, hält uns der Fokus allein darauf, Depression einfach loszuwerden, davon ab, sie als einen potentiellen Lehrer zu behandeln, der eine wichtige Botschaft über unsere Beziehung mit uns selbst, mit der Welt oder mit dem Leben als Ganzes vermitteln kann. Wenn wir Depression *heilen* wollen, statt sie bloß zu unterdrücken, dürfen wir sie nicht nur als Krankheit oder Leiden betrachten, sondern auch als eine Gelegenheit, uns von bestimmten Hindernissen zu befreien, die uns daran hindern, voller zu leben.

Aus menschlicher Sicht betrachtet kann man Depression einfach als einen Verlust des Herzens – unserer Grundoffenheit und Empfänglichkeit für Realität –, als Mutlosigkeit (engl. ‚loss of heart': Verlust des Herzens) verstanden werden. Da diese Offenheit für Realität, die in buddhistischer Sicht „ungeboren und unaufhörlich" ist, uns ermöglicht, auf intelligente Weise auf das Leben eingestimmt und für die Wunder der Existenz dankbar zu sein, ist sie die Basis von Gesundheit und Wohlbefinden. Wenn wir ausgefeilte Systeme der Abwehr aufbauen, um uns gegen die Realität abzupuffern, ist dies ein weiterer Beleg für die rohe, empfängliche Qualität der offenen Psyche und des offenen Herzens, die hinter diesen Abwehrmechanismen liegt. Die fundamentale Gutheit des menschlichen Herzens ist – in seiner essentiellen Empfänglichkeit für Leben – bedingungslos. Sie ist nicht etwas, was wir leisten oder beweisen müssen.

Die Entstehung von Depressionen:
Bitterkeit gegenüber dem, was ist

Depression ist ein Symptom, das entsteht, wenn wir die Gutheit und Lebendigkeit unseres Herzens nicht fühlen können. Es ist ein Gefühl von Schwere und Druck, das oft unterdrückten Ärger und Groll enthält. Statt einen trotzigen oder flüssigen Ausdruck anzunehmen, ist dieser Ärger stumm und zu Bitterkeit erstarrt. Die Realität nimmt einen bitteren Geschmack an. Depressive Menschen halten diese Bitterkeit in ihrem Inneren fest, kauen daran und machen sich selbst damit krank. Da sie mit ihrer eigenen fundamentalen Gutheit den Kontakt verloren haben, entwickeln sie die Überzeugung, dass sie oder die Welt im Grunde schlecht sind.

Dieser Verlust des Herzens, diese Mutlosigkeit folgt gewöhnlich aus einem tiefen Gefühl des Kummers oder der Niederlage, das von bestimmten Verlusten stammen kann: dem Verlust eines geliebten Menschen, einer Karriere, von lieb gewonnenen Illusionen, von materiellem Besitz oder Selbstwert. Oder es gibt ein eher globales Gefühl der Niederlage, das von Kindheit an besteht. Diese Verluste tendieren dazu, die stabilen Bezugspunkte zu unterminieren, die Menschen brauchen, damit sie sich sicher und unterstützt fühlen und ihr Leben sinnvoll finden. Depressive Menschen nehmen diesen Verlust persönlich. Sie geben sich für den Mangel an Liebe in ihrer Ursprungsfamilie die Schuld oder daran, dass es ihnen nicht gelungen ist, ihre Mutter zu retten oder ihrem Vater zu gefallen, an ihrer Mühe, in ihrer Arbeit oder in ihren intimen Beziehungen Befriedigung zu finden, oder daran, dass ihr Leben nicht so verlaufen ist, wie es geplant war. Sie empfinden ein Gefühl der Ohnmacht, des Kontrollverlustes und eines fast allgegenwärtigen Misstrauens.

Zwei Elemente sind hier beteiligt: ein Kummer, der daher stammt, dass etwas in ihrem Leben fehlt, und eine Überzeugung, dass dies ihr Fehler ist, dass etwas mit ihnen grundlegend nicht stimmt und dass es nichts gibt, was sie daran ändern können. Wenn Menschen sich einbilden, dass ihr Kummer und ihre Hilflosigkeit Zeichen dafür sind, dass etwas mit ihnen nicht stimmt, wird es zu schmerzhaft, sich diesen Gefühlen zu öffnen und sich mit ihnen zu befassen. Deshalb wenden sie sich von ihrem Schmerz ab. Der Schmerz beginnt sich zu festigen, und dies ist der Moment, wenn Depression einzusetzen beginnt.

Die Flucht vor Leere

Während Depression eine extreme Reaktion auf Verlust ist, lässt Meditationspraxis deutlich werden, dass die stabilen Bezugspunkte, auf die wir uns für unsere Sicherheit verlassen, uns tatsächlich dauernd entgleiten. Die buddhistische Psychologie beschreibt diese Situation als die „drei Kennzeichen der Existenz" – drei unvermeidliche Tatsachen des Lebens, die den grundlegenden Kontext bilden, in dem die menschliche Existenz sich entfaltet.

Das erste Kennzeichen der Existenz ist *Vergänglichkeit* – die Tatsache, dass nichts jemals dasselbe bleibt. Auf der äußeren Ebene verändern sich unser Körper und die physische Welt ständig, während sich auf der inneren Ebene unsere mentalen und emotionalen Zustände unaufhörlich verändern und vergehen. Jeder innere Zustand bringt eine neue Sicht der Realität mit sich und wird dann schon Minuten später durch eine ein wenig andere Sicht ersetzt. Kein innerer Zustand ist je vollständig oder endgültig.

Das zweite Kennzeichen der Existenz, das oft *Egolosigkeit* genannt wird, folgt aus dieser Vergänglichkeit, die alles betrifft. Wie alles andere ist das Selbst, für das wir uns halten, in ständigem Fluss. Während es nützlich sein kann, von einer funktionalen Ichstruktur als einem erklärenden Konzept zu sprechen, ist es unmöglich, auf eine konkrete, definitive Weise eine substantielle, kontinuierliche Einheit des Selbst auszumachen, zu lokalisieren oder zu etablieren. Wenn wir dies als eine Bedrohung sehen, können wir in Panik geraten, aber wenn wir es als ein Tor zu einer größeren Wahrheit verstehen können, kann es eine tiefe Entspannung und Entlastung bewirken.

Das dritte Kennzeichen der Existenz besteht darin, dass das menschliche Leben immer etwas mit sich bringt, was sich unbefriedigend anfühlt oder *schmerzhaft* ist – den Schmerz der Geburt, des Alters, von Krankheit und Tod; den Schmerz, zu dem es führt, wenn man Dinge festhalten will, die sich verändern; den Schmerz, nicht zu bekommen, was man möchte; den Schmerz, zu bekommen, was man nicht möchte; und den Schmerz, von Umständen bestimmt zu sein, die wir nicht kontrollieren können. Weil nichts im Leben je endgültig oder vollständig ist, ist alles im Fluss, und wir können nicht einmal kontrollieren, was mit uns geschieht. Verlässliche Befriedigung bleibt so schwer zu fassen wie ein Regenbogen am Himmel.

Diese drei Kennzeichen weisen alle auf einen fundamentaleren Zustand der Existenz hin, der in der buddhistischen Tradition als *Leere* bekannt ist. Leere ist ein Begriff, der auf die nicht zu fassende, unergründliche Natur von allem hinweist. Nichts kann als ein festes Objekt ergriffen werden, das dauerhaft oder unerschütterlich für Sinn, Befriedigung oder Sicherheit sorgen würde. Nichts ist je das, was wir erwarten oder erhoffen, oder das, wofür wir es halten. Wir heiraten den Menschen unserer Träume und finden heraus, dass die Ehe nicht das erwartete Glück bringt, das wir uns vorgestellt hatten. Wir geben ein Vermögen für ein neues Auto aus, und drei Wochen später finden wir es nicht mehr ganz so aufregend. Wir erreichen einen wichtigen Erfolg in unserer Karriere und entdecken, dass er nicht die Erfüllung mit sich bringt, die wir erhofft hatten. Mehr noch, wir können nie wirklich zu fassen bekommen, was wir hier tun, was wir eigentlich wollen, worum es im Leben geht oder wohin es führt. Alle die Erfahrungen weisen auf die Wahrheit der Leere hin – die Tatsache, dass es keine Möglichkeit gibt, etwas Festes aus dem Fluss der Realität herzustellen oder einen Teil von uns als „einfach *dies*, nur *dies*, immer *dies*" festzulegen.

Aus der Perspektive des Versuchs, irgendwohin zu gelangen oder Sicherheit herzustellen, erscheint Leere beängstigend und entmutigend. Wir können daher verschiedene Formen der Psychopathologie als Reaktionen auf oder gegen Leere und die drei Kennzeichen der Existenz verstehen. Der Paranoide lehnt seine Verletzlichkeit ab und versucht, anderen daran die Schuld zu geben: „Wer tut mir das an? Sind alle hinter mir her?" Der Soziopath versucht, die Oberhand über die Schwerfassbarkeit der Existenz zu bekommen. Der Schizoide und Katatoniker macht einfach zu: als eine direkte, kategorische Weigerung, sich der Unbeständigkeit und Vergänglichkeit des Lebens auszusetzen. Der Narzissmus ist ein sturer Versuch, um jeden Preis ein solides Selbst herzustellen. Und Depression ist das Ergebnis, wenn wir uns daran die Schuld geben, wie die Dinge sind, und an dem Kummer, den wir empfinden, wenn wir entdecken, dass das Leben uns durch die Finger gleitet.

Depression beginnt, uns in dem Moment zu beschleichen, wenn wir uns vorstellen, dass etwas mit uns nicht stimmt, weil wir den Schmerz nicht auf Distanz halten können, weil wir uns verletzlich fühlen oder traurig sind, weil wir uns nicht auf unseren Lorbeeren ausruhen können, weil wir durch Arbeit, Beziehungen oder ein anderes endliches weltliches Arrangement keine totale Erfüllung erlangen oder weil wir die Hohlheit unserer selbst erzeugten Identität spüren. Wenn wir eine dieser Erfahrungen näher betrachten würden, könnte uns das helfen, uns zu der essentiellen Offenheit unserer Natur zu erwecken, die die einzige reale Quelle von Glück und Freude ist. Aber Depression geht in eine andere Richtung – Vorwürfe und Klagen, wenn wir die Realität nicht kontrollieren können. Und dies verschließt unvermeidlich unsere Fähigkeit, auf die Schönheit des Lebens, einfach so, wie es ist, zu reagieren und für sie dankbar zu sein.

Leere – die ungreifbare, offene Natur der Realität – muss nicht deprimierend sein. Denn sie ist es, was dem Leben ermöglicht, sich in jedem Moment immer wieder neu zu erschaffen. Und dies macht Kreativität, Ausdehnungsbereitschaft, Wachstum und reale Weisheit möglich. Wenn wir die Tatsache, dass uns von Natur aus Festigkeit fehlt, als ein Problem oder als einen Mangel betrachten, der überwunden werden sollte, wendet sich das nur gegen uns selbst. Wir fallen unserem „inneren Kritiker" zum Opfer – dieser Stimme, die uns ständig daran erinnert, dass wir nicht gut genug sind. Wir sehen dann schließlich die drei Kennzeichen der Existenz als Beweis im Sinne der Anklage in einem laufenden inneren Prozess, wo unser innerer Kritiker als Ankläger und Richter den Vorsitz hat. Und in der Vorstellung, dass die Ansichten, die der Kritiker von Strafe hat, der Realität entsprechen, kommen wir dahin, zu glauben, dass unser Selbst und die Welt im Grunde schlecht sind.

Die moderne Konsumkultur fördert Depression. Alle unsere materialistischen Süchte und Abhängigkeiten sind Versuche, vor der Wahrheit der Leere wegzulaufen, indem man verzweifelt versucht, an Form festzuhalten. Wenn dann die Heirat, der Reichtum oder der Erfolg nicht zu der wahren Befriedigung führen, ist Depression unvermeidlich.

Ein junger Mann, der zur Behandlung einer klinischen Depression zu mir kam, hatte plötzlich entdeckt, dass er an den gewohnten Dingen keine Freude mehr hatte: an Surfen, Ausgehen mit seinen Freunden oder „Frauen aufreißen". Er machte eine schwere Identitätskrise durch, aber weil er so gründlich von der Ideologie des Materialismus überzeugt war, war er auf die Lebensphase, die vor ihm lag, schlecht vorbereitet. Statt in Betracht zu ziehen, dass seine Depression eine wichtige Botschaft für ihn enthalten könnte – dass es an der Zeit war, das sorglose Leben eines ewigen Heranwachsenden zu verlassen und weiterzugehen –, wollte er die Depression nur loswerden, um dann zu seinem alten Lebensstil zurückkehren zu können. Er betrachtete seine Depression als eine willkürliche Laune des Schicksals, die aus geheimnisvollen Gründen ihn ausgewählt hatte. Obwohl er nur einen ersten Eindruck von den drei Kennzeichen der Existenz bekam, ließ der einzige Bezugsrahmen, den er hatte, um sie zu interpretieren, sie nur als Zeichen endgültigen Versagens erscheinen. Kein Wunder, dass er so deprimiert war.

Geschichten und Gefühle

Da Depression durch Geschichten aufrechterhalten wird, die wir uns darüber erzählen, wie wir oder die Welt grundlegend fehlerhaft sind, ist es ganz entscheidend, wenn man mit ihr arbeitet, zwischen unseren wirklichen Gefühlen und den Geschichten zu unterscheiden, die wir uns über diese Gefühle erzählen. Mit *Geschichte* meine ich eine mentale Erfindung, Bewertung oder Interpretation einer Erfahrung. Wir erkennen unsere Geschichten gewöhnlich nicht als Erfindungen, wir glauben, dass sie die Realität abbilden.

Meditation ist eine äußerst wirksame Methode dafür, unsere Geschichten zu durchschauen. Durch Schärfen unserer Achtsamkeit fangen wir an, uns dabei zu ertappen, wie wir Geschichten herstellen, und können sie als die Erfindungen sehen, die sie sind. Wir beginnen zu sehen, wie sie ständig versuchen, Schlüsse darauf zu ziehen, wer wir sind, was wir tun und was als Nächstes passieren wird. Bei fortgesetzter Übung können Meditierende lernen, eine gesunde Skepsis gegenüber diesem Aspekt der Psyche zu entwickeln, der Geschichten erzählt. In der Sprache des Buddhismus entwickeln sie *prajñâ* – die unterscheidende Intelligenz, die sie zwischen dem, was real ist, und dem, was eine erfundene Überzeugung über die Realität ist, zwischen unmittelbarer Erfahrung und mentalen Interpretationen dieser Erfahrung unterscheiden lässt.

Unter den Geschichten, die dafür sorgen, dass eine Depression erstarrt bleibt, liegen verletzlichere Gefühle wie Unsicherheit, Kummer, Wut, Hilflosigkeit oder Angst. Die Geschichten, die der innere Kritiker zu diesen Gefühlen herstellt – „Ich tauge nichts", „Ich werde es nie schaffen", „Die Welt ist ein kalter, harter Ort" –, sind negative, ablehnende Wertungen, die unsere Gefühle zu einem verhärteten Zustand erstarren lassen. Und diese Erstarrung ist das, was die Depression zu einem Problem macht, nicht die verletzlichen Gefühle darunter.

Mit jedem Gefühl kann man arbeiten, wenn es in seinem flüssigen Zustand ist, aber wenn wir es mit negativen Geschichten interpretieren, erstarrt es und wird zu einer Blockade. Erstarrte Angst trägt zu der Einengung, Stumpfheit und Lethargie bei, die man gewöhnlich mit Depression assoziiert. Wo es aber flüssige Angst gibt, gibt es auch Offenheit und Empfänglichkeit für Leben. Erstarrte Wut wendet sich gegen einen selbst und wird zu einer Waffe der Selbstbestrafung, die der Kritiker einsetzt. Flüssige Wut aber kann Leidenschaft und Kraft aufschließen, die wir nutzen können, um Veränderung zu bewirken. Erstarrte Unsicherheit führt zu Verwirrung und Apathie, flüssige Unsicherheit ermöglicht Wachheit für neue Möglichkeiten.

Außer Angst und Wut ist das Hauptgefühl, das der Depression zugrunde liegt, Kummer oder Traurigkeit. Was ist Traurigkeit? Das englische Wort für „traurig" *sad* ist etymologisch mit *satisfied* (befriedigt) oder *sated* verwandt, das „satt" oder „gesättigt" bedeutet. In der Traurigkeit gibt es also eine Fülle des Herzens, eine Fülle des Gefühls als Reaktion darauf, von der süßen, vergänglichen, ungreifbaren Qualität menschlicher Existenz berührt zu werden. Diese leere Fülle ist eine der bedeutsamsten menschlichen Erfahrungen. Die schmerzhafte Schärfe, die darin liegt, dass wir nicht wissen, wer wir sind, und nicht in der Lage sind, unser schnell vergehendes Leben festzuhalten oder zu kontrollieren, verbindet uns mit der Weite und Tiefe des lebendigen Herzens. Es lädt uns ein, die fixierten Bezugspunkte loszulassen, die wir benutzen, um uns abzustützen. Wenn wir diese Traurigkeit bewerten oder ablehnen, verfestigt sich ihre vitale Intelligenz zu der Schwere der Depression. Wenn wir die Gelegenheit übersehen, die uns die Traurigkeit bietet, das Herz zu berühren und zu erwecken, werden wir mutlos (im Englischen: lose heart), wir verlieren buchstäblich unser Herz.

Deshalb ist es wichtig, Menschen, die an Depression leiden, zu helfen, mit ihrer wirklichen Erfahrung von Moment zu Moment direkter umzugehen, damit sie die negativen Geschichten durchschauen können, die ihnen von ihrem Kritiker erzählt werden, und mit ihrem echten Herzen in Kontakt kommen. Wenn sie unmittelbar erleben, was sie durchmachen, ist es selten so schlecht, wie sie es sich vorgestellt hatten. Im Grunde ist es eigentlich unmöglich, seine eigene Natur als grundlegend schlecht zu *erleben*. Die Vorstellung grundlegender Schlechtigkeit stellt sich dann als eine Geschichte heraus, die der innere Kritiker erzählt; sie ist ein Produkt unserer Phantasie, niemals eine unmittelbar gefühlte Erfahrung. Man kann grundlegende Gutheit nur dadurch entdecken, dass man sich für ihre Erfahrung öffnet. Anders als ihre fiktionale grundlegende Schlechtigkeit *kann* grundlegende Gutheit konkret gefühlt werden – in ihrer bedingungslosen Offenheit und Eingestimmtheit für Leben.

Ein Fallbeispiel

Ein Klient, der meinen eigenen Glauben an grundlegende Gutheit am meisten auf die Probe gestellt hat, war ein erfolgreicher Anwalt Mitte fünfzig, mit dem ich mehr als zwei Jahre lang arbeitete. Als er zum Erstgespräch kam, war Ted in einem so unnachgiebigen Zustand der Depression verhärtet, wie ich ihm noch nie begegnet war. Er war während der Großen Depression als Sohn von Immigranten aufgewachsen, die ihm beibrachten, die weiße angelsächsische Welt zu hassen und zu fürchten, und hatte gekämpft, um mit aller Gewalt voranzukommen. Er hatte sich sehr angetrieben, um materiellen und beruflichen Erfolg zu haben, und in seinem Beruf die Spitze erreicht, doch er war vollkommen unglücklich und verzweifelt. Sein Körper machte den Eindruck eines Panzers und seine Gesundheit litt unter der Menge an Spannung, die er mit sich herumtrug. Er sprach mit erhöhter Lautstärke, als würde er öffentlich etwas verkünden.

Ted hatte den scharfen Verstand eines Anwalts, der buchstäblich immer angriff, wohin er seine Aufmerksamkeit auch richtete. Sein Verstand konstruierte ständig Argumente, um seine dunkle Sicht der Realität zu befestigen. Seine Themen waren immer dieselben: seine Lebensmüdigkeit, seine Angst vor dem Tod und vor Loslassen, die Sinnlosigkeit von allem, die Forderungen, die Menschen immer an ihn richteten, seine Versklavung durch alles, was er *sollte* und *musste*, und das Misstrauen, das er gegenüber allem empfand. Seine Lebensregel lautete: „Greif an oder du wirst angegriffen."

Sein Leben war eine Reihe erfolgloser Versuche gewesen, die drei Kennzeichen der Existenz zu überwinden. Je mehr er kämpfte, um die Oberhand über sie zu gewinnen, um so mehr wurde er zum Opfer gerade der Umstände, die er zu vermeiden suchte. Er hatte versucht, seiner Angst vor seiner eigenen Bedeutungslosigkeit zu entkommen, indem er die berufliche Leiter erklomm, aber in dem Stress, den das erzeugte, brachte er sich buchstäblich um. Er wollte verzweifelt *jemand* sein. Doch indem er ständig versuchte, Anerkennung von anderen zu bekommen, war er so anmaßend geworden, dass die Leute ihn ablehnten – was ihm noch mehr das Gefühl vermittelte, niemand zu sein. Indem er versuchte, dem Schmerz seines Lebens zu entkommen, hatte Ted sich zu einem tiefen Zustand der

Depression betäubt. Die drei Kennzeichen der Existenz verfolgten ihn ständig in Form eines permanenten Gefühls der Verzweiflung, von Einsamkeit und Tod im Leben.

Anfangs fühlte ich mich von Teds Art und Anwesenheit angegriffen. Um in der Lage zu sein, im gleichen Raum wie er anwesend zu sein, musste ich mich während der ersten gemeinsamen Monate auf eine Art Zweikampf mit seinem scharfen Geist einlassen. Durch diese Begegnungen, darunter einige intensive Konfrontationen, war ich schließlich in der Lage, durch seine Geschichten hindurchzudringen und auf eine menschlichere Art und Weise mit ihm in Kontakt zu kommen. Als Ted anfing, den Unterschied zwischen seinen wirklichen Gefühlen und der ablehnenden Haltung, die er ihnen gegenüber einnahm, zu erkennen, konnte er sehen, wie seine negativen Geschichten ihn nur noch mehr in seiner gewohnten Bahn bestärkten. Dadurch, dass er gegenüber diesen Geschichten eine gewisse Skepsis entwickelte, empfand er nicht mehr die Notwendigkeit, sie so laut zu verkünden. Dies half ihm, langsamer zu werden, und er konnte anfangen, darauf zu achten, was er im Moment fühlte.

Zum nächsten Schritt meiner Arbeit mit Ted gehörte, ihn seine innere Stimme erkennen und von ihr zurücktreten zu lassen, die ihm andauernd sagte, was er tun „sollte" und „musste". Wir bezeichneten diese Stimme mit verschiedenen Namen: „Kritiker", „Antreiber", „Tyrann" und „Richter". Im Laufe unserer Arbeit entdeckte Ted, dass sein Hauptziel im Leben gewesen war, Bestätigung und Anerkennung von anderen sowie von seinem eigenen inneren Kritiker zu bekommen. Er hatte die konkreteren, handfesteren Tröstungen der Anerkennung und der Bestätigung gesucht, um nicht die Verletzlichkeit seines eigenen Bedürfnisses nach Liebe zu fühlen. Wenn er dieses Bedürfnis empfand, erschreckte ihn das, weil es ihn zurück in Kontakt mit der Hilflosigkeit und Verzweiflung brachte, die er als Kind gekannt hatte. Ted hatte seine Verletzlichkeit so sehr hassen gelernt, dass er sein Herz aufgegeben hatte. Als ihm dies klar wurde, fing er an, seine Wut, Traurigkeit und Angst unmittelbarer zu fühlen, statt nur die Welt für seinen Zustand verantwortlich zu machen.

Schließlich kam Ted an einen wichtigen Wendepunkt, der ihm ermöglichte, das Leben dem Tod im Leben vorzuziehen. Unter all seinem zwanghaften Streben und seinen Versuchen, Anerkennung zu bekommen, empfand er einen gewaltigen Kummer darüber, dass er den Kontakt mit seinem Herzen verloren hatte. Es dauerte lange, bis er sich von diesem Schmerz wirklich berühren lassen konnte. Doch als er das tat, begann Ted, sein Verlangen anzuerkennen, *einfach zu sein*, ohne ein wichtiger *jemand* sein zu müssen. Er fing an, sein Menschsein zu fühlen.

Einladung zum Tanz

Alle unsere Bezugspunkte entgleiten uns ständig. Wir können niemals eine unangreifbare Position oder Identität herstellen, die Glück oder Sicherheit garantiert. Sollen wir uns davon deprimieren lassen oder können wir damit tanzen? Der große kosmische Tanz des Shiva in der hinduistischen Tradition oder der Vajrayoginî in der tibetischen buddhistischen Tradition findet auf dem grundlosen Grund statt, wo alles ständig gebärt und stirbt, weggleitet. Diese alten Bilder des kosmischen Tanzes stellen Egolosigkeit und Vergänglichkeit als eine Quelle der Heiterkeit und nicht einer Depression dar.

Depression ist der Verlust des Herzens, der darauf zurückgeht, dass man sich gegen den unergründlichen Fluss des Lebens gewendet hat. Doch an der Wurzel dieses Zustandes – in der Rohheit, Verletzlichkeit und schmerzhaften Schärfe, die ihm zugrunde liegen – ist unsere grundlegende Gesundheit weiter am Werk. Das ist der Grund, weshalb Depression, wie alle Psychopathologie, nicht nur eine Krankheit ist, die einfach beseitigt werden sollte. Vielmehr ist sie eine Gelegenheit, unser Herz zu erwecken und unsere Verbindung mit dem Leben zu vertiefen.

13 Sich mit Emotionen anfreunden

Emotionen sind oft problematisch, weil wir am häufigsten mit ihnen die Erfahrung machen, dass wir von Kräften überwältigt werden, die anscheinend nicht unserer Kontrolle unterliegen. Meistens betrachten wir sie als eine Bedrohung, denn wir stellen uns vor, dass unsere Wut oder Depression uns total überwältigen, wenn wir sie uns wirklich fühlen lassen. Vielleicht können wir dann nicht mehr funktionieren oder schlagen um uns oder rasten aus! Wir gehen also mit unseren Emotionen in einen Kampf – was etwa so ist, als würden wir versuchen, uns gegen eine mächtige Welle zu stellen, die gegen das Ufer rollt. Wenn wir uns der Welle entgegenstellen, ist sie tatsächlich überwältigend. Und unser Widerstand hält uns davon ab, zu lernen, geschickter mit Emotionen umzugehen – vielleicht indem wir lernen, auf den Wellen zu reiten – und dabei die spirituelle Herausforderung und Chance zu entdecken, die sie darstellen.

Ist es dann möglich, dass wir uns mit unseren Emotionen anfreunden? Wie könnten wir lernen, sie ganz zu akzeptieren, bereitwillig auf sie *zu*zugehen und ihnen direkt und furchtlos zu begegnen, so dass ihre Energie in unserem Leben zu einer Kraft des Erwachens werden könnte?

Wenn wir lernen könnten, tiefer in Emotionen einzutreten und uns fühlen zu lassen, was wir fühlen, statt dagegen zu reagieren, es zu verurteilen oder zu versuchen, es zu unterdrücken, könnten wir mit mehr Vertrauen begegnen, was immer das Leben uns gibt. Schließlich sind die Herausforderungen und Aufgaben des Lebens nur in dem Maße schmerzhaft und schwierig, wie uns die Gefühle unangenehm sind, die sie in uns auslösen.

Emotion in der westlichen Psychologie

Das Thema Emotion ist eines der verwirrendsten Kapitel der modernen Psychologie. Wer aus der Literatur der westlichen Psychologie etwas über Emotionen erfahren möchte, stößt auf eine verwirrende Reihe widerstreitender Theorien darüber, was sie ist, wie sie entsteht und was sie bedeutet. James Hillman konnte am Ende seiner erschöpfenden Studie über diese Theorien nur den Schluss ziehen, dass „das Problem der Emotion ewig eines bleibt und seine Lösung nicht in Worten zu fassen ist".[a]

In der westlichen Kultur haben wir Emotionen immer wie etwas Fremdes, *anderes*, von uns Getrenntes mit Misstrauen und Geringschätzung behandelt. Seit Plato wurden die „Leidenschaften" als unsere „niedere Natur" gesehen. Wenn man die Quelle der Leidenschaften als ein *Es* („Id") betrachtet, wie Freud das tat, „als ein primitives Chaos, ein Kessel siedender Erregung", wird es schwer, mit Emotionen eine freundliche Beziehung zu entwickeln oder sie als Teil von uns zu akzeptieren. Die Sicht der Emotion als primitiv und fremd ist eine klassische Form dualistischen westlichen Denkens.

Als Ergebnis der Betrachtung von Emotionen als *anderes* empfinden wir das Bedürfnis, uns von diesen fremden Kräften, die in unser System eindringen oder besetzen, zu befreien, entweder, indem wir sie ausagieren oder indem wir sie unterdrücken. Doch diese Angst vor unseren Emotionen weist darauf hin, wie entfremdet wir von uns sind. Erst werden wir von unserer eigenen Energie entfremdet, machen sie zu etwas *anderem* und bewerten sie negativ. Dann fangen wir an, uns vorzustellen, dass Emotionen dämonisch sind, dass wir Monster in uns haben. Die Ironie ist, dass wir mit Bewerten und Kontrollieren unserer Emotionen noch weiter von ihnen überwältigt werden, was zu explosiven Ausbrüchen führt, die zur

Sich mit Emotionen anfreunden

Folge haben, dass wir um so mehr von uns entfremdet sind. Wenn wir Emotionen als etwas *anderes* behandeln, gewähren wir ihnen Herrschaft über uns. Unterdrückung von Emotionen und Ausagieren sind beide entfremdete, problematische Strategien, die uns daran hindern, Emotionen so, wie sie sind, von Angesicht zu Angesicht zu erleben.

Das Spektrum gefühlter Erfahrung

Bevor wir sehen können, wie wir mit Emotionen auf eine heilsame Weise arbeiten können, müssen wir verstehen, wie Emotionen entstehen und Energie und Macht bekommen. Unser Gefühlsleben nimmt eine ganze Reihe von Formen, von global und diffus bis scharf und intensiv an. Das Spektrum gefühlter Erfahrung kann man wie in Abbildung 3 in einer Kegelform veranschaulichen, mit einer breiten Basis, die an ihrer Spitze schmaler und intensiver wird.

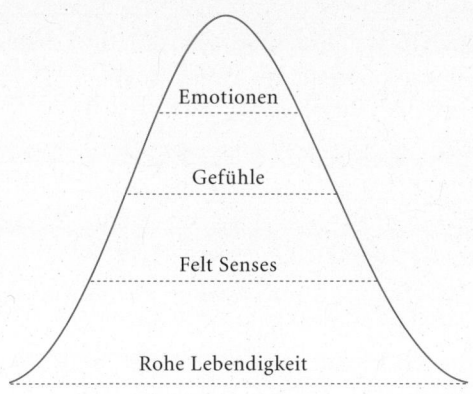

Abbildung 3   *Das Spektrum gefühlter Erfahrung*

Alle Gefühle und Emotionen entstehen als Ausdruck einer fundamentaleren Lebensenergie, die durch uns hindurchströmt oder in uns kreist. Der Biologe René Dubos beschreibt diese grundlegende Lebendigkeit als eine bedingungslose Empfindung heilsamer Vitalität, die allen Höhen und Tiefen der Wechselfälle des Lebens zugrunde liegt:

> „In Bezug auf die Erfahrung des Lebens haben die meisten Menschen die Illusion, dass sie nur glücklich sein können, wenn etwas besonders Gutes passiert. Seltsamerweise gibt es nur eine Formulierung oder Redewendung, die zum Ausdruck bringt, dass das Leben *an sich* gut ist, dass es gut ist, einfach zu leben ... der französische Ausdruck *joie de vivre*. *Joie de vivre* bedeutet einfach, dass allein schon einfach nur zu leben eine außergewöhnliche Erfahrung ist. Die Qualität dieser Erfahrung kann jeder sehen, wenn er ein kleines Kind oder ein junges Tier beobachtet, das im Frühling spielt. Es ist vollkommen unwichtig, was passiert, es geht nur um die Tatsache, dass man lebt. Das bedeutet nicht, dass man unbedingt sehr glücklich damit ist, wie man lebt. Man kann sogar leiden, aber allein schon, lebendig zu sein, ist eine Qualität *an sich*."[b]

Was Dubos hier beschreibt, ist die einfache Freude, einfach nur zu sein – *grundlegende Gutheit*, im Grunde diese Ur-Empfänglichkeit für Realität, die in unserem Kern liegt und die nicht davon abhängt, ob die momentanen Umstände gut oder schlecht sind.

Unsere rohe Lebendigkeit ist sowohl die Quelle besonderer Gefühle als auch die Energie, die flüssig in ihnen zirkuliert, so wie Wasser die Wiege des Lebens wie auch ein universelles Element in allen lebenden Geweben ist. Wie Erde ist unsere Lebendigkeit der Grund, der uns umfasst und hält und nährt, und aus diesem Grund entstehen bestimmte Gefühle. Wie Luft, die den ganzen Körper mit vitaler Energie erquickt und versorgt, ist unsere Lebendigkeit eine veränderliche Offenheit im Kern aller Gefühle, die sie davon abhält, jemals zu etwas total Festem oder Fixiertem zu werden. Und wie Feuer ist unsere rohe Lebendigkeit eine Wärme, die frei in alle Richtungen ausstrahlt.

Diese ursprüngliche Vitalität ist die Quelle unserer Sensibilität so wie unserer Gesundheit. Unsere weiche Haut, das komplizierte Zusammenspiel unserer Sinne, Gehirn und Nervensystem sind alle daraufhin angelegt, *die Welt hereinzulassen* und angemessen zu reagieren. Gefühle und Emotionen sind unsere Reaktionen und Antworten auf die Welt, wenn wir sie uns berühren lassen.

Felt Sense

Zwischen dieser weit offenen Lebendigkeit und unseren vertrauten Gefühlen und Emotionen liegt eine subtile Zone der Sensibilität, die Gendlin den *Felt Sense* nennt. Ihr Ärger mit einem Freund ist zum Beispiel nur die Spitze eines Eisberges – eines globaleren Gefühls der Frustration in Ihrer Beziehung mit ihm. Dieser größere „Eisberg" ist breiter und tiefer als der Ärger und kann als ein Felt Sense im Körper erlebt werden, vielleicht als brennende Hitze oder gereizte Spannung. In diesem Felt Sense passiert viel mehr als nur Ärger. Da kann es auch Enttäuschung, Hoffnungslosigkeit, Kummer oder Druck geben.

Wir können zu einem größeren Felt Sense, der einer Emotion zugrunde liegt, oft Kontakt bekommen, wenn wir uns fragen: „Was für eine Wirkung hat diese ganze Situation auf mich?" Ein Felt Sense ist zuerst oft unklar, weil er viele Facetten unserer Reaktion auf eine Situation enthält, aber wenn wir einmal Kontakt mit ihm haben und zu artikulieren beginnen, was da ist, entdecken wir viel mehr neue Informationen und Möglichkeiten, als unsere vertrauteren Reaktionen bisher erlaubt haben.

Gefühl und Emotion

Gefühle wie Traurigkeit, Fröhlichkeit oder Wut sind deutlicher zu erkennen als ein Felt Sense, der zuerst oft unklar ist. Und Emotionen sind eine intensivere Form von Gefühl. Das Gefühl Traurigkeit kann sich zu tiefer Trauer oder Kummer steigern, ein Gefühl des Ärgers kann in Zorn oder Wut ausbrechen, das Gefühl Angst kann zu Panik werden. Das unterscheidende Charakteristikum der Emotion ist, dass sie unsere Aufmerksamkeit vollkommen beherrscht, nicht ignoriert werden kann und gewöhnlich eine sich wiederholende, vorhersehbare Form annimmt. Gefühle sind subtiler und fließender als Emotionen.

Die Entstehung emotionaler Verwicklung

Wie beginnen Emotionen, an Intensität zuzunehmen und die Kontrolle zu übernehmen, indem sie klaustrophobisch oder explosiv werden? Und worin besteht der Unterschied zwischen Sichtreibenlassen oder Wühlen in Emotionen einerseits und konstruktiverem Arbeiten mit ihnen andererseits? Angenommen Sie wachen auf und sind traurig. Statt sich von der Traurigkeit berühren und für etwas wach und neugierig machen zu lassen, was in Ihrem Leben vielleicht Beachtung verlangt, richten Sie Ihre Aufmerksamkeit darauf, wie sie Ihre Ichidentität bedroht: „Wenn ich traurig aufwache, kann etwas mit mir nicht stimmen. Nur Versager wachen traurig auf." Wenn ein Gefühl Ihr Selbstbild bedroht, werden Sie es wegschieben wollen. Wenn Sie also Ihre Traurigkeit negativ bewerten und sie ablehnen, erstarrt sie und verliert dabei ihre Verbindung mit Ihrer rohen Lebendigkeit. Sie verfangen sich in dunklen, depressiven Sätzen oder Geschichten – melancholischen Gedanken und Vorstellungen, die Sie in die Vergangenheit und in die Zukunft projizieren („Was ist mit mir los? Warum fühle ich mich immer so? Ich werde es nie schaffen").

Je mehr Sie über diesen Geschichten grübeln, um so trauriger werden Sie, und je trauriger Sie werden, um so dunkler werden auch Ihre Geschichten – ein Teufelskreis, der dann intensivere Emotionen wie Depression und Verzweiflung zu erzeugen beginnt, die ihrerseits noch bedrückendere Gedanken hervorrufen. Wenn Depression beginnt, sich aus der einfachen Traurigkeit, von der Sie sich abgewendet haben, zu verfestigen, kann es sein, dass Sie anfangen, die ganze Welt, Ihre ganze Lebensgeschichte und Ihre Aussichten für die Zukunft in diesem düsteren Licht zu sehen. Ihre depressiven Gedanken weiten sich in alle Richtungen aus und halten Sie im Sumpf gefangen. Auf diese Weise wird etwas, was als ein flüssiges Gefühl begann, dicht, fest, schwer und zur Falle.

Wenn man so gegen Gefühle reagiert – indem man Angst vor der Angst hat, sich über Ärger aufregt, deprimiert über Traurigkeit wird –, ist das viel schlimmer als das primäre Gefühl selbst, denn man wendet sich gegen sich selbst und fängt an, sich in emotionalen Kreisen zu bewegen. Wenn wir uns in dem Kreis bewegen, der darin besteht, dass Gefühle hoch geladene Gedanken entstehen lassen, wird unsere Wahrnehmung getrübt und wir sagen oder tun oft Dinge, die wir später bereuen.

Um diese Tendenz, sich in emotional getriebenen Gedanken und Geschichten zu verlieren, zu durchschneiden, braucht man eine bestimmte Disziplin, die Psychotherapie und Meditation auf je eigene Weise vermitteln.

Der therapeutische Ansatz zu Emotion

Durch Entfalten des weiteren Felt Sense, der einer Emotion zugrunde liegt, kann psychotherapeutische Selbsterforschung helfen, uns aus dem Sog dieser Art emotionalem Strudel zu befreien. In einem Felt Sense entdecken wir eine viel größere Bandbreite an Bedeutungen und Reaktionen als in der Emotion selbst. Zum Beispiel entdecken Sie unter der schweren Depression, die Sie aufgebaut haben, möglicherweise, dass Sie traurig darüber sind, dass Sie nicht wissen, was Sie mit Ihrem Leben anfangen sollen. Wenn Sie dies entdecken, hilft Ihnen das, tiefer in das Thema der Orientierung des Lebens zu schauen, statt in Depression stecken zu bleiben. Oder unter Ihrer Wut auf Ihren Freund entdecken Sie vielleicht, dass Sie etwas ganz Wichtiges mitteilen möchten, was Sie erst jetzt erkennen und was Sie aus der Blockierung in dem Ärger befreit.

Obwohl emotionale Entspannung in diesem Prozess wichtig und hilfreich sein kann, ist das, was die emotionale Verwicklung schließlich auflöst, nicht Katharsis an sich, sondern dass man einen umfassenderen, breiteren Felt Sense entfaltet, der unsere umfassendere Beziehung mit der fraglichen Situation erhellt. Und dies kann zu einer körperlichen gefühlten Verschiebung führen, die die Logik unserer Geschichten durchbricht und offenbart, wie man mit der problematischen Situation anders umgehen kann. Gefühlte Verschiebungen brechen Blockaden und Stillstand im Bewusstseinsstrom auf, wodurch unsere rohe Lebendigkeit wieder frei fließen kann.

Therapeutische Arbeit bringt auch konditionierte Identitätsstrukturen zutage, die zu unserer emotionalen Verwicklung beitragen. Zum Beispiel kann Arbeit mit Ihrer Traurigkeit und Depression psychische Fixierungen enthüllen, die normalerweise verborgen bleiben – dass Sie sich unfähig finden, die Aufgaben des Lebens zu bewältigen, oder dass Sie die Welt überwältigend finden –, so dass sie direkter angegangen werden können. Auf diese Weise sorgt psychologische Arbeit mit emotionalen Reaktionen für einen wichtigen Zugang zur Auflösung tief sitzender konditionierter Muster.

Eine Einschränkung eines rein psychologischen Ansatzes zu Emotion ist die Tendenz, die Erforschung der Gefühle zu einem endlosen Projekt oder zu einem Ziel an sich zu machen. Einer Psychotherapie, die allein auf emotionale und psychologische Muster fokussiert, gelingt es oft nicht, einem Menschen zu helfen, den größeren Grund ursprünglicher Lebendigkeit zu erkennen und Zugang zu ihm zu bekommen, der sich in Momenten gefühlter Verschiebung und Entspannung offenbart.

Der meditative Ansatz zu Emotion

Indem sie uns lehrt, uns gegenüber Emotionen auf eine mehr nichtkonzeptuelle, nackte Weise zu verhalten, vermittelt die Praxis der Meditation direkten Zugang zu unserer rohen Lebendigkeit. Der meditative Ansatz zu Emotion ist, anders als der psychologische, nicht am Inhalt der Gefühle, an ihrer Bedeutung oder an den psychischen Strukturen, die ihnen zugrunde liegen, orientiert. Vielmehr geht es bei der Meditation darum, sich Gefühlen direkt zu öffnen, ohne zu versuchen, ihre Bedeutung zu entdecken. Wenn es zu Schüben emotionaler Turbulenz kommt, üben wir, unseren Sitz zu behalten und uns ihrer Energie zu öffnen.

Während die Psychotherapie die Bedeutungen unserer Gefühle aufdeckt, sind für die Meditation Gefühle rein energetische Phänomene, Ausdruck unserer grundlegenden Lebendigkeit. Aufdecken der rohen Energie der Emotionen ist so, als bewegte man sich unter den Schaumkronen emotionaler Ekstase und der Dünung der Gefühle in die Tiefen des Ozeans, wo alles ruhig bleibt, wo unsere persönlichen Kämpfe und Auseinandersetzungen sich in die größeren, umfassenderen Strömungen des Lebens entleeren.

So ermöglicht uns Meditation, eine freiere, offenere Bewusstheit zu entdecken, die immer verfügbar ist, auch wenn wir in emotionalen Reaktionen verfangen sind. Dadurch, dass sie uns hilft, die Lücken und Unstetigkeiten zu erkennen, die spontan in der dichten Logik unserer Geschichten auftauchen, kann uns Meditation auch helfen, mitten in intensiven, emotionalen Zuständen aufzuwachen, wenn sie entstehen. Jemand, der meditiert, könnte mitten in einem Ausbruch von Wut in der Lage sein, sich zu fragen: „Bin ich wirklich so wütend? Muss ich wirklich so eine große Sache daraus machen? Ist dies wirklich so wichtig, wie ich es mache? Sind diese Leute wirklich so daneben, wie ich sie hinstelle?"

Umwandlung

Nutzen von Emotionen als ein Mittel der Erleuchtung des Selbst ist im Tantrischen Buddhismus als *Umwandlung* bekannt. Als alchemistischer Begriff impliziert *Umwandlung*, dass etwas scheinbar Wertloses zu etwas extrem Kostbaren umgewandelt wird, wie Blei zu Gold.

Der erste Schritt beim Zähmen des Löwen der Emotion, bei der Umwandlung seiner wilden Energie in Erleuchtung, besteht darin, sie zu fühlen und sein zu lassen, ohne sie als gut oder schlecht zu bewerten. Weglaufen vor einem wilden Tier oder der Versuch, sich seiner Energie entgegenzustellen, provoziert nur weitere Angriffe. Wir müssen lernen, uns der Energie der Emotionen direkt zu öffnen und eins mit ihr zu werden, wie Chögyam Trungpa sagt: „Wenn wir in der Lage sind, mit Ärger und Irritationen vollkommen eins zu werden oder die abstrakte Qualität der Irritation zu fühlen, wie sie ist, hat sie niemanden, den sie irritieren kann. Es wird zu einer Art Judoübung."[c] Obwohl Emotionen uns in ihrem Griff zu haben scheinen, machen wir die Erfahrung, sobald wir uns ihnen zuwenden und ihnen direkt begegnen, dass nichts so starr oder fixiert ist wie unsere Wertungen oder Geschichten über sie. In ihrem rohen Zustand sind Emotionen einfach Ausdruck unserer eigenen Energie. Es sind nur unsere Reaktionen auf und gegen sie und die Geschichten, die wir aus diesen Reaktionen weben („Meine Wut ist richtig, weil ...", „Meine Traurigkeit ist schlecht, weil ..."), die ihre energetische Präsenz dicht und schwer machen.

Statt zu versuchen, Emotionen zu kontrollieren, uns für sie zu verurteilen oder gegen sie zu reagieren, können wir lernen, sie in ihrer Unmittelbarkeit zu erleben. Trungpa beschreibt verschiedene Aspekte dieses Prozesses:

> „Wenn man mit Emotionen umgeht, gibt es verschiedene Phasen: Sehen, Hören, Riechen, Berühren und Umwandeln. Beim Sehen der Emotionen haben wir ein allgemeines Bewusstsein davon, dass die Emotionen ihren eigenen Raum, ihre eigene Entwicklung haben. Wir akzeptieren sie als Teil des Musters der Psyche, ohne Frage. Und zum Hören gehört dann die Erfahrung der Pulsation so einer Energie, des Schubes der Energie, wenn sie zu einem kommt. Riechen bedeutet wertschätzen, dass die Energie in gewisser Weise bearbeitbar und veränderbar ist. Berühren ist das Gefühl des Wesentlichen des Ganzen, dass man es berühren und mit ihm umgehen kann, dass deine Emotionen nicht besonders destruktiv oder verrückt sind, sondern einfach ein Schub von Energie, gleich, welche Form sie annehmen."[d]

Wenn das Ego die Tendenz ist, an uns festzuhalten und unsere Erfahrung zu kontrollieren, dann ist die ganze Kontrollstruktur des Egos bedroht, wenn wir unsere Emotionen direkt fühlen und ihre Energie frei fließen lassen. Wenn wir uns für die tatsächliche Textur und Qualität eines Gefühls öffnen, statt zu versuchen, sie zu kontrollieren oder zu bewerten, beginnt das „Ich" – die Aktivität des Versuches, uns zusammenzuhalten – sich in „es" aufzulösen – in die größere Lebendigkeit, die in dem Gefühl anwesend ist. Wenn ich mich meinem Kummer ganz öffne, kann es sein, dass er sich eine Weile intensiviert, und es kann sein, dass ich die ganze Traurigkeit fühle, die in ihm enthalten ist. Aber wenn ich mich diesem Schmerz öffne, ohne Geschichten zu verfertigen, hat das auch zur Folge, dass ich mich lebendiger fühle. Wenn ich mich umdrehe, um meinen Dämonen ins Gesicht zu sehen, enthüllen sie sich als meine eigene Lebensenergie.

Man könnte sagen, dass die Emotionen das Blut sind, das vom Ego vergossen wird – sie beginnen immer zu fließen, wenn wir berührt sind, immer wenn die defensive Schale um das Herz durchbrochen ist. Wenn wir uns anstrengen, um sie zu kontrollieren, ist das ein Versuch, zu verhindern, dass diese Schale zerbricht. Wenn wir andererseits das Ego bluten lassen, öffnet dies das Herz. Dann entdecken wir uns neu als lebendige Wesen, die der Welt ausgesetzt und mit allen anderen Wesen verbunden sind. Wenn wir Wertungen und Geschichten loslassen und diese nackte Qualität des Lebendigseins fühlen, weckt uns das auf und nährt Mitgefühl mit uns und mit anderen.

Wenn man sich der Turbulenz der Emotionen zuwendet und sie anschaut, ist das so, als würde man in das Auge eines Hurrikans eintreten. Die Winde, die es umgeben, können turbulent sein, aber schließlich gelangt man zu einer klaren Öffnung in der Mitte des Sturms, wie Tarthang Tulku beschreibt:

> „Wenn du emotional erregt bist, bleib in der Emotion ... ohne sie zu fassen oder sie festzuhalten ... So konzentriere dich auch auf das Gefühl, wenn Angst oder ein anderes beunruhigendes Gefühl aufkommt, nicht aber auf Gedanken darüber. Konzentriere dich auf das Zentrum des Gefühls: Dringe in diesen Raum ein. ... Wenn wir direkt in das Zentrum der Emotion gehen, ist nichts da! ... Da ist in diesem Zentrum eine Dichte der Energie, die klar und bestimmt ist. Diese Energie hat große Kraft und kann große Klarheit vermitteln. ... Wir können diesen samsârischen Geist umwandeln, weil der Geist selbst Leere ist – totale Offenheit, totale Aufrichtigkeit mit jeder Situation ... direktes Sehen, totale Freiheit von Trübungen, vollkommene Empfänglichkeit."[e]

Wenn man so in Emotionen hineingeht, kann das zuerst ein heikles Unterfangen sein. Es kann sein, dass wir einen kurzen Blick auf den Raum in ihnen werfen können, aber dann schnell in angstvolle Geschichten zurückfallen. Meditationspraxis hilft, die andauernde Aufmerksamkeit zu entwickeln, die man hier braucht und durch die wir lernen, zu verhindern, von unseren Gedanken „entführt" oder besetzt zu werden. Wenn wir auf diese nackte Weise in eine Emotion hineingehen, kann sie nicht lange anhalten, weil sie, von unseren Konzepten und Reaktionen abgesehen, eigentlich keine eigene unabhängige, stabile Existenz besitzt.

Diese Art von Verständnis der Emotionen kann Klienten auch helfen, ihnen in der Psychotherapie direkter zu begegnen. Zum Beispiel litt ein

Mann, mit dem ich einmal arbeitete, schrecklich unter seinem Hunger nach Liebe. Die erste Aufgabe bestand darin, seine kritischen Geschichten über sein Bedürfnis zu durchbrechen. („Ich sollte nicht brauchen. ... Es ist unmännlich. ... Ich sollte unabhängig sein und allein klar kommen.") Als er sich das Bedürfnis voll und direkt fühlen lassen konnte, entdeckte er in ihm seine Lebendigkeit, wie das folgende verkürzte Protokoll illustriert:

Therapeut: „Was passiert, wenn Sie das Bedürfnis da sein lassen?"
Klient: „Es sagt: ‚Ich bin unglücklich. Ich bin allein. Ich habe Angst. Es ist schwer, es allein zu schaffen. Ich brauche jemanden, der mich liebt und für mich sorgt.'"
Therapeut: „Können Sie sich dieses Bedürfnis nach Liebe in diesem Moment einfach haben lassen? Wie wäre es, wenn Sie sich ihr Bedürfnis zu hundert Prozent haben ließen?"
Klient: (*lange Pause*) „Wenn ich das tue, verändert das wirklich die Dinge in mir. ... Wenn ich wirklich in das Bedürfnis hineingehe, gibt es mir ein Gefühl von Power. ... Es fühlt sich wirklich anders an. ... Ich fühle mich mehr ausgeglichen ... geerdet. ... Es gibt viel mehr Raum. ... Da ist keine Verzweiflung oder Angst. ... Wenn ich mich dieses Bedürfnis haben lasse, ist das sehr nährend, auch wenn niemand da ist. ... Ich fühle mich voll."

Man hat verschiedene Metaphern benutzt, um die Umwandlung emotionaler Energie zu beschreiben. Der französische Psychoanalytiker Hubert Benoit vergleicht sie mit der Metamorphose von Kohle zu Diamanten, wo „das Ziel nicht die Zerstörung des Egos, sondern seine Transformation ist. Das bewusste Annehmen resultiert darin, dass die Kohle, die dichter und damit schwärzer und undurchsichtiger geworden ist, sofort zu einem Diamanten transformiert wird, der vollkommen transparent ist."[f]

Dieses Bild der Transparenz und Aufhellung für den Zustand, wenn Emotionen zu einem klaren Fenster werden, das sich für tiefere Lebendigkeit öffnet, ist besonders im Vajrayâna oder im Tantrischen Buddhismus bekannt. *Vajra* ist die diamantähnliche, unzerstörbare Klarheit des wachen Zustandes des Geistes, der sich als spiegelähnliche Weisheit manifestiert. Weil er absolute Klarheit bedeutet, sieht das Vajrayâna (der „diamantene

Weg") die Welt als ein Leuchten und mit Brillanz beleuchtet. Das angestrengte Bemühen, ein Selbstbild abzustützen, erzeugt nur eine Schicht der Verwirrung, die die natürliche Brillanz unserer diamantähnlichen Bewusstheit dämpft. Umwandeln von Emotionen macht die dunkle, düstere Welt des verwirrten Geistes zum Strahlen klaren Sehens.

Umwandlung kann als eine plötzliche Veränderung auftreten oder sie kann sich allmählicher, durch zunehmende Freundlichkeit mit unserer Erfahrung einstellen. Andere Metaphern betonen die allmähliche, organische Natur dieses Prozesses. Trungpa sagt dazu: „Unerfahrene Bauern werfen ihren Abfall weg und kaufen Mist bei anderen Bauern, aber die, die geschickt sind, sammeln ihren eigenen Mist trotz des schlechten Geruchs und der unsauberen Arbeit, und wenn er so weit ist, dass man ihn verwenden kann, verteilen sie ihn auf ihrem Land und so bauen sie ihre Feldfrüchte an. ... Aus diesen unreinen Dingen kommt also die Geburt des Samens, der die Realisierung ist."[g] Suzuki Rôshi spricht in ähnlicher Weise darüber, wie das Unkraut des Geistes genutzt werden kann, um das Erwachen der Bewusstheit zu nähren: „Wir jäten das Unkraut und vergraben es bei der Pflanze, um sie zu nähren. ... Du solltest für das Unkraut dankbar sein, weil es deine Praxis schließlich bereichern wird. Wenn du etwas Erfahrung damit hast, wie sich das Unkraut in deiner Psyche in mentale, innere Nahrung verwandelt, wird deine Übung beachtlichen Fortschritt machen."[h]

Zur Umwandlung kommt es dadurch, dass man den offenen Raum des Seins im Kern aller Erfahrung entdeckt. Dieser weite Raum bringt unseren emotionalen Aufruhr ins rechte Maß, so dass er als kleines Drama inmitten einer gewaltigen Weite der Bewusstheit erscheint. Wenn wir unsere Emotionen nicht mehr fürchten, führt dies zu größerer Furchtlosigkeit gegenüber dem Leben als Ganzem, die im Buddhismus als „Brüllen des Löwen" bekannt ist:

> „Das Brüllen des Löwen ist die furchtlose Bekanntmachung, dass jeder innere Zustand, einschließlich der Emotionen, eine bearbeitbare, veränderbare Situation ist. Dann werden die mächtigsten Energien absolut bearbeitbar, statt dich zu bestimmen, weil es nichts zu bestimmen gibt, wenn du keinen Widerstand leistest. Die indische Kunst der Zeit Asho-

kas bildete das Brüllen des Löwen mit vier Löwen ab, die in vier Richtungen schauen. Damit wird die Vorstellung symbolisiert, dass man keinen Rücken, keine Rückseite hat. Jede Richtung ist eine Vorderseite, womit Bewusstheit symbolisiert wird, die alles durchdringt. Die Furchtlosigkeit deckt alle Richtungen."i

Zusammenfassend sei gesagt, dass zur meditativen Herangehensweise an Emotionen, wie sie besonders im Tantrischen Buddhismus kultiviert wird, gehört, dass wir unseren Sitz behalten und inmitten emotionalen Wirbels präsent bleiben, und dabei durch Bewertungen und Geschichten schneiden, um direkter in die Emotionen hineinzugehen, und uns ihrer Energie in all ihrer Rohheit und Kraft öffnen. Wenn wir das tun, entdecken wir die intensive Zartheit unserer Lebendigkeit.

Wenn wir uns so mit Emotionen anfreunden, wird es möglich, dass wir die größere Intelligenz entdecken, die in ihnen enthalten ist. Befreit von Reaktivität kann Wut zu einem Mittel direkter Kommunikation werden, statt zu einer Waffe. Angst kann zu einem Alarmsignal werden, dass unsere Aufmerksamkeit weckt, statt zu einem Auslöser, wegzulaufen und sich zu verstecken. Und wenn wir Einsamkeit als eine Sehnsucht nach Beziehung und innerer Verbindung und Traurigkeit als eine Fülle des Herzens erkennen und wertschätzen, gewinnen diese Gefühle ihre essentielle Würde wieder, statt eine Last zu sein.

In der Tradition des Vajrayâna hängt der vollständige Weg der Umwandlung von sorgfältigem Verstehen und kundiger Führung ab. Es wird als essentiell angesehen, eine sichere Grundlage in der Meditationspraxis zu haben, die einem hilft, vom Griff des Denkens und der Phantasie frei zu werden. Es ist auch wichtig, mit einem lebenden, realisierten Lehrer zu arbeiten, der tief in den Energien des Lebens geerdet ist und der den Schüler durch die vielen Wendungen des Weges führen kann. Dann kann die Verwirrung der Emotionen durch Disziplin und Übung zu der Weisheit transformiert werden, die darin besteht, dass man die Dinge sieht, wie sie sind.

14 Verkörpern der Realisierung
Psychologische Arbeit im Dienst spiritueller Entwicklung

Die Technik eines die Welt verändernden Yoga muss so vielgestaltig, geschmeidig, geduldig und allumfassend wie die Welt selbst sein. Hat er die geringste Chance auf Erfolg, wenn man nicht mit all den Schwierigkeiten oder Möglichkeiten und sorgfältig mit jedem notwendigen Element umgeht?

SHRÎ AUROBINDO

Das Unpersönliche ist eine Wahrheit, das Persönliche ist auch eine Wahrheit; sie sind dieselbe Wahrheit, gesehen von zwei Seiten unserer psychischen Aktivität. Keine von beiden liefert allein eine Gesamtdarstellung der Realität, und doch können wir uns ihr durch beide aus nähern.

SHRÎ AUROBINDO

Als ich in den sechziger Jahren zum ersten Mal dem Zen begegnete, war ich besonders von dem geheimnisvollen *Satori* angezogen – diesem Moment, in dem man in seine eigene Natur sieht, wenn alle alten Scheuklappen wegfallen, so dass man ein ganz neuer Mensch wird und nie wieder derselbe ist. D. T. Suzuki beschreibt das so: „Das Öffnen des

Satori ist das Neumachen des Lebens selbst ... eine vollständige Revolution ... umwälzend" seinen Folgen nach betrachtet. Eine Enthüllung, die mich zu einer ganz neuen Weise zu sein führte – ich fand diese Aussicht so spannend, dass ich sie zu einem zentralen Thema meines Lebens gemacht habe.

Viele von uns, die sich in den letzten Jahrzehnten meditativen Übungen gewidmet haben, hatten einen unmittelbaren Vorgeschmack von dieser Realisierung, die große Freude und Dankbarkeit inspiriert und frische Einsicht und Klarheit mit sich bringt. Zugleich habe ich aber auch tiefen Respekt dafür entwickelt, wie schwierig es ist, solche Realisierungen im alltäglichen Leben zu verkörpern – besonders für moderne Menschen im Westen, die in der Welt und nicht in einem monastischen Setting leben. Monastische Lebensformen oder Retreats sind dazu bestimmt, Menschen zu helfen, sich auf einen Punkt gerichtet der Aufgabe zu widmen, die konditionierte Psyche zu durchschauen und Sein (being), Geist (spirit) oder nackte Bewusstheit als ihre eigene Natur zu realisieren. Aber die volle Verkörperung solcher Realisierungen – die sich darin manifestieren, dass man auf eine weise und ausgewogene Weise für seinen Lebensunterhalt sorgt und sich in intimen Beziehungen und den komplexen Herausforderungen der modernen Gesellschaft engagiert – stellt eine vollkommen andere Art Hürde dar. Wir leben als Haushaltsvorstände, Ehemänner, Ehefrauen, Eltern oder arbeitende Menschen und brauchen vielleicht auch andere Methoden, die uns helfen, spirituelle Realisierung in unser geschäftiges, komplexes Leben zu integrieren.

Realisierung und Transformation

Die harte Wahrheit ist, dass die spirituelle Realisierung im Vergleich mit der viel größeren Schwierigkeit, sie zu aktualisieren und voll in das Gewebe der eigenen Verkörperung und den eigenen Alltag zu integrieren, relativ leicht ist. Mit *Realisierung* meine ich die direkte Erkenntnis der eigenen Natur, während *Aktualisierung* sich darauf bezieht, wie wir diese Realisierung in allen Situationen unseres Lebens leben. Wenn Menschen wichtige spirituelle Erfahrungen der Öffnung haben, oft während Perioden intensiven Übens oder intensiver Retreats, dann kann es sein, dass sie sich vorstellen, dass sich alles verändert hat und dass sie nie wieder dieselben sein werden. Tatsächlich kann spirituelle Arbeit Menschen auch tief öffnen und ihnen helfen, über lange Zeitabschnitte hinweg frei von den Zwängen ihrer Konditionierung zu leben. Aber irgendwann nach dem Ende des Retreats, wenn sie Umständen begegnen, die ihre emotionale Reaktivität, ihre ungelösten psychischen Probleme, ihre gewohnten Spannungen und Abwehrmechanismen oder ihre unterbewussten Identifikationen aktivieren, kann es sein, dass sie entdecken, dass ihre spirituelle Praxis ihre konditionierte Persönlichkeit, die fast ganz intakt bleibt und dieselben Tendenzen erzeugt wie immer, kaum durchdrungen hat.[1]

Natürlich gibt es viele Ebenen der Realisierung, von vorübergehenden Erfahrungen bis zu Realisierung als stabiler Errungenschaft, die vollkommen verändert, wie man ist. Doch sogar bei fortgeschrittenen spirituellen Praktizierenden, die einen hohen Grad an Einsicht, Kraft oder sogar Brillanz entwickelt haben, scheinen bestimmte Inseln – unerforschte Komplexe persönlicher und kultureller Konditionierung, blinde Flecke oder Bereiche der Selbsttäuschung – innerhalb des reinen Stroms ihrer Realisierung oft intakt zu bleiben. Sie benutzen vielleicht sogar unbewusst ihre spirituellen Kräfte, um alte Abwehrmechanismen und manipulative Verhaltensweisen gegenüber anderen zu verstärken. Bei anderen kann spirituelle Praxis eine Tendenz zu Kälte, Losgelöstheit oder zwischenmenschlicher Distanz verstärken. Wie ist es möglich, dass spirituelle Realisierung auf bestimmte, voneinander getrennte Bereiche beschränkt bleibt und ganze Bereiche der Psyche anscheinend unberührt bleiben? Warum ist es so schwer, die in der Meditation entwickelte Bewusstheit in alle Bereiche des eigenen Lebens zu bringen?

Manche würden sagen, dass diese Probleme Zeichen des Mangels oder der Unvollständigkeit der eigenen spirituellen Praxis oder Realisierung sind, und dies ist zweifellos wahr. Doch da diese Probleme fast universell auftreten, weisen sie auch auf die allgemeine Schwierigkeit hin, spirituelles Erwachen in das ganze Gewebe unserer menschlichen Verkörperung zu integrieren. In den Lehren des Dzogchen heißt es, dass nur die seltene hochbegabte Person volle Befreiung nach der Realisierung der essentiellen Natur der Psyche erlangt. Bei uns anderen folgt die Befreiung nicht schnell aus der Realisierung. Shrî Aurobindo sagt: „Realisierung an sich transformiert nicht notwendigerweise das Wesen als Ganzes. ... Man kann ein gewisses Licht der Realisierung an der spirituellen Spitze des Bewusstseins haben, aber die Teile darunter bleiben, was sie waren. Ich habe viele Beispiele dafür gesehen."[a] Weil Probleme mit der Integration so weit verbreitet sind, müssen wir die Beziehung zwischen diesen beiden verschiedenen Bewegungen in der spirituellen Entwicklung gründlicher betrachten: Realisierung und Transformation, Befreiung und vollständige Integration dieser Befreiung in die verschiedenen Dimensionen des eigenen Lebens.

Realisierung ist die Bewegung von der Persönlichkeit zum Sein – die zu der Befreiung aus dem Gefängnis des konditionierten Selbst führt. Zu *Transformation* gehört, dass man diese Realisierung nutzt, um die dichten konditionierten Muster von Körper und Geist zu durchdringen, damit das Spirituelle ganz in das Persönliche und das Zwischenmenschliche integriert werden kann, so dass das persönliche Leben zu einem transparenten Gefäß für die letzte Wahrheit oder die göttliche Offenbarung werden kann.

In den traditionellen Kulturen Asiens gab es für einen Yogî eine realisierbare Option, rein als das unpersönliche Universelle zu leben, seine spirituelle Entwicklung zu verfolgen, ohne ein besonders ausgeprägtes persönliches Leben zu haben oder die Strukturen dieses Lebens zu transformieren. Diese älteren Kulturen sorgten für einen religiösen Kontext, der spirituelle Einkehr achtete und unterstützte und wenig oder keine Betonung auf die Entwicklung des Individuums legte.[2] Die Folge war, dass spirituelle Realisierung oft von weltlichem Leben und persönlicher Entwicklung getrennt bleiben konnte. In Asien konnten Yogîs und *Sâdhus* ein auf das Jenseits hin orientiertes Leben leben, mit wenig persönlichem Kontakt mit Menschen, oder ein äußerst exzentrisches Verhalten an den Tag legen, und dennoch von der Gemeinschaft im Ganzen unterstützt und verehrt werden.

Viele Menschen im Westen haben versucht, dieses Modell zu übernehmen und unpersönliche Realisierung zu suchen, wobei sie ihr persönliches Leben vernachlässigten. Schließlich haben sie die Erfahrung gemacht, dass dies so war, als trügen sie einen Anzug, der nicht wirklich passt. Solche Versuche zu vorzeitiger Transzendenz – Zuflucht im unpersönlichen Absoluten zu suchen, um zu vermeiden, mit der eigenen psychischen Dynamik, den persönlichen Themen und Gefühlen oder der eigenen Berufung umzugehen – führen zu innerer Verleugnung. Dies kann monströse Schattenelemente erzeugen, die verheerende Konsequenzen haben, wie wir in den letzten Jahren in vielen amerikanischen spirituellen Gemeinden gesehen haben. Mit allen Vor- und Nachteilen ist es in unserer Kultur problematisch geworden, eine spirituelle Entwicklung zu suchen, die nicht ganz in das Gewebe der eigenen persönlichen Erfahrung und der zwischenmenschlichen Beziehungen integriert ist.

An dieser Stelle könnte die psychologische Arbeit als Verbündete der spirituellen Praxis dienen – indem sie hilft, das Licht der Bewusstheit in alle verborgenen Ecken und Ritzen unserer konditionierten Persönlichkeit scheinen zu lassen, so dass sie für das weitere Sein, das ihr Boden ist, poröser und durchlässiger wird. Natürlich ist das, was ich hier beschreibe, eine besondere Art psychologischer Selbsterforschung, die einen umfassenderen Rahmen, Verständnis und Ziel verlangt, als die konventionelle Psychologie bietet. Ich zögere, dies überhaupt Psychotherapie zu nennen, denn das Wort *Therapie* hat Konnotationen von Pathologie und Heilung, die sie eher in einen medizinischen als in einen transformativen Kontext stellt. Außerdem gehört zu konventioneller Therapie oft nur das Gespräch, wobei nicht erkannt wird, wie der Körper Muster hält, die der Abwehr dienen, und auch die Energien des Erwachens manifestiert. Wahre transformative psychologische Arbeit muss uns auch helfen, die Kontraktionen des Körpers aufzuschließen und Zugang zu seinen größeren Energien zu bekommen.

Natürlich hat spirituelle Arbeit ein viel umfassenderes Ziel als psychologische Arbeit: Befreiung von enger Identifikation mit der Selbststruktur überhaupt und Erwachen in die expansive Realität ursprünglichen Seins hinein. Und es scheint möglich, einen Blick auf diese Art Erwachen zu werfen und sie vielleicht sogar ganz zu realisieren, unabhängig davon, ob man glücklich, gesund, psychisch integriert, individuiert oder zwischenmenschlich sensibel und eingestimmt ist oder nicht. Doch nach Jahrhunderten der Scheidung zwischen dem spirituellen und dem weltlichen Leben ruft die zunehmend verzweifelte Situation eines Planeten, den der Mensch rasch zerstört, nach einer neuen Art psychospiritueller Integration zwischen Befreiung, die es bisher nur selten gegeben hat: nämlich einer Integration von Freiheit – der Fähigkeit, über die individuelle Psyche hinaus in den weiteren nichtpersönlichen Raum reiner Bewusstheit zu gehen – und persönlicher Transformation – der Fähigkeit, diese umfassendere Bewusstheit auf die eigenen konditionierten psychischen Strukturen wirken zu lassen, um sie durchzuarbeiten und dabei die Energie und Intelligenz zu befreien, die in ihnen in erstarrter Form enthalten ist, und damit die Entwicklung einer volleren menschlichen Präsenz zu nähren, die das immer noch unrealisierte Potential des Lebens auf dieser Erde erfüllen könnte.

Während des größten Teils meiner Karriere habe ich erforscht, was die kontemplativen Traditionen des Ostens der westlichen Psychologie anzubieten haben – eine Erforschung, die äußerst fruchtbar gewesen ist. Ich empfinde nur den größten Respekt und die größte Dankbarkeit für die spirituellen Lehren, die ich empfangen habe, und für die asiatischen Lehrer, die sie so großzügig an mich weitergegeben haben. Doch in den letzten Jahren habe ich an einer anderen Reihe von Fragen ein gleich starkes Interesse entwickelt: Wie könnten westliche psychologische Auffassungen und Methoden einem heiligen Zweck dienen, indem sie unsere Fähigkeit fördern, unsere Erfahrungen größeren Erwachens auf eine persönlich integriertere Weise zu verkörpern? Ist unsere Individualität ein Hindernis auf dem Weg des Erwachens, wie einige spirituelle Lehren behaupten würden, oder kann wahre Individuation (im Gegensatz zu zwanghaftem Individualismus) als eine Brücke zwischen dem spirituellen Weg und gewöhnlichem Leben dienen?

Die Aufgabe psychospiritueller Integration

Die Frage, wie psychologische Selbsterforschung der spirituellen Entwicklung dienen könnte, zwingt uns, das komplexe Thema der Beziehung zwischen dem Psychologischen und dem Spirituellen überhaupt zu betrachten. Verwirrung hierüber ist weit verbreitet. Konventionelle Therapeuten misstrauen spiritueller Praxis oft, so wie viele spirituelle Lehrer oft die Psychotherapie missbilligen. An den Extremen tendiert jedes Lager dazu, dem anderen zu unterstellen, dass es die wahren Themen vermeidet oder leugnet.

Zum größten Teil sprechen psychologische und spirituelle Arbeit verschiedene Ebenen menschlicher Existenz an. Psychologischer Erforschung geht es um relative Wahrheit, um persönlichen Sinn – den menschlichen Bereich, der durch zwischenmenschliche Beziehungen und die Themen charakterisiert ist, die aus ihnen entstehen. In ihrer besten Form deckt sie auch die konditionierten Strukturen, Formen und Identifikationen auf, in die unser Bewusstsein gerät, und hilft, sie zu dekonstruieren. Spirituelle Praxis, besonders der mystischen Richtung, sieht über unsere konditionierten Strukturen, Identifikationen und gewöhnlichen menschlichen Belange in Richtung auf das hinaus, was jenseits des Menschlichen liegt – die direkte Realisierung des Eigentlichen, des letzten Grundes. Sie sieht, was zeitlos, unkonditioniert und absolut wahr ist, jenseits aller Form, und was die weite Offenheit ohne Ende oder die Leere an der Wurzel und im Kern menschlicher Existenz enthüllt. Doch müssen diese zwei Ansätze oder Zugänge zu menschlichem Leiden in verschiedene Richtungen arbeiten? Oder könnten sie kompatibel oder sogar mächtige Verbündete sein?

Wenn der Bereich psychologischer Arbeit *Form* ist, ist der Bereich spiritueller Arbeit *Leere* – die unaussprechliche Realität, die jenseits aller kontingenten Formen liegt. Doch so, wie man Form und Leere nicht wirklich trennen kann, können diese zwei Arten innerer Arbeit nicht ganz getrennt gehalten werden, sondern haben wichtige Bereiche, die sich überschneiden. Die psychologische Arbeit kann zu spiritueller Einsicht und Tiefe führen, während spirituelle Arbeit von uns Bewegung in Richtung Verkörperung, Transformation und Dienen verlangt, um die konditionierten Muster der Persönlichkeit, die die Integration blockieren, durchzuarbeiten.

Die Frage, ob und wie psychologische Arbeit spirituelle Arbeit fördern könnte, verlangt eine neue Art Selbsterforschung, die über die Grenze absoluter und relativer Wahrheit hin und her führt und uns über Orthodoxie und Tradition hinaus in unkartiertes Gelände bringt. Wenn wir anfangen, statt zu leichten oder endgültigen Lösungen zu springen, in einem Geist offener Erforschung die Frage selbst zu würdigen, bringt sie uns genau in das Herz des Themas, wie Spiritualität im Allgemeinen und östliche Transplantate, wie der westliche Buddhismus im Besonderen, sich entwickeln müssen, wenn sie in der westlichen Welt wahrhaft Fuß fassen und sie transformieren sollen.

Als Psychotherapeut und Schüler des Buddhismus war ich gezwungen, diese Frage gründlich zu durchdenken. Mein anfängliches Interesse an der Psychotherapie entwickelte sich in den sechziger Jahren zugleich mit meinem Interesse an den östlichen spirituellen Traditionen. Ich war vor allem deshalb dazu inspiriert, Psychotherapeut zu werden, weil ich mir vorstellte, dass die Psychotherapie unsere westliche Version eines Weges der Befreiung sein könnte. Aber ich entdeckte schnell, dass die westliche Psychologie in ihrer Sicht der menschlichen Natur zu eng und begrenzt ist. Und ich fragte mich, wie ich jemandem helfen konnte, wenn ich den Weg aus dem Irrgarten menschlichen Leidens selbst nicht wusste. Obwohl ich während meines Studiums einen großen Lehrer hatte – Eugene Gendlin, ein Pionier der existentialistischen Therapie, der mich viel von dem lehrte, was sich später für mich als Therapeut als nützlich herausstellte –, wurde ich von der westlichen Psychologie als Ganzer ziemlich desillusioniert.

Bei der Suche nach einer Weise, an mir zu arbeiten und mein Leben voller zu verstehen, war ich zunehmend vom Buddhismus angezogen. Nachdem ich einen authentischen Meister gefunden und angefangen hatte, Meditation zu praktizieren, machte ich eine Periode der Abneigung gegen die westliche Psychologie und Therapie durch. Jetzt, da ich „den Weg gefunden" hatte, wurde ich gegenüber anderen Wegen arrogant, wie es frisch Konvertierten oft geht. Ich fürchtete auch, in meinem eigenen Prozess gefangen und süchtig nach endlosem Explorieren und Verarbeiten von Gefühlen und emotionalen Themen zu werden. In meiner eben entdeckten Begeisterung geriet ich jedoch in die entgegengesetzte Falle – der Weigerung, dem persönlichen „Zeug" überhaupt zu begegnen. In Wahrheit ging es mir mit der unpersönlichen, zeitlichen Realität, die ich durch den Buddhismus entdeckte, viel besser als mit meinen persönlichen Gefühlen oder zwischenmenschlichen Beziehungen, die mir verglichen mit dem Frieden und der Klarheit der meditativen Ausgeglichenheit – still sitzen, dem Atem folgen, Gedanken loslassen und im offenen Raum der Bewusstheit ruhen – sowohl chaotisch als auch verwickelnd vorkamen.

Als ich den Tantrischen Buddhismus mit seiner Betonung des Respekts vor relativer Wahrheit weiter studierte, begann ich viele Aspekte der westlichen Psychologie mehr zu respektieren, vielleicht zum ersten Mal. Als ich einmal akzeptiert hatte, dass die Psychologie meine eigentliche Natur nicht beschreiben kann, und ich von ihr nicht mehr verlangte, als dass sie mir Antworten auf meine Fragen zum Wesen der menschlichen Existenz lieferte, begann ich zu sehen, dass sie einen wichtigen Platz im großen Plan der Dinge einnimmt. Als ich mir einige äußerst schmerzhafte Beziehungsprobleme anschaute, begann ich mit meiner eigenen intensiven psychologischen Arbeit. Trotz meiner klinischen Ausbildung war ich davon überrascht, wie wirksam mir psychologische Erforschung dabei half, blinde Flecke aufdecken, übriggebliebene Themen aus der Vergangenheit anzugehen, mich durch alte Ängste zu bewegen und mich auf eine geerdetere, persönlichere Weise mir selbst und anderen zu öffnen. Diese Arbeit half mir auch, auf eine klarere Weise und weniger durch unbewusste psychische Motive und Themen belastet an spirituelle Praxis heranzugehen.

Kulturelle Faktoren in Ost und West

Als ich den jeweiligen Wert psychologischer und spiritueller Arbeit schätzen lernte, führte das für mich zu einer anderen Reihe von Fragen: Warum war es für Menschen im Westen so leicht, den Wert psychologischer Arbeit zu sehen, aber so schwer, sich traditionelle asiatische Menschen vorzustellen, die die Hilfe eines Psychotherapeuten in Anspruch nehmen? Und warum war es für die meisten östlichen spirituellen Lehrer, die ich kannte, so schwer, psychologische Arbeit und ihren potentiellen Wert für einen spirituellen Praktizierenden zu verstehen? Was ist der Grund für diese Verschiedenheit?[3]

Wenn ich meine Hypothese dazu vorstelle, versuche ich nicht, eine ausformulierte anthropologische Theorie zu präsentieren. Und ich möchte auch nicht die Gesellschaften des alten Indien oder Tibet idealisieren, die sicher viele eigene ernste Probleme hatten. Eher möchte ich auf einige – zugegebenermaßen verallgemeinerte – soziale und kulturelle Unterschiede hinweisen, die uns vielleicht helfen können, zu überlegen, wie wir im Westen einem etwas anderen Kurs psychospiritueller Entwicklung folgen müssen als die Menschen in den traditionellen Kulturen, wo die bedeutenden meditativen Praktiken entstanden und zur Blüte gekommen sind.

Manche würden argumentieren, dass die Psychotherapie ein Anzeichen dafür ist, wie verwöhnt oder narzisstisch die Menschen im Westen sind –

dass wir uns den Luxus leisten können, in unsere Psyche einzutauchen und uns mit unseren persönlichen Problemen zu beschäftigen, während es um uns herum brennt. Doch obwohl die Industriegesellschaft bei vielen der gröberen Formen physischen Leidens für Abhilfe und Erleichterung gesorgt hat, hat sie auch schwierige Formen persönlicher und sozialer Fragmentierung hervorgebracht, die in vormodernen Gesellschaften unbekannt waren, und damit eine neue Art psychischen Leidens erzeugt, die zu der Entwicklung der modernen Psychotherapie geführt hat.

Die traditionellen asiatischen Kulturen brachten nicht die betonte Spaltung von Geist und Körper hervor, die wir im Westen so gut kennen. Damit, dass sie dem Wohlergehen des Kollektivs Vorrang geben, haben asiatische Gesellschaften nicht die Teilung zwischen Selbst und Anderem, Individuum und Gesellschaft gefördert, die beim westlichen Denken so endemisch ist. Es gab weder einen Generationskonflikt noch die durchgängige soziale Entfremdung, die zu einem Kennzeichen modernen Lebens geworden ist. In diesem Sinn scheinen Dörfer und Großfamilien des traditionellen Indien oder Tibet stabilere Ichstrukturen aufgebaut zu haben, die nicht so durch die inneren Teilungen – zwischen Geist und Körper, Individuum und Gesellschaft, Eltern und Kind oder einem schwachen Ich und einem strengen, strafenden Über-Ich – geschwächt sind, die für das moderne Selbst charakteristisch sind. Die „oberen Etagen" der spirituellen Entwicklung konnten in asiatischen Kulturen auf einem stabileren und zusammenhängenderen menschlichen Fundament als „Erdgeschoss" gebaut werden.

Die Praktiken der frühkindlichen Erziehung waren in einigen asiatischen Kulturen in mancher Hinsicht gesünder als im modernen Westen, wenn auch oft weit davon entfernt, ideal zu sein. Asiatische Mütter hatten oft eine starke Hingabe an die Aufgabe, ihre Kinder mit einer starken, andauernden frühen Bindung zu versorgen. Kleine indische und tibetische Kinder werden zum Beispiel ständig gehalten und teilen oft während der ersten zwei oder drei Lebensjahre das Bett ihrer Eltern. Alan Roland, ein Psychoanalytiker, der viele Jahre die Unterschiede in der Entwicklung des Selbst in Asien und im Westen erforscht hat, beschreibt die indische Kleinkinderziehung:

Verkörpern der Realisierung 255

„Intensive, ausgiebige Beschäftigung der Mutter mit dem kleinen Kind während der ersten vier oder fünf Jahre, mit einer Anbetung ähnlichen Fürsorge für das kleine Kind, entwickelt einen zentralen Kern erhöhten Wohlbefindens in dem Kind. Mütter, Großmütter, Tanten, Bediensteten, ältere Schwestern und Cousinen sind alle an der durchgehenden Spiegelung beteiligt, die in einen inneren Kern extrem hoher Gefühle von Selbstwert inkorporiert werden. ... Indische Kindererziehung und die innere Strukturierung des erhöhten Selbstwertgefühls sind mit dem grundlegenden hinduistischen Konzept psychologisch tief kongruent, dass die individuelle Seele essentiell die Gottheit (*âtman-brahman*) ist. Ein erhöhtes Gefühl innerer Selbstachtung und die Prämisse, dass ein Mensch danach streben kann, gottähnlich zu werden, sind stark miteinander verbunden. ... Dies steht im Gegensatz zu der westlichen christlichen Prämisse der Erbsünde."[b]

Nach Roland hilft diese nährende Qualität der indischen Großfamilie dem Kind, eine Ichstruktur zu entwickeln, deren Grenzen „alles in allem flexibler und durchlässiger als bei den meisten westlichen Menschen" und „weniger streng gezogen" sind.[4][c]

Weil sie in Großfamilien aufwachsen, sind asiatische Kinder auch einer breiten Vielfalt an Rollenmodellen ausgesetzt und vielfältigen Quellen der Pflege und Erziehung, auch wenn die eigentlichen Eltern nicht sehr verfügbar sind. In Dörfern der tibetischen Stammeskultur betrachtete man die Kinder zum Beispiel gewöhnlich so, dass sie jedem gehörten und alle für sie verantwortlich waren. Großfamilien mildern die Tendenz der Eltern, ihre Kinder psychisch zu vereinnahmen. Im Gegensatz dazu sind Eltern in Kernfamilien oft mehr mit dem Gefühl identifiziert: „Dies ist *mein* Kind; mein Kind ist eine Erweiterung von mir" – was zu narzisstischer Kränkung und intensiven Fixierungen auf Eltern beiträgt, die bei vielen Menschen im Westen ihr Leben lang andauern.

Manche Entwicklungspsychologen haben argumentiert, dass Kinder mit mangelhafter Versorgung durch ihre Eltern in der frühen Kindheit an internalisierten Spuren ihrer Eltern in sich um so starrer festhalten. Dies könnte erklären, warum die Tibeter, die ich kenne, nicht unter den schweren Fixierungen auf Eltern zu leiden scheinen wie viele Menschen im Westen. Ihre Objektbeziehungen wären demnach nicht so eng oder konflikthaft wie bei Menschen im Westen, denen gutes frühes Bonding fehlt und die ihre ersten achtzehn Jahre in isolierten Kernfamilien mit ein oder zwei Erwachsenen verbracht haben, die selbst von Volksweisheit wie von spirituellem Verständnis entfremdet waren. Asiatische Kinder wären weniger von dem belastet, was der Psychologe Guntrip als die emotionale Pest der modernen Zivilisation ansieht: Ichschwäche und Mangel an einem geerdeten, vertrauensvollen Gefühl der eigenen Identität und für die eigenen Fähigkeiten.

Zusätzlich dazu, dass sie ein starkes Bonding von Mutter und Kind, intakte Großfamilien und ein Leben förderten, das in den Rhythmus der natürlichen Welt eingestimmt war, behielten die traditionellen asiatischen Gesellschaften das Heilige im Zentrum sozialen Lebens. Eine Kultur, die den Individuen gemeinsame Mythen, Bedeutungen, religiöse Werte und Rituale vermittelt, sorgt für eine Quelle der Unterstützung und Führung, die Menschen hilft, Sinn in ihrem Leben zu finden. Aus allen diesen Gründen würde ein traditionelles asiatisches Kind eher durch das genährt aufwachsen, was der Kinderarzt und Psychoanalytiker D. W. Winnicott die „haltende Umgebung" (holding environment)[d] genannt hat – einen Kontext aus Liebe, Unterstützung, Geborgenheit und Sinn, der zu einem Grundgefühl von Selbstvertrauen und einer allgemein gesunden psychischen Entwicklung beiträgt. Im Gegensatz dazu fehlt Kindern heute, die in fragmentierten Familien aufwachsen, an Fernsehgeräte geklebt, die ständig Bilder einer spirituell verlorenen, fragmentierten und narzisstischen Welt vermitteln, ein sinnvoller Kontext, in dem sie für ihr Leben einen Platz finden können.

Eine Weise, wie sich diese Unterschiede manifestieren, besteht darin, wie Menschen ihren Körper bewohnen. Wenn ich Tibeter beobachte, bin ich oft davon verblüfft, wie zentriert sie in der unteren Hälfte des Körpers und wie mächtig sie mit dem Boden unter ihren Füßen verbunden sind. Tibeter scheinen von Natur aus eine Menge *Hara* zu besitzen – eine geerdete Präsenz im Bauch –, was zweifellos eine Wirkung der oben erwähnten Faktoren ist. Menschen im Westen dagegen sind im Allgemeinen mehr in der oberen Hälfte ihres Körpers zentriert und schwach in ihrer Verbindung mit der unteren Hälfte.

Hara – was Karlfried Graf Dürckheim das *Lebenszentrum* oder *Erdzentrum* nennt[e] – ist mit Themen um Selbstvertrauen, Kraft, Willen, Erdung, Vertrauen, Unterstützung und Gelassenheit verbunden. Die Mängel der Kindererziehung, Trennung von der Erde und Überbetonung rationalen Intellekts in der westlichen Kultur tragen alle zum Verlust von *Hara* bei. Um den Mangel eines Gefühls der Unterstützung und des Vertrauens in den Bauch auszugleichen, versuchen Menschen im Westen oft, Sicherheit und Kontrolle dadurch zu erreichen, dass sie „nach oben" gehen – versuchen, das Leben mit ihrem Denken zu kontrollieren. Aber hinter den Versuchen des Egos, die Realität mit dem Geist zu kontrollieren, liegt ein allgegenwärtiges Gefühl von Furcht, Angst und Unsicherheit.

Ein anderer Unterschied, der für die psychospirituelle Entwicklung wichtige Konsequenzen hat, besteht darin, dass die traditionellen asiatischen Kulturen größeren Wert auf das Sein legen, im Gegensatz zu westlichen Kulturen, die mehr das Machen und Handeln betonen. Winnicott hat besonders hervorgehoben, wie wichtig es ist, einem kleinen Kind zu erlauben, in unstrukturierten Zuständen des Seins zu bleiben: „Die nichtfordernde Anwesenheit der Mutter macht die Erfahrung von Formlosigkeit und angenehmem Alleinsein möglich, und diese Fähigkeit wird in der Entwicklung eines stabilen und persönlichen Selbst zu einem zentralen Zug. ... Dies ermöglicht es dem kleinen Kind, zu erleben, „weiter zu sein" (going-on-being) ..., einen Zustand, aus dem spontane Gesten auftauchen."[f] Winnicott benutzte den Begriff *Grenzüberschreitung* (impingement), um Tendenzen von Eltern zu beschreiben, diese formlosen Momente zu unterbrechen und damit das Kind zu zwingen, sich von der Kontinuität seines „Weiterseins" abrupt zu trennen. Das Kind wird aus seinem stillen Zustand der Ruhe „gewaltsam herausgeholt" und gezwungen zu reagieren ... und sich an das anzupassen, was man mit ihm vorhat. Die wichtige Folge lange andauernden Übergriffs ist die Fragmentierung der Erfahrung des Kindes. Aus Notwendigkeit wird es vorzeitig und zwanghaft an die Forderungen anderer angepasst. ... Es verliert den Kontakt mit seinen eigenen spontanen Bedürfnissen und Gesten ... [und entwickelt] auf einer Grundlage der Gefügigkeit ein falsches Selbst."

Traditionelle asiatische Familien geben dem kleinen Kind oft sehr viel Raum und die Erlaubnis, auf eine unstrukturierte Weise einfach zu sein, frei von dem Druck zu reagieren und zu leisten, den westliche Eltern ihren Kindern oft in frühem Alter auferlegen. Wenn man ihnen erlauben würde, so zu sein, würden es ihnen besser mit der Leere gehen, die wir hier als *unstrukturiertes Sein* definieren könnten. Aber in unserer Kultur, die Machen und Tun, Haben und Leisten auf Kosten einfachen Seins betont, kann Leere ziemlich fremd, bedrohlich und erschreckend erscheinen. In einer Familie oder Gesellschaft, die Sein nicht anerkennt oder wertschätzt, ist es wahrscheinlicher, dass Kinder ihr eigenes unstrukturiertes Sein als eine Art Schwäche, als Versagen zu genügen oder als Unzulänglichkeit bzw. Mangel interpretieren. Deshalb scheint sich die westliche Ichstruktur auf eine rigidere und durch Abwehr geschützte Weise zu bilden, zum Teil, um ein erschreckendes Gefühl von Mangel abzuwehren, das aus der Angst vor der offenen, unstrukturierten Natur gerade des eigenen Seins entstanden ist.

Weil dieses brüchige Ego sehr angestrengt damit beschäftigt ist, für einen Mangel inneren Vertrauens und Selbstvertrauens zu kompensieren, haben viele Sucher im Westen den Eindruck, dass sie trotz all ihrer spirituellen Praxis und Realisierung nicht bereit, willens oder fähig sind, die Abwehrmechanismen ihres Ichs loszulassen. Auf einer tiefen, unterbewussten Ebene ist es zu bedrohlich, die geringe Sicherheit loszulassen, die ihnen ihre wacklige Ichstruktur vermittelt. Das ist der Grund, weshalb es für Menschen im Westen auch hilfreich sein kann, eher schrittweise und überlegt daran zu arbeiten, ihre der Abwehr dienende Persönlichkeitsstruktur abzubauen. Dies kann durch psychologische Selbsterforschung geschehen – indem sie Schritt für Schritt ihre falschen Selbstbilder, ihre Selbsttäuschungen, ihre entstellten Projektionen und ihre gewohnten emotionalen Reaktionen untersuchen, verstehen und auflösen – und dadurch, dass sie im Laufe des Prozesses eine vollere und reichere Verbindung mit sich selbst entwickeln.

Zusammenfassend kann man sagen, dass Kinder in Asien in dem Maße, in dem sie in einem traditionellen Rahmen von einer nährenden, haltenden Umgebung unterstützt aufwuchsen, wahrscheinlich mehr von dem bekommen, was Winnicott als die zwei wesentlichen Elemente der Versorgung durch die Eltern in der frühen Kindheit definierte: anhaltendes emotionales Bonding und Raum, in unstrukturiertem Sein zu sein und zu ruhen. Als Ergebnis tendierten diese Kinder dazu, mit einem stabileren, geerdeteren Gefühl von Selbstvertrauen und Wohlbefinden aufzuwachsen – was wir im Westen „Ichstärke" nennen – im Gegensatz zu dem Selbsthass, der Unsicherheit und einem instabilen Selbstgefühl, worunter Menschen im Westen oft leiden.

Wenn ich hier die kindliche Entwicklung in Asien bespreche, meine ich die Einflüsse während der ersten Jahre der Kindheit, wenn sich die Ichstruktur zu festigen beginnt. In der späteren Kindheit werden viele asiatische Eltern viel kontrollierender und üben starken Druck auf die Kinder aus, damit sie sich anpassen und ihre Individualität kollektiven Regeln und Rollenvorstellungen unterordnen. So stellt Roland fest, dass sich die meisten neurotischen Konflikte moderner Asiaten auf dem Gebiet der Verwicklung mit der Familie und als Schwierigkeiten mit Selbst-Differenzierung finden. Während östliche Kulturen tatsächlich allgemeiner Sein und Leere sowie Vernetzung schätzen und verstehen, hat der Westen eine tiefere Wertschätzung für Individuation.

Kultivieren der eigenen individuellen Vision, Qualitäten und Potentiale ist im Westen von viel größerer Bedeutung als im traditionellen Asien, wo die spirituelle Entwicklung leichter neben einem niedrigen Niveau an Individuation koexistieren konnte. Dies ist die Stelle, an der die psychologische Arbeit Menschen im Westen einer anderen wichtigen Funktion dienen kann, indem sie ihnen nämlich hilft, zu individuieren – auf ihre eigene Erfahrung zu hören und ihr zu trauen, eine authentische persönliche Sicht und ein Gefühl der Richtung zu entwickeln und die psychischen Konflikte aufzuklären, die sie davon abhalten, authentisch sie selbst zu sein.[5]

Der buddhistische Gelehrte Robert Thurmann hat argumentiert, da der Buddhismus ein Weg der Individuation sei, sei es unrichtig, diese Tradition damit zu charakterisieren, dass sie die individuelle Entwicklung nicht fördere. Sicherlich hat der Buddha eine neue Vision zur Welt gebracht, die Individuen ermutigte, ihre eigene spirituelle Entwicklung zu verfolgen, statt an konventionelle religiöse Rituale gebunden zu bleiben. In diesem weiten Sinn kann man den Buddhismus als einen Weg der Individuation betrachten. Aber dies ist ein anderes Modell der Individuation als das, welches sich im Westen entwickelt hat. Roland bemerkt, dass die Individuation in asiatischen Kulturen gewöhnlich auf die Arena spiritueller Praxis beschränkt war und nicht als eine allgemeine Norm unterstützt wurde.

Zu der westlichen Auffassung von Individuation gehört, dass man seine eigene einzigartige Berufung, Vision und seinen Weg findet und diese in der Weise verkörpert, wie man lebt. Dazu, dass man in diesem Sinn *man selbst wird*, gehört Innovation, Experimentieren und Infragestellen übernommenen Wissens. Die buddhistische Gelehrte Anne Klein bemerkt: „Tibeter kultivieren, wie viele Asiaten, die frei von Einflüssen des Westens aufgewachsen sind, dieses Gefühl der Individualität nicht."g

Im traditionellen Asien waren die Lehren der Befreiung auf Menschen ausgerichtet, die eher *zu* erdgebunden, zu sehr in Familienrollen und sozialen Verpflichtungen gebunden waren. Die höchsten nichtdualen Lehren des Buddhismus und des Hinduismus – die zeigen, dass das, was wir wirklich sind, die absolute Realität *ist*, jenseits von *uns* – sorgten für einen Weg aus dem sozialen Irrgarten heraus, indem sie Menschen halfen, das transhumane Absolute zu entdecken, das jenseits aller weltlichen Belange und Verwicklungen liegt. Doch diese Lehren ruhen auf einem reichen Unterbau menschlicher Gemeinschaft, religiöser Bräuche und moralischer Werte (wie ein Berg aus einem Netz von Gebirgsausläufern und Tälern an seinem Fuß aufsteigt), und setzen diese voraus. Die seelenvollen sozialen und religiösen Bräuche des traditionellen Indien und Tibet sorgten für ein stabiles menschliches Fundament, aus dem spirituelle Sehnsucht und Streben nach einem transhumanen Absoluten, jenseits menschlicher Beziehungen und menschlicher Gesellschaft, entstehen konnten.

Weil das Selbstgefühl des traditionellen Asiaten in eine seelenvolle Kultur eingebettet ist, die reich an Tradition, Ritualen, eng verbundener Familie und Gemeinschaftsleben ist, haben die Menschen in diesen Kulturen sich nicht so verloren und wurden von ihrem Menschsein nicht so entfremdet wie Menschen im Westen. Und da die Seele – die tiefen, reichen, farbigen Qualitäten unseres Menschseins – die ganze Kultur durchdrang, hat das Bedürfnis, individuierte Qualitäten der Seele zu entwickeln, nie die gleiche Wichtigkeit bekommen wie im Westen. Da sie nie ihre Seele verloren hatten, mussten traditionelle Asiaten nie ein Bewusstsein davon entwickeln, wie sie zu finden ist – das heißt, wie man sich auf eine distinkt persönliche Weise individuiert.

Im modernen Westen ist es ziemlich verbreitet, sich von dem größeren sozialen Ganzen entfremdet zu fühlen – dessen öffentlichen Räumen und Architektur, Festen, Institutionen, Familienleben und sogar Küche nährende Seelenqualitäten fehlen, die Menschen erlauben, sich tief mit diesen Aspekten des Lebens wie miteinander tief verbunden zu fühlen. Das Gute ist aber, dass die Seelenlosigkeit unserer Kultur uns zwingt, ein neues Bewusstsein von der Bildung einer individuierten Seele zu entwickeln – von einer authentischen inneren Quelle persönlicher Vision, von Sinn und Aufgabe. Ein wichtiges Nebenergebnis ist hierbei eine verfeinerte und differenzierte Fähigkeit für nuancierte persönliche Bewusstheit, persönliche Sensibilität und persönliche Präsenz.

Dies ist nicht etwas, über das wir von asiatischen Traditionen viel lernen können. Wenn die große Gabe des Ostens sein Fokus auf *absoluter* wahrer Natur ist – unpersönlich und allen gemeinsam –, dann ist die Gabe des Westens der Anstoß, einen *individuierten Ausdruck* wahrer Natur zu schaffen – den man auch *Seele* oder *persönliche Präsenz* nennen könnte.[6] Individuierte wahre Natur ist die einzigartige Weise, wie jeder von uns als ein Mittel für die Verkörperung der überpersönlichen Weisheit, des Mitgefühls und der Wahrheit absoluter wahrer Natur dienen kann.

Wir im Westen haben deutlich viel von den östlichen kontemplativen Lehren zu lernen. Aber wenn wir nur versuchen, uns an den östlichen Fokus auf dem Transhumanen oder Überpersönlichen zu halten, und dabei versäumen, eine geerdete persönliche Weise zu entwickeln, wie wir uns zum Leben verhalten, kann es sein, dass es uns schwerfällt, unsere größere Natur in die Weise zu integrieren, wie wir wirklich leben.

Spirituelle Umgehung

Während viele östliche Lehrer auf ihre eigene Weise äußerst warm, liebevoll und persönlich sind, haben sie oft nicht viel über die spezifisch persönlichen Seiten des menschlichen Lebens zu sagen.[7] Da sie aus traditionellen asiatischen Gesellschaften stammen, kann es sein, dass es ihnen schwerfällt, die persönlichen und mit der Entwicklung verbundenen Aufgaben und Probleme zu erkennen oder einzuschätzen, denen ihre Schüler aus dem Westen gegenüberstehen. Sie verstehen oft nicht ihren überall vorhandenen Selbsthass, die Gefühle der Scham und Schuld sowie ihre Entfremdung und ihren Mangel an Selbstvertrauen. Noch weniger entdecken sie die Tendenz zu spiritueller Umgehung – wenn spirituelle Ideen und Praktiken benutzt werden, um persönliche, emotionale ungelöste Probleme („unfinished business") zu vermeiden, um ein instabiles Selbstgefühl abzustützen oder Grundbedürfnisse, Gefühle und Entwicklungsaufgaben zu verharmlosen, alles im Namen der Erleuchtung. Und daher vermitteln sie Schülern oft Lehren vom Transzendieren des Selbst, die zuallererst einen Boden finden müssen, auf dem sie stehen können.[8]

Zu spiritueller Praxis gehört Befreiung des Bewusstseins von seiner Verwicklung in Form, Materie, Emotionen, Persönlichkeit und soziale Konditionierung. In einer Gesellschaft wie der unsrigen, wo das ganze irdische Fundament überhaupt schwach ist, ist es eine Versuchung, Spiritualität als ein Mittel zu benutzen, sich über diesen unsicheren Boden zu erheben. So wird Spiritualität einfach zu einer anderen Weise, wie die eigene Erfahrung abgelehnt wird. Wenn Menschen spirituelle Praxis benutzen, um zu versuchen, niedriges Selbstwertgefühl, soziale Entfremdung oder emotionale Probleme zu kompensieren und auszugleichen, entstellen sie die wahre Natur spiritueller Praxis. Statt das manipulative Ego zu lockern, das versucht, seine Erfahrung zu kontrollieren, stärken sie es weiter.

Spirituelle Umgehung ist in Zeiten wie der unsrigen eine starke Versuchung, wenn zunehmend schwer zu erreichen und schwer zu fassen geworden ist, was einst gewöhnliche Orientierungspunkte der Entwicklung waren – Verdienen eines Lebensunterhalts durch würdige, sinnvolle Arbeit, Gründen einer Familie, Unterhalten einer langfristigen intimen Beziehung, Zugehörigkeit zu einer größeren sozialen Gemeinschaft. Aber wenn Menschen Spiritualität benutzen, um ihre Schwierigkeiten mit dem Funktionieren in der modernen Welt zu verdecken, bleibt ihre spirituelle Praxis in einem abgetrennten Abteil und wird nicht mit dem Rest ihres Lebens integriert.

Zum Beispiel kenne ich eine Frau, die mit siebzehn nach Indien ging, um von ihrer reichen Familie wegzukommen, die ihr wenig Liebe oder Verständnis entgegengebracht und sie mit keinem Modell für ein sinnvolles Leben ausgestattet hatte. Sie verbrachte sieben Jahre mit Studium und Praxis mit tibetischen Lehrern in Indien und Nepal, nahm an vielen Retreats Teil und hatte viele starke Realisierungen. Sie erlebte Zustände von Glück und innerer Freiheit, die lange anhielten. Als sie aber nach Europa zurückkehrte, konnte sie sich in der modernen Welt kaum zurechtfinden. Nichts machte Sinn für sie, und sie wusste nicht, was sie mit sich anfangen sollte. Sie lernte einen charismatischen Mann kennen und bekam schließlich zwei Kinder von ihm, bevor sie wusste, wie ihr geschah. Als sie auf diese Zeit zurückblickte, sagte sie: „Dieser Mann war mein Schatten. Er repräsentierte alle Teile meines Selbst, vor denen ich weggelaufen war. Ich fand ihn total faszinierend und wurde in einer Folge von Ereignissen davongetragen, über die ich keine Kontrolle hatte. Es war klar, dass meine ganze spirituelle Praxis den Rest von mir nicht berührt hatte – alle die alten Ängste, Verwirrungen und unbewussten Muster, die mir ins Gesicht schlugen, als ich in den Westen zurückkehrte."

Wenn Spiritualität benutzt wird, um Versäumnisse oder Mängel der Individuation auszugleichen – sich psychisch von den Eltern abzulösen, Selbstrespekt zu kultivieren oder der eigenen Intelligenz als Quelle der Führung zu vertrauen –, führt das auch zu vielen der sogenannten Gefahren des Weges: zu spirituellem Materialismus (Benutzen von Spiritualität, um ein instabiles Ich abzustützen), Grandiosität und Inflation des Selbst, zu einer Mentalität des „wir gegen sie", Gruppendenken, zu blindem Glauben an charismatische Lehrer und zu Verlust des Unterscheidungsvermögens. Spirituelle Gemeinschaften können zu einer Art Ersatzfamilie werden, bei der der Lehrer als der gute Elternteil betrachtet wird, während die Schüler danach streben, gute Jungen oder gute Mädchen zu sein, die sich der Parteilinie unterwerfen, dem Lehrer quasi als Eltern zu gefallen oder sich anzutreiben, die Leiter spirituellen Erfolgs zu erklimmen. Und die spirituelle Praxis wird von unbewussten Identitäten in Anspruch genommen und benutzt, um unbewusste Abwehrmechanismen zu verstärken.

Zum Beispiel benutzen Menschen, die sich hinter einer schizoiden Abwehr verbergen (zu Isolation und Rückzug Zuflucht nehmen, weil sich der zwischenmenschliche Bereich bedrohlich anfühlt), oft Lehren über Aufgeben von Anhaftung und Entsagung, um ihre Unnahbarkeit, unpersönliche Art und Distanziertheit zu rationalisieren, während sie sich eigentlich mehr verkörpern und mehr auf sich selbst, auf andere und auf das Leben einlassen müssten. Unglücklicherweise macht die Betonung unpersönlicher Realisierung, wie man sie in Asien kennt, es entfremdeten westlichen Schülern leicht, sich vorzustellen, dass das Persönliche im Vergleich mit der ungeheuren Weite des großen Jenseits von geringer Bedeutung ist. Solche Schüler sind oft von den Lehren über Selbstlosigkeit und letzte, eigentliche Zustände angezogen, die eine Begründung dafür zu bieten scheinen, sich nicht mit ihrer seelischen Verletztheit zu befassen. So benutzen sie östliche Lehren, um ihre Unfähigkeit im persönlichen und zwischenmenschlichen Bereich zu verschleiern.

Menschen mit einer abhängigen Persönlichkeitsstruktur, die versuchen, anderen zu gefallen, um Bestätigung und Sicherheit zu bekommen, dienen dem Lehrer oder der Gemeinschaft oft großzügig, um ihren Wert und um sich gebraucht zu fühlen. Sie verwechseln eine koabhängige Version der Selbstverleugnung mit wahrer Selbstlosigkeit. Spirituelles Engagement ist besonders heikel für Menschen, die sich hinter einer narzisstischen Abwehr verstecken, weil sie Spiritualität benutzen, um sich als etwas Besonderes und wichtig zu fühlen, während sie vorgeblich an der Befreiung von ihrem Selbst arbeiten.

Spirituelle Umgehung beruft sich oft auf eine rationale Begründung, die darauf beruht, dass absolute Wahrheit benutzt wird, um relative Wahrheit zu leugnen oder zu entwerten. Absolute Wahrheit ist das, was ewig, jetzt und immer, jenseits irgendeiner besonderen Sichtweise wahr ist. Wenn wir absolute Wahrheit nutzen, können wir die göttliche Schönheit oder größere Vollkommenheit erkennen, die im Ganzen der Realität wirksam ist. Zum Beispiel verringern aus dieser weiteren Perspektive die Morde, die in diesem Moment in Brooklyn verübt werden, nicht diese göttliche Vollkommenheit, denn das Absolute umfasst das ganze Panorama von Leben und Tod, in dem Sonne, Galaxien und Planeten ständig geboren werden und sterben. Von einem *relativen* Standpunkt aus gesehen aber – wenn man die Frau eines Mannes ist, der heute Nacht in Brooklyn ermordet wird –, wird man wahrscheinlich nicht von der Wahrheit der letzten Vollkommenheit berührt sein. Vielmehr wird man menschliche Trauer empfinden.

Es gibt zwei Weisen, wie absolute und relative Wahrheit verwechselt werden. Wenn man den Mord oder die Trauer benutzt, um das höhere Gesetz des Universums zu leugnen oder anzugreifen oder anzuklagen, begeht man den relativistischen Fehler. Man versucht, das, was auf der horizontalen Ebene des *Werdens* wahr ist, auf die vertikale Dimension reinen *Seins* anzuwenden. Wer eine spirituelle Hintertür benutzt, begeht den umgekehrten Kategorienfehler, den absolutistischen Fehler: Er benutzt absolute Wahrheit, um relative Wahrheit zu entwerten. Seine Logik könnte zu einer Schlussfolgerung wie dieser führen: Da alles letztlich im größeren kosmischen Spiel vollkommen ist, ist Trauern um einen Verlust von jemandem, den man liebt, ein Zeichen spiritueller Schwäche.

Psychologische Realitäten repräsentieren relative Wahrheit. Sie sind relativ zu bestimmten Individuen in bestimmten Umständen. Auch wenn man vielleicht weiß, dass auf der absoluten, transhumanen Ebene letztlich kein individueller Tod wichtig ist, kann man dennoch tiefe Trauer und Bedauern über den Tod eines Freundes empfinden – auf der relativen, menschlichen Ebene. Weil wir auf diesen beiden Ebenen leben, ist in gewisser Weise auch das Gegenteil dessen, was wir aussagen, wahr. Jesus' Rat: „Liebe deine Feinde" und „Halte die andere Wange hin" haben ihn nicht davon abgehalten, gegenüber den Geldwechslern im Tempel oder gegenüber den scheinheiligen Pharisäern seinen Ärger auszudrücken. Ähnlich kann es erscheinen, dass unsere Alltagserfahrungen oft im Widerspruch zu der höchsten Wahrheit stehen. Dies führt zu Unsicherheit und Ambivalenz. Für viele Menschen ist die Verschiedenheit dieser zwei Ebenen der Wahrheit verwirrend oder irritierend. Sie meinen, dass die Realität ganz das eine oder das andere sein sollte. Sie versuchen, alles mit einer einzigen Ordnung in Übereinstimmung zu bringen, und werden so zu blinden Optimisten des New Age oder zu bitteren Zynikern.

Weil wir als Menschen auf zwei Ebenen leben, können wir die Realität niemals auf eine einzige Dimension reduzieren. Wir sind nicht nur diese relativen Organismen mit Körper-Geist, wir sind auch absolutes Sein, Bewusstheit und Präsenz, was umfassender als unsere körperliche Form oder persönliche Geschichte ist. Aber wir sind auch nicht *nur* dieses größere, formlose Absolute, wir sind auch als dieses bestimmte Individuum inkarniert. Wenn wir uns total mit Form identifizieren – mit unserem Körper, unserem Geist oder unserer Persönlichkeit –, bleibt unser Leben auf bekannte, vertraute Strukturen beschränkt. Aber wenn wir versuchen, nur als reine Leere oder absolutes Sein zu leben, haben wir es möglicherweise schwer, uns ganz auf unser Menschsein einzulassen. Auf der Ebene absoluter Wahrheit ist das persönliche Selbst letztlich nicht real, auf der relativen Ebene muss es respektiert werden. Wenn wir die Wahrheit des Nicht-Selbst (no-self) benutzen, um zu vermeiden, jemals gegenüber jemandem, den wir lieben, persönliche Aussagen machen zu müssen, wie „Ich möchte dich besser kennenlernen", wäre dies eine Perversion.

Eine Klientin, die über ihre Ehe verzweifelt war, war zu einem spirituellen Lehrer gegangen, um sich Rat zu holen. Er riet ihr, auf ihren Mann nicht so wütend, sondern vielmehr eine mitfühlende Freundin zu sein. Dies war sicher gesunder spiritueller Rat. Mitgefühl ist eine höhere Wahrheit als Wut. Wenn wir in der absoluten Natur des Geistes bleiben – reiner offener Bewusstheit –, entdecken wir gerade im Kern unserer Natur Mitgefühl. Aus dieser Perspektive betrachtet, trennt es uns von unserer wahren Natur, wenn wir wütend sind, weil uns jemand verletzt.

Aber der Lehrer, der diesen Rat gab, berücksichtigte nicht die *relative* Situation der Frau – dass sie nämlich jemand war, die ihr ganzes Leben ihre Wut geschluckt hatte. Ihr Vater hatte sich ihr gegenüber übergriffig verhalten, sie geschlagen und immer auf ihr Zimmer geschickt, wenn sie Ärger darüber zeigte, wie er sie behandelte. So lernte sie, ihre Wut zu unterdrücken, und versuchte vielmehr immer, anderen zu gefallen und „ein gutes Mädchen zu sein".

Als der Lehrer ihr riet, eher Mitgefühl als Wut zu empfinden, war sie erleichtert, weil dies genau zu ihrer Abwehr passte. Weil für sie Ärger und Wut erschreckend und bedrohlich waren, benutzte sie die Lehre über das Mitgefühl als spirituelle Hintertür – für die Weigerung, mit ihrer Wut oder der Botschaft, die sie enthielt, umzugehen. Aber dies steigerte nur ihr Gefühl von Frustration und Ohnmacht in ihrer Ehe.

Mein Ziel als ihr Therapeut, der ihre relative Psychodynamik berücksichtigte, bestand darin, ihr zu helfen, ihre Wut anzuerkennen und unmittelbarer und bewusster mit ihr umzugehen. Aufgrund meiner spirituellen Praxis war mir auch bewusst, dass Wut letztlich leer ist – eine Welle, die im Ozean des Bewusstseins entsteht, ohne Festigkeit oder inhärente Botschaft. Doch während dieses Verständnis im absoluten Sinn wahr und dabei von Nutzen sein kann, wenn es darum geht, Anhaften an Wut aufzulösen, war es für diese Frau zu diesem Zeitpunkt nicht hilfreich. Vielmehr musste sie lernen, ihre Wut und ihren Ärger mehr zu beachten, um über ein gewohntes Muster der Selbstunterdrückung hinauszugehen, ihre innere Stärke und Kraft zu entdecken und mit ihrem Ehemann aktiver umzugehen und sich ihm gegenüber mehr zu behaupten.

Wie gelangen wir in Anbetracht der Tatsache, dass Mitgefühl ein schöneres und edleres Gefühl als Wut ist, dann zu echtem Mitgefühl? Zu einer spirituellen Umgehung gehört, dass man sich höhere Wahrheiten anmaßt, die weit jenseits des eigenen unmittelbaren existentiellen Zustandes liegen. Die Versuche meiner Klientin, Mitgefühl zu empfinden, waren nicht ganz echt, weil sie darauf beruhten, dass sie ihre eigene Wut ablehnte. Spirituelle Lehrer erinnern uns oft daran, dass wir liebevoll und mitfühlend sein oder Selbstbezogenheit und Aggression aufgeben sollten, aber wie können wir dies tun, wenn unsere gewohnten Tendenzen aus einem ganzen System von psychologischer Dynamik entstehen, das wir nie klar gesehen oder direkt angeschaut, geschweige denn durchgearbeitet haben? Menschen müssen ihre Wut oft fühlen, anerkennen und bewältigen, bevor sie zu einem echten Vergeben oder Mitgefühl gelangen können. Das ist relative Wahrheit.

Psychologische Erforschung beginnt an dieser Stelle, bei relativer Wahrheit – mit dem, was wir in diesem Moment erfahren, was immer das ist. Dazu gehört, dass wir uns dieser Erfahrung öffnen, die Bedeutung dieser Erfahrung erforschen und sie sich Schritt für Schritt entfalten lassen, ohne sie von vorgefassten Ideen aus zu bewerten. Als Therapeut mache ich die Erfahrung, dass es in die Richtung tieferer Wahrheit führt, wenn man alles auftauchen lässt, wie es ist, und es gelassen erforscht. Dies ist das, was ich psychologische Arbeit im Dienst spiritueller Entwicklung nenne.

Viele Menschen, die meine Hilfe oder Begleitung suchen, haben viele Jahre lang spirituelle Übungen gemacht. Sie leiden nicht unter traditionellen klinischen Syndromen, sondern unter einem Stillstand in ihrem Leben, den sie mit ihrer spirituellen Praxis nicht durchdringen und lösen konnten: sie können keine lang dauernde Beziehung aufrechterhalten, keine wirkliche Freude empfinden, nicht produktiv oder kreativ arbeiten, sich selbst nicht mit Mitgefühl behandeln und nicht verstehen, warum sie bestimmte destruktive Verhaltensweisen immer noch nicht aufgegeben haben.

Ich bin oft von der gewaltigen Diskrepanz zwischen der Differenziertheit ihrer spirituellen Praxis und der Ebene ihrer persönlichen Entwicklung beeindruckt. Manche von ihnen haben Jahre mit esoterischen Praktiken verbracht, die einmal als die fortgeschrittensten galten und die allein den wenigen Auserwählten im traditionellen Asien vorbehalten waren, ohne die rudimentärsten Formen der Selbstliebe oder zwischenmenschlicher Sensibilität zu entwickeln. Eine Frau, die sich der strengen Disziplin eines dreijährigen Retreats in tibetischem Stil unterzogen hatte, besaß kaum die Fähigkeit, sich selbst zu lieben. Die strenge Schulung, die sie durchgemacht hatte, hatte anscheinend nur eine innere Unzufriedenheit verstärkt, die sie antrieb, hohe spirituelle Ideale zu verfolgen, ohne eine Spur von Freundlichkeit sich selbst und ihren Grenzen gegenüber zu empfinden.

Eine andere Frau hatte sich von einem älteren Lehrer grausam manipulieren lassen. Sie war von Kindheit an gewohnt, ihre eigenen Bedürfnisse und Gefühle nicht zu beachten, und hatte sie unter Anwendung von „Dharmalogik" unter der Kategorie samsârischer Hindernisse zusammengefasst. Ich habe auch mit erfahrenen spirituellen Lehrern gearbeitet, die mit sich haderten und sich schuldig und heuchlerisch fanden, weil sie nicht die Lehren verkörperten, die sie an andere weitergaben. Oft entdeckten sie dann im Verlauf unserer Arbeit narzisstische Motive, die ihren spirituellen Ambitionen zugrunde lagen: Eine Position der Macht und des Wissens war für sie eine Möglichkeit, als besonders und als wichtig gesehen zu werden und zu vermeiden, sich ihrer seelischen Verwundung zu stellen.

Spirituelles Über-Ich

Neben der spirituellen Umgehung ist ein anderes Hauptproblem für westliche Sucher ihre Empfänglichkeit oder Anfälligkeit für das „spirituelle Über-Ich", eine strenge innere Stimme, die als unermüdlicher Kritiker und Richter handelt und die ihnen sagt, dass nichts, was sie tun, je gut genug ist: „Du solltest mehr meditieren und konsequenter üben. Du bist zu selbstbezogen. Du hast nicht genug Hingabe." Diese kritische Stimme registriert jedes Versäumnis zu üben oder den Lehren entsprechend zu leben, so dass die Praxis mehr dahin orientiert ist, diesen wertenden Teil von ihnen wohlwollend zu stimmen als sich bedingungslos dem Leben zu öffnen. Es kommt vor, dass sie die Heiligen und Erleuchteten auf eine subtile Weise als Vaterfiguren betrachten, die sie mit einem wachsamen Auge beobachten, wie sie versäumen, ihren Verpflichtungen entsprechend zu leben. Deshalb streben sie danach, „dharmisch korrekt" zu sein, und versuchen, weniger identifiziert, mitfühlender und hingebungsvoller zu sein, als sie in Wirklichkeit sind. Indem sie versuchen, hohe spirituelle Ideale zu erfüllen, verleugnen sie ihre wahren Gefühle, und sind damit von ihrer körperlichen Vitalität, der Wahrheit ihrer eigenen Erfahrung und ihrer Fähigkeit, ihre eigene authentische Orientierung zu finden, abgeschnitten.

Spirituelle Sucher, die versuchen, unemotionaler, selbstloser oder mitfühlender zu sein, als sie in Wirklichkeit sind, hassen sich oft im Geheimen dafür, wie sie ihre hohen Ideale verfehlen. Dies gibt ihrer Spiritualität etwas Kaltes und Feierliches. Ihr Selbsthass wurde nicht erst durch ihre spirituelle Schulung erzeugt, es gab ihn schon vorher. Aber indem sie Spiritualität auf eine Weise praktizieren, die die Diskrepanz zwischen der Wahrheit, wie sie sind, und wie sie meinen, sein zu müssen, vergrößert, machen sie hervorragende Lehren über Mitgefühl und Erwachen schließlich zu weiterer Nahrung von Selbsthass und innerer Unfreiheit und Zwang.

Dies führt zu der Frage, wie sehr wir von einer spirituellen Lehre als einer Reihe von Idealen profitieren können, gleich, wie edel diese Ideale sind. Oft dient das Streben nach einem spirituellen Ideal nur dazu, das kritische Über-Ich zu stärken – die innere Stimme, die uns sagt, dass wir nie gut genug, nie aufrichtig genug, nie liebevoll genug sind. In einer Kultur, die von Schuld und Ehrgeiz durchdrungen ist, in der Menschen verzweifelt versuchen, sich über ihre unsicheren irdischen Fundamente zu erheben, übt das spirituelle Über-Ich einen durchgehenden unbewussten Einfluss aus, der besondere Aufmerksamkeit und Arbeit verlangt. Dazu braucht man ein Verständnis von psychischer Dynamik, die traditionellen spirituellen Lehrern und Lehren oft fehlt.

Überwinden von Lob und Tadel: eine Fallstudie

Die folgende Fallstudie illustriert sowohl wie spirituelle Lehre und Praxis dazu benutzt werden können, die psychische Abwehr zu verstärken, als auch wie psychologische Arbeit als Hilfe nützlich sein kann, die Spiritualität auf eine integriertere Weise zu verkörpern.

Paul war seit mehr als zwei Jahrzehnten ein engagierter praktizierender Buddhist gewesen. Er war Ehemann, Vater und erfolgreicher Geschäftsmann, der kürzlich auf eine Position befördert worden war, zu der öffentliches Reden gehörte. Zuerst nahm er dies als eine interessante Herausforderung an, aber nach ein paar Erfahrungen vor großen Auditorien fing er an, sich von Angst, Sorge, Spannung, Schlaflosigkeit und anderen körperlichen Symptomen überwältigt zu fühlen. Zuerst versuchte er, mit seiner Not so umzugehen, dass er mehr meditierte. Während diese Perioden der Praxis ihm halfen, ein gewisses Gleichgewicht wiederzugewinnen, begannen dieselben Symptome immer dann wiederzukehren, wenn ihm wieder ein Auftritt vor einem Publikum bevorstand. Nach ein paar Monaten, die er so verbrachte, rief er mich an.

Von den buddhistischen Lehren her war Paul vertraut, wie wichtig es ist, nicht an Lob und Tadel zu hängen, den zwei der acht weltlichen Sorgen – neben Verlust und Gewinn, Lust und Schmerz, Erfolg und Versagen –, die uns an das Rad des Leidens gefesselt halten. Doch erst seine Angst davor, vor einem Publikum zu sprechen, brachte eine so intensive Angst um Lob und Tadel an die Oberfläche, dass er erkannte, wie sehr er darum besorgt war, wie Menschen ihn sahen. Dies zu erkennen war für ihn extrem beunruhigend.

Zuerst sehnte sich Paul nach den Zeiten seiner Retreats zurück, wenn er sich von solchen Sorgen entfernt fühlte, und wir sprachen darüber, wie das Leben in der Welt oft ungelöste psychische Themen an die Oberfläche bringt, zu deren Bearbeitung eine spirituelle Praxis nicht bestimmt ist. Als unsere Arbeit Fortschritte machte, erkannte er, dass er Distanziertheit als Abwehr benutzte, um eine tiefere, grundlegende Angst davor zu verleugnen, wie andere Menschen ihn sahen.

Diese Abwehr hatte er in der Kindheit gegen das Gefühl entwickelt, von seinen Eltern nicht gesehen zu werden. Seine Mutter hatte in einem

Zustand permanenter Spannung und Angst gelebt und ihn als ihren potentiellen Retter betrachtet, nicht als ein eigenständiges Wesen mit eigenen Gefühlen und einem von ihr getrennten Leben. Um sich vor ihrem Schmerz und ihrer Zudringlichkeit abzuschirmen, hatte Paul eine Haltung der Abwehr entwickelt, die darin bestand, dass er sein Bedürfnis nach ihr und dann auch nach anderen Menschen in seinem Leben nicht fühlen konnte.

Da er sein ganzes Leben lang versucht hatte, sich nicht darum zu kümmern, wie Menschen ihn sahen, war er besonders von den buddhistischen Lehren des Nicht-Selbst (no-self, anattâ) angezogen, als er ihnen zum ersten Mal begegnete. Schließlich gibt es im Licht absoluter Wahrheit niemanden, der gesehen, niemanden, der gelobt, niemanden, der getadelt oder dem ein Vorwurf gemacht werden könnte – und darin fand Paul sehr viel Trost. Doch auf der relativen Ebene trug er ein verleugnetes und frustriertes Bedürfnis in sich, gesehen und geliebt zu werden. Indem er dieses Bedürfnis verleugnete, agierte Paul eine Abwehrhaltung und praktizierte kein wahres Nichtanhaften (nonattachment). Er benutzte die spirituellen Lehren als eine Rationalisierung, um in einer alten Abwehrhaltung verbleiben zu können.

Wie konnte Paul wahrhaft unabhängig von Lob und Tadel sein, solange er seinen Wunsch begraben hatte, geliebt und wertgeschätzt zu werden, den er sich nicht eingestehen konnte, weil er sich zu bedrohlich anfühlte? Bevor er seine Ängste um Lob und Tadel wahrhaft überwinden konnte, würde er erst diesen Wunsch anerkennen müssen – eine Aussicht, die für ihn beängstigend war und sich riskant anfühlte.

Neben seinen widersprechenden Gefühlen darum, gesehen zu werden, hatte er auch einen beträchtlichen Anteil an vergrabenem Selbsthass. Als berufener Retter seiner Mutter hatte er verzweifelt gewünscht, dass sie glücklich wäre, und fühlte sich schuldig, weil es ihm nicht gelungen war, sie zu retten. Im Grunde steckte er in vielerlei Weise so fest, wie seine Mutter stecken geblieben war. Seine Schuldgefühle und seine Selbstvorwürfe darüber machten ihn für Vorwürfe von anderen empfänglich.

Paul saß also in doppeltem Sinn in der Falle. Solange er den Teil nicht anerkennen konnte, der fühlte: „Ja, ich möchte gesehen und wertgeschätzt werden", belastete ihn sein frustriertes Bedürfnis nach Liebe schwer, denn im Geheimen war er immer auf der Suche nach Lob und Bestätigung durch andere. Und solange er unfähig war zu sagen: „Nein, ich existiere nicht für euch", blieb er für potentiellen Tadel anfällig, wenn es ihm nicht gelang, anderen zu gefallen.

Ja und *Nein* sind Ausdruck von Wunsch und Aggression – zwei Lebensenergien, die Philosophen, Heilige und Psychologen, von Plato und Buddha bis zu Freud, als besonders problematisch gesehen haben. Unglücklicherweise kritisieren viele spirituelle Lehrer Leidenschaft und Aggression einfach nur, statt Menschen zu lehren, wie sie ihre potentielle Intelligenz aufschließen können, die in ihnen verborgen ist.

Der intelligente Impuls, der in dem Ja des Wunsches enthalten ist, ist die Sehnsucht, sich auszudehnen, dem Leben voller zu begegnen und mit ihm in Verbindung zu sein. Die Intelligenz, die im Nein enthalten ist, ist die Fähigkeit, schädliche Kräfte zu erkennen, zu differenzieren und sich und andere vor ihnen zu schützen. Die Energie des echten, kraftvollen Nein kann eine Tür zu Stärke und Kraft sein, indem sie uns ermöglicht, dass wir uns von Aspekten unserer Konditionierung trennen, aus denen wir herauswachsen müssen. Unsere Fähigkeit, die Grundkraft des Ja und des Nein auszudrücken, wird in der Kindheit oft beschädigt. Die daraus resultierende Unfähigkeit wird in unserer psychischen Struktur als eine Tendenz installiert, zwischen Unterwürfigkeit und Trotz hin- und herzupendeln, wie Paul in seiner Haltung gegenüber anderen beispielhaft belegte – im Geheimen gezwungen, ihnen zu gefallen, doch sie dafür zugleich im Geheimen zu hassen.

Solange Paul vermied, sich seine unbewusste Dynamik von Gefügigkeit und Trotz anzuschauen und mit ihr zu arbeiten, konnte ihm seine spirituelle Praxis nicht helfen, wahren Gleichmut zu stabilisieren und frei von Angst in Bezug auf Lob und Tadel zu werden. Obwohl er diese Freiheit von Lob und Tadel während Perioden einsamer spiritueller Übung für sich allein erleben konnte, blieben diese Realisierungen abgetrennt und wirkten sich nicht auf sein Funktionieren im Alltag aus.

Es gab zwei entscheidende Momente in unserer gemeinsamen Arbeit, in denen Paul Zugang zu seinem echten Ja und Nein bekommen hatte. Diese zwei Momente sind auch insofern von Interesse, als sie den Unterschied zwischen psychologischer und spiritueller Arbeit verdeutlichen.

Bevor Paul sein echtes Ja finden und ausdrücken konnte – sich selbst, anderen und dem Leben gegenüber –, musste er Nein zu der internalisierten Mutter sagen, deren Einfluss in ihm lebendig geblieben war: „Nein, ich bin nicht dazu da, dich glücklich zu machen, um dein Retter zu sein, um deinem Leben Sinn zu geben." Aber es war für ihn nicht leicht, seine Wut und seinen Hass auf seine Mutter als Reaktion darauf anzuerkennen, wie er zu einem Objekt ihrer narzisstischen Bedürfnisse geworden war. Paul glaubte, dass es falsch sei, zu hassen – das jedenfalls lehrte ihn die spirituelle Doktrin. Aber weil er sich den Hass nie fühlen ließ, den er unbewusst in seinem Körper trug, war die Folge, dass er ihn nur auf verdeckte, sich selbst sabotierende oder schädigende Weisen ausdrücken konnte. Ich versuchte nicht, ihn über sein inneres Tabu gegen dieses Gefühl hinweg zu drängen, sondern lud ihn nur ein, seinen Hass anzuerkennen, wenn er in seinen Worten oder in seinem Verhalten offensichtlich war. Als Paul sich seinen Hass endlich direkt fühlen lassen konnte, statt ihn zu verurteilen oder zu verleugnen, wurde er auf ganz neue Weise lebendig. Er setzte sich gerade auf und brach in Lachen aus, in das Lachen einer erwachenden Vitalität und Kraft.

Artikulieren seines echten Nein, des Nein des Schutzes – „Ich werde mich von Dir nicht benutzen lassen" – befreite ihn auch dafür, seinen verborgenen Wunsch, sein schlafendes Ja anzuerkennen – „Ja, ich möchte als der gesehen werden, der ich bin, als das Wesen, das ich um meiner selbst willen bin – neben dem, was ich für dich tue." Der zweite entscheidende Moment war, als Paul dieses Bedürfnis anerkannte, als der gesehen und geliebt zu werden, der er war – was einen Schub von Energie auslöste, die ihn durchströmte und seinen ganzen Körper erfüllte. Aber dies machte ihm auch Angst, denn es fühlte sich an, als würde er aufgeblasen. Und für Paul mit seinen verfeinerten buddhistischen Empfindlichkeiten war Inflation des Selbst die größte Sünde von allen – ein Symptom eines aufgeblasenen Egos, so wie das des Narzissten, der ganz von sich selbst eingenommen ist.

Als ich seinen Widerstand sah, ermutigte ich ihn zu erforschen, wenn auch nur für ein paar Momente, wie es wäre, wenn er sich sozusagen aufgeblasen sein lassen würde, und sich voll von sich selbst zu fühlen und bei dieser Erfahrung präsent zu bleiben. Als er sich füllen und sozusagen aufblasen ließ, erlebte er sich als groß, reich und strahlend. Er fühlte sich wie ein Sonnenkönig, der von den Göttern oben und unten Energie bekam und Licht in alle Richtungen ausstrahlte. Ihm wurde klar, dass er sich immer schon so hatte fühlen wollen, aber sich nie bisher erlaubt hatte, sich so auszudehnen, so zu expandieren. Doch jetzt ließ er sich von der Fülle, die in seinem Leben gefehlt hatte, durchströmen – von der Fülle seines eigenen Seins. Zu seiner Überraschung erlebte er es als eine gewaltige Erleichterung und Entspannung, diese Ausdehnung endlich zuzulassen.

Als Paul seine Überraschung überwunden hatte, lachte er und sagte: „Wer hätte gedacht, dass es so befreiend sein könnte, wenn ich mich so aufgeblasen sein lasse?" Natürlich agierte er keinen Zustand der Ego-Inflation aus, sondern fühlte vielmehr, wie es war, die Energie von Begehren, Fülle und spontaner Wertschätzung seiner selbst durch seinen Körper fließen zu lassen. Weil er sich selbst die Anerkennung geben konnte, die er im Geheimen von anderen gesucht hatte, war es ihm in diesem Moment egal, wie andere ihn sahen. Und es gab auch nicht den Wunsch oder Impuls, diese neu entdeckte Stärke an jemandem auszulassen. Er freute sich an der reinen Strahlung seines inneren Reichtums und seiner Wärme – und ließ andere reagieren, wie sie wollten.

Viele spirituelle Sucher, die wie Paul unter einem deflationären Selbstgefühl leiden, verstehen die spirituellen Lehren über Selbstlosigkeit so, dass sie bedeuten, sie sollten einen Deckel über sich halten und sich nicht strahlen lassen. Doch statt sich übereifrig vor Ego-Inflation zu hüten, war es für Paul notwendig, dass er seinen Geist aus der Flasche ließ, bevor er klar zwischen echtem Ausdruck des Seins wie Kraft, Freude oder Feuer und Entstellungen durch das Ego wie Grandiosität oder Dünkel unterscheiden konnte.

Da *Bedürfnis* in Pauls Weltsicht so ein schlimmes Wort war, hatte er seine spirituelle Praxis dazu benutzt, es zu vermeiden und zu überwinden. Sein Versuch, direkt von der Verleugnung seines Bedürfnisses nach Liebe zu einem Zustand der Bedürfnislosigkeit zu springen, war aber nur eine spirituelle Hintertür – indem er spirituelle Lehren benutzte, um eine unbewusste Abwehr zu unterstützen. Als er aufhörte, sein Bedürfnis zu bekämpfen, konnte er mit einer tieferen Kraft in sich in Verbindung kommen – einem echten, mächtigen Ja zum Leben und zu Liebe –, was seine Fixierung auf Lob und Tadel von außen verringerte. Paul entdeckte, dass dieses essentielle Ja sich sehr von Anhaften und Klammern unterschied. Es enthielt eine *heilige Sehnsucht* ʰ, sich selbst auf neue Weise zu gebären. Als Paul sein inneres Feuer, seinen Wert und seine Kraft dadurch entdeckte, dass er sein echtes Ja und Nein aufschloss, wurde er tatsächlich weniger defensiv und für andere und den Fluss des Lebens offener.

Differenziertes und undifferenziertes Sein

Dieses Fallbeispiel veranschaulicht, wie unbewusste psychische Themen das Verständnis spiritueller Lehren entstellen und ihre wahre Verkörperung behindern können. Zudem schnitten Pauls Ambivalenz, Selbstverleugnung und Selbstvorwurf ihn von seinen tieferen Fähigkeiten wie Stärke, Selbstvertrauen und der Fähigkeit ab, mit anderen auf eine echte, offene Weise verbunden zu sein. Man könnte diese Fähigkeiten *differenzierte Ausdrucksformen des Seins* oder *Qualitäten von Präsenz* nennen. Wenn die absolute Seite unserer Natur – undifferenziertes Sein – wie klares Licht ist, dann kann man die relative Seite – differenziertes Sein – mit dem Farbspektrum eines Regenbogens vergleichen, das in diesem Licht enthalten ist. *Während die Realisierung undifferenzierten Seins der Weg der Befreiung ist, ist Verkörperung differenzierten Seins der Weg der Individuation* in ihrem tiefsten Sinn: die Entfaltung unserer essentiellen menschlichen Ressourcen, die als Samenpotentiale in uns existieren, aber oft von psychischen Konflikten blockiert sind.

Während es in jedem Moment zu Realisierung kommen kann, führt sie, wie wir gesehen haben, nicht notwendigerweise zu Aktualisierung. Auch wenn ich vielleicht Zugang zu der Transparenz reinen Seins habe, habe ich vielleicht immer noch nicht Zugang zu den menschlichen Fähigkeiten, die mich befähigen, diese Realisierung in der Welt zu aktualisieren. Es kann zum Beispiel sein, dass ich nicht in der Lage bin, in Situationen, die es verlangen, Zugang zu meiner Großzügigkeit zu bekommen, wenn sie von unbewussten Überzeugungen blockiert ist, die eine Identität der Verarmung und des Mangels stärken. Wenn diese unterbewussten Überzeugungen nicht ans Licht gebracht und durchgearbeitet werden, ist es unwahrscheinlich, dass sich Großzügigkeit auf eine volle und echte Weise manifestiert.

In der buddhistischen Tradition wird differenziertes Sein oft als „die Qualitäten eines Buddha" beschrieben – Weisheit, große Klarheit, Mitgefühl, Geduld, Stärke oder Großzügigkeit. Obwohl einige Abstammungslinien diese Qualitäten nicht betonen, haben andere, wie das tibetische Vajrayâna, eine Fülle transformierender Praktiken entwickelt, die dazu bestimmt sind, verschiedene dieser Aspekte zu kultivieren.

Da diese Fähigkeiten oft von ungelösten psychischen Themen blockiert sind, kann direkte Arbeit mit diesen Konflikten oft eine andere, besonders für Menschen aus dem Westen passende Weise vermitteln, Zugang zu diesen differenzierten Qualitäten zu bekommen und sie in unseren Charakter und unser Leben im Alltag zu integrieren. Schließlich sind die meisten Probleme im Leben die Folge davon, dass der Zugang zu diesen Qualitäten – Kraft, Liebe, Flexibilität, Selbstvertrauen oder Vertrauen –, die uns ermöglichen, kreativ auf schwierige Situationen zu reagieren, verloren ging. Im Prozess des Erkennens und Durcharbeitens unserer psychischen Konflikte werden diese fehlenden Fähigkeiten oft sichtbar und treten hervor.

Weil westliche Sucher im Allgemeinen unter einer schmerzhaften Spaltung zwischen Sein und Funktionieren leiden, brauchen sie sorgfältige, spezifische Führung bei der Überbrückung der Lücke zwischen der radikalen Offenheit reinen Seins und dem Sein in der Welt. Unglücklicherweise sind sogar in spirituellen Traditionen, die die Wichtigkeit der Integration der Realisierung in das tägliche Leben betonen, genaue Anleitungen, wie diese Integration erreicht werden kann, oft nicht sehr ausgearbeitet. Oder es ist nicht klar, wie die Anleitungen, die in einfacheren Zeiten und in einer einfacheren Welt formuliert wurden, für den Umgang mit den komplexen Realitäten unserer schnelllebigen Welt, das Navigieren der Gefahren intimer Beziehungen westlichen Stils und die Überwindung der scheinbaren Lücke, die viele Menschen zwischen der Realisierung unpersönlichen Seins und ihrer Verkörperung in persönlichem Funktionieren gelten, übersetzt und angepasst werden können. Indem man Menschen hilft, spezifische emotionale Konflikte durchzuarbeiten, die ihre tieferen Fähigkeiten verdunkeln oder blockieren, kann die psychologische Arbeit ihnen auch helfen, diese Fähigkeiten in ihr Leben mehr zu integrieren. Diese Art Arbeit ist wie eine Kultivierung der Erde, in der die Samen spiritueller Realisierung Wurzeln treiben und blühen können.[9]

Je mehr wir das volle Spektrum menschlicher Qualitäten kultivieren, die in unserer absoluten wahren Natur angelegt, und als Samen da sind, um so reicher kann die Qualität unserer persönlichen Präsenz werden, wenn wir anfangen, unsere wahre Natur auf eine individuierte Weise zu verkörpern. Diese Art Individuation geht weit über das säkulare, humanistische Ideal der Entwicklung der eigenen Einzigartigkeit hinaus, ein Innovator und Erneuerer zu sein oder seine eigenen Träume auszuleben. Vielmehr gehört dazu, ein Gefäß herzustellen – unsere Fähigkeit für persönliche Präsenz, die durch ihre Verwurzelung in einem vollen Spektrum menschlicher Qualitäten genährt wird –, durch das wir absolute wahre Natur in Form bringen können: die „Form" unserer Person.

Mit *Person* meine ich nicht eine fixierte Struktur oder Entität, sondern die Weise, wie sich wahre Natur auf eine einzigartig persönliche Weise manifestieren und ausdrücken kann, als Ihre nicht beschreibbare Soheit (suchness) oder „Duheit" (youness). Wie voll *Ihre* Soheit durchscheint – in Ihrem Gesicht, Ihren Worten, Ihren Handlungen, Ihrer besonderen Qualität von Präsenz –, ist zum Teil Gnade, aber zum Teil auch ein Ergebnis davon, wie sehr sie daran gearbeitet haben, Ihr Gefäß zu polieren, damit es transparent wird. Daher steht Individuation, zu der die Klärung der psychologischen Dynamik gehört, die unsere Fähigkeit, ganz hindurchzuscheinen, trübt oder verdunkelt, der spirituellen Realisierung nicht entgegen. Sie ist vielmehr eine Weise, wie man zu einem transparenteren Gefäß wird – zu einer authentischen Person, die für das durchlässig sein kann, was auf eine einzigartig persönliche Weise jenseits der Person ist.

In der säkularen humanistischen Perspektive ist die individuelle Entwicklung ein Ziel an sich. In der Sicht, die ich hier darstelle, ist Individuation kein Ziel, sondern ein Weg oder Mittel, das uns helfen kann, unsere wahre Form zu gebären, zur Welt zu bringen, indem wir die Entstellungen unseres alten falschen Selbst klären. In dem Maße, in dem wir lernen, unseren tiefsten individuellen Geboten und Werten treu zu sein, statt Sklave vergangener Konditionierung, stellt unsere Charakterstruktur nicht mehr so ein Hindernis dar, absolute wahre Natur zu erkennen oder sie zu verkörpern. Unsere individuierte Natur wird zu einem Fenster, das sich auf alles öffnet, was über uns selbst hinaus und größer als wir ist.

Bewusste und unterbewusste Identität

Spirituelle Traditionen führen im Allgemeinen das Leiden auf globale und epistemologische Ursachen zurück – als Folge von Unwissenheit, falscher Wahrnehmung oder Sünde – oder erklären es ontologisch – als eine Trennung von unserem essentiellen Sein. Der Buddhismus zum Beispiel führt Leiden auf die Tendenz der Psyche zurück, haben zu wollen und zu fixieren – auf Gedanken, Selbstbilder, egozentrische Gefühle und entstellte Wahrnehmungen – sowie die tiefere Quelle unserer Erfahrung – die leuchtende, expansive und kreative Kraft der Bewusstheit an sich – zu ignorieren. Die westliche Psychologie bietet im Gegensatz dazu ein spezifischeres, konkreteres Verständnis, das die Erklärung in der *Entwicklung* findet. Sie zeigt, wie Leiden auf die Konditionierung in der Kindheit zurückgeht, im Besonderen auf erstarrte, entstellte Bilder von uns selbst und von anderen (Objektbeziehungen), die wir aus der Vergangenheit mit uns tragen. Da sie diese entstellenden Identitäten als beziehungsbezogen versteht – sie entstehen in und durch unsere Beziehungen mit anderen –, werden diese Strukturen der Beziehung von einem selbst mit anderen in der Psychotherapie in einem Beziehungskontext – in der heilenden Umgebung der Beziehung von Klient und Therapeut erforscht.

Da spirituelle Traditionen im Allgemeinen nicht erkennen, wie sich die Ichidentität aus zwischenmenschlichen Beziehungen bildet, sind sie nicht in der Lage, diese zwischenmenschlichen Strukturen direkt anzusprechen. Vielmehr bieten sie Praktiken an – Gebet, Meditation, Mantras, Dienen, Hingabe an Gott oder einen Guru –, die die Aufmerksamkeit zu dem universellen Grund des Seins lenken, in dem sich die individuelle Psyche bewegt wie eine Welle im Ozean. So wird es möglich, jenseits persönlicher Konflikte und Einschränkungen in leuchtende Zustände transpersonalen Erwachens zu gelangen, ohne spezifische psychische Themen und Konflikte ansprechen und durcharbeiten zu müssen. Aber während diese Art Realisierung sicher Zugang zu größerer Weisheit und Mitgefühl verschaffen kann, berührt oder verändert sie oft nicht die gestörten Beziehungsmuster, die die Integration dieser Realisierung in das Gewebe des täglichen Lebens behindern, weil sie das Funktionieren im Alltag durchdringen.

Spirituelle Praxis übt dadurch eine mächtige umfassende Wirkung auf die Psyche aus, dass sie den zentralen Dreh- und Angelpunkt des Egos untergräbt – die Identifikation mit einem fixierten Selbstkonzept, das ich die *bewusste Identität* nenne. Die bewusste Identität ist ein Selbstbild, das uns ermöglicht, uns vorzustellen, dass wir etwas Festes und Substantielles sind. Aus einer buddhistischen oder ontologischen Perspektive fungiert diese egoische Identität auch als eine Abwehr der Realität der Leere – der offenen Dimension des Seins mit all seiner Ungewissheit und Unsicherheit, Vergänglichkeit und Substanzlosigkeit –, die das Ich als eine Bedrohung seiner Existenz versteht. Doch wenn wir sie mehr psychologisch betrachten, können wir sehen, dass die bewusste Identität auch als eine Abwehr gegen ein grundlegendes Gefühl inneren Mangels fungiert, den wir ursprünglich in der Kindheit als Reaktion auf den Mangel an Liebe, Beziehung oder Angenommensein gefühlt haben. Auch wenn unsere bewusste Identität entschlossen ist, dieses Gefühl des Mangels, der Unzulänglichkeit oder der Wertlosigkeit zu überwinden, tendieren wir doch unterbewusst dazu, uns gerade mit dem Mangel zu identifizieren, den wir zu überwinden versuchen. Dieses tief verwurzelte Gefühl des Mangels – das seinen Ursprung in der Hilflosigkeit unserer Kindheit angesichts von ursprünglicher Furcht, Angst oder Schmerz hat – ist das, was ich die *unterbewusste Identität* nenne.[i]

Die Ichstruktur als Ganze enthält also sowohl eine mangelhafte, unterbewusste Identität als auch eine kompensatorische, bewusste Identität. Weil unterbewusste Identitäten verborgener und bedrohlicher als bewusste Identitäten sind, sind sie auch viel schwerer zu erkennen, zu entfernen und zu transformieren. Wenn wir uns von der ganzen kompensatorischen Mangelstruktur befreien wollen, scheint es nötig zu sein, die zwischenmenschliche Dynamik zu bearbeiten, die in ihr Gewebe eingebettet ist. Der Beziehungskontext der Psychotherapie kann oft für eine direkte, fokussierte und genaue Methode sorgen, mit der die unterbewusste Dynamik durchgearbeitet werden kann, die diese ganze Identitätsstruktur intakt hält.[10]

Paul zum Beispiel hatte eine bewusste Identität entwickelt, die darauf beruhte, sein Leben unter Kontrolle zu haben und „sich nicht darum zu kümmern, was andere denken". Diese defensive Kontrollstruktur war eine

Weise, für ein grundlegendes Gefühl des Mangels zu kompensieren, das der Grund dafür war, dass er sich in zwischenmenschlichen Beziehungen überwältigt fühlte. Seine spirituelle Praxis hatte die kompensatorische Identität zum Teil untergraben, indem sie ihm direkten Zugang zu seinem größeren Sein verschaffte. Aber weil er die spirituelle Praxis auch benutzte, um seine unterbewusste Identität – sein tiefes Gefühl von Mangel, das aus der Kindheit stammte – zu umgehen, oder sich mit ihr nicht zu befassen –, konnte sie ihn nicht vollständig aus dem Griff seiner ganzen Identitätsstruktur befreien.

Da Paul seine Mangelidentität und die Gefühle von Angst, Frustration und Spannung, die sie begleiteten, nicht gerne fühlte, war er froh, spirituelle Methoden zu praktizieren, die ihm halfen, über diesen Aspekt seiner Ichstruktur hinauszugehen und ihn so zu vermeiden. Tatsächlich war es für ihn viel leichter, in der offenen, weiten Dimension des Seins präsent zu sein als mit seiner Angst und Hilflosigkeit, wenn sie gerade ausgelöst wurde. Da seine Fähigkeit für Präsenz sich nicht auf das Ganze seiner Psyche erstreckte, war sie für ihn nicht von großem Nutzen, wenn er mit seinen schlimmsten Dämonen konfrontiert war.

Durch die psychologische Arbeit, die wir zusammen machten, war Paul in der Lage, sein grundlegendes Gefühl von Mangel anzuerkennen und sich den Gefühlen der Verletzlichkeit und Hilflosigkeit, die damit verbunden waren, zu öffnen. Wenn er von zwanghaften Gedanken an Lob und Tadel überwältigt war, hatte er bis dahin immer versucht, diese Gedanken loszulassen, wie er das in der Meditation auch machte. Dies war auf seine Weise sicher von Wert. Aber in unserer Arbeit miteinander lernte er auch eine andere Art kennen, mit dieser Situation zu arbeiten. Er lernte, seine Aufmerksamkeit in seinen Bauch zu bringen, das Gefühl des Mangels direkt zu fühlen und seine Aufmerksamkeit zu der unterbewussten Überzeugung in seinem Kern zu lenken: „Ich kann hiermit nicht umgehen." Auf diese Weise begann er, direkt mit seiner unterbewussten Identität zu arbeiten, wenn sie aktiviert wurde, statt nur zu versuchen, über sie hinwegzugehen. In Verbindung mit seiner Meditationspraxis half Paul diese Art psychologischer Arbeit, seine umfassendere Identitätsstruktur zu lockern, so dass er anfangen konnte, sich in Situationen zu entspannen, die seine tiefsten Ängste auslösten.

Natürlich könnten manche argumentieren, dass Pauls Problem war, dass er die spirituellen Praktiken und Lehren, die er bekommen hatte, nicht wirklich verstand oder anwendete. Das kann gut sein. Aber ich glaube nicht, dass seine spirituelle Praxis ein Fehlschlag war. Sie diente ihm in vielerlei Hinsicht gut. Sie brachte ihn auch an den Punkt, wo seine frühesten, ungelösten psychischen Themen ganz aufgedeckt und bereit wurden, bearbeitet zu werden. Aber er brauchte andere Hilfsmittel, um mit diesen Themen direkt zu arbeiten, um zu den unbewussten Wurzeln seiner Tendenz vorzudringen, die spirituellen Lehren, die er bekommen hatte, zu entstellen und zu getrennt zu halten, und ein integrierterer Mensch zu werden.

Am Ende hatte Paul das Gefühl, dass seine psychologische wie seine spirituelle Arbeit von großem Nutzen für ihn waren und sich ergänzten. Die psychologische Arbeit hatte auch eine klärende Wirkung auf seine spirituelle Praxis, indem sie ihm nämlich half, eine wichtige Unterscheidung zwischen absoluter Leere – der äußersten Realität jenseits des Selbst – und relativer, psychischer Leere – seines Gefühls inneren Mangels und der Schwäche – zu machen. Weil er diese zwei Arten von Leere bis dahin vermischt hatte, hatte seine spirituelle Praxis oft dazu gedient, sein grundlegendes Gefühl von Wertlosigkeit zu stärken.

Für einen weiteren Dialog zwischen Ost und West

Der wesentliche Unterschied zwischen westlicher und östlicher Psychologie besteht in ihrer unterschiedlichen Betonung des Persönlichen und des Unpersönlichen. Unglücklicherweise machen zeitgenössische Interpretationen der östlichen spirituellen Lehren *persönlich* oft zu einem Synonym für *egoisch*, mit dem Ergebnis, dass die Fähigkeit für reiche expressive persönliche Präsenz oft verloren geht. Obwohl persönliche Präsenz vielleicht nicht so gewaltig weit und unbegrenzt, uneingeschränkt wie unpersönliche Präsenz ist, besitzt sie ein ganz eigenes Mysterium und eine ganz eigene Schönheit. Martin Buber sah diese *„personale Vergegenwärtigung"* als einen integralen Teil dessen, was er als die primäre Einheit der menschlichen Erfahrung sah: die Ich-Du-Beziehung.[j] In der Tat brauchen wir, um die Kraft und

Bedeutung persönlicher Präsenz wertzuschätzen, nur in das Gesicht eines Menschen zu schauen, den wir lieben. Der irische Priester John O'Donohue bemerkte einmal: „Im menschlichen Gesicht wird die Unendlichkeit persönlich". Während unpersönliche Präsenz die Quelle einer Sorge und eines Mitgefühls ist, die sich an alle Wesen in gleicher Weise richtet (*agape* im Westen), ist persönliche Präsenz die Quelle von *Eros* – die intime Resonanz zwischen einem selbst, als diese bestimmte Person, und einem anderen Menschen, auf dessen besondere Soheit wir auf eine sehr besondere Weise reagieren und antworten.

Wir im Westen sind erst seit ein paar Jahrzehnten mit den tiefsten nichtdualen Lehren und Praktiken des Ostens konfrontiert. Jetzt, da wir begonnen haben, sie zu verdauen und zu assimilieren, ist eine tiefere Ebene des Dialogs zwischen Ost und West an der Zeit, um tieferes Verständnis der Beziehung zwischen der unpersönlichen absoluten und der menschlichen, persönlichen Dimension zu entwickeln. Der Ausdruck absoluter wahrer Natur in einer wirklich persönlichen, menschlichen Form kann eines der wichtigsten evolutionären Potentiale der Befruchtung von Ost und West, von kontemplativem und psychologischem Verständnis sein. Wenn wir diese zwei Ansätze in einen näheren Dialog bringen, kann uns das helfen, zu entdecken, wie wir unsere Persönlichkeit vollständiger transformieren – sie zu einem Instrument höherer Ziele entwickeln – und so den ganzen persönlichen Bereich erlösen könnten, statt nur Befreiung von ihm zu suchen.

Der Buddhismus ist zum einen immer dadurch gewachsen, dass er Methoden und Auffassungen absorbiert hat, die zu den indigenen Kulturen gehörten, in denen er sich ausbreitete. Wenn die Psychotherapie zu unserer modernen Weise wird, mit der Psyche und ihren Dämonen umzugehen, analog zu den frühen schamanischen Praktiken, die der Vajrayâna-Buddhismus in sein umfassenderes Rahmenwerk integriert hat, dann können die meditativen Traditionen dadurch einen sichereren Halt in unserer Kultur finden, dass sie die westliche Psychologie voller anerkennen und mit ihr in Beziehung treten. Ein offenerer und intensiverer Dialog zwischen Praktizierenden meditativer und psychologischer Disziplinen könnte den alten spirituellen Traditionen helfen, neue und mächtigere Möglichkeiten zu finden, auf die Situation der westlichen Welt einzugehen und so eine größere Wirkung auf die Richtung zu haben, in die sie sich bewegt.

Zusammenfassend sei gesagt, dass wir einen neuen Bezugsrahmen für unser Verständnis brauchen, der uns helfen kann wertzuschätzen, wie psychologische und spirituelle Arbeit bei der Befreiung und vollständigen Verkörperung des menschlichen Geistes zu Verbündeten werden könnten, die sich gegenseitig unterstützen. Wir müssen beide Wege für unsere Zeit neu entwerfen, damit psychologische Arbeit im Dienst spiritueller Entwicklung ihre Möglichkeiten entfalten kann, während die spirituelle Arbeit auch die psychische Entwicklung berücksichtigen und nutzen kann. Diese zwei konvergierenden Ströme würden dann einander als zwei lebenswichtige Glieder einer sich entwickelnden Menschheit anerkennen, die sich weiter in Richtung ihres Potentials bewegt, als

- das Wesen, das sich öffnen kann und sich selbst als zugehörig zum universellen Mysterium und der universellen Präsenz weiß, die alle Dinge umgibt und bewohnt, und
- das Wesen, das durch seine Fähigkeit, alle tieferen Ressourcen, die in seiner Natur liegen, zu manifestieren, diese größere Offenheit als menschliche Präsenz in der Welt verkörpern kann und so als entscheidendes Bindeglied zwischen Himmel und Erde dient.

TEIL III

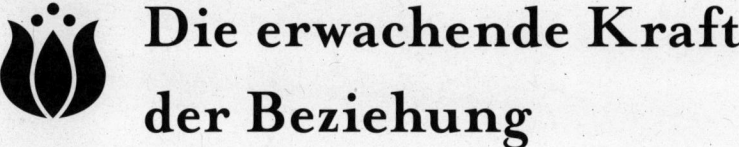 **Die erwachende Kraft der Beziehung**

Einleitung

Der dritte und letzte Teil dieses Buches baut auf den Auffassungen auf, die in den vorangehenden Abschnitten entwickelt wurden, um zu erhellen, was zweifellos der schwierigste Bereich im Leben vieler Menschen ist – persönliche Beziehungen, Intimität, Liebe und Leidenschaft. Eine der schmerzhaftesten Weisen, wie die spirituelle Krise unserer Zeit sich auf jeden von uns auswirkt, ist die entfremdete Qualität unserer Beziehungen. In dieser Zeit einer Entmenschlichung in großem Maßstab verlangen alle Arten von Beziehungen – zwischen Freunden, Liebenden, Arbeitskollegen, Eltern und Kindern, Lehrern und Schülern – danach, neu belebt und überdacht werden.

Es ist ungewöhnlich, das Thema der intimen Beziehung in einem Buch dieser Art zu behandeln. Die meisten Bücher über Spiritualität, Meditation und psychospirituelle Themen richten ihre Aufmerksamkeit auf die transpersonale Dimension unserer Natur, auf unsere spirituelle Essenz. Die Literatur über Meditation ist sehr weitläufig, aber nirgendwo, weder im Osten noch im Westen, finden wir eine reich artikulierte Tradition, die sich damit befasst, wie man in einer intimen persönlichen Beziehung bewusst und wach bleibt. Das tibetische buddhistische Tantra kommt dem mit seinen Lehren über die Vereinigung der Liebenden vielleicht am nächsten. Doch tantrische Prinzipien sind ziemlich esoterisch und thematisieren nicht die persönliche Interaktion, die die moderne Intimität kennzeichnet. Abgesehen von allgemeinen Empfehlungen über Mitgefühl, Großzügigkeit und Freundlichkeit befassen sich spirituelle Lehren selten mit dem, was zwischen zwei Menschen auftaucht, die intim miteinander in Beziehung sind, oder wie man damit arbeiten kann. Wenige Werke der spirituellen Literatur und kaum eine Veröffentlichung vor meiner eigenen mit *Journey of the Heart*, haben auch nur in Betracht gezogen, dass zwischenmenschliche Intimität ein wichtiges oder gültiges Mittel auf dem Weg des Erwachens sein könnte. Um dabei mitzuwirken, dieses Versäumnis zu korrigieren, hielt ich es für wichtig, dieses Kapitel über Beziehung in dieses Buch aufzunehmen.

Die Wahrheit ist, dass viele spirituelle Sucher es viel leichter finden, sich ausgeglichen, bewusst und in sich zentriert zu fühlen, wenn sie allein leben, als wenn sie mit einem anderen Menschen zusammenleben. Wenn wir allein leben, können wir leicht vermeiden, unsere gewohnten Muster genau anzuschauen, weil wir in ihnen leben. In einer Beziehung aber ist es unvermeidlich, dass wir all unseren rauen Kanten begegnen, da der Partner unweigerlich spiegelt, wie er unsere konditionierte Persönlichkeit empfindet. Intimer Kontakt von Mensch zu Mensch rührt auch eine ganze Reihe von aufregenden und beunruhigenden Gefühlen um Liebe, Macht, Verlassenheit, Verrat, Überwältigung und eine Menge anderer zwischenmenschlicher Bedrohungen auf, neben all unseren Ängsten, die auf die Kindheit zurückgehen.

So ist es nicht überraschend, dass die Suche nach spirituellem Erwachen seit Jahrhunderten etwas gewesen ist, was Menschen vor allem allein und oft in monastischen, zölibatären oder anderen, auf das Jenseits hin orientierten Lebensformen verfolgt haben. Es ist auch nicht überraschend, dass spirituelle Gemeinschaften gewöhnlich unter derselben Art zwischenmenschlicher Neurose leiden wie andere Gruppen, und oft noch mehr. Das wachsende Bewusstsein, das sich durch spirituelle Praxis entwickelt, wird oft nicht wirklich in dem Schmelztiegel zwischenmenschlicher Verbindlichkeit und zwischenmenschlichen Dialogs geprüft oder verfeinert.

Die Kapitel dieses Teils thematisieren primär die intime Beziehung als heiligen Weg, aber es gibt darunter auch zwei, die die Beziehung zu einem spirituellen Lehrer ansprechen, die in vieler Hinsicht der Beziehung zwischen dem Liebenden und der Geliebten ähnelt. Zweifellos könnten hier auch andere Arten von Beziehung angesprochen werden, da die Prinzipien, die für eine Beziehung zwischen Liebenden essentiell sind – Offenheit, Präsenz, Bereitschaft, die eigenen emotionalen Reaktionen zu untersuchen, Kommunikation auf eine wahrhaftige und sich selbst enthüllende Art und Weise –, sicher für alle Beziehungen gültig sind. Doch ich habe mich hier auf intime Beziehung beschränkt, weil sie ein so provozierender und mächtiger Ort der Begegnung ist, wo das Psychologische und das Spirituelle auf eine besonders mächtige Weise zusammenkommen.

Der russische Mystiker Wladimir Solowjow hat geschrieben, erotische Liebe „unterscheide sich von anderen Arten der Liebe durch ihre größere Intensität, größere Tiefe und die Möglichkeit einer vollständigen und umfassenden Wechselseitigkeit".[a] Während sie uns dazu inspiriert, uns einander voller zu öffnen, berührt und aktiviert sie die reaktivsten Muster der konditionierten Persönlichkeit zugleich. Dies ist genau der Grund, weshalb sie eine so mächtige transformative Kraft sein kann: Sie zwingt uns, im Lichte unserer Liebe zueinander den Persönlichkeitsmustern zu begegnen, die am tiefsten in uns verwurzelt sind, und an ihnen zu arbeiten. Intimität als transformativer Weg ruft uns auf, reale Persönlichkeiten zu werden – die zu realer Begegnung und zu realem Einlassen fähig sind – und zugleich, das Persönliche in dem weiteren Grund des Seins zu verwurzeln, das sich weit über die Person hinaus erstreckt. Sie verlangt von uns, dass wir erwachsen werden *und* aufwachen.

Mein Ansatz zu Beziehung als einem heiligen Weg ist weitgehend von meinem Studium der Meditation und des tibetischen tantrischen Buddhismus geprägt. Die tantrische Perspektive, die sich von vielen anderen buddhistischen und östlichen Ansätzen unterscheidet, beruht auf einer Wertschätzung der Liebesbeziehung zwischen absoluter und relativer Wahrheit, Himmel und Erde, Leere und Form, Realisierung und Verkörperung. Anschaulich porträtiert wird diese Liebesbeziehung als die erotische Vereinigung männlicher und weiblicher Gottheiten, die von einem strahlenden Nimbus von Energie umgeben sind – Augen weit offen, mit wie winkend ausgestreckten Armen und wild lächelnd. Diese Liebenden genießen einander offensichtlich nicht nur, sondern sie wecken einander auch auf!

Dies ist eine der mächtigsten symbolischen Darstellungen der „conditio humana", die ich kenne. Im Laufe der Jahre habe ich entdeckt, dass der tantrische Buddhismus auch die meisten der Prinzipien enthält, die zum Leben – und auch zur Liebe eines anderen Wesens – auf eine geistig gesunde, vollkommen wache, spirituell vitale Weise notwendig sind. In der tibetischen Tradition werden diese Prinzipien aber oft in esoterischen Formen artikuliert, die nicht immer klar auf persönliche Beziehungen anwendbar sind. Da ich selbst auf dem Gebiet der Beziehung dringend Orientierung brauchte, nahm ich mir vor, einige dieser Prinzipien herauszufinden und neu zu interpretieren, sie mit bestimmten psychologischen Auffassungen zu verweben und sie auf die zwischenmenschliche Szene anzuwenden. Während sich meine Schriften über Beziehung also nur gelegentlich auf Meditation oder tantrischen Buddhismus beziehen, war diese Tradition eine Hauptquelle der Inspiration für den Ansatz, den ich in *Journey of the Heart* und *Durch Liebe reifen* entwickelt habe. Die schwierige Aufgabe, meditative Prinzipien auf die Themen der Beziehung anzuwenden, überzeugte mich auch davon, wie wichtig es besonders für Menschen im Westen ist, die unpersönliche Realisierung der Buddhanatur in das ganze Gewebe unserer persönlichen Verkörperung zu integrieren.

Kapitel 15 bietet eine knappe Übersicht über meine Sicht der intimen Beziehung als Weg des Erwachens, neben ihrer evolutionären, persönlichen und heiligen Bedeutsamkeit.

Kapitel 16 betrachtet Beziehung als einen Tanz von Polaritäten, der die Fähigkeit verlangt, sich flexibel zwischen verschiedenen Positionen zu bewegen, ohne zu einer festen Haltung zu verhärten. Ich beschreibe auch einige Möglichkeiten, wie man Meditation als eine hervorragende Übung nutzen kann, um diese Art Flexibilität zu lernen.

In Kapitel 17 wird betrachtet, wie die psychischen Hindernisse in einer intimen Beziehung zu spirituellen Gelegenheiten werden können, die uns befähigen, Zugang zu tieferen Kräften und Ressourcen unseres Seins zu bekommen. Dies wird dann zu einem alchemistischen Prozess, der das Erz der Persönlichkeit verfeinert, um das Gold unserer wahren Natur zu gewinnen.

Kapitel 18 spricht bestimmte weitverbreitete Verwirrungen (Irrtümer, Missverständnisse) um das Wesen bedingungsloser Liebe an. Es zeigt auch auf, wie bedingungslose Liebe ein eigenständiger Weg sein kann, der mit dem ersten spontanen Blitz des Verliebens beginnt und zu einer andauernden Praxis der Expansion unserer Fähigkeit reift, alles Menschliche in uns und in anderen anzunehmen.

Kapitel 19 postuliert eine neue Wertschätzung des Wesens der Leidenschaft, die über die historische westliche Ambivalenz ihr gegenüber hinausgeht, die zwischen Faszination und Idealisierung einerseits und Ablehnung und Verurteilung andererseits geschwankt hat. Ich unterscheide zwischen bedingter und bedingungsloser Leidenschaft und versuche zu zeigen, inwiefern Leidenschaft eine eigenständige aufweckende Kraft ist. Besonders interessant sind die Parallelen zwischen romantischer Leidenschaft und der Verehrung, die ein Schüler einem spirituellen Lehrer entgegenbringt.

Kapitel 20 betrachtet das große Risiko und die große Chance, die die Beziehung zwischen einem spirituellen Meister und dem Schüler bereithält – ein anderer Bereich gewaltiger Verwirrung in unserer Kultur. Erwachsen aus einem jahrelangen Forschungsprojekt werden in diesem Kapitel Charakteristika pathologischer spiritueller Gemeinschaften und das Wesen spiritueller Autorität beschrieben. Ferner werden auch die wichtigen Unterschiede zwischen problematischen und heilsamen Lehrer-Schüler-Beziehungen besprochen.

Kapitel 21, ein abschließendes Gespräch mit dem Schriftsteller Paul Shippee, bringt viele Themen des Buches zusammen. Hier vertrete ich die These, dass die Arbeit bewusster Beziehung zwischen zwei Individuen eine mächtige Kraft ist, die nicht nur helfen kann, zwei Individuen zu erwecken, sondern auch ein größeres Herz und Beseeltheit zusammen mit einem erneuerten Sinn für Gemeinschaft in der Welt zu regenerieren.

15 Intime Beziehung als transformativer Weg

Eine echte Liebe ... beruht auf der Möglichkeit einer volleren Entfaltung seines eigenen Seins, die die Geliebte dem Liebenden bietet, indem er mit ihr in-der-Welt-ist.

MEDARD BOSS

Zwei Menschen, die heute ein Leben zusammen gestalten wollen, stehen einer Reihe von Herausforderungen und Schwierigkeiten gegenüber. Nie zuvor hatten Paare so wenig Hilfe oder Führung von Älteren, von der Gesellschaft oder von Seiten der Religion. Die meisten alten sozialen und ökonomischen Gründe für eine Ehe als lebenslange Beziehung sind weggebrochen oder weggefallen. Sogar die alten Anreize dafür, Kinder zu bekommen – den Familiennamen oder das Familiengeschäft weiterzuführen oder zu der Familienarbeit beizutragen, indem sie zum ökonomischen Bestand beitrugen –, sind fast ganz verschwunden. Zum ersten Mal in der Geschichte fehlt es den Beziehungen zwischen Männern und Frauen an klarer Orientierung, an unterstützenden Familiennetzen, an einem religiösen Kontext und einem überzeugenden sozialen Sinn.

Bis vor Kurzem waren Form und Funktion der Mann-Frau-Beziehung und besonders der Ehe von Familie, Gesellschaft und Religion genau vorgeschrieben. Der Ehepartner wurde immer von der Familie gewählt, oder sie hatte ein Vetorecht. Jedes Paar hatte eine Reihe definierter Rollen innerhalb einer Großfamilie, die ihrerseits einen Platz in einer eng verbundenen Gemeinde oder einem Dorf hatte, wo Menschen ähnliche soziale, moralische und religiöse Werte teilten und die gleichen Gewohnheiten und Bräuche pflegten. Die Ehe nahm einen zentralen Platz in der Gemeinschaft ein, indem sie einen stabilisierenden Einfluss ausübte und die soziale Ordnung stützte. Und die Gesellschaft unterstützte sie ihrerseits: Wenn eine Ehe unglücklich war, hielt der Druck der Gemeinschaft sie zusammen.

Erst während der letzten paar Generationen hat sich diese Situation geändert. Jetzt, da die Ehe die meisten ihrer traditionellen Unterstützungen verloren hat und Paare zunehmend von Familie, Gemeinschaft und weitgehend gemeinsamen Werten abgeschnitten sind, gibt es nur wenige überzeugende *äußere* Gründe dafür, dass ein Mann und eine Frau eine Lebensreise zusammenbleiben. Nur die *innere* Qualität ihrer persönlichen Beziehung kann sie gemeinsam weitergehen lassen. Zum ersten Mal in der Geschichte ist jedes Paar allein – um zu entdecken, wie sie eine gesunde Beziehung aufbauen können und ihre eigene Sicht davon zu erarbeiten und zu formen, wie und warum sie zusammen sind.

Diejenigen unter uns, die sich heute mit Fragen um Liebe und Verbindlichkeit auseinandersetzen, sind Pioniere auf einem Gebiet, das bisher nie bewusst erforscht wurde. Es ist wichtig, sich klar zu machen, wie neu diese Situation ist, damit wir uns nicht die Schuld an den Schwierigkeiten geben, mit denen wir in unseren Beziehungen konfrontiert sind. In früheren Zeiten traten Menschen, wenn sie die tieferen Geheimnisse des Lebens erforschen wollten, in ein Kloster oder eine Einsiedelei ein, weit weg von konventionellen familiären Bindungen. Für viele von uns ist die intime Beziehung heute zu der neuen Wildnis geworden, die uns mit allen unseren Göttern und Dämonen konfrontiert. Sie ruft uns auf, uns von alten Gewohnheiten und blinden Flecken zu befreien und die volle Bandbreite unserer Kräfte, Sensibilitäten und Tiefen als Menschen zu entwickeln – genau in der Mitte des alltäglichen Lebens.

Für eine neue Vision der Beziehung

Die traditionelle Ehe erreichte Stabilität dadurch, dass sie einer vorgeschriebenen sozialen Funktion diente. Im Gegensatz dazu beruht die moderne Ehe eher auf *Gefühl* als auf *Funktion*. Kein Wunder, dass sie so instabil ist. Romantische Gefühle sind zwar inspirierend, aber bekanntermaßen unbeständig. Langfristige Beziehungen brauchen eindeutig ein neues Fundament, jenseits von sozialer Pflicht und romantischer Intensität. Wir brauchen eine neue Vision und einen neuen Kontext, der Paaren helfen kann, unverbrauchte Orientierung und Inspiration zu finden.

Wenn wir in unseren intimen Beziehungen einen neuen Geist des Einlassens kultivieren wollen, müssen wir, so meine ich, die große Gelegenheit erkennen und willkommen heißen, die intime Beziehungen uns bieten – nämlich unsere wahre Natur zu erwecken. Wenn Beziehungen blühen sollen, müssen sie spiegeln und fördern, wer wir wirklich sind, jenseits irgendeines begrenzten Bildes von uns, das ein Konstrukt aus Einflüssen von Familie, Gesellschaft und unserem eigenen Denken ist. Sie müssen auf dem Ganzen beruhen, wer wir sind, und nicht auf irgendeiner einzelnen Form, einer Funktion oder einem Gefühl. Dies stellt eine gewaltige Herausforderung dar, denn es bedeutet, dass man eine Reise der Suche nach unserer tiefsten Natur unternimmt. Unsere Beziehung mit jemandem, den wir lieben, kann sogar eines der besten Fortbewegungsmittel für diese Reise sein. Wenn wir so an sie herangehen, kann Intimität zu einem Weg werden – zu einem Entfaltungsprozess persönlicher und spiritueller Entwicklung.

Wenn Form und Gefühl, Pflicht und Liebeserfahrung in der historischen Dialektik der Ehe These und Antithese waren, dann ist die neue Synthese, die wir jetzt zu bedenken beginnen, *Ehe als bewusste Beziehung*, die Himmel und Erde vereint. Da Männer und Frauen sich neben ihren Rollen, neben Klischees und ererbten Vorschriften aller Art nur selten als gleiche, als ganze Menschen und Auge in Auge gesehen haben, ist eine bewusste Beziehung zwischen den Geschlechtern ein radikal neuer Ansatz.

Der griechische Mythos von Eros und Psyche deutet an, wohin die Reise bewusster Beziehung führen kann. Eros wird nachts Psyches Liebhaber, und zwar unter der Bedingung, dass sie nie versuchen darf, sein Gesicht zu sehen. Die Dinge laufen eine Weile gut zwischen ihnen. Aber da sie ihren Liebhaber nie gesehen hat, beginnt sie sich zu fragen, wer er wirklich ist. Als sie die Lampe anzündet, um sein Gesicht zu sehen, fliegt er davon, und sie muss eine Reihe von Proben bestehen, um ihn wiederzufinden. Als sie diese Prüfungen schließlich besteht, wird sie wieder mit ihm vereinigt, nur dieses Mal auf eine viel vollere Weise, und sie können ihre Liebe im Licht des Tages weiter leben.

Dieser Mythos weist auf die uralte Spannung zwischen Bewusstsein (Psyche) und erotischer Liebe (Eros) hin. Traditionelle westliche Ehen waren wie Liebe im Dunkeln. Doch jetzt, da Beziehungen nicht mehr reibungslos in den alten unbewussten Bahnen funktionieren, brauchen sie eine neue Art Bewusstheit. Wie Psyche machen wir gegenwärtig die Prüfungen durch, die jeder Fortschritt des Bewusstseins mit sich bringt.

Das Wesen des Weges

Weg ist ein Begriff, der auf die große Herausforderung unserer Existenz hinweist: das Bedürfnis danach, zu den größeren Möglichkeiten des Lebens zu erwachen, jeder auf seine eigene Weise, und ganz Mensch zu werden. Das Wesentliche an einem Weg besteht darin, dass er uns auf die Reise bringt.

Um ganz menschlich zu werden, ist unvermeidlich, dass man mit der Totalität dessen arbeitet, was wir sind – sowohl mit unserer konditionierten Natur (Erde) als auch unserer unkonditionierten Natur (Himmel). Auf der einen Seite haben wir eine Anzahl gewohnter Persönlichkeitsmuster entwickelt, die unser Bewusstsein bewölken, unsere Gefühle entstellen und unsere Fähigkeit, uns dem Leben zu öffnen und zu lieben, einschränken. Ursprünglich haben wir unsere Persönlichkeitsmuster geformt, um uns vor Schmerz zu schützen, aber jetzt sind sie zu einem Ballast geworden, der uns davon abhält, so voll zu leben, wie wir könnten. Doch unter all unserem konditionierten Verhalten ist die fundamentale Natur des menschlichen Herzens eine bedingungslose wache Präsenz, eine liebevolle, interessierte und neugierige Intelligenz, eine Offenheit für Realität. In jedem von uns wirken diese zwei Kräfte: eine embryonische Weisheit, die aus den Tiefen unseres Seins blühen möchte, und das einkerkernde Gewicht unserer karmischen Muster. Von der Geburt bis zum Tod sind diese zwei Kräfte immer am Werk, und unser

Leben hängt in der Schwebe. Da die menschliche Natur immer diese zwei Seiten enthält, gehört die Arbeit mit beiden zu unserer Reise.

Intime Beziehungen sind als Weg ideal geeignet, weil sie diese beiden Seiten von uns berühren und sie in kraftvollen Kontakt bringen. Wenn wir mit einem anderen Menschen tief in Beziehung sind, öffnet sich unser Herz auf natürliche Weise für eine ganze neue Welt von Möglichkeiten. Aber dieser Hauch frischer Luft macht uns auch bewusster, wie blockiert wir sind. Beziehung konfrontiert uns unvermeidlich mit unseren schmerzhaftesten ungelösten emotionalen Konflikten aus unserer Vergangenheit, wobei wir ständig mit Dingen in uns konfrontiert werden, die wir nicht ausstehen können – unsere schlimmsten Ängste, Neurosen und Fixierungen – in lebendigen Farben und in Breitwand.

Wenn wir unsere Aufmerksamkeit nur auf eine Seite unserer Natur richten – auf Kosten der anderen Seite –, haben wir keinen Weg und können deshalb auch keinen Weg finden, der weiter führt. Damit sind auch die Möglichkeiten unserer Beziehungen begrenzt. Wenn wir nur die wunderbaren Aspekte einer Beziehung betonen, geraten wir in die „Glücksfalle" – wenn wir uns vorstellen, dass Liebe eine Treppe in den Himmel ist, die uns ermöglicht, uns über das Wesentliche, die harte Wirklichkeit unserer Persönlichkeit zu erheben und alle Angst und Beschränkung hinter uns zu lassen: „Liebe ist so toll! Ich bin so high! Lass uns heiraten! Alles wird ganz wunderbar!" Natürlich sind diese expansiven Gefühle wunderbar. Aber die potentielle Entstellung besteht hier darin, dass Liebe an sich schon alle unsere Probleme lösen, für endlose Behaglichkeit, Tröstung und Lust sorgen oder uns davor retten kann, mit uns selbst, mit unserem Alleinsein, unserem Schmerz oder letztlich unserem Tod konfrontiert zu sein. Wenn man zu sehr an der himmlischen Seite der Liebe hängt, führt das zu Schocks und groben Enttäuschungen, wenn wir unvermeidlich mit den Herausforderungen des realen Lebens umgehen und dafür sorgen müssen, dass eine Beziehung funktioniert.

Die andere Entstellung besteht darin, Beziehung zu etwas total Vertrautem und total Sicherem zu machen und sie als ein fertiges Produkt anzusehen und nicht als einen lebendigen Prozess. Dies ist die „Sicherheitsfalle". Wenn wir versuchen, eine Beziehung zu etwas zu machen, was unseren Bedürfnissen nach Sicherheit dient, verlieren wir ein Gefühl von einer größeren Vision und von Abenteuer. Beziehung wird zu einem Geschäft oder total monoton. Ein Leben, das sich bloß um Routinen des Alltags und Sicherheitsinteressen dreht, wird schließlich zu schal und berechenbar, um die tiefere Sehnsucht des Herzens zu befriedigen.

Wenn ein Paar einmal ein Gefühl für eine größere Vision verliert, versuchen die Partner oft, die Leere, die bleibt, zu füllen, indem sie sich in einem gemütlichen materialistischen Lebensstil einrichten – sie sehen fern, umgeben sich mit gediegenem Besitz oder werden zu sozialen Aufsteigern. Wenn sie es sich in ihrem gewohnten Muster gemütlich machen, kann es sein, dass sie ganz einschlafen. Nach zwanzig Jahren Ehe kann es dann sein, dass einer von ihnen aufwacht und sich fragt: „Was habe ich mit meinem Leben getan?" und plötzlich verschwindet, auf der Suche nach dem, was verloren ging.

Keiner dieser Ansätze führt sehr weit oder stellt einen Weg dar. Die Illusion himmlischen Glücks kann uns ermöglichen, eine Weile aufzusteigen, bis wir schließlich abstürzen, wenn die Beziehung unvermeidlich zurück auf die Erde kommt. Die Illusion der Sicherheit hat zur Folge, dass wir mit der Erde verhaftet bleiben, so dass wir überhaupt nie wagen, über uns selbst hinauszulangen.

Liebe ist genau deshalb eine transformative Kraft, weil sie die zwei verschiedenen Seiten unserer selbst – die expansive und die kontrahierte, die wache und die schlafende – in direkten Kontakt bringt. Unser Herz kann anfangen, an unserem Karma zu arbeiten: Rigide Stellen in uns, die wir vor Blicken verborgen haben, kommen plötzlich zum Vorschein und werden in der aufflammenden Wärme der Liebe weich. Und unser Karma fängt an, auf unser Herz einzuwirken: Wenn wir auf schwierige Stellen in uns und unserem Partner stoßen, zwingt das unser Herz, sich zu öffnen und auf neue Weise zu expandieren. Liebe fordert uns heraus, genau an den Stellen weiter zu expandieren, wo wir meinen, uns unmöglich weiter öffnen zu können.

Aus dieser Perspektive von Glück und Sicherheit scheint es schrecklich zu sein, dass Beziehungen uns mit so vielen Dingen in uns konfrontieren, die wir lieber nicht anschauen würden. Aber aus der Perspektive des *Weges* ist dies eine große Gelegenheit. Intime Beziehungen können uns helfen, uns aus unseren karmischen Verwicklungen zu befreien, indem sie uns genau zeigen, wie und wo wir feststecken. Wenn jemand, den wir lieben, auf unsere unbewussten Muster reagiert, werden wir mit diesen Mustern konfrontiert und wir können sie nicht mehr ignorieren. Wenn wir im Kontext einer liebevollen Beziehung sehen und fühlen, wie wir feststecken, beginnt sich auf eine natürliche Weise ein Verlangen zu regen, uns in eine neue Richtung zu bewegen. Dann beginnt sich unser Weg zu entfalten.

Auch wenn die gegenwärtigen Umbrüche zwischen Männern und Frauen vielleicht entmutigend und verwirrend erscheinen, zwingen sie uns also auch, in unseren Beziehungen bewusster zu werden. Wenn wir über Bedürfnisse nach einem angenehmen Leben und Sicherheit hinausschauen, können wir anfangen, die reine Essenz der Beziehung, ihre Fähigkeit wertzuschätzen, die Polaritäten unserer Existenz – unsere Buddhanatur und unsere karmischen Tendenzen, Himmel und Erde, unkonditionierte Psyche und konditionierte Psyche, Vision und Realisierbarkeit, männlich und weiblich, Selbst und Andere – zusammenzubringen und unsere Teilungen, innere wie äußere, zu heilen.

Die größeren Qualitäten des Seins nutzen

Wenn unser Herz wie eine Flamme ist, dann sind unser Karma oder die konditionierten Gewohnheiten der Brennstoff, den dieses Feuer braucht, um hell zu brennen. Obwohl das Brennen alten Karmas große Unruhe erzeugt, setzt es auch mächtige Ressourcen in uns frei, die in unsere gewohnten Muster eingeschlossen waren. Wenn diese Muster anfangen zusammenzubrechen, bekommen wir Zugang zu einem weiteren Spektrum menschlicher Qualitäten.

Alle universell geschätzten Qualitäten – wie Großzügigkeit, Zartheit, Stärke, Mut oder Geduld – erlauben uns, voller Mensch zu sein, indem sie uns befähigen, allem zu begegnen, was das Leben präsentiert. Jede dieser Ressourcen ermöglicht uns, uns auf eine andere Facette der Realität einzulassen. Je mehr es sind, zu denen wir Zugang haben, um so mehr können wir das Ganze des Lebens annehmen und ergreifen – in seinen Freuden und Genüssen sowie mit seinen Schwierigkeiten und Sorgen.

Jeder Mensch hat Zugang zu einem ganzen Spektrum dieser menschlichen Qualitäten, wenigstens als Samen der Potentiale. Doch die meisten von uns haben eine Qualität – wie z. B. Stärke – auf Kosten ihres Gegenteils – Zartheit oder Zärtlichkeit – entwickelt. So sind wir einseitig und unvollständig. Diese Empfindung der Unvollständigkeit ist Teil dessen, was uns zu Beziehung hinzieht. Wir fühlen uns oft am stärksten zu Menschen hingezogen, die Qualitäten manifestieren, die uns fehlen, und die uns herausfordern, eine größere Fülle und Tiefe des Seins zu entwickeln, als wir schon entdeckt haben.

Wenn unsere gewohnten Muster im Feuer intimer Beziehung verbrennen, werden unsere echten menschlichen Qualitäten befreit. Wenn wir zum Beispiel gegenüber jemandem, den wir lieben, unsere alte Wachsamkeit nicht mehr aufrechterhalten können, kann es sein, dass wir uns ohne diesen alten Schutzschild, hinter dem wir uns verstecken können, ziemlich nackt und verletzlich fühlen. Doch diese Nacktheit macht uns auch transparenter für unsere wahre Natur. Je weniger wir uns verstecken müssen, um so mehr können wir herauskommen, so wie wir wirklich sind. Und diese tiefere Verbindung mit uns selbst verschafft auch Zugang zu der inneren Ressource, die wir am meisten brauchen, um unsere Wachsamkeit aufzugeben: wahre Stärke, die von innen kommt und nicht daher, dass wir die Oberhand haben. So wirkt die Alchemie der Liebe.

Die evolutionäre, die persönliche und die heilige Ebene des Weges

Der Weg bewusster Liebe hat drei verschiedene, miteinander in Wechselbeziehung stehende Dimensionen. Auf der kollektiven Ebene hat er evolutionäre Bedeutung. Jahrhunderte an Ungleichgewicht zwischen männlichen und weiblichen Weisen zu sein haben in der menschlichen Psyche eine tiefe Narbe hinterlassen. Niemand kann den Auswirkungen dieser Wunde entkommen, die unser inneres wie unser äußeres Leben durchdringen. Innerlich erleben wir sie als eine Spaltung zwischen Herz und Geist, Gefühl und Denken, Zärtlichkeit und Stärke, äußerlich manifestiert sie sich als Krieg zwischen den Geschlechtern und in der achtlosen Verwüstung der Natur, die unseren Planeten gefährdet. Solange menschliches Bewusstsein den uralten Antagonismus zwischen männlich und weiblich nicht zu einer kreativen Allianz transformieren kann, werden wir als Individuen, als Paare, als Gesellschaften und als Rasse fragmentiert bleiben und uns selbst bekriegen.

Die Entwicklung einer neuen Tiefe und Qualität der Intimität in unseren Beziehungen ist heute ein wichtiger Schritt dahin, diese jahrhundertealte Kluft zu heilen und diese zwei Hälften unseres Menschseins zusammenzubringen. Wenn wir anfangen, uns in diese Richtung zu bewegen, bekommt die Beziehung zwischen Mann und Frau einen größeren Sinn, jenseits von bloßem Überleben oder Sicherheit. Sie wird zu einem *evolutionären Weg* – zu einem Instrument für die Evolution menschlichen Bewusstseins.

Zweitens gehört zu einer Beziehung als *persönlichem Weg*, dass wir uns durch unsere individuellen Barrieren hin zu Offenheit und Intimität bewegen und dabei Kontakt mit tieferen Ebenen unseres Seins und Zugang zu der vollen Bandbreite unserer menschlichen Ressourcen bekommen. Indem sie uns hilft, für die kreativen Möglichkeiten unseres Lebens voller erreichbar zu werden, verfeinert uns eine intime Beziehung als Individuen und kann uns zu wacheren, voller entwickelten Menschen transformieren.

Darüber hinaus stellt die Liebe zwischen Mann und Frau eine heilige Aufgabe dar – über die engstirnige Verfolgung rein persönlicher Befriedigungen hinauszugehen, den Krieg zwischen einem selbst und anderen zu überwinden und zu entdecken, was am essentiellsten ist – die Tiefen und Höhen des Lebens in seiner Ganzheit. Dadurch, dass sie uns hilft, unsere Entfremdung vom Leben, von anderen Menschen und von uns selbst zu heilen, wird Beziehung zu einem *heiligen Weg*. Ich will nicht behaupten, dass eine Beziehung an und durch sich selbst ein vollständiger Weg ist, der andere spirituelle Praktiken ersetzen kann. Aber wenn wir eine gewisse Sehnsucht und die Entschlossenheit haben, zu unserer wahren Natur aufzuwachen, kann eine Beziehung – neben einer Praxis, die uns hilft, das zu tun – in diesem Kontext dann ein wichtiges Fahrzeug oder Mittel sein, das uns hilft, Kontakt mit einer tieferen Ebene der Wahrheit zu bekommen.

In diesem Licht sind die schwierigen Aufgaben, denen Männer und Frauen gegenüberstehen, wenn sie ihre Energien zusammentun, nicht nur persönliche Mühen. Sie sind auch Einladungen, uns für das heilige Spiel des Bekannten und des Unbekannten, des Gesehenen und des Ungesehenen und die größeren Wahrheiten zu öffnen, die aus dem intimen Kontakt mit dem großen Mysterium des Lebens selbst geboren werden.

16   Tanz auf Messers Schneide

Eine intime Beziehung ist ein dynamischer, oft atemberaubender, schwindelerregender Tanz von Widersprüchen, der manchmal wunderbar und verführerisch, manchmal wild und kampflustig ist, manchmal eine Menge Energie freisetzt und manchmal erschöpfend ist. Dieser Tanz verlangt, dass man in der Lage ist, ständig zwischen zwei entgegengesetzten Polen hin- und herzufließen – zwischen Zusammenkommen und Sichauseinanderbewegen, Festhalten und Loslassen, Sicheinlassen und Raumgeben, Nachgeben und Führungübernehmen, Hingabe und festem Stand, Weichsein und Starksein. Dieser Tanz ist nicht leicht zu lernen. Viele Paare verlieren schnell den Fluss, kommen aus dem Tritt und landen blockiert in festgefahrenen Positionen, kämpfen um Überlegenheit, drängen und ziehen, greifen an oder ziehen sich zurück. Es gibt nur wenige, die diesen Tanz lehren können, und während die Jahre vergehen, erscheinen die konventionellen Tanzschritte, die wir in unserer Kultur gelernt haben, zunehmend steif und überlebt. Vielleicht fragen wir uns, wie wir lernen können, mit Grazie und Kraft zu tanzen?

Das Hin und Her beginnt, sobald wir uns zu einem anderen Menschen hingezogen fühlen, der uns bewegt. Auf der einen Seite sehnen wir uns danach, aus unserer Gedrängtheit auszubrechen und hinauszugehen, um diesen Menschen zu treffen, der eine neue, unerforschte Welt darstellt. Aber zugleich erleben wir auch eine Beklommenheit. Wenn wir auf jemanden zugehen, bringt das einige große Risiken mit sich, und wir merken, dass wir gerade an der Getrenntheit verzweifelt hängen, die wir so sehr überwinden möchten. Wenn wir so zueinander hingezogen sind, scheinen wir uns zugleich, oder wenigstens in schnellem Wechsel, auszudehnen und zusammenzuziehen.

Meditation kann uns sehr viel darüber lehren, wie man mit dem Tanz der Beziehung mitgehen und mitfließen kann, weil es in ihr darum geht, die Spaltung zwischen einem selbst und dem anderen zu überwinden – zu allererst in uns selbst. Wenn wir still sitzen, dem Atem folgen und dabei Gedanken und Gefühle auftauchen und vorübergehen lassen, fangen wir an, unsere Trennung von unserer eigenen Erfahrung, die wir uns oft vom Leib halten, zu überwinden. Wir sehen, wie der Kampf, der darin besteht, dass wir Erfahrungen haben wollen, die wir mögen, und Erfahrungen ablehnen, die wir nicht mögen, uns in reaktivem Denken blockiert hält und uns davon abhält, ganz da zu sein. Wenn wir uns von diesem Kampf mit unserer Erfahrung befreien, entdecken wir unsere größere Natur, die in der Lage ist, frei von Reaktivität bei dem zu sein, was ist.

Meditation hilft uns auch, mit der polaren Grundspannung des menschlichen Lebens zu arbeiten – zwischen Himmel und Erde, Leere und Form –, die alle Beziehungen intensiviert. Indem wir lernen, unabhängig von dem, was in unserer Psyche vor sich geht, unseren Sitz zu halten, kommen wir auf die Erde. Wir sehen, dass wir dieser Form, diesem Körper, diesen Bedürfnissen und Gefühlen, diesem Karma, diesen Charakteristika und Zügen, dieser persönlichen Geschichte nicht entkommen können. Wenn wir dem Atem folgen, mentale Fixierungen loslassen und immer wieder im gegenwärtigen Moment bleiben, kommen wir auch mit Offenheit und Raum – dem Himmels-Prinzip – in Kontakt (eine ausführlichere Besprechung der Prinzipien Himmel und Erde siehe Kapitel 1). Und wenn wir unseren Sitz behalten und mit dem Atem loslassen, beginnt sich die ganze weiche Vorderseite des Körpers, durch die wir die Welt und andere Menschen hereinlassen, zu öffnen. Diese weiche, offene Vorderseite repräsentiert unser Menschsein, das Himmel und Erde zusammenbringt.

In einer Beziehung unseren Sitz zu behalten, könnte bedeuten, dass wir angesichts von Forderungen und Manipulationen von außen oder angesichts innerer Ängste und Zwänge unser Gefühl von Integrität halten. Und die meditative Übung, mentale Fixierungen loszulassen, könnte in einer Beziehung bedeuten, nicht in irgendeiner fixierten Position eingeschlossen zu werden, unser Ego nicht zu einem festen Bollwerk zu machen, sondern bereit zu sein, unser Herz weich werden zu lassen, all unsere Wachsamkeit aufzugeben und uns in Liebe zu riskieren.

Der Buddha verglich meditative Bewusstheit mit dem Stimmen eines Musikinstruments – die Saiten dürfen weder zu stark noch zu locker gespannt sein. Wenn wir zu sehr festhalten oder zu sehr loslassen, verlieren wir unser inneres Gleichgewicht. So ein Balanceakt ist in Beziehungen entscheidend. Während es wichtig ist, unsere eigenen Bedürfnisse (das Erd-Prinzip) zu respektieren, müssen wir auch in der Lage sein aufzugeben, zu sehr mit ihnen identifiziert zu sein (das Himmels-Prinzip). Einerseits müssen wir in der Lage sein, einander mit Einlassen und Verbindlichkeit zu begegnen (Form), aber wir müssen die Beziehung auch loslassen, alle unsere Pläne und Vorstellungen aufgeben und der Beziehung Raum (Leere) geben können, sich wie Ebbe und Flut zu bewegen, wie sie will. Und obwohl wir unsere Grenzen lockern müssen, um uns mit einer anderen Person zu vereinigen, können wir uns in der Beziehung verlieren – was gewöhnlich Unheil bedeutet –, wenn wir einfach mit dem anderen verschmelzen. Beziehung ist voll dieser Widersprüche. Können wir beides haben? Können wir liebevoll bleiben, wenn Wut und kritische Gefühle aufkommen? Wie können wir uns in einer Beziehung hingeben, ohne unsere Kraft zu verlieren und von dem anderen Menschen kontrolliert zu sein? Wie können wir einander kennenlernen und uns doch gegenseitig weiter mit frischem Blick sehen?

Es wäre so viel leichter, wenn wir einfach eine sichere Distanz und klare Grenzen aufrechterhalten könnten, um uns davor zu schützen, zu viel zu riskieren, oder wenn wir einfach mit dem anderen Menschen verschmelzen und uns in der Beziehung verlieren könnten. Aber keine dieser Alternativen ist möglich oder befriedigend. Wenn wir lernen, zwischen zu eng und zu locker hin und her zu schwingen, werden unsere Bewegungen flüssiger, und der Tanz beginnt Grazie und Kraft zu entwickeln.

Zu dem Weg der Arbeit mit den Polaritäten und Widersprüchen, die zum Menschsein gehören – in der klassischen buddhistischen Sicht „dem mittleren Weg" –, gehört, dass man sich mit nichts identifiziert: weder mit Lust noch mit Schmerz, Getrenntheit oder Zusammensein, Verbundenheit oder Distanziertheit. Der mittlere Weg ist nicht irgendein fader, langweiliger Mittelgrund, Raum in der Mitte. Vielmehr verlangt er von uns, dass wir jederzeit aufmerksam und wach sind, damit wir uns nicht in irgendeine Position verhärten, gleich wie berechtigt sie erscheinen kann. Wenn wir keine Position verfestigen, bleiben wir für das sensibel, was in jedem Moment gebraucht wird, so dass der Tanz der Beziehung weiter leicht fließen kann. Wenn zwei Menschen zu sehr an ihren Positionen hängen (zum Beispiel „Ich brauche mehr Nähe" versus „Ich brauche mehr Raum"), werden sie polarisiert und der Tanz kommt zum Stehen.

Bei dem mittleren Weg geht es nicht darum, eine Sache gegen eine andere abzuwägen, damit die Waagschalen im Gleichgewicht sind. Es ist ein dynamischerer und unmittelbarer Prozess, zu dem gehört, dass wir uns bewusst werden, wie wir unser Gleichgewicht verlieren. Wenn wir unseren Sitz verlieren, wenn wir aus ihm herausfallen, werden wir gerade durch diesen Akt aufgeweckt, und beim Aufwachen bekommen wir unseren Sitz wieder. Unseren Sitz wiederzubekommen bedeutet, dass wir zur Gegenwart zurückkommen, die Identifikation mit dieser oder jener Position loslassen und einen frischen Blick auf das werfen, was gerade passiert und was die Situation in diesem Moment verlangt. Nicht dass wir niemals Stellung beziehen sollten. Es kann sein, dass gerade in diesem Moment die Situation verlangt, dass ich für das, was mir wichtig ist, eintrete oder sogar dafür kämpfe, wenn es sein muss. Aber morgen können die Umstände von mir verlangen, diese Haltung aufzugeben, nachzugeben und die Bedürfnisse meines Partners Vorrang bekommen zu lassen.

Das Paradox der Beziehung besteht darin, dass sie uns aufruft, ganz wir selbst zu sein und ohne Zögern auszudrücken, wer wir sind, um auf dieser Erde Stellung zu beziehen, und zugleich fixierte Positionen und unsere Bindung an sie loszulassen. Nichtanhaften in Beziehung bedeutet nicht, dass man keine Bedürfnisse hat oder sie nicht beachtet. Wenn wir unsere Bedürfnisse ignorieren oder verleugnen, schneiden wir einen Teil von uns ab und haben deshalb unserem Partner weniger von uns zu bieten. Nichtanhaften im besten Sinn bedeutet, dass wir nicht mit unseren Bedürfnissen, Vorlieben und Abneigungen identifiziert sind. Wir erkennen und kennen bestimmte Bedürfnisse, aber wir haben auch eine Verbindung mit unserem größeren Sein, wo diese Bedürfnisse keine Macht über uns haben. Dann können wir unseren Wunsch oder unser Verlangen entweder bekräftigen oder loslassen, je nach den Geboten des Augenblicks.

Der tantrische Buddhismus beschreibt den mittleren Weg – Leben in der Gegenwart ohne festgelegte Strategie oder Plan – in schärferen Worten als eine Messerschneide. Wann immer wir uns verfestigen oder mit irgendeiner Position identifizieren – ausschließlich oder einseitig für Nähe oder Raum, Getrenntheit oder Zweisamkeit, Freiheit oder innere Verpflichtung argumentieren oder streiten –, fallen wir von diesem schmalen Grat und können uns Schaden zufügen, weil wir mit dem Ganzen, das wir sind, zugunsten eines isolierten Teils von uns den Kontakt verlieren. Es ist notwendig, dass wir immer wieder zu der offenen Qualität des gegenwärtigen Moments, der so scharf und dünn wie eine Messerklinge ist, zurückkommen.

Wenn wir unseren Weg zu frischer, unvorhersehbarer Jetztheit zurückfinden, ist das ein dynamischer Akt, in dem wir unser Gleichgewicht wiederfinden und der uns einen leichten Stoß versetzt, der uns aus unseren Tagträumen und Phantasien aufweckt. Diese kleinen Momente, in denen wir zur Gegenwart – dem Anfängergeist – aufwachen, pulsieren vor Ungewissheit. In den Bruchteilen einer Sekunde an Jetztheit merke ich, dass ich wirklich nicht weiß, was geschieht. Wie könnte ich auch? Ich bin hier gerade erst angekommen! Wenn ich aus meiner Phantasie von der Beziehung aufwache und frisch in die Augen meiner Partnerin schaue, erkenne ich plötzlich: „Ich weiß nicht, wer du bist." Und dann: Ich weiß nicht, wer ich bin, ich weiß nicht, was diese Beziehung ist. In solchen Momenten gibt es Freiheit, ganz neu zu beginnen. Wir müssen nicht in unseren Hoffnungen oder Bildern davon, wer wir sind oder wohin diese Beziehung geht, stecken bleiben. Zugleich können wir auch Nichtwissen nicht zu einer fixierten Position machen.

Zum Tanz auf Messers Schneide gehört, dass wir vom Boden unseres größeren Seins aus leben, der uns willkommen heißt und alles ermöglicht, was wir als Menschen sind. Nach einem Streit mit meiner Partnerin möchte ein Teil von mir meinen Ärger nähren und ein anderer Teil möchte ihn fallen lassen und stattdessen meine Liebe zeigen. Diese Unsicherheit bringt mich wieder auf die Messerschneide der Gegenwart. Alles zu fühlen, was ich in diesem Moment fühle – ich bin wütend und ich liebe dich sehr –, kann ziemlich verunsichernd sein. Aber in solchen Momenten bekommen wir auch einen Vorgeschmack davon, was es bedeutet, Mensch zu sein: Wir haben diese Emotionen und wir müssen sie nicht verleugnen oder transzendieren. Und wir müssen auch nicht in unseren wütenden Gedanken stecken bleiben, indem wir sie benutzen, um Beweismaterial zusammenzutragen, das uns ermöglicht, uns zu rechtfertigen oder den anderen anzugreifen. Hier auf der Schneide der Unsicherheit, wo wir einfach mit dem präsent sind, was ist, können wir nur frisch auf das reagieren, was passiert. Die Herausforderung, die darin besteht, alles zu fühlen, was wir sind, und zu expandieren, um nichts davon auszuschließen, und uns nicht mit einer fixierten Position zufriedenzugeben, dehnt das Herz und macht möglich, dass eine größere Liebe fließt, die frei von Beschränkung auf irgendeinen Standpunkt ist.

Manche Menschen würden eher allein sein und meditieren, als mit Menschen eine Beziehung haben, während andere lieber eine Beziehung hätten als zu meditieren. Ich persönlich halte Meditation und Beziehung für die Entwicklung des vollen Spektrums unserer menschlichen Fähigkeiten für unverzichtbar. Und Meditation ist die mächtigste Übung, die mir begegnet ist, um zu lernen, wie man mit den Aufgaben umgeht, die mit Beziehung verbunden sind – Übung für die weitere Übung, einander zu lieben. Beide Übungen sind gleich schwierig und herausfordernd.

17 Läutern des Goldes

Rilke schrieb einmal: „Einen anderen Menschen zu lieben ist die schwierigste aller Aufgaben, die wir kennen, die Arbeit, für die alle andere Arbeit bloß Vorbereitung ist. Sie ist ein großer, hoher Anspruch an uns, etwas, das uns erwählt und uns zu großen Dingen ruft."[a] In diesen wenigen Worten spricht Rilke die Gesamtheit dessen an, womit uns eine intime Beziehung konfrontiert: die schwierigste aller Arbeiten und zugleich ein Ruf zu unermesslich weiten Dingen. Eine tiefe, liebevolle Verbindung mit einem anderen Wesen führt immer in beide Richtungen – sie stellt uns vor gewaltige Aufgaben und inspiriert uns zugleich, in neue, unvorhergesehene Richtungen zu expandieren. Wir können die Schwierigkeiten nicht von den unermesslich weiten Dingen trennen – sie gehören zusammen.

Jetzt, da die traditionellen Gründe für die Ehe dahingeschwunden sind und der moderne Traum, in romantischem Glück bis ans Lebensende glücklich zu leben, keine Früchte getragen hat, müssen wir den Sinn und Zweck von intimen Beziehungen von Grund auf neu definieren. Eine Steigerung von Paarbewusstsein ist an der Zeit, angefangen bei den Grundfragen: Was ist ein Paar? Was ist der Sinn und die Bedeutung einer intimen Beziehung? Was sollen zwei Menschen eigentlich zusammen tun?

Eine Möglichkeit, wie man an diese Fragen herangehen kann, besteht darin, dass man sich fragt, was Lieben zu so einer mächtigen Erfahrung macht. Wenn ich Menschen frage, was sie am meisten wertschätzen, wenn sie verliebt sind, dann nennen sie Qualitäten wie Freude, Wahrheit, Leidenschaft, Angenommensein, Vitalität, Hingabe, Unschuld, Macht, Zauber, Offenheit, Neugier, Lebendigkeit, Kreativität, Wachheit, Zielorientierung, Echtheit, Vertrauen, Wertschätzung und Ausdehnung. Wenn wir erkennen, dass diese Qualitäten Facetten unserer wahren Natur sind, wird klar, dass Verlieben einen mächtigen Blick darauf verschaffen kann, wer wir wirklich sind. Wenn man sich einander in Liebe öffnet, vermittelt uns das einen Vorgeschmack davon, wie es ist, ganz präsent und wach zu sein und Zugang zu einem weiten Spektrum an menschlichen Ressourcen zu haben, die von tief innen hervorströmen. Verlieben ist ein Akt der Gnade, der die schlafenden Samen unserer Potentiale berührt. Obwohl manche Menschen Verlieben als eine Illusion oder vorübergehende Psychose betrachten, gilt das nur, wenn wir uns vorstellen, dass unser Partner die Quelle dieser größeren Qualitäten ist und dann den anderen haben wollen, damit er uns gibt, was uns schon gehört.

Bei den meisten von uns sind die tiefsten Potentiale wie Samen, die in einen Schlafzustand geraten sind oder im Laufe ihrer Entwicklung deformiert wurden. In dem Maß, in dem wir nicht mit bedingungsloser Liebe Willkommen geheißen wurden oder wir uns niemals wirklich gesehen gefühlt und ermutigt gefühlt haben, wir selbst zu sein, mussten wir uns als Kinder verschließen, um uns vor dem gewaltigen Ausmaß dieses Schmerzes zu schützen, der uns zu überwältigen drohte. Emily Dickinson schrieb hierüber in einem ihrer Gedichte:

> Es gibt einen Schmerz, der so extrem ist,
> dass er Sein verschluckt.
> Dann deckt er den Abgrund mit Trance zu,
> damit das Gedächtnis um ihn
> herum, über ihn hinweg und auf ihn treten kann.[b]

Für Kinder ist der Schmerz, nicht wirklich gesehen oder geliebt zu werden, so *extrem*, dass sie kontrahieren und sich so von der ursprünglichen

Offenheit ihres Seins trennen. Dieser Verlust des Seins hinterlässt einen Abgrund, ein klaffendes Loch, das wir mit Trance zudecken – mit Überzeugungen, Phantasien und Geschichten darüber, wer wir sind. Unsere Ichstruktur entwickelt sich als eine Überlebensstrategie, als eine Möglichkeit, in einer Welt zurechtzukommen, die nicht sieht und unterstützt, wer wir wirklich sind. Sie ist eine schützende Schale, die unsere Aufmerksamkeit von dem Abgrund des Verlusts des Seins ablenkt, so dass unsere Psyche „um ihn herum, über ihn hinweg und auf ihn treten" kann, ohne hineinzufallen. Doch die Schale unserer selbst gemachten Identität blockiert auch den Zugang zu den Samen unserer tieferen Potentiale – für Leidenschaft, Vitalität, Freude, Kraft, Weisheit, Präsenz –, die in unserer Natur, unserem Wesen enthalten sind.

Später im Leben, wenn wir eine tiefe Liebesbeziehung mit jemandem erleben, ist es so, als würden wir die Wärme der Sonne hereinlassen, die den schlafenden Samen in der Schale berührt. Dies kann mit einem Geliebten, einem spirituellen Lehrer oder einem Freund passieren. Aber wenn der Same zu schwellen beginnt, bringt uns diese Ausdehnung gegen die harte Schale, in die wir eingesperrt sind – unsere konditionierte Ichstruktur, die jetzt als ein Seelenkäfig fungiert.

Deshalb expandieren wir zu Beginn einer Beziehung, bis wir an die Schale unserer Selbstkonzepte und Selbstbilder stoßen, die uns gefangen hält und die auf unseren frühen Interaktionen und Beziehungserfahrungen mit Erwachsenen in der Kindheit beruhen: „Ich bin ein schlechter Junge. ... Ich bin ein gutes Mädchen. ... Ich bin etwas Besonderes. ... Ich brauche niemanden. ... Ich bin hilflos. ... Ich bin unfähig. ... Ich muss die Kontrolle behalten. ... Ich muss gefallen."

Wenn die expansive Kraft der Liebe diese überlebten Identitäten der Vergangenheit bedroht, bringt uns dies zu des Messers Schneide. Hier in dieser Zone der Unsicherheit und Ungewissheit, die auftaucht, wenn wir uns vom Bekannten ins Unbekannte bewegen, können wir nicht mehr ertragen, weiter unsere alten Muster durchzuspielen, aber es ist (noch) nichts Neues aufgetaucht, was ihren Platz einnimmt. Dies verschafft uns Gelegenheit zu erleben, wie es ist, einfach zu sein, ohne zu wissen, wer wir sind. Das kann ein Ort sein, der Angst macht. An diesem Punkt beginnen Menschen oft das Gefühl zu haben: „Ich weiß nicht, ob ich mit dieser Beziehung umgehen kann. Dies ist nicht das, was ich gewollt habe – nicht zu wissen, wer ich bin!"

Ein chassidischer Meister, den Martin Buber zitiert, beschreibt diese Zwischenzone so: „Nichts in der Welt kann sich von einer Realität in eine andere verwandeln, wenn es nicht zuerst zu nichts wird, das heißt, zu der Realität des Zwischenzustandes. Und dann wird es zu einem neuen Geschöpf gemacht, vom Ei zum Huhn. In dem Moment, wenn das Ei nicht mehr und das Huhn noch nicht ist, ist Nichts. Dies ist der Urzustand, den niemand fassen kann, weil er eine Kraft ist, die der Schöpfung vorausgeht. Man nennt ihn Chaos."[c] Wir alle erleben diese Momente des Chaos, wenn eine alte Identität mit ihrem Gefühl der Sicherheit bedroht ist. Dies ist einer der kreativsten Momente in einer Beziehung, da dies der Moment ist, wo etwas wirklich Neues passieren kann. Chögyam Trungpa hat einmal gesagt: „Chaos sollte als etwas extrem Gutes betrachtet werden."

Je tiefer eine Beziehung geht, um so mehr bringt sie alte Dunkelheit und alten Schmerz ans Licht. Eine echte Seelenverbindung zwischen zwei Menschen stellt immer jede Identität in Frage, die den freien Fluss der Liebe stört, wie „Ich kann dies nicht wirklich haben" oder „Ich verdiene es nicht". Sogar wenn wir eine Tiefe der Verbindung entdecken, die wir noch nie kennengelernt haben, wird sie nicht dauern, wenn wir einen unterbewussten Glauben haben, dass wir es nicht verdienen, dass es uns so gut geht. Die Identität, die in der Überzeugung besteht, dass wir es nicht verdienen, wird sie abschneiden. Deshalb ruft wahre Liebe nach dem Tod dieses falschen Selbst. Der Sufidichter Ibn Al Faradh schrieb:

Sterben durch Liebe ist Leben;
Ich danke meiner Geliebten, dass sie dies für mich aushielt.
Denn wer immer nicht an dieser Liebe stirbt,
Ist unfähig, durch sie zu leben.

Natürlich löst die Aussicht, unsere alten, lieb gewonnenen Identitäten loszulassen, unvermeidlich gewaltige Angst und Widerstand aus. Aber wenn wir unsere Widerstände – die Zeichen dafür sind, wo wir an einer alten Identität festhalten – auftauchen lassen und zulassen können, mit ihnen zu arbeiten, wird uns dies erlauben, wirkliche Schritte voran auf diesem

Weg zu tun. So wie jede Vorwärtsbewegung Widerstand braucht – der Fuß den Boden, ein Rad das Pflaster –, so geht auch die Liebe dadurch voran, dass sie Widerstand begegnet und überwindet. In diesem Sinn enthält jede psychische Schwierigkeit in einer Beziehung eine spirituelle Gelegenheit – die Hindernisse durchzuarbeiten, die uns von unseren konditionierten Mustern präsentiert werden, und mehr Zugang zu den essentiellen inneren Ressourcen zu bekommen.

Die Sufis machen eine interessante Unterscheidung zwischen dem, was sie „Zustände", und dem, was sie „Stationen" nennen. Ein Zustand ist ein vorübergehender Moment des Zugangs zu einer essentiellen menschlichen Qualität – wie Lebendigkeit, Freude, Stärke oder Freundlichkeit –, die spontan auftaucht und wieder vergeht, ohne dass es in unserer Macht steht, sie aufzurufen oder festzuhalten. Eine Station ist dieselbe essentielle Qualität, wenn wir sie ganz integriert haben, so dass wir permanenten Zugang zu ihr haben, wann immer sie gebraucht wird.

In der frühen Gnadenzeit der Liebe erleben wir den *Zustand* der Liebe und Präsenz, aber wir sind noch nicht in der *Station* von Liebe und Präsenz angekommen und niedergelassen. Wir werfen einen Blick auf das Gold unserer wahren Natur, aber entdecken bald, dass wir keinen vollen, uneingeschränkten Zugang zu diesem Gold haben. Es ist immer noch in dem Erz unserer konditionierten Muster eingebettet. Wenn Liebe oder irgendeine andere Qualität unseres Seins zu einer Station in unserem Leben werden und kein vorübergehender Zustand bleiben soll, müssen wir einen Läuterungsprozess durchmachen, in dem das Gold aus dem Erz extrahiert wird. Diese Läuterung ist die Reise bewusster Liebe.

18 Bedingte und bedingungslose Liebe

Jeder Mensch erkennt in seinem Kern intuitiv den Wert bedingungsloser Liebe. Wir erleben die größte Freude beim Lieben, wenn wir uns ohne Zurückhaltung einem anderen öffnen, Werturteile aussetzen und den anderen ganz als den, der er ist, wertschätzen können. Und wir fühlen uns am meisten geliebt, wenn andere auf uns auch so reagieren. Bedingungslose Liebe hat gewaltige Macht und erweckt eine größere Präsenz in uns, die uns ermöglicht, die Weite und Tiefe dessen zu fühlen, was es bedeutet, Mensch zu sein. Dies ist die Präsenz des Herzens.

Wir erleben Blitze bedingungsloser Liebe oft sehr lebendig bei Anfängen und an einem Ende – bei der Geburt, beim Tod, oder wenn man sich verliebt –, wenn die reine Soheit eines Menschen durchscheint und uns direkt berührt. Harte, erstarrte Stellen im Inneren beginnen zu schmelzen und aufzuweichen, wenn die spontane Entstehung der Liebe uns wie Frühlingssonne wärmt. Doch schon bald, besonders in intimen Beziehungen, stoßen wir auf innere Ängste, auf Hemmungen, Zwänge oder Vorsichtsmaßregeln dagegen, unsere Liebe zu frei fließen zu lassen. Werden wir von ihr weggerissen werden? Können wir uns so offen fühlen lassen? Werden wir verletzt werden? Können wir diesem Menschen vertrauen? Werden wir erreichen können, dass in dieser Beziehung unsere Bedürfnisse befriedigt werden? Können wir mit den Dingen leben, die uns am anderen irritieren oder stören? Diese Vorsicht führt dazu, dass wir Bedingungen für unsere Offenheit stellen: „Ich kann mit dir nur so offen und verletzlich sein, *wenn* ... meine Bedürfnisse befriedigt werden ... du mich so sehr liebst, wie ich dich liebe ... du mich nicht verletzt ...".

Dieses Ziehen zwischen bedingungslosem Lieben und Lieben unter Bedingungen erhöht die Spannung zwischen zwei verschiedenen Seiten unserer Natur – der bedingungslosen Offenheit des Herzens und den bedingten Wünschen und Bedürfnissen, die Teil unserer Persönlichkeit sind. Doch gerade diese Spannung zwischen bedingter und bedingungsloser Liebe kann uns wirklich helfen zu lernen, tiefer zu lieben, wenn sie klar gesehen und mit ihr gearbeitet wird. Die Reibung zwischen diesen beiden Seiten unserer Natur kann ein läuterndes Feuer entzünden, das das Herz zu der eigentlichen, der wirklichen Aufgabe, dem unerhörten Risiko und der gewaltigen Gabe menschlicher Liebe wecken kann.

Bedingungslose Liebe und bedingte Liebe

Es ist das Wesen des Herzens zu wollen, dass Liebe frei hin und her zirkuliert, ohne einschränkende Bedingungen für diesen Austausch zu stellen. Das Herz sieht direkt hinter die Dinge, die unseren persönlichen Geschmack verletzen können, indem es sich oft an dem Sein des anderen erfreut, trotz all unserer vernünftigen Absichten, einen Sicherheitsabstand aufrechtzuerhalten, cool zu bleiben oder den Kontakt abzubrechen, wenn die Beziehung zu schmerzhaft ist. Liebe weiß in ihrer tiefsten Essenz nichts von Bedingungen und ist ziemlich unvernünftig. Wenn sich das Herz einmal für jemanden geöffnet hat, der uns tief berührt hat, werden wir sehr wahrscheinlich den Rest des Lebens weiter eine gewisse Verbindung mit diesem Menschen empfinden, welche Form auch immer diese Beziehung annimmt. Bedingungslose Liebe hat ihre Gründe, die der Verstand nicht wissen kann.

Bedingungslose Liebe bedeutet nicht, dass eine Beziehung eine besondere Form annehmen muss. Wir lieben jemanden vielleicht tief, aber sind dennoch unfähig, mit diesem Menschen zu leben. Insofern wir nicht nur ganz Herz sind, sondern auch konditionierte Vorlieben und Abneigungen haben, werden bestimmte Bedingungen immer bestimmen, wie sehr wir uns auf einen anderen Menschen einlassen können. Dies ist unvermeidlich so. Sobald wir die *Form* der Beziehung betrachten, die wir mit jemandem haben möchten, sind wir im Bereich der Bedingungen. Weil wir von dieser Erde sind, existieren wir in bestimmten Formen und Strukturen (Körper, Temperament, Merkmale der Persönlichkeit, emotionale Bedürfnisse, Vorlieben und Abneigungen, sexuelle Neigungen, Kommunikationsstile, Lebensstile, Überzeugungen und Werte), die zu den Mustern eines anderen Menschen mehr oder weniger gut passen. Damit eine andauernde Beziehung funktioniert, müssen bestimmte Arten von „Chemie", gegenseitige Verträglichkeit oder Kommunikation möglich sein.

Konditionierte Liebe ist ein Gefühl der Lust und Anziehung, das darauf beruht, wie sehr jemand zu unseren Bedürfnissen, Wünschen und persönlichen Erwägungen und Rücksichten passt. Sie ist eine Reaktion auf Aussehen, Stil, persönliche Präsenz, emotionale Erreichbarkeit eines Menschen – was er oder sie für uns tut. Dies ist nichts Schlechtes, aber sie ist eine geringere Form der Liebe, weil sie leicht durch eine Aufhebung der Bedingungen, unter denen sie gebildet wurde, negiert werden kann. Wenn jemand, den wir lieben, anfängt, in einer Weise zu handeln, die uns nicht gefällt, kann es sein, dass wir ihn nicht mehr so sehr mögen. Bedingtes Mögen macht unvermeidlich entgegengesetzten Gefühlen der Angst, Wut oder Hass Platz, wenn unsere Persönlichkeit mit einer anderen Persönlichkeit in Konflikt ist.

Und doch weiß Liebe ihrem tiefsten Wesen nach nichts von diesen Bedingungen. Jenseits des bedingten Ja wie auch des bedingten Nein liegt das größere bedingungslose Ja des Herzens.

Vermischung der zwei Ordnungen der Liebe

Wir fühlen uns oft stark zueinander hingezogen, wenn die zwei Ordnungen der Liebe im Einklang sind: Diese Person berührt nicht nur unser Herz, sondern erfüllt auch bestimmte Bedingungen in Bezug auf das, was wir von einem intimen Partner wollen. Es kann extrem verwirrend sein, wenn diese zwei Ordnungen im Widerstreit sind. Vielleicht erfüllt diese Person unsere Bedingungen, aber irgendwie bewegt sie uns nicht sehr tief. Oder sie berührt unser Herz, so dass wir uns öffnen und Ja sagen wollen, aber unsere persönlichen Erwägungen, Rücksichten und Kriterien bringen uns dazu, Nein zu sagen.

Ein verbreiteter Fehler an diesem Punkt besteht darin, dass wir dem Ja des Herzens unser bedingtes Nein aufzunötigen versuchen. Wenn wir zum Beispiel eine Beziehung beenden müssen, weil der andere bestimmte wesentliche Bedürfnisse nicht erfüllen kann, die wir haben, kann unser Herz diesen Menschen trotzdem weiter lieben wollen. Die Liebe, die weiter fließt, verleugnen oder abschneiden zu wollen, kann ziemlich verheerend sein, denn dies würde gerade die Quelle von Freude und Lebendigkeit in uns abschnüren. Wann immer wir mit Gewalt versuchen, unser Herz für jemanden zu verschließen, den wir lieben, sogar in Zeiten der Trennung, erzeugen wir nur größeres Leiden für uns selbst und machen es schwerer, uns wieder zu öffnen, wenn wir uns das nächste Mal verlieben.

Ähnlich ist es, wenn jemand, den wir lieben, uns verletzt und wir Enttäuschung, Wut oder Hass gegenüber diesem Menschen empfinden. Dann kann es sein, dass wir als Strafe oder Rache versuchen, aufzuhören zu lieben, das Herz zu verschließen. Aber die Wahrheit ist, weil wir diesen Menschen weiter lieben, verletzt es uns so sehr, wie es den anderen verletzt, wenn wir es verleugnen wollen, indem wir das Herz zu verschließen versuchen. Bedingungslose Liebe bedeutet, dass man in der Lage ist, seine Liebe für einen anderen sogar mitten in seinem Hass anzuerkennen.

Im Grunde ist es nicht wirklich möglich, das Herz zu verschließen. Was wir tun können ist, das Herz *abzuschließen*, indem wir eine Barriere darum bauen. Die Gefahr liegt hier darin, dass wir uns vor Menschen im Allgemeinen verschließen und uns selbst einschließen und isolieren. Wenn man das natürliche Überfließen des Herzens eindämmt, erzeugt man damit einen Stau stagnierender Energie, der zu psychischen Störungen führt.

Ich meine nicht, dass wir, weil unser Herz für den anderen Menschen offen ist, in einer Beziehung bleiben sollten, die nicht funktioniert. Wir müssen vielleicht wirklich mit jemandem Kontakt und Kommunikation abbrechen, um uns von dem Schmerz einer Trennung zu erholen. Aber dies bedeutet nicht, dass wir die Liebe einengen müssen, die weiter vom

Herzen fließt. Auch wenn wir Hass für den anderen empfinden, ist dies möglicherweise nur so, weil das Herz so offen war, weil wir uns mit diesem Menschen so verletzlich gefühlt haben. Dies zu verstehen kann verhindern helfen, dass unsere Gefühle des Hasses erstarren, und ihnen erlauben, durch uns hindurchzugehen, ohne zu einer Waffe zu werden oder wirklich Schaden anzurichten.

Die andere sehr verbreitete Weise, wie wir die zwei Ordnungen der Liebe verwechseln, besteht darin, dass wir versuchen, dem Nein unserer persönlichen Gesichtspunkte das Ja des Herzens aufzuzwingen. Ein übliches Missverständnis bedingungsloser Liebe ist die Meinung, sie verlange, alles auszuhalten, was jemand tut. Ein Artikel im *Scientific American* illustriert dieses Missverständnis, wenn da behauptet wird: „Bedingungslose Liebe und Unterstützung können für die Entwicklung des Selbstwertgefühls eines Kindes schädlich sein. ... Die meisten Eltern sind zu sehr darum besorgt, das Leben für ihre Kinder leicht zu machen."[1] Die Verwirrung liegt hier darin, dass bedingungslose Liebe mit unkritischem Beifall, grenzenloser Toleranz oder unangebrachter Nachgiebigkeit gleichgesetzt wird.

Die Vorstellung, wir sollten bedingungslos das, was bedingt ist, tolerieren – die Persönlichkeit, das Verhalten oder den Lebensstil eines anderen Menschen –, kann sehr schmerzhafte oder destruktive Konsequenzen haben. Bedingungslose Liebe bedeutet nicht, dass man etwas mögen muss, was man eigentlich nicht mag oder Ja sagt, wenn man Nein sagen muss. Bedingungslose Liebe entsteht in uns an einer ganz anderen Stelle als bedingtes Mögen und Nichtmögen, Anziehung und Widerstand. Sie ist ein Anerkennen von Wesen zu Wesen. Und sie antwortet auf das, was selbst bedingungslos ist – die essentielle Gutheit des Herzens eines anderen Menschen, jenseits aller Abwehr und aller Verstellungen. Bedingungslose Liebe entsteht aus unserer eigenen fundamentalen Gutheit und schwingt mit der bedingungslosen Gutheit in anderen mit und enthüllt sie auch in ihnen.

Die Eltern-Kind-Beziehung sorgt für unsere erste Erfahrung der verwirrenden Weisen, wie bedingte und bedingungslose Liebe verwechselt wird. Obwohl die meisten Eltern ursprünglich eine immense, vorbehaltlose Liebe für ihr neugeborenes Kind empfinden, stellen sie für ihre Liebe schließlich offene oder verdeckte Bedingungen, indem sie sie benutzen, um das Kind zu kontrollieren, und sie zu einer Belohnung für erwünschtes

Verhalten machen. Das Ergebnis ist, dass wir als Kinder selten mit dem Gefühl aufwachsen, um unserer selbst willen und so wie wir sind geliebt zu werden. Wir internalisieren die Bedingungen, die unsere Eltern für ihre Liebe stellen, und dieser internalisierte Elternteil (das „Über-Ich" oder der „innere Kritiker") beherrscht oft unser Leben. Wir versuchen immer wieder, diese innere Stimme zu befrieden, die uns ständig als niemals gut genug beurteilt und bewertet.

Auf diese Weise werden wir auch uns selbst gegenüber bedingt. Wir denken, wir haben Liebe zu verdienen, als eine Belohnung dafür, dass wir gut sind. Wir mögen uns selbst nur, *wenn* – wenn wir einem bestimmten Standard entsprechen, wenn wir nicht diese Angst haben, wenn wir uns auf unsere Kontrolle verlassen können, wenn wir uns beweisen, wenn wir ein guter Junge oder ein gutes Mädchen sind, gute Leistung bringen, gute Liebhaber sind und so weiter. Wir lernen zu bezweifeln und zu misstrauen, wir könnten so wie wir sind liebenswert sein, einfach weil wir wir selbst sind. Wir internalisieren die Einschränkungen, die in unserer Familie der Liebe auferlegt wurden, und erzeugen so ein elaboriertes System von Dämmen, Kontrollen und Blockierungen, Panzerung und Spannungen im Körper, die den freien Fluss der Liebe blockieren. Und so erhalten wir den Schmerz und die Verwirrung aufrecht, die Folge davon sind, dass Bedingungen für die Liebe gestellt werden, deren Natur es ist, frei vom Herzen zu fließen, und geben sie an unsere Kinder weiter.

Nichtsdestoweniger können die meisten von uns unter diesen Entstellungen der Liebe und all der Enttäuschung oder der Wut, die es zwischen Kindern und Eltern geben kann, im Kern dieser Beziehung eine größere, vorbehaltlose Hinwendung und Sorge finden, die kein Warum oder Wozu hat – sie ist einfach und sie verschwindet niemals ganz, gleich, was geschieht. Gleich, wie ihre Liebe entstellt wird, können Eltern und Kinder die bedingungslose Offenheit ihrer Herzen füreinander nicht ganz abschneiden.

Der Gutheit des Herzens vertrauen

Als ein spontanes Strömen aus dem Herzen ist bedingungslose Liebe oft am deutlichsten in den frühen Stadien einer intimen Beziehung zu fühlen. Aber oft wird sie dadurch verdunkelt, dass die beiden Partner damit beschäftigt sind, herauszufinden, ob sie zusammenpassen, ob sie kommunizieren und die Bedürfnisse des anderen befriedigen oder eine funktionierende Partnerschaft herstellen können. Sie kann auch unter Sorgen mit dem Stress des Alltags, mit Verantwortlichkeiten in der Familie und Anforderungen der Arbeit begraben werden. Wie können wir dann mit der revitalisierenden Präsenz bedingungsloser Liebe auf eine dauerhafte Weise in Kontakt bleiben?

Die offensichtlichste Antwort lautet, dass man lernen muss, dem Herzen zu vertrauen. Aber wie macht man das? Wir brauchen einen wirklichen Weg, um dieses Vertrauen zu entwickeln, nicht als einen Glaubensartikel oder als Hoffnung, sondern als eine lebendige Erfahrung.

Ich habe die Erfahrung gemacht, dass wir dieses Vertrauen am besten durch die Übung und Praxis von Bewusstheit und von Selbsterforschung, sowohl durch Meditation als auch durch fokussierte Selbstreflexion entwickeln können. Zuerst müssen wir uns bewusst werden, wie die Psyche verzweifelt zu *beweisen* versucht, dass wir gut sind, indem wir bestimmte Bedingungen erfüllen, und unsere Tendenz sehen, auf uns einzuschlagen, wenn es uns nicht gelingt, diesen Bedingungen zu entsprechen. Alle Dinge, die wir an uns nicht mögen – die engen, eingeengten, verschlossenen Teile von uns, die uns am meisten Ärger machen –, sind wie Kinder, die unsere Aufmerksamkeit brauchen und die wir von unserer bedingungslosen Fürsorge abgeschnitten haben. Wenn wir all dies sehen, hilft uns das auch, das gewaltige Leiden zu fühlen, das dieses ganze Projekt uns bereitet. Von da aus wird es möglich, zu erkennen, wie wichtig es ist, dass wir unser Herz für uns selbst bedingungslos öffnen.

Wir müssen bei uns selbst anfangen. Solange wir uns selbst Bedingungen dafür stellen, dass wir uns annehmen, werden wir unvermeidlich bei anderen in ähnlicher Weise Bedingungen stellen.

Aufbrechen des Herzens

Dadurch, dass wir den Fluss bedingungsloser Liebe in uns aktivieren, kann eine intime Beziehung tief heilend sein, wenn wir lernen, unser Herz für Teile von uns und von anderen zu öffnen, die verletzt, abgeschnitten oder benachteiligt waren. Doch die himmlische Vollkommenheit bedingungsloser Liebe, die wir in unserem Herz vielleicht kennen, führt selten zu vollkommener Liebe oder Vereinigung mit einem anderen Menschen auf der weltlichen Ebene. Menschliche Beziehungen sind immer Baustellen. Sie sind wie Ton, den wir ständig durcharbeiten, damit er die vollkommene Liebe verkörpert und ausdrückt, die gerade unsere Essenz ist. Weil zwei Menschen in Raum und Zeit mit verschiedenen Erfahrungen, Temperamenten, Timing und Rhythmen, Vorlieben und Abneigungen leben, können sie niemals auf eine überzeugende Weise und ununterbrochen absolute bedingungslose Vereinigung leben.

Im Grunde berührt gerade die Offenheit, die zwei Liebende miteinander empfinden, auch all die Hindernisse gegen diese Offenheit in ihnen: konditionierte Ängste, unrealistische Hoffnungen und Bedürfnisse, unbewusste Identitäten und Schattenelemente und ungelöste Themen aus der Vergangenheit. Während also Intimität eine tiefe Sehnsucht nach vollkommener Liebe weckt, konspirieren die Bedingungen unserer irdischen Natur, um ihren vollkommenen Ausdruck und vollkommene Realisierung zu frustrieren. Obwohl wir vielleicht Momente, Blicke, Wellen totaler Offenheit und Vereinigung miteinander erleben, können wir niemals erwarten, dass eine menschliche Beziehung uns die totale Erfüllung gibt, die wir suchen.

Der Schmerz dieses Widerspruchs zwischen der vollkommenen Liebe in unserem Herzen und den Unvollkommenheiten, denen wir auf dem Weg der Beziehung begegnen, bricht das Herz – weit offen. Der Schmerz der Liebe ist mit den Worten des Sufimeisters Hazrat Inayat Khan „das Dynamit, das das Herz aufbricht, auch wenn es hart wie Stein ist".[a] Er enthüllt die essentielle Rohheit, Mensch zu sein, nach himmlischer Perfektion auszulangen und sich dabei ewig mit irdischen Begrenzungen auseinandersetzen zu müssen. Aber das Herz selbst kann nicht brechen oder aufbrechen, insofern seine essentielle Natur schon weich und empfänglich ist. Was tatsächlich brechen *kann*, ist die Mauer um das Herz, der Schild der Abwehr, den wir hergestellt haben, um zu versuchen, unsere weiche Stelle zu schützen, wo wir uns vom Leben und anderen Menschen am tiefsten berührt fühlen.

Obwohl es zu Kummer und Wut führen kann, wenn wir den Hindernissen zur Liebe begegnen, besteht die einzige Weise, wie wir durch diese Enttäuschungen hindurchgehen können, ohne uns selbst oder anderen zu schaden, darin, dass wir das Herz sich dann *weiter* öffnen lassen, wenn wir es am liebsten verschließen würden. So wie Felsen in einem Bach die Kraft des Wassers betonen, das gegen sie anstürmt, so können die Hindernisse vollkommener Liebe uns helfen, die ganze Kraft unserer Liebe stärker zu fühlen.

Wie können wir das Herz in diesen Momenten offenhalten, wenn der Schmerz der Liebe die Wirkung hat, dass wir uns zurückziehen oder verschließen möchten? Es ist wichtig, den Schmerz nicht zu verleugnen und nicht zu versuchen, auf eine gekünstelte Weise liebevoll zu sein. Damit drängt man den Schmerz und die Wut nur tiefer nach innen. Vielmehr müssen wir da anfangen, wo wir sind – was bedeutet, mit unserem Schmerz oder mit unserer Wut zu *sein* und *es da sein zu lassen*, ohne es lösen zu müssen. Wenn wir uns dem Schmerz zu lieben öffnen, bluten wir, doch dieses Bluten selbst hilft, wenn wir ihm mit Wärme und Zuwendung begegnen, das Herz zu erwecken, und erlaubt damit dem größeren Strom der Liebe, weiterzufließen.

Wenn wird den Hindernissen der Liebe begegnen, entdecken wir also das, was in uns am lebendigsten ist – die Rohheit und Zärtlichkeit des aufgebrochenen Herzens. Die schmerzhafte Tatsache ist, dass kein anderer Mensch uns jemals all die Liebe, die wir brauchen, genauso geben kann, wie wir sie möchten. Aber wenn wir unseren Schmerz und unsere Rohheit mit mitfühlender Bewusstheit halten können, wird die bedingungslose Liebe, nach der wir uns am meisten sehnen, erreichbar.

Wenn wir das Herz aufbrechen lassen, erweckt uns das zu dem Mysterium der Liebe – dass wir unvermeidlich andere lieben (trotz dessen, was wir an ihnen vielleicht nicht mögen) aus keinem anderen Grund als dem, dass sie uns auf eine Weise bewegen oder rühren, die wir nie ganz begreifen können. Was wir lieben, ist nicht nur ihr reines Herz, sondern auch der Kampf ihres Herzens mit all den Hindernissen auf dem Weg seines vollen, strahlenden Ausdrucks. Es ist so, als wollte sich unser Herz mit ihrem Herzen verbünden und ihnen bei ihrem Kampf die Stärke verleihen, die Größe und Pracht ihres Seins zu realisieren, jenseits all ihrer Schwächen, die wir wahrnehmen.

Tatsächlich ist es so, dass die, die wir lieben, uns nicht so tief berühren könnten, wenn sie vollkommen unserem Ideal entsprächen. Ihre Unvollkommenheiten geben unserer Liebe einen Ansatzpunkt, einen Halt, etwas, womit wir arbeiten können. Deshalb sind die Hindernisse in einer Beziehung das, was unser Herz zwingt, sich zu dehnen und zu weiten, um all das zu umfassen, was wir sind. Auf diese Weise kann bedingungslose Liebe weiter reifen, über ihr spontanes Entstehen im ersten Blitz des Verliebens hinaus. Sie wird zu einer andauernden Übung von Mut und Demut, von Lernen, voll und ganz Mensch zu sein.

Aufbrechen des Herzens ist die umwandelnde Kraft in der Alchemie der Liebe, die uns ermöglicht, die bedingungslose Gutheit von Menschen in allen Beschränkungen ihres konditionierten Selbst und durch sie hindurchzusehen. Es hilft uns, die Schönheit im Untier wiederzugewinnen und zu erkennen, wie die nichtkonditionierten und konditionierten Seiten der menschlichen Natur immer miteinander verflochten sind und ein ganzes Gewebe bilden. Das Überfließen des aufgebrochenen Herzens beginnt mit Freundlichkeit gegenüber uns selbst und strahlt dann als Mitgefühl mit allen anderen Wesen aus, die ihre Zartheit aus Angst, verletzt zu werden, verbergen und die unsere bedingungslose Liebe als Hilfe brauchen, auch ihr Herz zu erwecken.

19 Leidenschaft als Weg

Keine bessere Liebe als Liebe ohne Objekt.

RUMI

Wenn es dem Menschen nicht gelingt, seine wahre Natur, das wahre Objekt seiner Liebe zu erkennen, ist die Verwirrung riesig und unabänderlich. Dazu entschlossen, eine Leidenschaft für das Ganze an einem Objekt zu stillen, das zu klein ist, um sie befriedigen zu können, werden seine Anstrengungen fruchtlos, eine schreckliche Verschwendung sein. Was glauben Sie, wie viel Energie der Geist der Erde [so] in einer einzigen Nacht verliert?

TEILHARD DE CHARDIN

Obwohl der dänische Philosoph Kierkegaard behauptet hat, dass es dem modernen Zeitalter an Leidenschaft fehlt, ist es vielleicht eher so, dass es uns nicht so sehr an Leidenschaft fehlt, als dass wir sie verschwenden, indem wir versäumen, ihre wahre Natur zu verstehen und sie deshalb nicht in eine Richtung lenken, die wahre Befriedigung bringen kann.

Leidenschaft kann zwei sehr verschiedene Formen annehmen. In ihrem anfänglichen Aufwallen strahlt sie Energie und Feuer aus und erhebt uns damit aus uns selbst und erzeugt mächtige, frische Inspiration. Doch sie kann auch zu einer Kraft werden, die uns hinab in Sucht und Selbsttäuschung führt. Wir können leicht von dem Objekt unserer Leidenschaft besessen und emotional versklavt werden. Dies kann sowohl mit weltlicher Leidenschaft – einer vorübergehenden Liebesbeziehung – als auch mit spiritueller Leidenschaft – Bindung an einen spirituellen Lehrer oder an eine Lehre – passieren. Leidenschaft kann uns entweder erheben oder in Obsession und Selbstzerstörung hinunterziehen.

Es ist also nicht überraschend, dass unsere Kultur ambivalent gegenüber Leidenschaft ist und sie entweder als einen Weg in den Himmel oder einen Weg zur Hölle sieht. Während des größten Teils der westlichen Geschichte wurde Leidenschaft mit Misstrauen und Angst, als ein animalischer Trieb betrachtet, als ein niedriger, irrationaler Impuls, der einen Menschen in die niedrigere Natur, hinab in die Hölle zieht. Dies hat zu Verdrängung, zu dem Versuch geführt, sie unter einem zivilisierten Anstrich zu verbergen.[1]

In dem Versuch, aus dieser repressiven Haltung auszubrechen, ist das moderne Temperament ins andere Extrem gegangen, indem es romantische Leidenschaft als äußerste, eigentliche Erfahrung des Lebens glorifiziert hat. Da ein Gefühl für das Heilige fehlt, ist das, was für die meisten Menschen einer Erfahrung von Transzendenz am nächsten kommt, eine Liebesaffäre oder ein sexy Abend. Fast unsere ganze Werbung und Popmusik dreht sich darum, den spirituellen Hunger der Menschen mit Phantasien von Erlösung durch Leidenschaft zu füllen: Wenn man nur das richtige Shampoo benutzt, wird die ersehnte Frau oder der ersehnte Mann daher kommen und einen mitreißen; man wird nicht mehr einsam sein und das Leben wird endlich Sinn haben. Werbeagenturen kennen die süchtig machende Lockung der Leidenschaft nur allzu genau.

Diese divergierenden Sichten der Leidenschaft reflektieren eine innere Teilung zwischen den zwei Seiten unserer Natur: zwischen dem Himmel – der expansiven, visionären Seite – und der Erde – der sinnlichen, konkreten, geerdeten Seite. Glorifizieren und Überhöhen von Leidenschaft ist eine Form des Versuchs, sich über unsere irdische Natur und die Sorgen und Einschränkungen weltlichen Lebens zu erheben. Aber diese Betonung des Himmels auf Kosten der Erde macht Leidenschaft manisch und ungeerdet. Wenn man andererseits Leidenschaft schlecht macht, sie als primitiven Instinkt verurteilt, der uns leer macht und erschöpft oder zerstört, führt das zu Depression. Denn wenn wir unsere Leidenschaft verleugnen oder unterdrücken, verlieren wir auch den Kontakt mit unserer expansiven, himmlischen Natur. Unser Geist kann sich nicht mehr erheben, und wir verlieren unsere Inspiration.

Wir brauchen deutlich ein ausgewogeneres Verständnis von Leidenschaft, eines, das über die manisch/depressiven Haltungen hinausführen kann, in denen unsere Kultur befangen ist. Denn Leidenschaft ist in ihrem Kern die Erfahrung der Lebensenergie in ihrem rohen, nackten Zustand. Die Frage stellt sich, wie man sich zu dieser Energie verhalten soll oder kann. Wenn Leidenschaft wie Elektrizität ist, wie kann man sie dann nutzen, um Licht und Wärme zu bekommen, ohne von ihr umgebracht zu werden? Wofür können wir diese Energie nutzen? Benutzen wir sie, um einfach unsere Haushaltsgeräte zu betreiben – wie Toaster und Fön – und verschwenden sie so? Oder nutzen wir sie für größere Zwecke – um größere Lebendigkeit, Erwachen, Weisheit zu nähren? Wie kann Leidenschaft zu etwas werden, was uns dabei nährt, vollständiger Mensch und zu denen zu werden, die wir sind?

Bedingungslose Leidenschaft: reine Resonanz mit Leben

Leidenschaft erwacht oft als Reaktion auf jemanden – bei manchen auf einen Lehrer, bei manchen auf einen Liebhaber, bei anderen auf einen entfernten Filmstar –, der unser Verlangen anrührt, sich voller lebendig zu fühlen. Oft machen wir den Fehler, die, in die wir uns verlieben, als die Quelle unserer Leidenschaft zu sehen. Doch die wirkliche Quelle unserer Leidenschaft ist unsere fundamentale Natur – unsere Offenheit für Realität. Wir können uns nur verlieben, weil unsere Natur überhaupt so durchlässig ist. In dieser fundamentalen Offenheit steckt ein Wunsch, auszulangen und mit der Welt, mit anderen Menschen, mit der Natur und mit dem Leben in all ihrer wilden Schönheit in Kontakt zu kommen. Unsere Natur ist eine Öffnung, durch die das, was da draußen ist, hier hereinkommen und in uns eindringen kann, unsere normale, gewohnte Panzerung der Abwehr und unsere Fassaden durchdringen und unser Herz anrühren kann.

Dies ist der Grund, weshalb Leidenschaft so eine zentrale menschliche Erfahrung ist. Gewöhnlich schützen wir all unsere Türen und Fenster mit schweren Vorhängeschlössern und Alarmanlagen. Wenn Leidenschaft zuschlägt, kann die Realität jedoch an allen unseren Abwehrmechanismen vorbeischlüpfen, uns erreichen und uns bis ins Innerste erschüttern.

Leidenschaft ist im Wesentlichen bedingungslos, weil sie eine unmittelbare, nicht gemachte, natürliche Resonanz mit dem Leben ist, dem Leben in uns, das mit dem Leben draußen in Verbindung tritt. Diese Resonanz mit der Realität ist ein wesentlicher Bestandteil unseres Seins. Wir kommen auf eine Frühlingswiese, einen Teppich von Wildblumen, und unwillkürlich formt unser Mund den ursprünglichen Ton „Ahhh!" Wir tauschen Blicke mit einem Menschen, der schön ist: Ahhh! Wir hören die Worte eines spirituellen Lehrers, die uns im Kern treffen: Ahhh! Wenn uns etwas so durchdringt, entsteht Leidenschaft und nimmt uns den Atem.

Bedingte Leidenschaft: Obsession und Versklavung

Leidenschaft ist *energetisierte Präsenz*. Wir empfinden sie als einen Reichtum, einen Reichtum an Gefühl, das uns füllt und überfließt. Da wir uns normalerweise nicht so voll lebendig fühlen, kommt uns unser gewöhnliches Leben im Gegensatz dazu verarmt vor. Und so stellen wir uns bereitwillig vor, dass das Objekt unserer Leidenschaft die Ursache dieses Reichtums ist. „Gestern war ich einsam und unglücklich. Heute habe ich diesen Menschen getroffen und plötzlich fühle ich mich so voll und lebendig. Es muss an ihr liegen." Es ist leicht, darauf zu verfallen, die Dinge so zu sehen und sich vorzustellen, dass wir diesen Menschen, diesen Job, diesen Sport, diese Droge, dieses Haus auf dem Land brauchen, um uns so ganz und gar lebendig zu fühlen. Dies ist der erste Schritt zur Umwandlung von Leidenschaft in Selbsttäuschung.

Wir erkennen nicht, dass unsere Leidenschaft das Leben in uns ist, das ausstrahlt und das Leben um uns herum erleuchtet. Alles, was wir sehen, ist das erleuchtete Objekt, nicht die erleuchtende Kraft selbst. Dies entstellt unsere Wahrnehmung. Unsere bedingungslose Leidenschaft wird zu einer bedingten Bindung an das Objekt umgewandelt, auf das unser

Licht scheint. Fixierung auf das Objekt führt zu Obsession und Sucht. Wir können nicht aufhören, darüber nachzudenken, wie wir das Objekt unserer Leidenschaft sicher besitzen können.

Wenn Leidenschaft unsere Lebensenergie ist, die von Natur aus nach außen strahlt, dann ist eine enge Fixierung auf das Objekt der Leidenschaft so, als sammelte man die Energie der Sonne mit einem Vergrößerungsglas. Die Situation wird zu heiß und geht bald in Rauch auf.

Es ist also wichtig, dass wir erkennen, wenn sich unsere Leidenschaft auf einen anderen Menschen fixiert, dass wir unsere eigene Strahlung projizieren, die der andere widerspiegelt und uns zu erleben hilft. Gewöhnlich sehen wir nicht, wie dieses Strahlen von uns kommt. Natürlich kann es auch sein, dass wir die strahlende Schönheit in dem erkennen, den wir lieben. Aber wenn wir beginnen, die, die wir lieben, zu einem Idol zu machen oder von ihnen abhängig, nach ihnen süchtig zu werden, dann liegt das daran, dass wir ihnen so viel von unserer eigenen Lebenskraft geben. Die Folge ist, dass sie überlebensgroß erscheinen, während wir uns mit Armut geschlagen fühlen. Und je besessener und süchtiger wir werden, um so verarmter fühlen wir uns. So wird Leidenschaft destruktiv, wenn wir versäumen, ihre wahre Natur und ihren Ursprung zu verstehen.

Dieser Sturz in Verarmung ist auch in korrumpierten spirituellen Gemeinschaften wie Jonestown oder Rajneeshpuram verbreitet. Ein korrumpierter spiritueller Führer legt es darauf an, die Projektionen und Tendenzen zur Idealisierung seiner Anhänger auszunutzen. Er praktiziert Schwarze Magie, indem er etwas potentiell Positives (die Fähigkeit des Schülers für Verehrung) zu etwas Destruktivem (Versklavung) macht. Er bezieht seine Macht daher, dass er seine Anhänger dazu bringt, ihm ihre Lebensenergie zu geben, während er selbst den Anschein erweckt, der zu sein, der die Lebensenergie (engl. juice) spendet. (Interessanterweise endete Jonestown damit, dass der Führer vergifteten Saft (engl. juice) austeilte, als ob er seinen Anhängern sagen wollte: „Ich gebe euch den Saft (juice) zurück, den ihr mir gegeben habt. Wenn ihr eure Lebensenergie (juice) weggebt, wird sie zu Gift.") Clevere Scharlatane versklaven Menschen, indem sie die Abhängigkeit und das Gefühl der Armut ihrer Anhänger verstärken. (Rajneesh paradierte täglich vor seinen Anhängern in einem Rolls-Royce, in einem der vielen, die er mit ihren Spenden erworben hatte.) Wenn die

Anhänger zunehmend erschöpft werden, besteht die einzige Weise, wie sie sich gut fühlen können, darin, dass sie sich in der Glorie sonnen, die der Führer widerspiegelt. Schließlich kommt es so weit, dass sie sich auf seltsame destruktive Weisen verhalten, nur um mit dieser vorgestellten Quelle ihrer guten Gefühle in Verbindung zu bleiben.

Auch gewöhnliche Liebesbeziehungen können bizarre, destruktive Folgen haben. Wie oft haben wir unsere Integrität beschädigt oder uns verbogen, damit wir dem Objekt unserer Begierde gefallen? Wie viele abgewiesene Liebhaber haben sich selbst oder ihre Geliebte getötet, weil sie sie „so sehr geliebt" haben?

Leidenschaft und Transformation

Trotz ihrer Gefahren kann Leidenschaft auch eine gewaltige kreative, transformative Kraft sein. Dies war so im Frankreich des 12. Jahrhunderts, bei der Geburt der romantischen Liebe. Plötzlich erschien mitten in einer dunklen mittelalterlichen Welt in den Liebesliedern der Troubadoure eine neue Art Gefühl und verbreitete sich schnell an den Höfen der Provence. Einer der Haupteinflüsse hinter der höfischen Liebe war die Tradition der Sufis mit ihren hingebungsvollen Liebesliedern an den Geliebten. Der Geliebte in der sufistischen Dichtung ist das Göttliche in Form Gottes, der Seele oder des spirituellen Meisters. Die Lieder der Troubadoure säkularisierten diese hingebungsvolle Leidenschaft, indem sie sie an eine weltliche Geliebte – die Dame – statt an das Göttliche richteten.

Höfische Liebe in ihrer reinen Form war von strengen Regeln bestimmt. Ein Ritter verliebte sich in eine Dame, die schon mit einem anderen Adligen verheiratet war, und sie hatten eine heimliche Liebesbeziehung. Da ihre Liebe nicht sexuell vollzogen werden sollte, konnte die Leidenschaft, die erzeugt wurde, für die persönliche Transformation genutzt werden. Der Ritter unterzog sich für seine Dame Prüfungen, die seinen Charakter verfeinerten. Die höfische Liebe hatte einen enormen zivilisierenden Einfluss auf die mittelalterliche Kultur. Frauen wurden zum ersten Mal wertgeschätzt und geehrt, während viele grobe, ungeschliffene Männer zu dem neuen Ideal der Ära transformiert wurden: dem sanften Mann (engl. gentle man).

Leidenschaft kann nur dann in diese kreative Richtung führen, wenn ihr spirituelles Potential erkannt wird. Obwohl die höfische Liebe eine säkularisierte Version der hingebungsvollen Liebe für den göttlichen Geliebten der Sufis war, behielt sie dennoch eine gewisse spirituelle Prägung, weil sie für einen Weg der Reinigung und der Entwicklung des Charakters sorgte. Da der Ritter seine Dame nicht ganz besitzen konnte, wurde seine unerwiderte Leidenschaft transformativ. Statt zu Sucht zu degenerieren, reifte sie zu reiner Verehrung und Hingabe.

Verehrung aus ganzem Herzen, ob an einen geliebten Menschen, einen spirituellen Meister oder an eine letzte Wahrheit gerichtet, ist ein mächtiges läuterndes Feuer, das an der menschlichen Seele Wunder wirken kann. Weil sie dies erkannten, haben viele religiöse Traditionen Praktiken der Verehrung entwickelt, die diese Energie für spirituelle Zwecke nutzbar machen. Da wir das Objekt der Verehrung – Gott oder den spirituellen Meister – nicht besitzen können, verlangt die Praxis der Verehrung von uns, dass wir Fixierung aufgeben, damit wir die Fülle der Liebe als *den Schatz unseres eigenen Herzens* entdecken können. Dies weckt uns aus der Armut der Abhängigkeit von anderen zum Reichtum der Feier unserer wahren Natur auf, die wir dann voller mit der ganzen Welt zu teilen beginnen können.

Verehrung eines echten spirituellen Meisters – einer zentralen Gestalt vieler heiliger Traditionen – ähnelt insofern der höfischen Liebe, als sie in gewissem Sinn unerwidert bleibt. Obwohl echte Lehrer ihre eigene Art Verehrung ihren Schülern gegenüber haben, können Schüler dennoch nicht erwarten, dass ihre Lehrer auf sie so reagieren, wie sie möchten, und ihnen die Bestätigung und Anerkennung geben, die sie gerne hätten, oder ihnen Wohlgefühl vermitteln. Echte spirituelle Meister machen keine Versprechungen, belohnen nicht und ermutigen auch nicht zu Projektion und Idealisierung. Sie werfen einen ständig auf einen selbst zurück. Damit wird die Tendenz des Schülers durchkreuzt, Leidenschaft Bedingungen zu unterwerfen, oder ein guter Schüler sein zu wollen, um das Lob, die Zuneigung oder die Bestätigung des Lehrers zu bekommen. Dies ermöglicht dem Schüler, die Qualität des gebrochenen Herzens unerwiderter Liebe zu erfahren.

Die Liebesbeziehung des gebrochenen Herzens

Wenn man das Gefühl hat, dass das Herz bricht, steht man vor einer Entscheidung, man hat die Wahl. Wir können uns aus Schmerz und Groll darüber, dass wir nicht bekommen, was wir wollen, verschließen. Oder, wenn wir unsere Aufmerksamkeit darauf richten, was unser Herz wahrhaft begehrt, machen wir die Erfahrung, dass es trotz des Schmerzes, den wir empfinden, aufbrechen möchte. Wenn wir unser Herz aufbrechen lassen, beginnt von uns eine Süße zu fließen wie Nektar. Der sufistische Lehrer Hazrat Inayat Khan sagt: „Die Wärme der Atmosphäre des Liebenden, die durchdringende Wirkung seiner Stimme, der Reiz seiner Worte, alles das kommt von dem Schmerz seines Herzens."[a] Dies ist eines der großen Geheimnisse der Liebe. Statt zu versuchen, diesen Schmerz abzuwehren, was sowieso vergeblich ist, kann der Liebende ihn nutzen, um sich selbst zu transformieren, um unbesiegbare Zartheit und Mitgefühl zu entwickeln und, wie die Troubadoure entdeckten, ein heldenhafter Krieger im Dienst der Liebe werden.

Diese Qualität der Gebrochenheit reiner Verehrung ist mit einem besonderen Schmerz verbunden, wie die Traurigkeit, die in den bewegendsten Liebesgedichten und Liebesliedern oft anwesend ist. Dies ist das, was Chögyam Trungpa „das echte Herz der Traurigkeit" nannte. Es ist eine Fülle des Gefühls, die als Reaktion darauf entsteht, dass man jemanden liebt, den man letztlich nicht besitzen kann. Der, den wir lieben, wird sterben; wir selbst werden sterben; alles wird vergehen. Auch wenn wir heiraten, wird sich die Ehe verändern und schließlich auch vergehen. Es gibt nichts, was man festhalten kann. Nichts kann uns vor unserem Alleinsein retten. Je mehr wir unser Leben, unseren Liebsten, unseren spirituellen Lehrer lieben, um so mehr Gebrochenheit des Herzens werden wir früher oder später fühlen.

Die süße Qualität dieser Traurigkeit ist interessant. Das englische Wort für ‚traurig' – sad – ist mit ‚satt' verwandt, was darauf hinweist, dass echte Traurigkeit eine Fülle, eine Fülle des Herzens ist, die überfließen möchte. Trungpa sagt: „Diese Art Traurigkeit ist bedingungslos. Sie stellt sich ein, weil dein Herz vollkommen ungeschützt ist. Du würdest gerne dein Herzblut vergießen, dein Herz anderen geben."[b] Daraus entsteht ein Verlangen, alle Barrieren zwischen einem selbst und anderen, dem Leben hier drin und dem Leben da draußen zu schmelzen.

Alle unsere Vorstellungen von romantischer Liebe entstehen aus der Entdeckung der Kraft hingebungsvoller Leidenschaft durch die höfischen Liebhaber der Provence. Unglücklicherweise versteht unsere Kultur die Dimension der Hingabe, die die Leidenschaft besitzt, nicht mehr. Vielmehr betrachten wir Leidenschaft als ein Mittel, „zu bekommen, was uns zusteht". Wir haben den Zugang zu der ursprünglichen heiligen Bedeutung leidenschaftlicher Liebe verloren.

Wir haben auch den Zugang zu der ursprünglichen heiligen Bedeutung des spirituellen Weges verloren, zu dem gehört, dass man sich einem transzendenten Prinzip hingibt, das größer als wir selbst ist und das unser Leben führt. Wenn man einen Lehrer trifft, der einen wirklich bis in den Kern berührt, wenn man sich in einen Lehrer und in eine Lehre verliebt, dann zieht einen dies aus einem selbst, es zieht einen aus der gemütlichen kleinen Welt gewohnter Muster. Obwohl man sich vielleicht zu diesem Lehrer und dieser Lehre hingezogen fühlt, kann man sie auf keine konventionelle Weise besitzen. Die Begegnung mit einem echten Lehrer bringt daher alles bedingte Habenwollen zusammen mit der bedingungslosen Leidenschaft an die Oberfläche. Dies ermöglicht einem, mit Leidenschaft als Teil des eigenen Weges zu arbeiten.

Wenn man zwischen Habenwollen und Verehrung unterscheiden lernt, beginnt man die tiefere Natur von Leidenschaft zu verstehen – als Tür zur Erfahrung der Hingabe. Der spirituelle Weg ist eine Liebesbeziehung mit gebrochenem Herzen, weil es bei der eigentlichen Lehre, die nichts anderes als das Leben selbst ist, um Verzicht und Entäußerung, nicht um Gewinn geht. Beim spirituellen Weg geht es um „Verlieren". Aus der Perspektive des Egos erscheint dies schockierend und bedrohlich. Doch für unser Sein, das sich von dem Gewicht unserer selbstbezogenen Zwänge behindert und belastet fühlt, ist es eine Erleichterung. Das ist es, was Leidenschaft so faszinierend und fesselnd macht: Verlieren – Aufgeben alter, einengender Muster der Persönlichkeit – ist total erschreckend und aufregend zugleich.

So wie die Flamme der nicht vollzogenen Leidenschaft des höfischen Liebhabers sein Herz reinigte, kann unsere unerwiderte Liebe zu einem spirituellen Lehrer unser Verlangen intensivieren, mit dem größeren Leben eins zu werden, das er repräsentiert. Die einzige Möglichkeit, wie wir dies tun können, besteht darin, uns dem Lehrer in dem erwachten Zustand anzuschließen, den er innehat. Und die einzige Weise, wie wir das tun können, besteht darin, dass wir uns diesem größeren Leben widmen und unsere inneren Barrieren zu größerer Offenheit, Bewusstheit und Echtheit beseitigen. Wenn wir einmal aufhören, uns so sehr anzustrengen, um das zu bekommen, was wir spirituell haben wollen, kann die Wärme bedingungsloser Leidenschaft anfangen, jeden Aspekt unseres Lebens zu erleuchten.

Leidenschaft und Hingabe

Das eigentliche Ziel der Leidenschaft ist Hingabe. Dies ist das wahre Verlangen des Herzens. Der Höhepunkt sexuellen Strebens ist der Moment des Orgasmus, ein Moment totalen Loslassens. Franzosen nennen ihn den „kleinen Tod" (*la petite mort*). In ähnlicher Weise ist der Höhepunkt des spirituellen Weges die Realisierung vollkommener Offenheit, jenseits allen Habenwollens und Festhaltens. Dies führt zu bedingungsloser Freude, die aus der Erfahrung des essentiellen Reichtums unseres Seins entsteht.

Leidenschaft ist ein Strom der Lebensenergie, der durch uns hindurchgeht, wie ein Fluss, der sich schließlich in das Meer entleeren muss. Sie ist ein Übergang zwischen zwei Welten, der von der Welt des bekannten Selbst zu einer größeren Welt führt, die jenseits liegt – wie sie durch einen Liebhaber, einen Guru, eine Lehre oder durch das Leben selbst repräsentiert wird. Der Weg der Leidenschaft, der als Inspiration entsteht und in Hingabe gipfelt, enthüllt die Essenz von Leben und Tod.

In einem Gedicht erkennt Goethe den transformativen Impuls, der in der Leidenschaft als einer „heilgen Sehnsucht" enthalten ist:

> *Das Lebend'ge will ich preisen,*
> *Das nach Flammentod sich sehnet.*

Er vergleicht die Wirkung des Impulses mit einer Motte, die aus der Dunkelheit zur Flamme der brennenden Kerze hingezogen ist:

> *Überfällt dich fremde Fühlung,*
> *Wenn die stille Kerze leuchtet.*

Die Sehnsucht nach der Vereinigung mit dem, was wahrhaft lebendig ist, reißt einen mit:

> *Und dich reißet neu Verlangen*
> *Auf zu höherer Begattung.*

Als dann das Zögern wegfällt, trägt die Strömung der Leidenschaft in den Akt der Hingabe:

> *Und zuletzt, des Lichts begierig,*
> *Bist du, Schmetterling, verbrannt.*

Die Schlussfolgerung, die Goethe zieht, ist einfach und eindeutig:

> *Und solange du das nicht hast,*
> *Dieses: Stirb und werde!*
> *Bist du nur ein trüber Gast*
> *Auf der dunklen Erde.*[c]

20 Echte und falsche spirituelle Autorität

*So wie ein Goldschmied sein Gold nimmt,
es erst prüft, indem er es schmilzt, schneidet und reibt,
akzeptieren Weise meine Lehren nach gründlicher Prüfung
und nicht allein aus Verehrung für mich.*

SHÂKYAMUNI BUDDHA

Fälscher existieren, weil es so etwas wie wirkliches Gold gibt.

RUMI

In dieser Zeit kulturellen Umbruchs, sinkender Moral, Instabilität der Familie und globalen Chaos' gehören die größten spirituellen Meister der Welt vielleicht zu den kostbarsten Ressourcen der Menschheit, da sie als Leuchttürme den Weg der Erleuchtung in einer sich verdunkelnden Welt weisen. Zugleich hat der intensive spirituelle Hunger unserer Zeit jedoch die Bühne dafür geschaffen, auf der zahllose falsche Propheten erschienen sind, die selbstherrliche Verkündigungen und Anweisungen unter die Leute bringen, die ihren Anhängern am Ende oft Schaden zufügen und sie auf Abwege führen. Tausende wohlmeinender Sucher aller sozialen Schichten, aller Bildungsgrade und mit vielfältigem ethnischen Hintergrund waren von zweifelhaften Lehrern angezogen und standen am Ende mit einem ruinierten Leben vor einem Scherbenhaufen. Im Extrem bestätigten breit publizierte Zusammenbrüche von Sekten, wie in Jonestown, Waco oder Heaven's Gate, die schlimmsten Ängste davor, was passieren kann, wenn selbst ernannte religiöse Eiferer Kontrolle über das Leben anderer Menschen gewinnen. Dies hat zu einer weitverbreiteten Ernüchterung in Bezug auf spirituelle Lehrer und Gemeinschaften geführt, die außerhalb der westlichen Religionen des Mainstream angesiedelt sind.

Es ist wichtig, auf eine intelligente Art und Weise zwischen fehlgeleiteten und authentischen spirituellen Lehrern, zwischen ungesunden und wirklich transformativen spirituellen Gemeinschaften zu unterscheiden. Sowohl der falsche Prophet als auch der echte Meister untergraben das gewohnte Muster des Selbst. Aber der eine tut das in einer Weise, die Bindung und Abhängigkeit erzeugt, während der andere das so tut, dass Befreiung gefördert wird. Worin besteht dieser wichtige Unterschied? Woran ist echte spirituelle Autorität zu erkennen?

Charakteristika pathologischer spiritueller Gruppen

Vor einer Reihe von Jahren nahm ich an einer Studiengruppe teil, die Autoritätsmuster in religiösen Gruppen untersuchte, die nicht zum Mainstream gehören. Diese Untersuchung wurde von dem Center for the Studies of New Religious Movements gesponsert und von dem National Endowment for the Humanities finanziert. Als eine Gruppe aus Psychologen, Philosophen und Soziologen interviewten wir Mitglieder vieler verschiedener spiritueller Gruppen, die einem breiten Spektrum angehörten, von eindeutig pathologischen, wie Jim Jones's People's Temple, über eher harmlos irregeführte Gruppen bis zu Gemeinschaften, die authentisch heilsam und geistig gesund zu sein schienen. Vor dem Hintergrund dieser Interviews wie meiner eigenen persönlichen Beobachtungen spiritueller Gruppen im Laufe der Jahre habe ich die Erfahrung gemacht, dass Gruppen mit dem größten Potential für pathologisches oder destruktives Verhalten eine Reihe deutlich erkennbarer Charakteristika gemeinsam hatten.

1. *Der Führer beansprucht totale Macht, den Selbstwert der Anhänger zu bestätigen oder zu negieren, und benutzt diese Macht ausgiebig.* Der Führer von pathologischen Gruppen ist gewöhnlich eine faszinierende, charismatische Person, die in den Worten von Eric Hoffer „grenzenloses Selbstvertrauen" ausstrahlt. „Was zählt, ist die arrogante Geste, die vollkommene Nichtachtung der Meinung anderer, der eigensinnige Trotz gegenüber der Welt."[a] Etwas an dieser unerschütterlichen Selbstsicherheit spricht besonders die an, denen es an Selbstwertgefühl mangelt und die oft von der grandiosen Selbstdarstellung selbst ernannter Sektenführer fasziniert sind. Hoffer führt aus: „Der Glaube an eine heilige Sache ist ... ein Ersatz für den verlorenen Glauben an uns selbst."[b] Der falsche Prophet und der wahre Gläubige sind füreinander gemacht, sie sind zwei Seiten derselben Münze. Durch wechselseitige Kollusion bekommt der Führer Macht und Kontrolle, während die Anhänger Bestätigung und Sicherheit durch seine Führung und Bestätigung sowie durch die Identifikation mit ihm stellvertretend Kraft bekommen.

Korrumpierte Führer beuten absichtlich das Gefühl der Unzulänglichkeit ihrer Anhänger aus. Zum Beispiel gehörten zu Treffen im People's Temple oft rituelle Herabsetzungen, bei denen Schwächen und Fehler von Mitgliedern vor der ganzen Gruppe vorgeführt und lächerlich gemacht wurden. Nachdem ein Anhänger in dieser Weise gründlich herabgesetzt worden war, baute Jim Jones die Persönlichkeit oft wieder auf, wie ein Überlebender von Jonestown beschreibt:

> „Erst wird man zu niemand. Sie reißen einen runter und ziehen einen innerlich aus, man weiß nichts. Und danach, was immer er macht, muss man ihm für das danken, was er tat. Und dann wird man total abhängig von ihm, weil man selbst nichts anderes für sich hat. Alles, was man hatte, war schlecht. Ich meine, er sagte: ‚Du wirst mir zuhören, und ich werde dich über die Dinge unterrichten, die gut waren', und die meisten Leute glaubten das wirklich. ... Er ließ alle denken, sie wären jemand."[c]

Chuck Dederich, der Gründer der sektenähnlichen Gruppe Synanon, hatte nach einer Beschreibung eines ehemaligen Mitglieds eine ähnliche Vorgehensweise: „Du sammelst eine Gruppe um dich und du sagst ihnen

‚Ich bin sehr glücklich. *Mein* Leben ist wunderbar. Ich habe eine enorme Menge guter Dinge getan, und ich tue es gerne. Wie geht es *Dir?* Du bist nun aber nicht so gut. Wer wärest du lieber, du oder ich?' Wir haben einfach festgestellt, dass es dir lausig geht, und mir geht es toll, also antwortet man: ‚Du'." Zuerst beeindruckte Dederich dieses Mitglied mit seinem grenzenlosen Selbstvertrauen: „Er war charismatisch, er war witzig, er war intelligent, er war engagiert, seine Instinkte waren unglaublich. Und ich verliebte mich wirklich in ihn." Als er zugab, er wäre lieber Dederich als er selbst, gab er ihm Macht über sich. Dederich verstärkte dann seine Kontrolle, indem er den Wert seines Anhängers bestätigte: „Und weil Chuck Dederich sagte, ich wäre toll, ist es jetzt wunderbar. Weil er es sagte, habe ich es geglaubt. Und es veränderte mein Leben, keine Frage. Und ich sagte zu Leuten: ‚Wer wärest du lieber, du oder ich?' Und sie sagten dann: ‚Du'. Und ich dachte dann, das war richtig gut."

Auf diese Weise nehmen Führer wie Jones und Dederich alte (schon schwache) Stützen des Egos eines Menschen weg und ersetzen sie mit ihrer eigenen Beachtung und Bestätigung, die bewirken, dass ihre Anhänger sich wichtig und als etwas Besonderes fühlen – „als wäre man jemand". Statt einer erwachsenen Beziehung auf gleicher Augenhöhe, die auf Respekt für menschliche Würde aufgebaut ist, sind die Beziehungen zwischen Sektenführer und Anhänger die von Eltern und Kind. (Die Mitglieder von Jonestown nannten Jim Jones sogar „Dad".) Der Anhänger nimmt eine neue Identität als Satellit dieser überlebensgroßen Elternfigur an. Und je mehr Macht die Anhänger dem Führer geben, den Wert ihrer Existenz zu bestätigen, um so mehr kann er seine Forderungen steigern und sie zwingen, alles zu tun, was er will, damit er seine Anerkennung aufrechterhält. Ein ehemaliges Mitglied sagt: „Wenn man diese Erfahrung der Liebe [von Seiten des Führers] gemacht hat und wird dann von ihr abgeschnitten, ist das so, als würde man in Quarantäne gesteckt – es gibt eine gewaltige Motivation, zu ihr zurückzukommen, ein gewaltiges Verlangen, die Verbindung mit dieser Liebe wieder herzustellen. Und man wird alles tun, um zu dieser Liebe zurückzukommen. Weil sie einem ein gutes Gefühl gibt und einem das Gefühl vermittelt, dass man ein guter Mensch ist."

2. *Der zentrale Fokus der Gruppe ist ein hohes Ziel, eine Mission, eine Ideologie, die nicht in Frage gestellt wird.* Der Führer legt die Ideologie aus, während die Anhänger ohne Fragen die Überzeugungen und Glaubensvorstellungen annehmen, die ihnen angeboten werden. Der Führer hält seine Position oft dadurch aufrecht, dass er behauptet, speziellen Zugang zu Gott oder einer Quelle der Autorität zu haben, die für die Anhänger nicht zugänglich ist. Dies verstärkt ihre Abhängigkeit von dem Führer für „Das Wort" – dafür, dass er die Ereignisse interpretiert und ihnen sagt, was sie tun sollen. Weil sie von dem Führer abhängen, damit er ihnen sagt, was ist, beginnt ihre eigene Intelligenz zu verkümmern. Gruppendenken herrscht vor.

Die zentrale Ideologie wird mit so tödlichem Ernst behandelt, dass die Mitglieder unfähig zu irgendeiner Form Humor über sich selbst oder ihren Führer sind. Sie sind in etwas gefangen, was ein ehemaliges Mitglied „eine luftdichte Weltsicht, einen intellektuellen Irrgarten" nannte. Eric Hoffer beschreibt das so:

> „Alle aktiven Massenbewegungen streben danach, ... eine gegen Fakten abgesicherte Wand zwischen die Gläubigen und die Realitäten der Welt zu stellen. Sie tun dies, indem sie behaupten, dass die letzte und absolute Wahrheit schon in ihrer Doktrin verkörpert ist und dass es keine Wahrheit oder Gewissheit außerhalb von ihr gibt. Die Tatsachen, auf die der wahre Gläubige seine Schlussfolgerungen baut, dürfen nicht aus seiner Erfahrung oder Beobachtung abgeleitet sein, sondern nur von der heiligen Schrift. ... Es ist erstaunlich, wie viel Unglaube notwendig ist, um Vorspiegelungen möglich zu machen."[d]

Die Wirksamkeit so einer Ideologie beruht auf ihrer absoluten Gewissheit, die einzige Wahrheit zu sein, und nicht auf ihrer inhärenten Wahrheit oder Bedeutung. Damit einer Doktrin in so einem Maß Gewissheit zugeschrieben werden kann, muss an sie geglaubt werden und nicht verstanden oder geprüft sein. Wenn die Gläubigen versuchen sollten, die Doktrin zu verstehen oder zu prüfen, würden sie der Gültigkeit ihrer eigenen Erfahrung vertrauen müssen; aber da sie sich der Gruppe überhaupt aufgrund ihres niedrigen Selbstwertgefühls anschließen, haben sie wenig Neigung, die Wahrheit ihrer eigenen Erfahrung als Kriterium oder Prüfstein heranzuziehen und zu nutzen. Je mehr dieses Selbstvertrauen gebrochen wird, um so mehr versuchen die Anhänger, sich nach dem vorherrschenden Bild des idealen Gruppenmitglieds zu formen, und imitieren dabei oft Handlungen, Eigenheiten und Denken der Führung.

In so einer Umwelt gibt es unter den Mitgliedern ein hohes Maß an Bereitschaft, andere zu verdächtigen, damit keiner von ihnen die Sache verrät. Jeder unabhängige Bezugsrahmen wird als Häresie, Illoyalität oder Verrat an der Mission der Gruppe ausgelegt. Und es kommt vor, dass es Spionagenetze gibt, um Mitglieder anzuzeigen, die von der zentralen Mission abweichen. Mitglieder, die ihre eigene Intelligenz und ihre Autonomie aufgegeben haben, nehmen Anstoß an unabhängigem Denken anderer Mitglieder und fühlen sich von ihm bedroht, und werden so zu bereitwilligen Informanten. Hoffer sagt dazu: „Strenge Orthodoxie ist ebenso sehr das Ergebnis gegenseitigen Verdachts wie von glühendem Glauben." Ein ehemaliges Mitglied beschreibt diese Situation:

„Wenn Sie in einer Gruppe mit mir wären, könnte ich Ihnen nicht sagen: ‚Meine Güte, das war wirklich ein schreckliches Treffen', denn ich könnte nicht sicher sein, dass Sie nicht, sobald Sie gegangen sind, [den Führer] anrufen und ihm sagen würden: ‚Betty hat gerade gesagt, dass das ein schreckliches Treffen war'. Und dies waren gute Freunde. Aber man konnte nicht sicher sein, auch zwischen Ehepartnern, dass man nicht angezeigt würde. Das war eine wirklich wichtige Dynamik der Kontrolle. Ich würde sagen, dafür, dass wir gute Freude waren, sind wir schlimm miteinander umgegangen."

In einer Gruppe, in der der Selbstwert von der Sache abhängt, ist Zweifel eine Todsünde.

Und weil Gefolgschaft und Loyalität gegenüber einer Sache primär eher auf Glauben beruhen, so wie auf emotionalen Bedürfnissen nach Zugehörigkeit und Bestätigung, als auf einer echten Suche nach Wahrheit oder einer disziplinierten Schulung von Selbstkenntnis, wird die Ideologie leicht benutzt, um moralisch fragwürdiges Verhalten zu rechtfertigen. Die Sache hat Vorrang vor allgemein üblicher Anständigkeit und Respekt vor menschlicher Würde.

3. *Der Führer hält seine Anhänger auf Linie, indem er Emotionen von Hoffnung und Angst manipuliert.* Die Münze, die in dem Bereich gilt, der von dem Führer einer Sekte beherrscht wird, ist das Versprechen. Der Führer verspricht seinen Anhängern Belohnungen – dass sie eine Art Erlösung erlangen oder einen bestimmten Status über dem Rest der Welt erlangen, wenn sie der Sache treu bleiben. Dieser „Zuckerbrot-Ansatz" spricht die Gier, die Eitelkeit und das verarmte Selbstwertgefühl der Anhänger an. Die zukünftigen Belohnungen für die Treue und Loyalität zur Sache bekommen Vorrang vor jeder Wertschätzung oder Freude an der gegenwärtigen Erfahrung.

Um sicherzustellen, dass die Herde auf Linie bleibt, benutzt der Sektenführer nicht nur Zuckerbrot, sondern auch die entsprechende „Peitsche", das heißt, die Mitglieder werden für den Fall, dass sie der Sache untreu werden, mit Drohungen mit Untergang, Rache oder Verdammnis eingeschüchtert. Eine Mauer von Terror umgibt die Gruppe. Mitglieder, die versuchen zu gehen, können sogar mit Verfolgung oder dem Tod bedroht werden. Ein Überlebender von Jonestown beschreibt diese Taktik von Jim Jones: „Er sagte immer, wenn du den Temple verlässt – er hätte Verbindungen mit der Mafia, er hätte Verbindungen mit der CIA. Er sagte: ‚Wenn du gehst, vergiss es, sie werden dich überall finden, und wenn es irgendwo in einem Loch ist.'" Ein ehemaliges Mitglied einer anderen pathologischen Gruppe bemerkte: „Die ‚transpersonale Karotte am Himmel' war: Dies ist der Weg der Erlösung. Wenn du irgendwie abweichst, gehst du zu deinem bösen Teil, du machst ihn größer. Das wurde also sehr erschreckend. Und etwas anderes wurde erschreckend, dass man nämlich, wenn man daran dachte, die Gruppe zu verlassen, mit der Tatsache konfrontiert war, dass man in dem System spirituell verdammt war."

So absurd diese Ängste erscheinen können, man darf nicht vergessen, dass Sektenmitglieder jede Verbindung mit ihrer eigenen Intelligenz aufgegeben haben, womit sie dieser Art emotionaler Manipulation ausgeliefert sind. Hoffer sagt dazu: „Die Entfremdung vom Selbst, die eine Vorbedingung der Formbarkeit wie der Konversion ist, vollzieht sich fast immer in einer Atmosphäre intensiver Leidenschaft. ... Wenn die Harmonie mit dem Selbst einmal gestört ist ... hungert ein Mensch danach, sich mit allem, was in seine Reichweite kommt, zu verbinden, was immer das ist. Er kann nicht selbstsicher und unabhängig, sich selbst genügend abseits stehen, sondern muss sich mit ganzem Herzen der einen oder anderen Seite anschließen."ᵉ

4. *Es gibt eine strenge, starre Grenze zwischen der Gruppe und der Welt draußen.* Die Zugehörigkeit zu der Gruppe wird als gut definiert, das Leben außerhalb der Gruppe wird als minderwertig oder verderbt gesehen. Solche Gruppen halten oft eine Vorstellung vom absoluten Bösen aufrecht, das als die Welt außerhalb ihrer Grenzen definiert wird. Hoffer sagt dazu: „Gewöhnlich ist die Stärke einer Bewegung proportional zu der lebhaften Erscheinung und Berührbarkeit ihres Teufels."ᶠ

Um Unabhängigkeit zu erschweren oder zu verhindern, werden Gruppenmitglieder oft davon abgehalten, viel Zeit allein oder mit ihren Familien zu verbringen. Paarbeziehungen können auch absichtlich untergraben werden, um die Abhängigkeit von dem Führer zu fördern, wie es bei der Synanon-Gruppe geschah.

5. *Korrumpierte Sektenführer sind gewöhnlich selbst ernannte Propheten, die sich keiner längeren Ausbildung oder Schulung unter der Anleitung eines großen Lehrers unterzogen haben.* Viele religiöse Traditionen haben klare Abstammungslinien spiritueller Überlieferung. Diejenigen, die andere lehren sollen, werden gewöhnlich von ihren eigenen Lehrern geprüft, bevor ihnen erlaubt wird, sich Meister zu nennen. Dies gilt besonders für den Buddhismus und andere asiatische Traditionen. Der Prozess der Prüfung und der Überlieferung dient als eine Form der Qualitätskontrolle, um zu garantieren, dass die jeweiligen Lehrer die Lehren nicht ihres persönlichen Gewinnes wegen entstellen. Aber die meisten gefährlichen Sektenführer unserer Zeit sind selbst ernannte Gurus, die ihre Anhänger durch ihre charismatischen Talente beeinflussen oder beherrschen, und stehen außerhalb des stabilisierenden Kontextes von Tradition, Abstammungslinie oder Überlieferung. Es kommt vor, dass sie lächerliche, unberechtigte und falsche Ansprüche auf Authentizität erheben, wie zum Beispiel ein Lehrer, der neue Anhänger rekrutierte, indem er mit einer Liste seiner vergangenen Leben als erleuchtetes Wesen in den großen Traditionen warb.

Relative spirituelle Autorität

Diese Analyse beschreibt nur die extremsten, ungesunden Dynamiken, die in spirituellen Gruppen vorkommen. Daneben funktionieren viele spirituelle Lehrer und Gemeinden mehr in einer Grauzone, wo oft echte Lehren mit Praktiken und Verhalten gemischt werden, die eher fragwürdig sind. In Wahrheit gibt es oft eine sehr dünne Linie zwischen einem brillanten Lehrer und einem skrupellosen. Daher reicht es nicht aus, eine Liste problematischer Züge zu machen, denn damit erfasst man nur, was falsche Lehrer falsch machen, ohne etwas darüber zu sagen, was echte Lehrer richtig machen. Um diese Diskussion weiter zu führen, müssen wir näher betrachten, was wahre spirituelle Autorität ist und worauf sie gründet.

Große Lehrer zeigen sich hinsichtlich Erscheinung und Auftreten in vielfältiger Weise. Manche leben heilig-mäßig und rein, andere sind wild und provozierend und wieder andere sind so vollkommen gewöhnlich, dass sie in einer Menge kaum auffallen würden. Es ist unmöglich, ein Idealmodell dafür aufzustellen, wie ein wahrer spiritueller Lehrer aussehen sollte, so wenig, wie man einen bestimmten Therapiestil als das Modell hervorheben könnte, dem alle anderen folgen sollten. Carl Rogers, Fritz Perls und Milton Erickson zum Beispiel erreichten auf auffallend verschiedene Weise therapeutische Resultate. Jeder hatte einen anderen Persönlichkeitstyp, einen anderen Arbeitsstil und wahrscheinlich einen anderen Typ Klient, mit dem er am effektivsten sein konnte. Spirituelle Lehrer gibt es auch in vielen verschiedenen Formen und in vielerlei Gestalt, und es ist fruchtlos zu versuchen, genau zu beschreiben, wie sich ein guter Guru verhält.

Vielmehr brauchen wir eine subtilere Analyse, die darauf schaut, was zwischen Lehrer und Schüler geschieht. Zwei Fragen sind hier besonders wichtig: Wie wirkt spirituelle Autorität in der Beziehung zwischen Lehrer und Schüler? Und was ist die Quelle, von der ein Lehrer diese Autorität bezieht oder herleitet?

Spirituelle Autorität ist zum Teil zwischenmenschlich begründet. Das heißt, ein bestimmter Lehrer hat so eine Autorität nur für die Menschen, die auf seine Präsenz und Lehren reagieren. Ein Schüler, also ein Lernender, ist jemand, der erkennt, dass er von diesem bestimmten Lehrer etwas Wichtiges lernen kann. Oft ist die Wahl eines Lehrers so wenig nachvollziehbar und so geheimnisvoll wie die Anziehung eines potentiellen Liebhabers oder einer Geliebten. Man spürt, dass man hier etwas Essentielles zu lernen hat, etwas, das niemand sonst einem jemals vermittelt hat, und diese Erkenntnis ist das, was dem Lehrer erlaubt, eine bestimmte Autorität für einen anzunehmen.

Viele Menschen stellen das Bedürfnis nach spirituellen Lehrern heute überhaupt in Frage, indem sie im Geist der Demokratie behaupten, dass jeder sein eigener Meister sein sollte. Viele Traditionen erklären tatsächlich, dass man den wahren Lehrer nur in seinem eigenen Inneren findet. Doch in den frühen Stadien der Entwicklung weiß man nicht, wie man den inneren Meister finden oder ihn hören oder echte innere Führung von eher oberflächlichen Wünschen und Vorlieben unterscheiden soll. Genauso wie man sich auf jedem Gebiet, das man sich gründlich aneignen möchte, an einen anerkannten Meister wenden würde, wird ein Mensch, der die Einschränkungen der Ichbezogenheit zu überwinden sucht, natürlicherweise zu jemandem hingezogen sein, der diese Arbeit wirklich gemeistert hat. Die Rolle effektiver Lehrer besteht darin, den Schüler zu lehren, zu ermutigen und zu korrigieren, sowie ein Beispiel und Modell dafür zu sein, was möglich ist. Effektive Lehrer versuchen auch zu sehen, was die einzelnen Schüler bei jedem Schritt ihrer Entwicklung am meisten brauchen, statt zu versuchen, den Schüler in einen vorprogrammierten Plan einzupassen.

Deshalb beziehen spirituelle Lehrer eine gewisse *relative Autorität* durch die wirkliche Hilfe, die sie ihren Schülern anbieten. Dies unterscheidet sich nicht sehr von der Autorität, die Klienten Therapeuten in ihrer gemeinsamen Arbeit einräumen oder verleihen. Obwohl ich mich mit der Autorität vielleicht unwohl fühle, die Klienten mir als Therapeut geben, bin ich bereit, sie zu akzeptieren, besonders in den frühen Phasen der Arbeit. Ich verstehe, dass Klienten in den Prozess, alte Muster abzulegen, leichter eintreten können, wenn sie mir die Autorität geben, sie zu führen. Abgesehen von der konventionellen Autorität, die durch professionelle Ausbildung und Zertifizierung oder aufgrund einer Idealisierung durch Übertragung verliehen wird, ist die reale Quelle meiner Autorität mein Fokus auf dem Wohlbefinden von Klienten und meine Fähigkeit, ihnen zu helfen, eine tiefere Beziehung mit sich selbst zu finden. Wenn sie mir diese Autorität zuerkennen, kann das ein Schritt in Richtung der Anerkennung ihrer eigenen Autorität sein – dass sie tatsächlich „Autoren" ihrer eigenen Erfahrung und nicht passive Opfer der Umstände sind.

Auf eine parallele, wenn auch weit tiefere Weise, kann die Präsenz eines echten Meisters dazu dienen, Schülern Qualitäten ihres erwachten Seins zu spiegeln: Offenheit, Großzügigkeit, Unterscheidungsvermögen, Humor, Sanftheit, Bereitschaft, jemanden anzunehmen, Mitgefühl, Geradlinigkeit, Stärke und Mut.

Absolute Autorität

Jenseits der relativen Autorität, die Lehrer durch die Hilfe, die sie ihren Schülern zukommen lassen, annehmen, haben wahre Meister auch Zugang zu einer absoluten, unbedingten Quelle der Autorität – erwachtem Sein. Da dies eine universelle Quelle der Weisheit ist, die jedem zugänglich ist, ist der echte Lehrer mehr als bereit, anderen zu helfen, sie selbst zu finden, wenn sie so weit sind.

Der echte Lehrer ist jemand, der die essentielle Natur menschlichen Bewusstseins realisiert hat, gewöhnlich dadurch, dass er viele Jahre lang eine Schulung der Selbsterkenntnis wie Meditation praktiziert hat. Im Gegensatz zu falschen Lehrern, die im Schüler oft einen Zustand der Abhängigkeit erzeugen, indem sie einen besonderen, exklusiven Zugang zu Wahrheit beanspruchen, macht es authentischen Lehrern Freude, die Quelle ihrer eigenen Realisierung mit dem Schüler zu teilen. Dazu gehört oft, dass sie den Schülern eine Übung in Bewusstheit vermitteln und ihnen daneben Anweisungen geben, die ihnen helfen, ihre eigene Natur direkt zu erkennen. Diese Art Führung schärft die Wahrnehmungen der Schüler, so dass sie besser erkennen können, ob die Worte des Lehrers wahr sind. Ohne eine Übung oder Methode, die ihnen direktes Wissen davon vermittelt, was wahr ist, sind Schüler vollkommen davon abhängig, dass der Lehrer ihre Realität für sie definiert.

Je mehr Unterscheidungsfähigkeit und Urteilsvermögen der Schüler wachsen, um so mehr können sie die Meisterschaft des Lehrers erkennen und wertschätzen. So kann man, wenn man eine künstlerische Disziplin oder Technik studiert und übt, das Können eines vollendeten Meisters in dieser Kunst viel deutlicher erkennen, als man das vorher gekonnt hätte. Wenn die Lehre zu einer tieferen Verbindung mit dem eigenen Sein führt, wächst diese Wertschätzung oft zu natürlichen Gefühlen von Liebe, Respekt und Hingebung.

So eine Verehrung kann für das weltliche Auge wie Unterwürfigkeit aussehen. Doch wahre Verehrung verherrlicht oder idealisiert den Lehrer nicht und setzt den Schüler nicht herab. Eher ist es eine Weise, Weisheit, Bewusstheit und Wahrheit als Realitäten anzuerkennen und zu würdigen, die höher als die egoischen Bereiche der Verwirrung, Unwissenheit und Selbsttäuschung sind. Verehrung ist ein Zeichen für eine Verschiebung der Gefolgschaft – weg von dem kleinlichen Tyrannen der Ichbezogenheit hin zu dem Ruf unseres größeren Seins, dessen Weisheit die Lehre in voll entwickelter Form verkörpert. Doch Verehrung kann ihre eigene Art von Gefahren haben, besonders in unserer Kultur, und kann zu gewissen Problemen auf dem Weg führen, wenn sie nicht in einer Praxis der Übung von Bewusstheit geerdet ist, die Selbsttäuschung durchdringt und das Unterscheidungsvermögen des Schülers schärft.

Hingabe und Unterwerfung

Um den potentiellen Wert der freiwilligen inneren Bindung und Verpflichtung gegenüber einem spirituellen Lehrer und der Lehre wertzuschätzen, ist es essentiell, zwischen achtsamer Hingabe, die eine Öffnung zu einer tieferen Dimension der Wahrheit ist, und achtloser Unterwerfung, die eine abtötende Flucht vor Freiheit ist, zu unterscheiden. Die Vorstellung der Hingabe wird in unserer Kultur weitgehend missverstanden. Sie beschwört oft ein Bild von „Kommen Sie mit erhobenen Händen heraus!" herauf – eine weiße Flagge hochhalten, Niederlage eingestehen, gedemütigt werden. Für viele Menschen impliziert die Idee der Hingabe, dass man die eigene Intelligenz oder Individualität aufgibt und eine schwache, abhängige, unterwürfige Position des Unterlegenen einnimmt. Wahre Hingabe ist aber niemals Unterwerfung, sondern ein Schritt in Richtung der Entdeckung wirklicher Kraft. Sie ist der Akt, mit dem man, ohne zu versuchen, das Ergebnis zu kontrollieren, einer größeren Intelligenz nachgibt.

Wahre Hingabe ist nicht blind. Sie verlangt wahres Unterscheidungsvermögen – die Fähigkeit, die Notwendigkeit zu erkennen, sich vollständig zu öffnen und loszulassen. Hingabe hat kein bestimmtes Objekt, denn man gibt sich nicht etwas Begrenztem und Beschränktem hin. Wenn man das tut, dann ist es sehr wahrscheinlich Unterwerfung – unter die Persönlichkeit des Lehrers oder die Sache.

Unterwerfung ist eine Übergabe der Macht an eine Person, die man idealisiert, beruhend auf der Hoffnung, etwas dafür zu bekommen. Man sucht von einem idealisierten Anderen Bestätigung, um sich gut mit sich selbst zu fühlen. Dies ist eher ein Symptom von Schwäche als von Stärke – „Ich gebe mich meinem Guru hin, weil er so groß ist und ich so klein bin." Je mehr man voneinander abhängt, um Bestätigung zu bekommen, um so wahrscheinlicher ist es, dass man auf eine Art und Weise handelt, die die eigene Integrität beeinträchtigt oder gefährdet. Und je mehr die eigene Integrität beschädigt wird, um so weniger traut man sich selbst, was die Abhängigkeit von dem Führer verstärkt.

Kritiker von Gurus sehen alle Verbindungen mit spirituellen Meistern in diesem Licht, wobei sie versäumen, zwischen Unterwerfung als einem – was die Entwicklung angeht – *regressiven* Rückzug von Reife und echter Hingabe zu unterscheiden, die ein *progressiver* Schritt über Ichbezogenheit hinaus in Richtung einer volleren Verbindung mit Sein ist. Sie unterscheiden nicht zwischen dem Geben der Hingabe, das zu Zunahme führt – von Liebe, Intelligenz, Weisheit – und dem Geben der Unterwerfung, das zu Abnahme und Verlust führt.

Bei einem echten spirituellen Meister bedeutet Hingabe, dass man sich auf eine vollkommen aufrichtige, nackte Weise zeigt, ohne zu versuchen, irgendetwas zurückzuhalten oder eine Fassade aufrechtzuerhalten. Sehr selten lassen wir uns von jemandem so sehen, wie wir sind, ohne uns hinter irgendeiner Maske zu verstecken. In der Gegenwart eines wahren Meisters zu sein, ist eine seltene Gelegenheit, all unsere Verstellungen fallen zu lassen und alles, was wir sind, zu enthüllen und offen zu zeigen, unsere ichbezogenen Schwächen wie unsere Stärken. Dies ist etwas ganz anderes, als wenn man unterwürfig versucht, „gut" oder „hingebungsvoll" zu sein, um jemandem zu gefallen, damit man sich würdig fühlt.

Unterwerfung hat eine narzisstische Qualität, insofern Anhänger sich in dem gespiegelten Ruhm und der Herrlichkeit ihrer Führer sonnen wollen, um ihre eigene Selbstherrlichkeit zu nähren. Die Beziehung zwischen einem authentischen Lehrer und einem Schüler führt dadurch über Narzissmus hinaus, dass Schülern gelehrt wird, wie sie sich einer größeren Macht widmen und hingeben, die in und doch jenseits von ihnen liegt.

Die Nagelprobe besteht nicht darin, wie sehr Schüler dem Meister gefallen, sondern wie unmittelbar und konsequent sie den Herausforderungen des Lebens begegnen und auf sie reagieren. Dadurch, dass sie in der Arbeit mit ihrem Lehrer ansprechbarer, transparenter und offener werden, lernen sie, allen Menschen und Situationen auf dieselbe Weise zu begegnen. Die Verehrung eines spirituellen Lehrers dient einem viel größeren Ziel als nur dem, dass eine schöne Beziehung zwischen zwei Menschen hergestellt wird. Sie ist eine Weise, wie spirituelle Sucher lernen können, Verehrung für das zu entwickeln, was – in ihnen selbst – größer und intelligenter ist und mehr Autorität besitzt als ihr Ego. Die essentielle Hingabe besteht darin, dass das Ego dieser größeren Weisheit nachgibt. Wenn er sich dieser höheren Weisheit in seinem Inneren öffnet, wird der Schüler biegsamer und nachgiebiger und für andere erreichbarer. In diesem Sinn hilft einem echte Hingabe, sich allen Wesen zu öffnen, statt sich den engstirnigen Perspektiven einer geschlossenen Gruppe angeblich maßgeblicher Leute zu versklaven.

Auf der Suche nach einem echten Meister

Woran erkennt man dann einen Meister, dem man trauen kann? Bestimmt kann man nicht erwarten, dass ein einzelner Lehrer oder eine Lehre alle Menschen anspricht, ebenso wenig wie ein einzelner Psychotherapeut oder eine Therapierichtung bei allen potentiellen Patienten effektiv sein kann.

Echte Lehrer ermutigen Selbstrespekt als Basis für die Transzendenz des Selbst. Und sie sind bereit, ihren Schülern die Quelle ihrer Autorität und Weisheit zu enthüllen, so dass der Weg des Schülers auf Realisierung in der Erfahrung beruht und nicht auf einer Ideologie oder einem Glauben. Sie erkennen auch Mehrdeutigkeiten und Paradoxien an und bestehen nicht auf absoluter Gewissheit und Sicherheit der einzigen und ausschließlichen Wahrheit. Sie geben ihren Schülern keinen privilegierten Status vor den Nichteingeweihten. Sie manipulieren die Gefühle ihrer Schüler nicht, sondern appellieren an ihre angeborene Intelligenz. Statt Herdenverhalten zu fördern, erkennen sie die Wichtigkeit von Alleinsein und Selbsterforschung an. Und ihre eigene Realisierung beruht nicht nur auf dramatischen Enthüllungen, sondern einem ausführlichen Prüfen und umfassender Praxis.

Wie ein Lehrer Liebe, Wahrheit und lebendige Präsenz verkörpert, ist ein viel verlässlicherer Maßstab, als ob sein Lebensstil, seine Erscheinung oder seine persönlichen Eigenheiten zu unserem Bild davon passen, wie ein spiritueller Mensch aussehen sollte. Die Annalen der spirituellen Traditionen enthalten Beispiele von Meistern, deren Verhalten und Lebensstil die vorherrschenden Konventionen in Frage stellten.

Große Lehrer haben auch ihren Anteil an menschlichen Schwächen. Oft sind sie genau deshalb effektiv, weil sie so menschlich und weil sie so tief mit der Natur der menschlichen Krankheit in sich selbst in Kontakt sind. Der buddhistische Weise Vimalakîrti, zu dem viele Bodhisattvas kamen, um ihn lehren zu hören, lag immer krank im Bett, und wenn er danach gefragt wurde, sagte er: „Ich bin krank, weil alle Wesen krank sind". Wenn es bei dem spirituellen Weg darum geht, unsere Krankheit und Neurose im Kern zu transformieren, dann können wir kaum erwarten, dass spirituelle Lehrer und Gemeinschaften sich auf eine vollkommen reine, makellose Weise manifestieren. Da die menschliche Entwicklung eben ein komplexes Gewebe ist, können Inseln unerledigter und ungelöster Aufgaben, „unfinished business", sogar in einem Strom spiritueller Realisierung eines echten Lehrers intakt bleiben (wie in Kapitel 14 besprochen). Wenn wir von spirituellen Lehrern totale Vollkommenheit erwarten, kann uns dies auch in die Irre führen, wie der amerikanische Zenlehrer Philip Kapleau beschreibt: „Im Westen wird von einem Rôshi fehlerloses Verhalten erwartet. ... Aber diese idealistische Sicht kann einen für die Verdienste eines Lehrers blind machen. ... Ein im Zen sehr erfahrener Japaner erzählte mir einmal: ‚Mein Rôshi hat Charakterfehler, doch von den Lehrern, die ich gehabt habe, ist er der Einzige, der mich wirklichen Zen gelehrt hat und ich bin ihm außerordentlich dankbar dafür.'"g

Zweifellos ist die wichtigste Richtschnur bei der Einschätzung eines Lehrers die Wirkung, die er auf uns hat. Als Antwort auf die Frage, ob ein Meister „ein Mann der Selbstkontrolle, der ein rechtschaffenes Leben führt" sein sollte, sagte der Vedânta-Lehrer Nisargadatta Maharaj: „Davon wirst du viele finden – und keinen Nutzen für dich. Ein Guru kann den Weg zurück zu deinem Selbst zeigen. Was hat dies mit dem Charakter oder Temperament der Person zu tun, die er zu sein scheint? ... Die einzige Weise, wie du urteilen kannst, ist durch die Veränderung in dir, wenn du in seiner Gegenwart bist. ... Wenn du dich mit größerer Klarheit und Tiefe als gewöhnlich verstehst, bedeutet das, dass du dem richtigen Mann begegnet bist."[h]

Der Buddha reagierte auf eine ähnliche Weise, als er von einer Gruppe von Dörflern, den Kâlâmern, angesprochen wurde, die von verschiedenen Asketen besucht worden waren und die ihre verschiedenen Lehren darlegten und erklärten. Die Dörfler fragten den Buddha: „Ehrwürdiger Herr, es gibt Zweifel, es gibt Ungewissheit, Unsicherheit hinsichtlich dieser Asketen. Welcher dieser Verehrungswürdigen sprach die Wahrheit und welcher Falschheit?" Darauf antwortete der Buddha:

> „Recht habt ihr, Kâlâmer, dass ihr da im Unklaren seid und Zweifel hegt. ...Geht, Kâlâmer, nicht nach Hörensagen, nicht nach Überlieferungen, nicht nach Tagesmeinungen, nicht nach der Autorität heiliger Schriften, nicht nach bloßen Vernunftgründen und logischen Schlüssen, nicht nach erdachten Theorien und bevorzugten Meinungen, nicht nach dem Eindruck persönlicher Vorzüge, nicht nach der Autorität eines Meisters! Wenn ihr aber, Kâlâmer, selber erkennt: ‚Diese Dinge sind unheilsam, sind verwerflich, und, wenn ausgeführt und unternommen, führen sie zu Unheil und Leiden', dann, o Kâlâmer, möget ihr sie aufgeben. ... Wenn ihr aber, Kâlâmer, selber erkennt: ‚Diese Dinge sind heilsam und untadelig, und, wenn ausgeführt und unternommen, führen sie zu Segen und Wohl', dann, o Kâlâmer, möget ihr sie euch zu eigen machen. ..."[i]

Der Buddha riet den Kâlâmern besonders, sie könnten eine wertvolle Lehre daran erkennen, wie sie ihnen hilft, die Befleckungen von Anhaften, Abneigung und Selbsttäuschung zu verringern.

Zusammenfassend sei gesagt, dass die Frage spiritueller Autorität eine subtile und schwierige Sache ist, die keine leichten Antworten oder schnellen Schlussfolgerungen erlaubt. Obwohl ich mich hier auf wahre und falsche Lehrer konzentriert habe, sind sie nur die Extreme eines breiteren Spektrums spirituell mehr oder weniger reifer Menschen. Manche Lehrer haben vielleicht echte Realisierung, die nicht ganz integriert ist, so dass ihre Lehren unvollständig bleiben. Manche beginnen mit guten Absichten, aber sind nicht reif genug, um zu vermeiden, ihre Anhänger auf Abwege zu führen. Andere sind vielleicht ziemlich klug, aber ihnen fehlen die geschickten Mittel, die nötig sind, um ihre Weisheit auf eine Weise zu vermitteln, die ihren Schülern wirklich hilft.

Die Tendenz, die man in westlichen Medien allgemein findet, spirituelle Lehrer, die nicht dem Mainstream angehören, aufgrund der Handlungen jener, die unreif oder ungeeignet sind, abzuwerten, ist so wenig nützlich, wie eine Weigerung wäre, mit Geld umzugehen, weil Falschgeld in Umlauf ist. Nevitt Sanford unterstrich in der klassischen Studie *The Authoritarian Personality*, dass der Missbrauch von Autorität kaum ein Grund ist, Autorität da abzulehnen, wo sie nützlich und berechtigt ist. Wenn man versäumt, wichtige Unterscheidungen zwischen wahren und falschen Lehrern zu erkennen, trägt das nur zu der Verwirrung unserer Zeit bei und verzögert das Wachstum und die Transformation, die nötig sind, damit die Menschheit in zukünftigen Zeiten überlebt und gedeiht.

21 Bewusste Liebe und heilige Gemeinschaft
Ein Gespräch mit Paul Shippee

PS: In Ihren Büchern *Durch Liebe reifen* und *Love and Awakening* sagen Sie, dass es wichtig ist, zu erkennen, wie neu es ist, die Möglichkeit einer bewussten Beziehung in Betracht zu ziehen. Was ist so neu?

JW: Während wir uns vorstellen können, dass die Fähigkeit, eine nahe, liebevolle Beziehung herzustellen, in unseren Genen programmiert ist, und dass wir instinktiv wissen sollten, wie man das macht, ist persönliche Intimität in der menschlichen Geschichte eigentlich eine ziemlich neue Idee. Auf eine persönliche Weise echt intim miteinander zu sein, hat bis vor Kurzem nie zum Ideal einer Ehe gehört. Tatsächlich haben es die meisten Paare während der ganzen Geschichte geschafft, ihr Leben miteinander zu leben, ohne persönliche Gespräche darüber zu führen, was in ihnen und zwischen ihnen vor sich geht. Solange Familie und Gesellschaft die Regeln und Rollen der Ehe vorschrieben, mussten die Einzelnen auf diesem Gebiet nie viel Bewusstsein entwickeln. Obwohl die Ehe oft als heilig betrachtet wurde, war sie doch nie persönlich.

Wir sind erst am Anfang davon, zu verstehen, was zwischen zwei intimen Partnern vor sich geht, und können erst jetzt anfangen, klar darüber zu sprechen oder zu denken.

PS: Wie ist es mit den großen Liebenden der Geschichte und der Legenden, wie denen der höfischen Zeit oder den Tantrikern?
JW: Bei dem romantischen Liebesideal des zwölften Jahrhunderts ging es vor allem darum, für jemanden, den man aus der Entfernung verehrte, in Leidenschaft zu verbrennen – was als eine Art spiritueller Reinigung und Verfeinerung diente.
PS: Wie Dante und Beatrice.
JW: Ja. Dies war eine fabelhafte Erfindung, aber es war immer noch nicht die Intimität, wie wir sie kennen. Die Geliebte diente als Mittel für die Projektionen des Liebhabers. Zur höfischen Liebe gehörte keine Alltagsbeziehung, die zwischen zwei realen Menschen stattfand. Die romantische Liebe wurde ursprünglich als ein himmlischer Genuss betrachtet, der mit einer Ehe und ihren irdischen Forderungen unvereinbar war.
PS: Bei der romantischen Liebe geht es also nicht notwendigerweise um wirkliche Intimität?
JW: Nein. Und auch beim Tantra, das auf spirituellem Ritual und spiritueller Realisierung fokussierte und nicht auf persönlicher Intimität, war das nicht so. Sich der Geliebten persönlich zu offenbaren – statt sich nur in ein schönes Gesicht zu verlieben –, dies ist in der Geschichte etwas ziemlich Neues.
Seit Tausenden von Jahren blieb das Paarbewusstsein in einem unentwickelten, kindlichen Zustand, indem die Paare zu Hause lebten, in der weiteren Familie, und machten, was ihnen gesagt wurde. Dies änderte sich erst mit der industriellen Revolution, als die Familie zu zerfallen begann und Kinder mehr Freiheit suchten – was zu einer radikal neuen Erfindung führte: dem Dating.
Mit dieser neuen Freiheit kam das Paarbewusstsein von der Kindheit in die Pubertät, die durch Rebellion gegen die Tradition und durch romantischen Idealismus gekennzeichnet war. Diese Entwicklung erreichte in den 60er Jahren mit der sexuellen Revolution und der ansteigenden Scheidungsrate ihren Höhepunkt. Aber zwei wichtige Entwicklungen in dieser Zeit legten das Fundament für eine erwachsenere Stufe von Paarbewusstsein, das erst jetzt möglich wird. Die Frauenbewegung verwarf alte Klischees und machte

die Beziehungen egalitärer. Und die Verbreitung psychologischer Vorstellungen in unserer Kultur – vor allem durch populäre psychologische Literatur – fing an, Menschen eine neue Sprache und Konzepte zu vermitteln, die früheren Generationen nicht zu Verfügung standen, um darüber zu sprechen, was in Beziehungen eigentlich vor sich geht.

Wir können also erst jetzt anfangen, uns das transformative Potential bewusster Beziehung zu vergegenwärtigen, in der zwei Partner ihre Beziehung als ein Mittel wertschätzen, ihre tieferen Fähigkeiten zu kultivieren und aus dem Gefängnis ihrer Vergangenheit zu erwachen.

PS: Diese neue Entwicklung ist also eine Verschiebung, von der Führung durch äußere Form hin dazu, Beziehungen auf inneren, spirituellen Werten zu gründen?

JW: Ja. Während die frühe Phase des Paares durch Pflicht charakterisiert war und die adoleszente oder pubertäre durch Freiheit und Rebellion, ist die reife, erwachsene Phase durch Bewusstsein und Verantwortung gekennzeichnet.

PS: Und das ist der Grund, weshalb Beziehungen heute so schwierig sind?

JW: Es gibt nicht den geringsten Grund, weshalb wir wissen sollten, wie man eine bewusste intime Beziehung mit einem anderen Menschen haben kann, weil es noch nie zuvor gemacht wurde! Wir haben keine Geschichte, keine Anleitung, keine Modelle. Unsere Familien und Schulen haben uns nie etwas hierüber beigebracht. Wir sind die Pioniere einer ganz neuen Möglichkeit.

PS: Der Untertitel Ihres Buches *Love and Awakening* lautet *Discovering the Sacred Path of Intimate Relationship* (Den heiligen Weg intimer Beziehungen entdecken). Das klingt, als würden sie eine Vision anbieten, wie das Heilige in den Alltag hineinkommen und in Beziehungen Ausdruck finden kann.

JW: Seit Tausenden von Jahren hat die institutionelle Religion das Heilige im Zentrum menschlichen Lebens gehalten. Jetzt, da das Heilige nicht mehr im Zentrum unseres Lebens ist, hat die Menschheit ihre Orientierung verloren. Obwohl wir uns nicht länger auf

	Religion stützen können, besteht die neue Möglichkeit darin, dass Menschen in ihrem eigenen Leben eine bewusstere Beziehung mit dem Heiligen entwickeln können.
PS:	Individuen, statt Institutionen, sind jetzt gefragt, die Inhaber des Heiligen zu sein.
JW:	Ja. Und eine Möglichkeit, wie wir anfangen können, unsere Verbindung mit dem Heiligen neu aufzubauen und es in die Gemeinschaft zu integrieren, ist durch bewusste Beziehung. Da die Kultur im Ganzen die Seele nicht mehr nährt, ist ein Ort, wo wir anfangen können, die Seele zu regenerieren, unsere Verbindung mit den Menschen, die wir lieben.
PS:	Wie definieren Sie *Seele*?
JW:	Verschiedene Traditionen haben diesen Begriff verschieden gebraucht. In meinem Verständnis ist Seele nicht eine Art metaphysischer Einheit, die den Körper bewohnt. Sie ist kein verdinglichtes *Ding*.

Seele ist eine Weise, über die individuelle Art zu sprechen, wie unser größeres Sein sich in uns manifestiert, durch uns, *als* wir. Seele ist das menschliche Element in uns, ein Zwischenelement zwischen dem Absoluten oder Göttlichen, das unsere letzte, eigentliche Natur ist, und unserem konditionierten Ego, das die spirituellen Traditionen als die Quelle von Täuschung betrachten. Sie ist unser individuelles Bewusstsein, im Gegensatz zu unserer göttlichen Natur, die universell, in jedem Individuum dieselbe ist. Seele ist die wahre Natur, wie sie sich in Raum und Zeit, im Laufe unseres Lebens entfaltet und entwickelt. Sie ist das Prinzip des *Werdens*, anders als das Absolute, das zeitlos ist: „Wie es war am Anfang, so auch jetzt und alle Zeit".

Die Seele hat eine doppelte Sehnsucht. Sie hat ein Auge auf das Absolute gerichtet, wie der Tropfen, der sich im Ozean auflösen möchte. Doch, wie Rumi geschrieben hat, möchte „der Ozean auch der Tropfen werden." Das Individuum ist auch ein Mittel der höchsten Wahrheit. Es gibt eine Zeile von einem anderen Sufidichter, Yunus Emre, der diese individuelle Qualität der Seele beschreibt:

„Ich bin der Tropfen, der das Meer enthält. Wie schön, ein Ozean zu sein, der in einem unendlichen Tropfen enthalten ist."
Unsere absolute Natur ist das, was uns ermöglicht, universelles Mitgefühl zu haben und jeden gleich zu lieben, wie viele heilige Traditionen uns das nahelegen. Aber auf einer persönlichen Ebene, auf einer Seelenebene, lieben wir nicht alle genau auf dieselbe Weise. Wenn wir eine tiefe Seelenverbindung mit jemandem haben, lieben wir *diesen* Menschen auf eine Weise, wie wir keinen anderen Menschen im ganzen Universum lieben. Es ist etwas Besonderes dabei. Dies ist *Eros*.

PS: Das Christentum beschreibt das universelle: „Liebe alle auf gleiche Weise" als *Agape*. Tendieren spirituelle Traditionen dazu, die individuelle Liebe zu einem anderen Individuum – den *Eros* – unterzubewerten?

JW: Einige spirituelle Traditionen verwerfen oder diskreditieren die individuelle Erfahrung. Sie betrachten das, was man als Individuum durchmacht, als einen Traum, der keine besondere Bedeutung hat. Einer der einzigartigen Beiträge der modernen westlichen Kultur – und dies gilt besonders in Amerika –, ist die Wertschätzung persönlicher Erfahrung. Und darum geht es bei Intimität – die echte, persönliche Begegnung von Ich und Du. Dann wird die intime Beziehung zu einem Mittel, zu einem Fahrzeug für das Heilige, zu einem Schmelztiegel, in dem die Seele geformt werden kann.

PS: Was ist die Beziehung zwischen Eros und Sex?

JW: Eros ist das Ganze des dynamischen Wechselspiels zwischen zwei Liebenden, wovon Sex nur ein Ausdruck ist. Sex ist von Natur aus heilig, denn er ist ein Ausdruck der subtilen Lebenskraft, die den ganzen Körper und das ganze Universum belebt. Wenn wir uns sexuell lieben, durchdringen sich unsere subtilen Energien auf eine Weise, die viel feiner ist, als unser Kontakt auf der groben Körperebene. Nur Menschen *lieben* sich durch Sex, weil nur Menschen Gesicht an Gesicht liegen und beieinanderbleiben, wobei die weichsten Teile ihrer Körper – Bauch und Herz – ganz ungeschützt und in Kontakt sind.

Wenn das moderne Denken Sex auf eine grobe körperliche Funktion oder den animalischen Instinkt reduziert, der dem rationalen Ego untergeordnet ist, begeht es eine Art Sakrileg. Je mehr wir versuchen, sexuelle Erfahrung zu erfassen oder zu manipulieren, um so mehr verlieren wir den Kontakt mit seiner Fähigkeit, das Mysterium menschlicher Erfahrung zu entschleiern. D. h. Lawrence schrieb über dieses Mysterium: „Der sexuelle Akt ist nicht dazu da, den Samen abzulegen. Er ist dazu da, in das Unbekannte zu springen, wie von dem Rand einer Klippe, wie Sappho in das Meer."

PS: Können Sie etwas über die Wurzeln Ihrer Vision der heiligen Psychologe der Liebe sagen? Woher kam sie und wie haben Sie die spirituellen Traditionen genutzt?

JW: Ich begann, wie die meisten von uns, indem ich aus einer unbewussten Beziehung kam. Meine erste Ehe war auf Liebe gegründet, aber ich hatte nicht viel Verständnis von der Dynamik, die sich zwischen uns abspielte. Als sie endete, empfand ich das starke Bedürfnis zu verstehen, worum es bei Beziehungen wirklich geht. Ich habe dann verschiedene Traditionen erforscht, im Osten und im Westen, aber ich konnte keine Lehren über die heilige Psychologie des Paares finden. Es gab eine weltliche Psychologie – wie man Sexualität lebt, wie man kommuniziert, wie man streitet –, aber nichts über das subtile, vieldimensionale Spiel zwischen zwei Individuen als eine geheimnisvolle Mischung von Körper, Psyche, Seele und Geist. Und es gab spirituelle Lehren, die universelle Prinzipien wie Mitgefühl, Liebende Güte und eine Art Altruismus enthielten, aber nicht viel über die heilige Dimension des Eros oder die harte, alltägliche Arbeit sagten, die es bedeutet, wenn man mit einem anderen Menschen wirklich intim werden will.

Mit meiner Formulierung einer heiligen Psychologie des Paares habe ich versucht, Prinzipien der heiligen Traditionen sowie der westlichen Psychologie zu nutzen, anzupassen und zusammenzubringen.

PS: Der Titel Ihres Buches, *Love and Awakening* (Liebe und Erwachen), hört sich wie eine Tautologie an. Man könnte sagen, dass Liebe Erwachen *ist*.

JW: Nein, nicht ganz. Obwohl wir vielleicht gerne glauben würden, mit den Beatles, dass „Love is all you need, it's easy", ist Liebe nicht alles, was man braucht, und sie ist nicht leicht. Indem sie uns zu sehen zwingt, wie wir unsere unbewussten Muster ständig mit denen, die wir lieben, durchspielen, bietet uns eine intime Beziehung die Gelegenheit, aus diesen Mustern aufzuwachen.

PS: Ist dies spirituelle Arbeit?

JW: In einem weiten Sinn. Aber ich mache eine Unterscheidung zwischen spiritueller Arbeit im reinsten Sinn – zu der gehört, dass wir unsere absolute Natur realisieren – und Seelenarbeit, zu der gehört, dass wir diese größere Natur in unser persönliches Leben integrieren, wohin wir sie mittels Körper-Geist bringen. Beziehung ist eine Art Seelenarbeit, die auch heilig ist.

PS: Wir haben Seele und Geist definiert; können Sie *heilig* definieren?

JW: Was heilig ist, ist die Bewegung in Richtung tieferer Wahrheit, tieferer Verbindung, tiefen Verstehens und was immer uns hilft, uns in diese Richtung zu bewegen. Es ist die Begegnung des Menschlichen und des Göttlichen. In diesem Sinn ist intime Beziehung voller heiliger Möglichkeiten.

PS: Wenn das Göttliche sich also in der persönlichen Erfahrung hier und jetzt zeigt, ist es das, was heilig ist. Verbindung mit dem Heiligen bedeutet, diesen Fluss von etwas, was größer als Sie ist, in Sie anzuerkennen.

JW: Ja. Wenn Sie in reinem, absolutem Sein ruhen, stellt sich das Thema des Heiligen nicht, weil Selbst und Anderer da überhaupt nicht vorkommen, weil sie keine wirksamen Kategorien sind. Sie sind einfach „Das". Nur wenn wir unser Leben in die Hand nehmen und Beziehungen mit unserer Frau oder mit den Kindern haben, stellt sich diese Frage. In Beziehung manifestiert sich das Heilige als Kommunikation zwischen Ich und Du.

Um das Heilige in persönlichen Beziehungen zu finden, muss man mit unserer zwischenmenschlichen Konditionierung aus der Vergangenheit arbeiten – was ich die Verteilung der Positionen in der Beziehung nenne –, die die tiefere Kommunion, die Vereinigung von

Ich und Du behindern und entstellen. Wenn zwei Menschen Liebe und Bewusstheit auf diese konditionierten Muster einwirken lassen, die ihre Liebe blockieren, kann ihre Beziehung wahrhaft ein Mittel, ein Fahrzeug, sein, das Heilige in ihrem Leben zu verkörpern.

PS: Und Himmel und Erde zusammenbringen?
JW: Ja. Das ist die Stelle, wo das Heilige hereinkommt, genau an diesem Treffpunkt.
PS: Liebe an sich führt also nicht notwendigerweise zu Erwachen?
JW: Liebe ist eine erweckende Kraft, aber sie löst nicht immer unsere Abwehrmechanismen auf. Liebe ist wie das Licht und die Wärme der Sonne, die anfängt, einen in uns schlafenden Samen aufzuwecken. Die Seele ist der Same, der wachsen, blühen und Frucht tragen möchte, um all das zu werden, was sie sein kann. Aber oft ist die Schale um den Samen so dick, dass sie diese expansiven Möglichkeiten blockiert.

Diese tieferen Potentiale beginnen oft, durch eine Seelenverbindung lebendig zu werden – eine Liebesbeziehung, die ein Erkennen dessen anfacht, was in diesem Leben wirklich möglich ist –, ob mit einem Geliebten, einem Lehrer oder einem Freund.

PS: Also eine Möglichkeit, wie wir aus der Trance des Egos, aus diesem Schlaf, dieser Wunde aufwachen können, ist durch Liebe.
JW: Ja, durch Beziehung, da es in unserer Beziehung mit anderen war, wo wir zuerst gelernt haben, uns zu verschließen. Wenn wir in Liebe expandieren, weiter werden, stoßen wir unweigerlich auf die alten Tendenzen, uns zu verschließen und auf Nummer sicher zu gehen.
PS: Und das ist das Hindernis?
JW: Wenn man selbst und der andere in diesen konditionierten Positionen feststeckt, ist das wie ein Gefängnis, ein Käfig der Seele. Vielleicht haben Sie gelernt, dass Sie hart sein müssen, um in Ihrer Familie zu überleben oder um Respekt oder Anerkennung zu bekommen. Sie sehen sich dann schließlich als jemanden, „der zu bestimmen hat" – und das wird zu Ihrem Seelenkäfig. Wenn Sie eine gute, liebevolle Beziehung finden, werden Sie in ihr damit konfrontiert, wie diese Identität eine offene, direkte Begegnung

zwischen Ihnen und dem Menschen, den Sie lieben, behindert oder verhindert. Ihr Zwang, die Kontrolle zu behalten, schneidet Sie auch von einer ganzen Reihe innerer Ressourcen ab – von Spontaneität, Vertrauen, Empfänglichkeit für Liebe, Loslassen, Begegnung mit dem Unbekannten und echter Stärke. Wenn Sie für das Leben und für einen anderen Menschen ganz präsent sein wollen, muss sich diese Identität auflösen.

Aber natürlich werden Sie an dieser Stelle gewaltigen Widerstand empfinden, weil Ihr ganzes Selbstgefühl – Ihr Überleben, Ihre Stärke und Ihr Wertgefühl – so daran gebunden ist, dass Sie hart und zäh sind und die Kontrolle haben.

PS: Wenn man gegen die Wände seines Gefängnisses stößt und sich Widerstand meldet, was kann man dann machen?

JW: Das wirksame Prinzip ist, dass man da anfängt, wo man ist. Wir müssen den Schmerz fühlen, der damit verbunden ist, dass wir im Gefängnis unserer alten Selbstkonzepte feststecken, und uns ihm öffnen. Und wir müssen erkennen, dass unsere Liebe dazu aufruft, aus diesem Gefängnis auszubrechen und zu dem ausgedehnten und weiten Wesen zu werden, was wir sind.

Wir empfinden oft gewaltigen Widerstand dagegen, die Liebe ganz in uns einzulassen, weil die Liebe eine Macht ist, die die Schale des falschen Selbst aufbrechen kann. Wir fangen an zu denken: „Ich bin keine Beziehung eingegangen, damit meine kostbarste Strategie für Sicherheit und Überleben so bedroht wird!" An diesem Punkt stellen wir uns dann vor, dass etwas total verkehrt ist – dass etwas mit uns, mit unserem Partner oder mit der Beziehung nicht stimmt. Doch dies ist eigentlich eine gewaltige Gelegenheit, zu einem weiteren und wahreren Gefühl davon durchzubrechen, wer wir sind.

PS: Sie sagen, dass das Leiden eigentlich der Schlüssel ist, der die Tür des Gefängnisses öffnen kann.

JW: Nicht nur Leiden – denn jeder leidet sowieso –, sondern *bewusstes* Leiden. Das eigene Leiden bewusst machen. Kontrolle aufrechterhalten zu müssen, ist Leiden, aber man merkt das vielleicht nicht, bis die Liebe zu einem anderen einem zeigt, wie gefangen man in dieser Identität ist. Weil Liebe macht, dass man expandieren, weit werden, und eine Verbindung und Nähe möchte, lässt sie einen auch sehen, was einen kontrahiert und isoliert macht.

PS: Jeder leidet, *bewusstes* Leiden ist der Unterschied.

JW: Normalerweise agiert man seine konditionierten Muster unbewusst aus. Aber jetzt hat man die Chance zu fühlen, wie es ist, ein Kontrollfreak zu sein, und zu sehen, wie man damit die Offenheit für die Liebe, das Sonnenlicht abschneidet, das einem helfen wird, sich zu einem echten Menschen zu entwickeln.

PS: Wie macht man das?

JW: Wir müssen die Fähigkeit entwickeln, zu sehen, wo wir eigentlich sind, und uns dem vollkommen zu öffnen – durch *bedingungslose Präsenz*. Die zwei Glieder bedingungsloser Präsenz sind Bewusstheit und Liebende Güte. In diesem Fall gehört zu Bewusstheit, dass wir uns unserer unbewussten Orientierung und Struktur und der konditionierten Überzeugungen, die uns blockieren, bewusst werden.

PS: Sie sagen, dass Identitätsstrukturen aus Überzeugungen bestehen. Dies ist wichtig. Viele Menschen machen diese Verbindung nicht.

JW: Wenn wir eine Identitätsstruktur unter das Mikroskop von Bewusstheit legen, sehen wir, dass sie aus einer Anzahl kleiner Überzeugungen besteht, die miteinander verknüpft sind. Jede dieser Überzeugungen muss aufgedeckt werden. Welche Überzeugungen stecken zum Beispiel dahinter, wenn man immer in Kontrolle sein muss? Vielleicht stellt man sich vor, dass andere einen kontrollieren, wenn man nicht selbst die Kontrolle hat. Oder man glaubt, dass die einzige Möglichkeit, wie man Respekt bekommen kann, darin besteht, dass man selbst bestimmt. Es hilft einem, wenn man versteht, welchem Zweck diese Identität, diese Identifikation mit Kontrolle dient – weil sie an einem bestimmten Punkt der Vergangenheit *tatsächlich* eine nützliche Funktion hatte. Wenn man von dieser Struktur frei werden will, ist diese Art Untersuchung oder Selbsterforschung notwendig.

PS: In *Durch Liebe reifen* sagen Sie, dass man wahrscheinlich bedrohlichen Gefühlen begegnet, wie zum Beispiel Hilflosigkeit, wenn man mit den Mauern der konditionierten Identität konfrontiert ist. Und Sie sagen, dass das ein essentieller Teil des Prozesses ist: Wenn Hilflosigkeit aufzutauchen beginnt, lassen Sie Voreingenommenheit gegen Hilflosigkeit los.

JW: Ja. Jetzt sprechen wir über Liebende Güte. Wenn man anfängt, sich hilflos zu fühlen, besteht die Aufgabe darin, das aktiv zuzulassen und seine Präsenz darauf wirken zu lassen. Damit beginnt sich auch die Kontrollstruktur aufzulösen, die als Abwehr gegen Hilflosigkeit gebildet wurde.

PS: Sie sagen, dass zu Liebender Güte gehört, dass man in der Lage ist, negative oder schwierige Gefühle voll zu erleben.

JW: Ja. Voll, direkt. Das ist ein absolut essentielles Element dieser Arbeit.

PS: Der Seelenarbeit.

JW: Ja, und von bewusster Beziehung. Diese Art Mitgefühl ist wesentlich dafür, dass man eine bewusstere Beziehung mit sich selbst, mit dem ganzen Spektrum der Erfahrung entwickelt. Dies bedeutet, dass wir unser Herz für uns selbst öffnen – was uns hilft, Selbsthass zu überwinden und eine tiefere Verbindung mit uns selbst zu bekommen. Rilke schrieb: „Vielleicht sind alle Drachen in unserem Leben nur Prinzessinnen, die darauf warten, uns nur einmal mit Schönheit und Mut handeln zu sehen. Vielleicht ist alles Schreckliche seinem tiefsten Wesen nach etwas Hilfloses, das unsere Liebe braucht." Wenn wir unseren inneren Drachen mit Schönheit und Mut begegnen – indem wir mit unserer Erfahrung ganz präsent sind –, wacht etwas im Inneren auf und wir bekommen Zugang zu verborgenen Ressourcen.

PS: Kampf mit den inneren Dämonen – ist das die harte Vorarbeit für eine bewusste, intime, heilige Beziehung?

JW: Ja, unsere konditionierten Muster sind die Dämonen und Drachen, die wir töten müssen.

PS: Wir finden also die ritterlichen Werte romantischer Liebe wieder, aber leben sie viel bewusster.

JW: Bewusste romantische Liebe. Absolut, das ist es. Eine Romanze war in seiner ursprünglichen Bedeutung ein Abenteuer. Ein *Roman* war ursprünglich eine Erzählung heroischer Taten, die der Liebende für seine Geliebte vollbrachte. In diesem Fall gehört zu den heroischen Taten, dass wir aus unserem Seelenkäfig ausbrechen und zu dem werden, wer wir sind. Das ist bewusste romantische Liebe. Männer und Frauen können sie in gleicher Weise für sich annehmen. Es ist ein Weg eines Kriegers.

PS: Dann müssen wir also wirklich mutig sein, um diese Arbeit an uns selbst zu machen. Dann werden nicht nur wir blühen, sondern auch unsere Beziehungen.

JW: Ja. Und wenn Paare diese Arbeit zusammen machen, könnte das unserer ganzen Welt helfen zu blühen. Dies ist der Punkt, wo wir anfangen können, unsere Welt zu regenerieren – zwischen einem Menschen und einem anderen. Wie können wir hoffen, eine bessere Welt zu schaffen, wenn wir nicht einmal mit unserem Partner in einer persönlichen Beziehung sein können, wenn wir spät abends nach Hause kommen? Bewusste Beziehungen können ein Mittel sein, die Seele in unserer Kultur zu regenerieren, Gemeinschaft und Heiligkeit im täglichen Leben wiederzuentdecken. Dadurch, dass wir lernen, aufrichtig zu reden und einem Menschen respektvoll zuzuhören, fangen wir an, echte Begegnung und echtes Gespräch zu üben und zu praktizieren – was genau das ist, was unsere Welt auf der kollektiven Ebene am meisten braucht.

PS: Bewusste Beziehung sorgt also für eine Vision von unseren größeren Möglichkeiten und einem Weg dahin, sie zu realisieren. Auf diese Weise können Menschen durch die säkulare Form bewusster Beziehungen wacher werden –

JW: Die *heilige* Form bewusster Beziehungen.

PS: Heilig, aber in einem säkularen Setting. Und das ist es, was helfen könnte, Gemeinschaft zu erneuern und eine gesündere Gesellschaft zu erschaffen.

JW: Ja. Gemeinschaft wird in der Beziehung zwischen Ich und Du geboren. Wenn viele Paare und Familien anfangen, in dieser Weise Beziehungen zu leben, könnte es sich von da aus ausbreiten.

PS: Können Sie mehr über diese umfassendere und größere soziale Bedeutung bewusster Beziehung sagen?

JW: Bewusste Liebe könnte eine wichtige Rolle bei der Regeneration des Planeten und dem Erwachen der Menschheit aus ihrer kollektiven Trance spielen. Wenn zwei Partner sich dem Wachstum von Bewusstheit und Geist ineinander widmen, werden sie ihre Liebe natürlicher Weise mit anderen teilen wollen. Der größere Bogen der Liebe eines Paares langt zu einem Gefühl der Verwandtschaft mit allem Leben aus. Diese Liebe ist das, was Teilhard de Chardin „eine Liebe zum Universum" nannte.
Wenn zwei Liebende ihr Herz aufbrechen und durch ihre Beziehung größere Seelentiefe empfinden, erleben sie auch die Seelenlosigkeit der modernen Welt stärker. Hier können sie als Paar dieser Welt etwas zurückgeben: indem sie ihr Herz und ihre Seele, die sie ineinander zum Brennen bringen, zu allen Wesen ausweiten. Sie könnten damit anfangen, dass sie ihr Zuhause zu einer heiligen Umgebung machen, die tieferen Potentiale in ihren Kindern nähren oder eine Gemeinschaft liebevoller Freunde pflegen. Sie könnten weiter gehen, indem sie mehr Menschlichkeit in die Weise bringen, wie sie im Alltag mit Menschen umgehen; indem sie anderen helfen, von der Betäubung und der Seelenlosigkeit aufzuwachen, die im Begriff ist, die Welt ganz zu ergreifen; indem sie für den Platz auf der Erde sorgen, den sie bewohnen; indem sie sich von äußeren Einflüssen, die die Seele entleeren, wie Fernsehen, abwenden und mehr Zeit mit echtem Gespräch, mit Meditation, spiritueller Übung oder Kreativität verbringen oder indem sie ihr Leben der Aufgabe widmen, den Kräften des Erwachens und der Erneuerung in unserer Gesellschaft im Ganzen zu dienen. Dies sind nur ein paar der zahllosen Möglichkeiten, wie Liebende anfangen könnten, ihre Vision und ihre Liebe auszudehnen und ausstrahlen zu lassen. Mit anderen teilen, was sie entdecken, wenn sie ihre eigenen inneren Teilungen heilen, ist das größte Geschenk, das sie unserer gebrochenen Welt bieten könnten.

Glossar

Hier sind kurze Definitionen buddhistischer Begriffe so wie eines Teils meiner Terminologie zusammengestellt, wie ich sie hier im Buch verwende. Alle nichtdeutschen Begriffe werden in ihrer Sanskritform wiedergegeben.

Achtsamkeit   Klare Aufmerksamkeit auf das, was im eigenen BEWUSSTSEINS-STROM, bei der eigenen Aktivität oder in der Umwelt passiert. Dazu gehört, dass man Geschehen wahrnimmt, ohne darauf zu reagieren oder sich damit zu identifizieren. Achtsamkeitsmeditation ist eine Übung, die diese Art, in nichtreaktiver Weise bewusst Zeuge zu sein, gezielt kultiviert.

Bewusstheit (awareness)   In diesem Buch verweist der Begriff auf etwas viel Größeres als die gewöhnliche Bedeutung von „Ich bin mir bewusst, dass…" *Bewusstheit* bezeichnet hier ebenso die Essenz der Psyche – ein umfassenderes, direktes Wissen, das nicht von Begriffen und Konzepten abhängt. Diese *nichtkonzeptuelle Bewusstheit* ist der größere, flüssige, dynamische, expansive Ozean, der sowohl allen verschiedenen Wellen des Geistes von Denken und Gefühl zugrunde liegt als auch sie ausmacht. Bewusstheit in diesem umfassenderen Sinn existiert aus sich selbst, denn sie ist immer gerade als der Kern unserer Erfahrung anwesend und kann daher nicht gemacht werden. Sie hat auch ihre eigenen, in der Erfahrung gegebenen Qualitäten von Klarheit, Präsenz, Energie, Ansprechbarkeit, Wachheit, Flüssigkeit, Geräumigkeit und Wärme.

Bewusstseinsstrom Der permanente Strom mentaler Aktivität, deren Dynamik ein Wechsel von Bewegung und Stille zwischen differenzierten Bewusstseinsmomenten (Denken, Gefühl, Sinneswahrnehmung und Wahrnehmung) und undifferenzierten Bewusstseinsmomenten (offene Räume, Lücken, Stille und Nichttun (nondoing)) ist, der auf die umfassendere, bedingungslose Stille des Grundes des Seins verweist, die hinter dem Bewusstseinsstrom im Ganzen liegt.

Bodhicitta Dieser Begriff hat in verschiedenen buddhistischen Kontexten und Traditionen unterschiedliche Bedeutungen, allgemein bezieht er sich aber auf den Geist, der auf Erwachen hin ausgerichtet ist. Dieser Begriff, der manchmal als „Geist der Erleuchtung" oder als „erwachtes Herz" übersetzt wird, wird gewöhnlich auch mit Mitgefühl und dem echten Wunsch assoziiert, anderen zu helfen. In vielen Zusammenhängen bedeutet er die Sehnsucht und das Bestreben, ganz zu unserer wahren Natur zu erwachen, damit man anderen helfen kann, ebenfalls auf diese Weise zu erwachen.

Buddhanatur Wörtlich unsere wache Natur, die in allen Menschen keimhaft anwesend ist. Auch wenn die meisten Menschen ihre fundamentale wache Natur nicht kennen oder erkennen, bleibt sie dennoch hinter der Szene aktiv und lebendig.

Dharma Die Weise, wie die Realität funktioniert, das grundlegende Gesetz des Universums. Der Begriff bezieht sich auch auf die Lehren über das Wesen der Realität, wie in dem Begriff *Buddhadharma*.

Dzogchen Wörtlich die große Vollendung oder Vollkommenheit. Die eigentliche, letzte nichtduale Lehre, die man in der tibetischen Tradition findet und die auf die reine Natur nichtkonzeptueller Bewusstheit orientiert ist. Dzogchen ist als der Weg der Selbstbefreiung bekannt, weil er betont, alles, was in der eigenen Erfahrung auftaucht, genauso, wie es ist, zuzulassen, ohne irgendwie darauf zu reagieren. Wenn man der eigenen Erfahrung auf diese frische, nichtreaktive Weise begegnen kann, löst man damit spontan jede Fixierung oder Spannung, indem sie sich als nichts anderes als reine Bewusstheit selbst enthüllt.

Ich/Ego Ich verwende diesen Begriff hier in einem weiten Sinn, um die gewohnte Aktivität des Festhaltens an Bildern und Konzepten von einem selbst zu bezeichnen, eine Aktivität, die uns von unserer wahren Natur trennt.

In der westlichen Psychologie hat *Ich*, oder Ego, viele verschiedene Bedeutungen, bezieht sich im Allgemeinen aber[a] auf die steuernde Fähigkeit des Geistes, die die verschiedenen Impulse und Anforderungen ausbalanciert und weltliche Funktionen beherrscht, und/oder[b] die auf die Selbstrepräsentanz bezogene Fähigkeit, die ein stabiles Selbstbild und damit ein konsistentes, kontinuierliches Selbstgefühl aufrechterhält. Östliche und westliche Psychologie könnten sich wahrscheinlich auf eine weite Definition des *Ichs* als ein künstlich hergestelltes oder konstruiertes Selbstgefühl einigen, das für ein Gefühl der Kontrolle sorgt, das wir in unserer frühen Entwicklung für Überleben und Schutz zu brauchen scheinen (siehe Kapitel 3).

Erwachen Der Prozess des[a] Erwachens *aus* unbewussten Tendenzen, Überzeugungen, Reaktionen und Selbstkonzepten, die automatisch funktionieren und uns in einer engen Sicht davon gefangen halten, wer wir sind und worum es im Leben geht; und[b] Aufwachen *zu* unserer wahren Natur als der freien und spontanen, transparenten Präsenz von Sein.

Fundamentale Gutheit Die Übersetzung eines tibetischen Begriffs, der sich auf die heilsame, gesunde Natur unseres Seins sowie auf den Zauber und die Freude bezieht, die der Realität wesentlich zugehören, wenn die Dinge in ihrer Soheit gesehen werden. Dies ist kein oberflächlich optimistischer Begriff, der das Böse, die Gier und die Aggression in menschlichem Verhalten beschönigen oder wegdeuten soll. Vielmehr bezeichnet er die bedingungslose Wachheit und Empfänglichkeit, die gerade unsere Essenz bildet. Fundamentale Gutheit ist nichtkonzeptuell und bedingungslos und hat nichts mit Konzepten von Gut im Gegensatz zu Schlecht zu tun. Sie ist das, was wir wahrnehmen, wenn die Türen unserer Wahrnehmung von ichbezogener Fixierung, Voreingenommenheit und Habenwollen gereinigt sind.

Herz Unsere grundlegende Offenheit und Empfänglichkeit für Realität, die sich in menschlicher Zartheit und Wärme ausdrückt. *Herz* ist eine Möglichkeit, wie man den buddhistischen Begriff Bodhicitta übersetzen kann. Im Gegensatz zur Seele, die sich in Raum und Zeit entfaltet, wie ein Same sein Potential entwickelt, ist das Herz wie die Sonne – schon voll und strahlend.

Egolosigkeit Eine Übersetzung des buddhistischen Begriffs ‚Anâtman', der wörtlich Nicht-Selbst (no-self) bedeutet. Mit diesem Begriff soll nicht die konventionelle Existenz eines funktionalen, funktionierenden Ichs oder

Selbst bestritten werden, sondern eher über es hinaus auf unser größeres Sein hingewiesen werden, das an sich frei von egoischer Selbstbezogenheit ist. Egolosigkeit ist dann der Grund des Ichs, so wie eine offene Hand die Voraussetzung und Grundlage dafür ist, eine Faust machen zu können. In dieser Analogie ist die Hand grundlegender, fundamentaler, realer als die Faust, die nur eine vorübergehende Kontraktion ist, die aus der offenen Hand entsteht (siehe Kapitel 3).

GEIST Dieser Begriff bezieht sich, wie er in diesem Buch verwendet wird, allgemein auf das Ganze unserer Erfahrung, nicht nur auf mentales Funktionieren. Was wir im Westen gewöhnlich *Geist* nennen, bezieht sich auf die Oberflächenebene konzeptueller Aktivität. Doch jenseits des *konzeptuellen Geistes* kann man auch zwei umfassendere Ebenen des Geistes finden, die immer wirksam sind. *Körper-Geist* ist eine subtilere, holistische Weise des Spürens, Wissens und Interagierens mit der Realität, die gewöhnlich außerhalb der Reichweite des normalen Bewusstseins wirkt. Auf dieser Ebene bin ich nicht nur mein physischer Körper, nicht nur meine Gedanken, nicht nur meine Gefühle und nicht nur mein begrenztes Ich, sondern ein größeres Energiefeld, das mit dem Ganzen der Realität intim vernetzt und verbunden ist und daher die subtileren Weisen des Wissens und des Seins nutzen kann. Körper-Geist ist eine Brücke zwischen dem formorientierten Funktionieren des Oberflächen-Geistes und der tieferen formlosen Dimension des *großen Geistes* (big mind), nichtkonzeptueller Bewusstheit. Nichtkonzeptuelle Bewusstheit ist die größere Essenz des Geistes selbst, eine ewige, lebendige Präsenz, die alle Aktivität des Geistes und des Denkens auf den zwei anderen Ebenen entstehen lässt. Diese drei Ebenen des Geistes entsprechen in bestimmten esoterischen Systemen dem groben, dem subtilen und dem kausalen Körper und in der buddhistischen Psychologie den drei KÂYAS (siehe Teil I Einleitung und Kapitel 4).

Identität Ein Selbstkonzept, das aus unseren Beziehungen in der Kindheit mit anderen gebildet wird und mit dem wir uns identifizieren, wobei wir uns vorstellen, dass es genau darstellt und wiedergibt, wer wir sind. Dies ist so, wie wenn man in den Spiegel schaute und das Bild, das wir da sehen, für ein genaues und vollständiges Bild davon hielte, wer wir sind, statt anzuerkennen, dass es nur ein einseitiges, oberflächliches Bild unserer körperlichen Form ist. Die Identitätsstruktur besteht im Allgemeinen aus zwei Hälften: der *bewussten Identität* – einem positiven Bild des Selbst, das wir aktiv zu fördern versuchen, um für eine zugrunde- oder darunter liegende *unterbewusste Identität* zu kompensieren – ein Gefühl des Mangels, das wir zu verdecken versuchen, weil es unsere Sicherheit und unser Selbstwertgefühl bedroht.

Identitätsprojekt Der kontinuierliche Versuch, unsere bewusste Identität als etwas Festes, Bestimmtes und Wertvolles zu etablieren. Dies ist ein endloses Projekt, weil Identität nur ein mentales Konzept ist und daher nie endgültig etabliert werden kann. Ein Teil der treibenden Kraft hinter dem Identitätsprojekt ist unser Bedürfnis, unsere bewusste Identität zu etablieren und zu beweisen, um einer unterbewussten, von einem Gefühl von Mangel bestimmten Identität entgegenzuwirken, die bedrohlich ist. Zum Beispiel verdeckt die Überzeugung „Ich habe die Kontrolle" die darunterliegende Angst „Ich bin hilflos", „Ich bin unabhängig" verdeckt „Ich bin zu bedürftig" und so weiter.

Individuation Der Weg der Verkörperung unserer absoluten wahren Natur auf eine individuelle Weise, die unsere einzigartige Berufung und einzigartigen Gaben ausdrückt. Dazu, dass man ein voll entwickeltes Individuum wird, gehört, dass man eine ganze Reihe unserer grundlegenden menschlichen Ressourcen entwickelt, die als samenhafte Potentiale in uns existieren, aber oft durch unbewusste psychische Muster blockiert sind. Individuation in diesem Sinn hat nichts mit Individualismus zu tun – zwanghaftem Verteidigen und Verstärken unserer getrennten Individualität. Vielmehr gehört dazu, dass ein Gefäß hergestellt wird – das authentische Individuum –, durch das wir absolute wahre Natur in Form – die „Form" unserer Person – bringen können. Das authentische Individuum ist für den größeren Grund des Seins ganz transparent.

Karma Die Kette von Ursache und Wirkung, konditionierte Reaktionen und gewohnte Muster. Genauer die Überlieferung von Tendenzen von einem Bewusstseinsmoment zum nächsten, der Prozess, wie ein Ding zum nächsten führt, gewöhnlich ohne viel Bewusstsein von unserer Seite. Der Weg des Erwachens wird oft als ein Prozess gesehen, in dem man Bewusstsein dazu bringt, auf dieses unbewusste Funktionieren gewohnter Muster der Vergangenheit einzuwirken, so dass sie nicht mehr unser Leben beherrschen.

Kâya Wörtlich „Körper". Wird im Buddhismus verwendet, um die drei Körper des Buddha zu bezeichnen, die drei Weisen, auf die sich die Realität manifestiert: als Form (*nirmânakâya*), als Energie (*sambhogakâya*) und als Raum (*dharmakâya*) (siehe Einleitung zu Teil I).

Klesha Emotionale Fixierungen, die die Aktivität des Klammerns des Egos begleiten, nämlich Stolz, Aggression, Gier, Eifersucht und Gleichgültigkeit.

Koemergenz Ein Begriff der Mahâmudrâ-Tradition, der auf die Tendenz hinweist, dass Absolutes und Relatives, Klarheit und Verwirrung, wahre Natur und Ich als zwei untrennbare Aspekte menschlicher Erfahrung zusammen in Erscheinung treten. Aus dieser Sicht ist das auf sich selbst bezogene Ego nicht ein getrenntes Prinzip, sondern nur eine eingeschränkte Version wahrer Natur. Daher muss es nicht verworfen werden, sondern kann vielmehr in seine Essenz umgewandelt werden, in die Buddhanatur.

Körper-Geist (Body-Mind): Siehe GEIST (mind)

Leere (shûnyatâ) Dieser Begriff, der in verschiedenen buddhistischen Kontexten und Traditionen viele Ebenen von Bedeutung hat, bezieht sich nicht auf eine *Sache*, die genau bestimmt werden kann, oder auf ein bestimmtes Attribut von Dingen, wie heiß oder kalt, groß oder klein. *Leere* ist ein Wort, das auf das hinweist, was jenseits aller Worte und Begriffe liegt – die Dimension der Realität, die nicht als etwas Bestimmtes, Festes, Fixiertes, Unveränderliches oder Greifbares bestimmt werden kann. Es ist die geräumige Unbegrenztheit und Uneingeschränktheit des Seins, oder, in Herbert Guenthers Formulierung, „die offene Dimension des Seins". Es ist Sein, das als Weiträumigkeit erlebt wird, die sowohl reich an Möglichkeiten als auch essentiell, von seinem Wesen her frei von konzeptuellen Trübungen ist. Weil sie das ist, was Dingen zu sein und sich als das zu manifestieren ermöglicht, was sie sind, ist sie auch Fülle. Und aufgrund dieser geräumigen Qualität des Seins können keine mentale Fixierung und kein emotionaler Zwang letztlich an uns haften bleiben. Deshalb bildet sie die Basis für spirituelle Befreiung und spirituelles Erwachen. Andere Begriffe, die der Bedeutung von Leere nahe kommen, sind: *Unergründlichkeit, Ausdehnungsfähigkeit*, das *Undefinierbare*, das *Unbekannte* oder *Unwissbare, ewige Veränderlichkeit, Potentialität*.

Mahâmudrâ Wörtlich „die große Geste". Die vollständige, spontane Öffnung zur Realität, wie sie ist, und zwar dadurch, dass man erkennt, dass Realität nicht anderes als man selbst, nicht anderes als die Bewusstheit ist, die sich ihr öffnet, so dass es eine vollständige wechselseitige Durchdringung von Selbst und Welt gibt. *Mahâmudrâ* bezieht sich auch auf die Tradition des Vajrayâna, das diese Lehre praktiziert.

Maitrî Liebende Güte, bedingungslose Freundlichkeit, die Bereitschaft, uns selbst zu erlauben zu fühlen, was wir fühlen, und die Erfahrung zu haben, die wir haben, ohne uns dafür zu bewerten. Dies ist die Basis für wirkliches Wachstum und wirkliche Veränderung, denn solange wir uns selbst bewerten, bleiben wir geteilt und können uns nicht auf irgendeine heilsame, einheitliche Weise voranbewegen.

Nichtmeditation Ein Begriff der Tradition des Dzogchen, der sich auf vollkommenes Ruhen bezieht, ohne Meditationstechnik, in der reinen, transparenten Präsenz aus sich selbst existierender Bewusstheit. Aus dieser Perspektive bleiben formale Meditationsmethoden immer noch in der Sphäre konzeptuellen Denkens, weil zu ihnen eine gewisse gerichtete Absicht oder Methode gehört. Nichtmeditation ist der Höhepunkt der Meditationspraxis und geht über den konzeptuellen Geist ganz hinaus.

Nichtdual Bezieht sich auf die höchste Ebene der östlichen spirituellen Lehren, die betonen, dass unser relatives Selbst nicht essentiell anders als der absolute Grund des Seins, die wahre Natur aller Dinge, oder von ihm getrennt ist. Nichtduale Lehren nehmen die absolute Perspektive ein, aus der individuelle Unterschiede anerkannt, aber nicht als fundamental betrachtet werden. Zum Beispiel gibt es zahllose Formen von Schmuck aus Gold, aber sie sind im Grunde alle Gold. Ob wir ihre besondere Gestalt und ihre Formen als schön oder hässlich beurteilen, ändert nichts an der Tatsache, dass sie alle gleichermaßen aus Gold sind. So sind Persönliches und Überpersönliches, Körper und Geist, Individuelles und Universelles, Materie und Geist aus einer nichtdualen Perspektive nur verschiedene Ausdrücke einer mehr primären, fundamentalen Realität, die streng genommen nicht einmal benannt werden kann. Weil gerade diese fundamentale Realität unsere Natur, unser Wesen ist, können wir nicht von ihr zurücktreten und sie objektivieren.

Objektbeziehungen Ein technischer Begriff, der sich auf die Prägungen durch die Beziehung von einem selbst mit anderen bezieht, die sich im Laufe unserer Entwicklung bilden und unser Identitätsgefühl formen. Wenn man sagt, dass unsere Identität auf Objektbeziehungen beruht, bedeutet das, dass sie aus unserer Reaktion darauf aufgebaut wird, wie Bezugspersonen uns gesehen, behandelt und auf uns reagiert haben. Jede Objektbeziehung besteht aus drei Elementen: einer Sicht des anderen, eine Sicht von einem selbst in Beziehung zum anderen und einem Gefühl, das diese besondere Beziehung begleitet. Wenn wir unsere Eltern zum Beispiel als liebevoll und unterstützend sehen, kann es sein, dass wir eine Sicht von uns selbst als wertvoll entwickeln, und das entsprechende Gefühl könnte Selbstvertrauen oder Selbstrespekt sein. Wenn unsere Eltern missbräuchlich sind, kann es sein, dass wir andere schließlich als bedrohlich und uns selbst als Opfer sehen, und unser Leben kann von einer Stimmung von Angst, Misstrauen oder Paranoia bestimmt sein. Aus dieser Perspektive impliziert jede Sicht eines anderen eine Sicht von einem selbst, und jede Sicht von einem selbst impliziert eine Sicht des anderen. Als weniger technischen Begriff verwende ich für Objektbeziehungen „Konfigurationen von selbst und anderen".

Offener Grund, offener Raum Die grundlegend offene Natur von Bewusstheit, die allen konditionierten inneren Zuständen zugrunde liegt. Diese offene Hintergrund-Bewusstheit – analog zu der Leinwand, auf die ein Film projiziert wird – kann in den Räumen zwischen Gedanken und Momenten der Fixierung des Geistes erblickt werden. Meditation stellt eine mehr formale Weise dar, wie diese Lücken im Bewusstseinsstrom bemerkt werden können.

Ontologie Das Studium des Seins. Ein ontologischer Ansatz betrachtet Dinge im Licht unseres essentiellen Seins, statt im Licht eher kontingenter Bedingungen, die uns geprägt haben. Die Psychologie ist im Gegensatz dazu das Studium der Bedingungen – wie sie durch Entwicklung, Umwelt, Temperament und Physis gegeben sind –, die das menschliche Leben formen. Demgegenüber ist die Perspektive der Ontologie, des Studiums des Seins an sich, und wie es in unserem Leben anwesend ist, eher fundamental.

Persönlichkeit Der ganze Komplex unserer konditionierten Natur, einschließlich des steuernden Ichs, der Ichidentität und aller gewohnten Muster, die daraus entstehen, dass wir uns für diese Identität halten. Die konditionierte Persönlichkeit unterscheidet sich daher sehr von der wahren Person.

Person Mit dem Begriff *wahre* oder *authentische Person* beziehe ich mich darauf, wie absolute wahre Natur sich auf eine einzigartig persönliche Weise manifestieren und ausdrücken kann. Die Person in diesem Sinn ist das einzigartige menschliche Mittel, durch das wahre Natur hindurchscheint. Sie ist keine feste, substantielle Struktur, sondern eher eine besondere Qualität der Präsenz. Die wahre Person entwickelt sich durch innere Arbeit, dadurch, dass die Schlacke abgestreift wird – die Konditionierung und die Trübungen, die uns daran hindern, unsere individuellen keimhaften Potentiale zu verkörpern. Die wahre Person ist der Höhepunkt des Prozesses der Individuation. Person ist die äußere Manifestation dieses Höhepunktes – wie wir uns manifestieren. SEELE ist die innere Manifestation – wie wir sind. Die wahre Person ist die Fähigkeit für persönliche Präsenz, persönlichen Kontakt und persönliche Liebe – die es möglich macht, dass persönliche Intimität zu einem transformativen Weg wird.

Phänomenologie Wörtlich das Studium der Phänomene, das Studium der Struktur der Erfahrung und wie sie funktioniert. Daher beginnt eine phänomenologische Psychologie nicht mit Theorien oder Hypothesen, sondern bleibt sehr nah an der Erfahrung. Ihre Begriffe sind erfahrungsnah. Zum Beispiel ist die Definition des Ichs als synthetisierende Aktivität der Psyche nicht phänomenologisch, weil man diese synthetisierende Aktivität nicht wirklich erfahren kann. Das Ich ist in dieser Definition ein rein theoretisches Konstrukt, was der Philosoph F. S. C. Northrop einen *Begriff als Postulat* nennt. Die Definition des Ichs als die Aktivität des Festhaltens oder Habenwollens *ist* im Gegensatz dazu phänomenologisch, weil wir diese festhaltende Aktivität tatsächlich als eine Spannung in der Psyche und im Körper wahrnehmen können. Dies ist das, was Northrop einen *Begriff durch Anschauung* nennt. Natürlich haben Begriffe als Postulate ihren Platz und ihre Nützlichkeit. Aber im Bereich der Psychologie können sie problematisch werden, besonders, wenn sie mit in der Erfahrung gegebenen Realitäten vermischt werden. Das psychoanalytische Konzept des Ichs zum Beispiel ist oft verwirrend, weil es hypothetische und in der Erfahrung gegebene Elemente vermischt.

Samsâra Die Weise, wie die Psyche durch fehlerhafte oder falsche Vorstellungen eine illusionäre, wahnhafte Sicht der Realität erzeugt. Im Tibetischen impliziert dieser Begriff „sich im Kreis drehen". Samsâra ist die Verwirrung und das Leiden, das daraus resultiert, dass wir unsere wahre Natur nicht erkennen, sondern unser Leben auf die Fiktion des konstruierten Selbst gründen, indem wir uns vorstellen, dass unsere Gedanken darüber, wer wir sind, die Realität darstellen.

Skandhas Wörtlich Aggregate von Tendenzen, die die Bausteine des ICHS/EGOS bilden. Diese fünf Bestandteile der Ichaktivität sind: *Form* (die Tendenz, gegen den offenen Grund zu kontrahieren und das Selbst als getrennt vom anderen wie auch als getrennt vom Sein selbst (Being) zu verfestigen), *Gefühl* (auf der Grundlage dieser anfänglichen Spaltung Einnehmen von Position für oder gegen), *Impuls* (Festhalten, Ablehnen, Ignorieren), *Konzeptualisierung* (Entwickeln von ausgearbeiteten Geschichten und Überzeugungen über einen selbst und andere) und *Bewusstsein* (der permanente Strom der Aktivität der Psyche, das betriebsame Denken).

Seele Unsere wahre Natur, wie sie sich in Raum und Zeit entfaltet und individuiert. Seele ist in Rumis Worten „ein wachsendes Bewusstsein". In Aurobindos Worten ist sie ein „Funke des Göttlichen", der eine zweifache Sehnsucht enthält: danach,[a] eine Verbindung mit unserem Grund herzustellen, unsere tiefere Essenz als reine, offene Präsenz zu realisieren, und[b] unsere größere Natur *in dieser Welt* zu verkörpern, uns *in dieser menschlichen Form* zu kennen. Daher ist Seele ein dazwischen liegendes Prinzip oder eine Brücke, die eine lebendige Integration der zwei Seiten unserer Natur ermöglicht: des Individuellen und des Universellen, des verkörperten Bereiches persönlicher Erfahrung und der formlosen Präsenz reinen Seins. Die Seele ist wie ein Same, ein keimhaftes Potential authentischen Menschseins, das in einem bestimmten Individuum aufkeimt und sich entwickelt oder nicht. In diesem Sinn muss die Seele kultiviert werden, wenn sie ihr volles Potential erreichen soll. Seele ist die Innenseite der authentischen Person.

Sein (Being) Ein westlicher Begriff, der auf unsere fundamentale, essentielle Natur hinweist, die eine lebendige Präsenz in uns ist. Der indische Lehrer Poonja hat gesagt: „Sein ist Präsenz. Dies zu erkennen, ist Weisheit und Freiheit." Als Substantiv kann das Wort *Sein* statisch oder abstrakt klingen.

Wenn wir es aber als Verb betrachten – *sein* –, bezeichnet es den lebendigen Prozess, der wir sind, ein unmittelbares In-Präsenz-Kommen und Einlassen auf das, was ist. Diese namenlose, formlose Präsenz – in, um, hinter und zwischen allen unseren besonderen Gedanken und Erfahrungen – ist das, was die östlichen Traditionen als das essentielle Selbst oder den heiligen Geist (spirit) betrachten. Weil Sein in allen Dingen anwesend ist, ist unser Sein auch – in Thich Nhat Hanhs Worten – *Zwischensein* (interbeing).

Soheit Die reine, nicht zu beschreibende Istheit (isness) der Dinge, die nur direkt und ohne Worte gewusst werden kann. Wie könnte jemand zum Beispiel jemals die Qualität Ihrer einzigartigen, einmaligen Präsenz, die niemand sonst in genau derselben Weise manifestiert, sozusagen Ihre besondere Sieheit (youness), in Worte fassen? Soheit bedeutet: *Wie es an sich, einfach so, ist.*

Tantra, tantrischer Buddhismus *Tantra* bedeutet wörtlich *Kontinuität* und bezieht sich auf die Kontinuität und Koemergenz von absoluter und relativer Wahrheit, von Himmel und Erde, Geist und Materie, Leere und Form, Erwachen und SAMSÂRA. Aus der tantrischen Perspektive sind Samsâra und Erwachen als zwei Seiten eines einzigen Gewebes miteinander verflochten. Das ist der Grund, weshalb Emotionen und innere Zustände sich plötzlich zu erwachtem Bewusstsein transformieren können, und weshalb Tantra als der Weg der Transformation bekannt ist. Daher darf, und muss, man nicht versuchen, Unreinheit, Verwirrung, Schmerz, Dunkelheit, Aggression, Angst und allen anderen schwierigen Zuständen zu entkommen oder sie zu vermeiden. Je mehr man vor diesen Zuständen flieht oder versucht, sie einfach zu beseitigen, um so mehr entfernt man sich im Grunde von dem potentiellen Erwachen, das in ihnen verborgen ist. *Siehe auch* VAJRAYÂNA.

Transmutation Ein Prozess psychischer Transformation, zu dem gehört, dass negative, schädliche innere Zustände zurück in ihre wahre Natur als reine, wache Bewusstheit aufgelöst werden.

Bedingungslose Präsenz Die Fähigkeit, unsere unmittelbare Erfahrung, so wie sie ist, voll anzuerkennen, sie zuzulassen und uns ihr zu öffnen, ohne Plan, Bewertung oder Manipulation irgendeiner Art. Hier sind wir mit unserer Erfahrung eins, ohne die Barriere zwischen Subjekt und Objekt. Dies ist eine angeborene Eigenschaft unseres Seins, aber wir müssen gewöhnlich erst lernen, sie zu kultivieren, weil zu der gewohnten Tendenz des ICHs immer Habenwollen und Ablehnung gehört, was Trennung verstärkt und authentischer Präsenz entgegenwirkt.

Vajrayâna   Wörtlich *„der unzerstörbare Weg"*. Dieser Begriff ist etwa mit TANTRA in der buddhistischen Tradition synonym. Dieser Weg gilt als unzerstörbar, weil er direkt mit allen Energien der Psyche und der phänomenalen Welt arbeitet, indem negative Kräfte und Emotionen zu Qualitäten erwachter BEWUSSTHEIT umgewandelt werden. Der Vajrayâna-Buddhismus entwickelte sich vor allem in Nordindien und in Tibet, es gibt ihn aber in allen Ländern des Himâlaya, wie auch in Japan (Shingon).

Verstehen   Im Zusammenhang von psychologischer Arbeit soll dieser Begriff empathisches Wissen im Gegensatz zu rein intellektuellem Begreifen bezeichnen. Wenn zum Beispiel Ihr Kind weint, können sie verständnisvoll sein, ohne die Ursache der Tränen genau zu kennen: „Ich sehe, dass Dir etwas wehtut. Ich verstehe, dass es Dir nicht gut geht." Diese Art Verstehen, oder Verständnis, ist das, was wir brauchen, um uns auszudehnen, wenn wir in unseren verschiedenen konditionierten inneren Zuständen befangen sind. Als eine Mischung von Weisheit und Mitgefühl hat es eine klärende und befreiende Wirkung.

Wahre Natur   Das, was essentiell, von Natur aus da und nicht konditioniert ist. Ungefähr synonym mit BUDDHANATUR und *Grund des Seins*. Dieser Begriff ist ein Versuch, das Nichtbenennbare zu benennen. Unsere essentielle Natur ist eine Präsenz, die wir unmittelbar erfahren, aber nicht in Worten erfassen können, so wenig, wie wir wirklich beschreiben können, wie ein Pfirsich schmeckt. Aus diesem Grund ziehen manche östliche Lehrer es vor, kein Wort zu benutzen, um unsere fundamentale Natur zu benennen, und verwenden nur den Begriff oder das Wort *Das* oder *Dieses*.

Anmerkungen

Einleitung

1. „Therapie und Meditation haben ihre eigenen Bereiche, die nicht verwechselt werden sollten. Ich werde oft gefragt, ob ich meinen Klienten das Meditieren beibringe. Im Allgemeinen versuche ich, diese zwei Wege nicht zu vermischen. Da Meditation die mächtigste Methode ist, die ich kenne, um das Klammern des Egos aufzulösen, würde es bedeuten, zu riskieren, sie zu einem Trick für psychische Gesundheit zu machen, wenn ich sie als eine rein therapeutische Technik, damit man sich besser fühlt, einführen würde. Der britische Psychologe Robin Skynner sagt dazu: ‚Je mächtiger eine Technik ist, um so größer kann die Gefahr sein, dass sie wirkliche Veränderung verhindert, wenn sie missbraucht wird.'
    Es ist wichtig, den Unterschied von Therapie und Meditation nicht zu verwischen, denn dies könnte dazu führen, dass man Integration und Transzendenz des Selbst verwechselt. Diese Verwechslung könnte die Wirksamkeit von Therapie schwächen, uns selbst zu finden, wenn man versucht, sie dazu zu bringen, mehr als das zu leisten, wozu sie bestimmt ist. Und sie könnte die Kraft der Meditation verdünnen, wenn ihr einzigartiges Potential verringert wird, uns die Augen für eine radikal frische Sicht dessen zu öffnen, wer wir sind und wozu wir fähig sind." (Welwood 1980, S. 138f.).

Teil I   Einleitung

1. Obwohl ich in diesem Buch den Begriff *östliche Psychologie* verwende, gibt es streng genommen keine östliche *Psychologie* in der westlichen Bedeutung dieses Begriffes: Das objektive Studium der Psyche, des Selbst und des Verhaltens, wie sie sich im Laufe der Zeit entwickeln. Zum östlichen Verständnis des Geistes gelangt man vor allem durch intuitives Wissen, das auf direkter, nichtkonzeptueller Erkenntnis verschiedener Zustände und Dimensionen des Bewusstseins beruht.
2. Natürlich können diese drei Ebenen weiter in Unterebenen differenziert werden, wie das zum Beispiel Ken Wilber in seinem Werk getan hat. Ich beschränke meine Untersuchung hier auf diese drei Ebenen, weil sie die sind, die in unserer laufenden Erfahrung am leichtesten abgegrenzt werden können.
3. Die buddhistische Lehre der drei *kâyas* ist viel weiter und tiefer, als meine Beschreibung hier wiedergibt. Die drei Ebenen des Geistes, wie ich sie hier beschreibe, sind nur eine Weise, wie man die drei *kâyas* betrachten kann.
4. Eine weitere Diskussion siehe Welwood, 1979a.
5. Es gibt viele Schulen der westlichen Psychologie, die auch auf den Körper-Geist fokussiert haben, zum Beispiel die existentialistisch-humanistische Tradition, die der präreflexiven gefühlten Erfahrung und ihrer Bedeutung besondere Aufmerksamkeit gewidmet hat. Die Jungianische Tradition hat diese Ebene der Psyche auch erhellt, indem sie ihre archetypischen Muster studiert hat.

    Die östliche Psychologie fokussiert auf den Körper-Geist durch Energie-Übungen wie Tai Chi Chuan, Hatha-Yoga, Traum-Yoga und innere Yogas, die mit Cakras und dem Fluss subtiler Energie arbeiten. Der spezielle Fokus der östlichen Psychologie liegt aber auf der noch tieferen Ebene nichtkonditionierter, nichtkonzeptueller Bewusstheit, zu der man durch Meditation Zugang bekommt. Um diese Ebene der Psyche (Denken; mind) zu studieren, müssten sich westliche Psychologen kontemplativen Disziplinen zuwenden – was tatsächlich endlich zu geschehen beginnt.

Kapitel 3   Ichstärke und Egolosigkeit

1. Diese Beschreibung der *Skandhas* ist nicht die traditionelle Formulierung, die man in der Psychologie des Abhidharma findet, sondern geht aus einer Interpretation hervor, die mehr vom Vajrayâna beeinflusst ist und die von Chögyam Trungpa (1973) formuliert wurde.
2. Diese drei Strategien entsprechen Karen Horneys Analyse der drei Grundstile der Abwehr: sich darauf zu bewegen, dagegen an gehen und sich davon wegbewegen.
3. Natürlich gilt dies nur für diejenigen, die schon ein intaktes Ich haben.

Kapitel 4   Das Spiel des Geistes

1. In der Sprache der buddhistischen Lehre von den drei *kâyas* könnte man sagen, dass die Inhalte des Bewusstseins zum *Nirmânakâya*, dem Bereich manifester Form, gehören. Die Pulsation des Bewusstseinsstroms mit seinem Wechsel von Bewegung und Stille gehört zum *Sambhogakâya*, dem Bereich des Energieflusses. Und der umfassendere offene Grund der Bewusstheit, der zuerst in Momenten der Stille entdeckt wird, ist der *Dharmakâya*, der Bereich reinen Seins an sich, der ewig präsent, spontan und frei von Verstrickung, welcher Form auch immer, ist.

Kapitel 5   Meditation und das Unbewusste

1. Natürlich kann die Essenz der Meditation niemals durch begriffliches, konzeptuelles Verständnis allein erfasst werden, eben gerade deshalb, weil ihre Natur das begriffliche, konzeptuelle Denken transzendiert, das mittels dualistischer Konstrukte funktioniert, die auf der Spaltung in einen selbst und andere beruhen. Meditation ist keine besonders abgegrenzte Erfahrung, sondern eher eine Weise, Erfahrung zu *durchschauen*, durch Erfahrung hindurchzuschauen. Aus diesem Grund könnte keine Psychologie der Meditation ein Ersatz für das persönliche Verständnis sein, das man gewinnt, wenn man sich der Praxis wirklich unterzieht.

2. Das Es blieb eine unbewusste, vom Ich getrennte Region, und Freud fiel ständig in die topografische Sprache zurück, deren Implikationen er selbst ablehnte.
3. Freud zum Beispiel fasste die Psyche als einen psychischen „Apparat [auf], dem wir die Charakteristika räumlicher Ausdehnung zuschreiben" (1949, S. 14).
4. Jung räumt die Trennung von Geist und Universum als einen Grundzug westlichen Denkens ein: „Der Entwicklung westlicher Philosophie während der letzten beiden Jahrhunderte ist es gelungen, den Geist in seiner eigenen Sphäre zu isolieren und ihn von seinem ursprünglichen Einssein mit dem Universum zu trennen" (1958, S. 476).

Kapitel 6   Psychischer Raum

1. Ausnahmen sind James (1890) und Matte Blanco (1975).
2. Streng genommen sollten alle drei Arten von Raum nicht *psychisch* genannt werden. Der innere Gefühlsraum ist psychisch im strengen Sinn des Wortes, während äußerer Raum, im Sinn räumlicher Orientierung, *somatisch*, und der Raum des Seins *ontologisch* ist, das heißt der der gefühlten Erfahrung vorausgeht. Ich verwende den Begriff *psychischer Raum* in diesem Kapitel in einem weiteren Sinn als Synonym für *gelebten Raum*, Raum, wie er erlebt wird.
3. Diese Art unbegrenzter Offenheit unterscheidet sich von der relativen Offenheit der „Selbstverwirklichung", die oft als das Ziel von Psychotherapie und auf der Persönlichkeit beruhenden Psychologien gesehen wird. Während Individuen, die sich in diesem Sinn verwirklichen, in der Lage sein können, sich flüssig von einem Gefühlsraum zu einem anderen zu bewegen, bewegen sie sich immer noch in einer Welt von Einschränkungen, Grenzen und Selbstreferentialität, Selbstbezogenheit. Während sie möglicherweise eine gewisse Meisterschaft im Bereich des Gefühlsraums besitzen, ist das voll erwachte Sein ein Meister offenen Raums.

Kapitel 14   Verkörpern der Realisierung

1. Sicher kann unter den richtigen Bedingungen spirituelle Praxis allein die Persönlichkeit vollkommen transformieren – zum Beispiel unter der nahen persönlichen Anleitung eines großen Lehrers oder bei einem besonders begabten, geeigneten Menschen mit starken angeborenen Fähigkeiten oder bei einem vieljährigen spirituellen Retreat. (In Tibet hieß es, dass bestimmte Arten der Transformation ein zwölfjähriges Retreat verlangen.)
2. Obwohl im traditionellen Asien ein auf das Jenseits hin orientiertes Leben ein verbreiteter und akzeptierter Lebensstil war, meine ich nicht, dass alle oder auch nur die meisten asiatischen spirituellen Adepten diesen jenseitsorientierten Zug zeigen. Viele haben mit einem hohen Grad persönlicher Integration in der Welt gelebt. Allgemein gilt, dass die essentiellen östlichen Lehren auf der Realisierung absoluter wahrer Natur fokussieren, und nicht darauf, einen individuierten, persönlichen Ausdruck dieser Natur zu kultivieren. Natürlich unterscheiden sich verschiedene asiatische Kulturen und Traditionen und sogar unterschiedliche Schulen in einer einzigen Tradition, wie dem Buddhismus, sehr darin, wie sehr sie das unpersönliche Element betonen. Ich habe es vorgezogen, diese Unterscheidungen hier nicht anzusprechen, denn das würde eine viel längere, eher akademische Behandlung verlangen.
3. Dies ist natürlich eine Verallgemeinerung. Ich spreche hier von den meisten Tibetern, die im Kontext einer traditionellen Familie oder Gemeinschaft aufgewachsen sind. Ich kenne einige moderne Tibeter, sogar Lehrer, die unter persönlichen, psychischen Verletzungen leiden und für die Psychotherapie von Nutzen wäre. Ich habe mit einem Tibeter gesprochen, der ein differenziertes Verständnis der westlichen Psychologie besitzt und ihren Nutzen für Tibeter anerkennt, die im Westen leben. Er drückt das so aus:
   „Tibeter werden mehr psychologische Versorgung brauchen, wenn sie in die westliche Welt kommen, sogar in Indien. Wir sehen bei Kindern, die aus Tibet kommen, mehr gestörtes Verhalten sowie kognitive Probleme.
   Ich selbst finde, da ich mich entschieden habe, im Westen zu leben und nicht in einem Kloster, dass buddhistische Lehren allein nicht ausreichen, um meine eigenen Bedürfnisse zu befriedigen, die ich erfüllen muss, um

in dieser Welt effektiv funktionieren zu können. Um grundlegende Dinge zu bekommen, wie zwischenmenschliche Fertigkeiten, Lernen kommunikativer Fähigkeiten und sinnstiftende, bedeutungsvolle Beziehungen, muss ich mich an die westliche Psychologie wenden.

Wenn man sieht, wie manche tibetische Mönche, die in den Westen kommen, mit emotionalen Problemen und Beziehungsproblemen umgehen, mit denen sie hier konfrontiert sind, kann man schließen, dass die traditionellen spirituellen Übungen allein nicht ausreichen, um ihnen zu helfen, mit diesen Problemen umzugehen. In vielerlei Hinsicht besitzt der Buddhismus nicht die spezifische Wirksamkeit, die nötig ist, um mit den emotionalen Situationen und Situationen in Beziehungen umzugehen, denen sie in einem westlichen kulturellen Kontext begegnen."

4. Ein aufschlussreicher Hinweis auf den Unterschied zwischen den Einflüssen der Kinderziehung im Osten und im Westen ist die Erfahrung tibetischer Lehrer, die traditionell Übungen in Mitgefühl damit beginnen, dass sie Schüler unterweisen, alle Lebewesen als ihre Mutter zu betrachten. Sie waren von der Schwierigkeit überrascht und bestürzt, die viele Amerikaner haben, ihre Mütter als Ausgangspunkt dafür zu nutzen, Mitgefühl zu entwickeln.

5. Roland berichtet von einem interessanten Fall zweier indischer Frauen, die mit Amerikanern verheiratet waren und mit denen er arbeitete, die „viele Jahre Psychoanalyse bei einem warmherzigen, unterstützenden Analytiker brauchten, um allmählich in der Lage zu sein, ein individualisierteres Selbst aufzubauen" und dadurch normal in der amerikanischen Gesellschaft zu funktionieren (1988, S. 198).

6. Dies soll nicht heißen, dass die meisten Menschen aus dem Westen wahrhaft individuiert oder auch nur an Individuation interessiert sind. Unglücklicherweise ist das, was der Individuation am nächsten kommt, was moderne Menschen im Westen erreichen, ihr Individualismus – eine Annäherung auf niedrigem Niveau. Nichtsdestoweniger ist echte Individuation hier eine reale Möglichkeit, und oft sind die Menschen, die am meisten entfremdet sind, jene, die sich am meisten in diese Richtung gerufen fühlen.

7. Karlfried Graf Dürckheim schreibt, dass bei den meisten Lehrern im Osten „die individuelle Form, die im Prozess [des spirituellen Erwachens]

erworben wird, als solche nicht ernst genommen wird. ... Dies ist aber genau das, worum es westlichen Meistern geht ... [die Freiheit,] die Person zu *werden*, die man individuell ist. Für uns im Westen ist es wichtiger, dass eine neue weltliche Form *aus* wahrer Natur und als Zeuge von Sein (being) auftauchen sollte ..., als dass sich das Ich *in* wahre Natur und *in* Sein (being) auflösen sollte" (1992, p. 100).

Über die japanischen Zenmeister, mit denen er studiert hat, sagt Dürckheim: „Als Meister erscheinen sie in einer höchsten Form, in der jedes persönliche Element in etwas Überpersönliches, fast der Welt Entrücktes, oder wenigstens nicht an ihr Beteiligtes umgewandelt worden ist. Man begegnet selten, wenn überhaupt, dem glücklichen oder leidenden Individuum, durch dessen von Freude oder von Sorgen erfülltes Auge das Jenseitige in einem einzigartigen, persönlichen Sinn hindurchschimmert ... Ist so ein Meister in unserem Sinn des Begriffes eine Person?" (p. 101)

8. Lehrer aus dem Fernen Osten – oft aus China, Japan oder Korea, die mit dem Körper-Geist arbeiten, wobei sie in ihrer Lehre die Verbindung mit der Erde betonen – sind eine wichtige Ausnahme. Zum Beispiel betonen Lehrer des Tai Chi, Qigong und Aikido immer, wie wichtig das Bauchzentrum und gute Erdung sind. Auch viele Zenlehrer sprechen selten von spiritueller Realisierung, sondern lassen ihre Schüler sich stattdessen um die erdigen Details des Holzhackens und des Wassertragens kümmern.

9. Natürlich ist persönliche psychologische Arbeit an sich für spirituelle Transformation oder für die Integration unseres größeren Seins in unser persönliches Funktionieren nicht ausreichend. Zusätzlich dazu, dass man einen spirituellen Lehrer oder eine Praxis finden muss, um Ichbezogenheit abzulegen, kann es sein, dass manche Menschen auch an ihrem Körper, an ihrer Sorge für ihren Lebensunterhalt, ihren intimen Beziehungen oder ihrer Beziehung zur Gemeinschaft arbeiten müssen. Aber psychologische Arbeit kann Menschen helfen, die Bereiche zu erkennen, wo sie Arbeit brauchen, und einige Hindernisse in diesen Bereichen beseitigen.

10. Die Beziehung mit einem spirituellen Meister kann diese Dynamik auch ansprechen, besonders bei jenen seltenen Schülern, die eine nahe, persönliche Verbindung mit einem Lehrer haben, der sie sorgfältig begleitet und leitet.

Kapitel 18   Bedingte und bedingungslose Liebe

1. Dies ist ein Zitat aus *Brain/Mind Bulletin* 9, Nr. 10 (Mai 1984)

Kapitel 19   Leidenschaft als Weg

1. Viele große Kathedralen Europas wurden auf heidnischen Kraftplätzen gebaut und dem Hl. Michael, dem Drachentöter, geweiht. Drachen repräsentieren diese „niedrige" Natur.

Quellen

Kapitel 3: Ichstärke und Egolosigkeit

a James 1890, S. 339
b Ramana Maharshi, bei Godman 1985, S. 53
c Becker 1973, S. 55
d Masterson 1988, S. 23f.
e Ramana Maharshi, bei Godman 1985, S. 52
f Jung 1958, S. 484
g James 1890, S. 299
h Cox 1977, S. 139
i Freud 1959, S. 57

Kapitel 4: Das Spiel des Geistes

a James 1890, S. 255
b James 1890, S. 243f.
c James 1890, S. 244
d James 1890, S. 240
e James 1890, S. 253
f James 1890, S. 252
g Mozart zitiert bei James 1890, S. 255 Anmerkung
h Trungpa und Hookham 1974, S. 8
i Tarthang Tulku 1974, S. 9f.
j Capra 1975, S. 210
k Guenther 1959, S. 54
l Wangyal 1997, S. 29
m zitiert bei Guenther 1956, S. 269

Kapitel 5: Meditation und das Unbewusste

a Kretschmer 1969, S. 224
b Jung 1958, S. 501, 508
c *in wenigstens sechzehn verschiedenen Bedeutungen:* siehe Miller 1942.
d Jung 1933, S. 185
e *als einem Ort oder einem Bereich, der von solchen Entitäten wie Ideen bewohnt sein kann:* MacIntyre 1958, S. 45.

f   zu dem Zustand der Unbewusstheit mit ihren Qualitäten des Einsseins, der Unbestimmtheit und der Zeitlosigkeit: Jung 1958, S. 496.
g   Ich kann mir keinen bewussten mentalen Zustand vorstellen, der nicht mit einem Ich in Beziehung steht: Jung 1958, S. 484
h   Trungpa 1969, S. 55
i   Jung 1958, S. 485
j   Die Praxis der Meditation: Trungpa 1969, S. 52.
k   Du bist nicht abgelenkt, weil du alles siehst, wie es ist: Dhiravamsa 1974, S. 22.
l   wie wenn man einen Stein benutzt, um ein Messer zu schärfen, wobei die Situation der Stein ist: Guenther und Trungpa 1975, S. 22.
m   Jung 1958, S. 502
n   Mehr über diffuse Aufmerksamkeit siehe Ehrenzweig 1965.
o   Gendlin 1973, S. 370
p   Systemen verdichteter Erfahrung COEX: Grof 1975.
q   Dhiravamsa 1974, S. 13, 31
r   Wilber 1975, S. 108
s   Traherne zitiert bei Huxley 1944, S. 67.
t   Der âlaya ist die erste Phänomenalisierung des Absoluten: Chaterjee 1971, S. 18, 19, 22.
u   Suzuki 1930, S. 197.
v   Trungpa 1973, S. 122; 1976, S. 58.
w   Matte Blanco 1975, S. 230
x   Trungpa 1973, S. 122
y   als wäre der Schleier vor unseren Augen weggezogen: Trungpa, 1973, S. 223, 219.
z   einen außerordentlich bedeutsamen und numinosen Inhalt zusehen, [der] in das Bewusstsein eintritt: Kirsch 1960, S. 85.
z-1   Guenther 1975, S. 27
z-2   den desintegrierenden Kräften des Unbewussten: Horsch 1961, S. 148.
z-3   Hisamatsu 1968, S. 31
z-4   Van Dusen 1958, S. 254
z-5   mit absoluter Einfachheit und Nacktheit des Geistes: Trungpa und Hookham 1974, S. 6.

Kapitel 6: Psychologischer Raum

a   Minkowski 1970, S. 400
b   Rilke, zitiert bei Bachelard 1964, S. 203.
c   Govinda 1959, S. 117
d   Ein Zen-Text meint: „Aufzeichnungen, die die Ursprüngliche Quelle spiegeln", zitiert bei Hisamatsu, 1960.
e   Trungpa 1976, S. 153, 145.
f   Jung 1959, S. 356f.
g   Van Dusen 1958, S. 254
h   Rilke 1975, S. 28.

Kapitel 7: Die Entfaltung der Erfahrung

a James 1967, S. 295f.
b Eine ausführlichere Diskussion meiner Analogie mit einem Hologramm siehe Welwood 1982.
c Pribram 1971, S. 150
d Zu Gendlins Arbeit über Focusing und seine philosophischen Grundlagen siehe Gendlin 1962, 1964, 1978; zum Hintergrund der Forschung von Focusing siehe Gendlin et. al. 1968; Rogers 1967; Walker et. al. 1969.
e Levinson 1975, S. 12
f Picard 1952, S. 173, 36
g Bohm 1973, S. 146
h Gendlin 1978, S. 76
i Levinson 1975, S. 18
j Hillman 1972, S. 290

Kapitel 8: Reflexion und Präsenz

a Poonja 1993, S. 33
b Koestenbaum 1978, S. 35, 70
c Krishnamurti 1976, S. 214
d *Der große Dzogchen-Yogî:* Kunsang 1993, S. 114
e Nishitani 1982, S. 128
f *Zenmeister Dôgen:* zitiert bei Izutsu 1977, S. 140
g Marcel 1950, S. 101
h Lodro Thaye zitiert bei Nalanda 1980, S. 84
i Nyima 1991, S. 129
j Koestenbaum 1978, S. 78, 82, 100, 101
k Heidegger 1977, S. 127
l Merleau-Ponty 1968, S. 38f. 139
m Merrill-Wolff 1994
n Nishitani 1982, S. 124
o *Anstatt Geist mit Geist zu suchen:* Guenther 1977, S. 244.
p Lodro Thaye zitiert bei Nalanda 1980, S. 84
q Trungpa 1973, S. 218f., 221, 222, 234, 235f.
r Trungpa 1976, S. 70f.
s *Umwandlung des Inhalts:* Gendlin 1964.
t Patrul Rinpoche zitiert bei Kunsang 1993, S. 120
u Nishitani 1982, S. 165f.
v *der Standpunkt des Subjekts, das Dinge objektiv kennt, und sich entsprechend selbst objektiv als ein Ding, das Selbst genannt wird, kennt:* Nishitani 1982, S. 154.
w *Es kann niemals das „gerade Herz" sein:* Nishitani 1982, S. 154f.
x Norbu 1986, S. 144
y Tarthang Tulku 1974, S. 9f., 18
z *Wenn wir von der Peripherie zum Zentrum springen:* Nishitani 1982, S. 130.

Kapitel 10: Verletzlichkeit, Kraft und die heilende Beziehung

a Hume 1888, S. 252
b Sartre 1957, S. 100f.

Kapitel 11: Psychotherapie als Praxis der Liebe

a *Es hilft einem, sich mit der ganzen Bandbreite der eigenen Erfahrung anzufreunden:* S. Welwood 1986.
b Thurman 1987
c *die Liebe, die unerschütterlich ist, weil sie in vollkommener Weise das Eigentliche und der letzte Grund ist:* Thurman 1976, S. 56f.

Kapitel 13: Sich mit Emotionen anfreunden

a Hillman 1961, S. 289
b *Man kann sogar leiden, aber allein schon am Leben zu sein, ist eine Qualität an sich:* René Dubos bei Needleman 1979, S. 59
c Trungpa 1973, S. 68f.
d Trungpa 1976, S. 69
e Tarthang Tulku 1978, S. 54, 52, 1975, S. 160f.
f Benoit 1959, S. 143
g Trungpa 1969, S. 23
h Suzuki Rôshi 1970, S. 36
i Trungpa 1976, S. 69–72

Kapitel 14: Verkörpern der Realisierung

a Aurobindo nicht datiert, S. 98
b Roland 1988, S. 250
c Roland 1988, S. 226
d *Kinderarzt und Psychoanalytiker D. W. Winnicott:* siehe Winnicott 1965
e Dürckheim 1977
f *„weiter zu sein" going-on-being ... einen Zustand, aus dem spontane Gesten auftauchen:* Greenberg und Mitchell 1983, S. 193.
g Klein 1995, S. 26
h *Es enthält eine heilige Sehnsucht:* weitere Diskussion heiliger Sehnsucht siehe Welwood 1996, S. 100.
i *das ich die bewusste Identität nenne:* weitere Diskussion bewusster und unbewusster Identität siehe Welwood 1996, Kapitel 3.
j *als einen integralen Teil dessen, was er als die primäre Einheit menschlicher Erfahrung sah: die Ich-Du-Beziehung:* siehe Schilpp und Friedman 1967, S. 117.

Teil 3: Einleitung

a Solovyev bei Welwood 1985.

Kapitel 17: Läutern des Goldes

a Rilke 1975
b *Poems by Emily Dickinson,* hrsg. von M. D. Bianchi und A. L. Hampson Boston: Little, Brown, 1957.
c Buber 1947

Kapitel 18: Bedingte und unbedingte Liebe

a   Khan 1962, S. 164

Kapitel 19: Leidenschaft als Weg

a   Khan 1962, S. 164
b   Trungpa 1983, S. 45f.
c   Goethes West-östlicher Divan: Selige Sehnsucht.

Kapitel 20: Echte und falsche spirituelle Autorität

a   Hoffer 1951, S. 107
b   Hoffer 1951, S. 75
c   Alle Zitate von Kult-Mitgliedern: Center for the Study of New Religious Movements, 1980–1981. Unveröffentliche Seminar-Transkripte. New Religions Research Collection, The Graduate Theological Union, Berkeley, Calif.
d   Hoffer, 1951, S. 114
e   Hoffer 1951, S. 79f.
f   Hoffer 1951, S. 86
g   Kapleau 1979, S. 31f.
h   Nisargadatta 1973, S. 14
i   Rede an die Kâlâmer AN III. 66, in: Die Lehrreden des Buddha aus der Angereihten Sammlung, Bd. 1, S. 167 ff übers. v. Nyânatiloka; Aurum, Braunschweig 1993

Literaturverzeichnis

Aurobindo (o. J.). *Letters on Yoga.* Vol. I. Pondicherry: Shrî Aurobindo Ashram Birth Centenary Library. Dt.: *Briefe über den Yoga, Bd. 1.(Integraler Yoga und andere Wege).* Shrî Aurobindo Ashram, Publication Department, Pondicherry 1977

Bachelard, G. (1964). *The poetics of space.* New York: Orion Press. - Dt.: *Die Poetik des Raums.* Fischer, Ffm. 2001

Becker, E. (1973). *The denial of death.* New York: Free Press.

Benoit, H. (1955). *The supreme doctrine.* New York: Viking Press.

Bohm, D. (1973). Quantum theory as an indication of a new order in physics. Part B. Implicate and explicate order in physical law. *Foundations of Physics* 3:139–68.

Boss, M. (1963). *Psychanalysis and daseinsanalysis.* New York: Basic Books. Dt.: *Psychoanalyse und Daseinsanalytik.* Kindler, München 1980

— (1965). *A psychiatrist discovers India.* London: Oswald Wolff. Dt.: *Indienfahrt eines Psychiaters.* Neske, Pfullingen 1959

Buber, M. (1947). *Tales of the Hasidim.* New York: Schocken Books. - Dt.: *Die Erzählungen der Chassidim,* 1949

Capra, F. (1975). *The Tao of physics.* Boston: Shambhala Publications. - Dt.: *Das Tao der Physik.* Droemer Knaur, München 1997

Casper, M. (1979). Space therapy and the Maitri project. *Journal of Transpersonal Psychology* 6, Nr. 1. Reprint in J. Welwood (Hrsg.), *The meeting of the ways: Explorations in East/West psychology.* New York: Schocken Books.

Chaterjee, A. (1971). *Readings on Yogacara Buddhism.* Banares: Hindu University Press.

Dhiravamsa. (1974). *The middle path of life.* Surrey, England: Unwin.
Cox, H. (1977). Turning East: *The promise and peril of the new orientalism.* New York: Simon & Schuster
Dürckheim, K. G. (1977). *Hara: The vital center of man.* - Dt.: *Hara. Die Erdmitte des Menschen.* Barth Verlag, Ffm. 2005
— (1992) *Absolute living: The otherworldly in the world and the path to maturity.* New York: Arkana.
Ehrenzweig, A. (1965). *The psychoanalysis of artistic vision and hearing.* New York: Braziller.
Freud, S. Neue Folge der Vorlesungen zur Einführung in die Psychoanalyse. (1933)
— (1949). *An outline of psychoanalysis,* New York: Norton.
— (1961). *Collected papers.* Vol. 4. New York: Norton.
Gendlin, E. T. (1962). *Experiencing and the creation of meaning.* New York: Free Press.
— (1964). A theory of personality change. In P. Worchel & D. Byrne (Hrsg.), *Personality change.* New York: Wiley.
— (1973). A phenomenology of emotions: Anger. in D. Carr and E. Casey (Hrsg.), *Explorations in phenomenology.* The Hague: Nijhoff.
— (1981). *Focusing.* New York. Bantam Books. Dt.: Focusing. Technik der Selbsthilfe bei der Lösung persönlicher Probleme. Rowohlt, Reinbek 1998
— (1996). *Focusing-oriented psychotherapy.* New York: Guilford Press.
Gendlin, E. T., J. Beebe, J, Cassens, M. Klein und M. Oberlander (1968). Focusing ability in psychotherapy, personality, and creativity. In J. Schlien (Hrsg.), *Research in psychotherapy.* Vol. 3. Washington, D. C.: American Psychological Association.
Godman, D (Hrsg.) (1985). *Be as you are: The teachings of Sri Ramana Maharshi.* New York: Arkana.
Goethe, *West-östlicher Divan.* DTV, München 2006
Govinda, Lama A. (1959). *Foundations of Tibetan mysticism.* London: Rider. Dt.: *Grundlagen tibetischer Mystik.* Aquamarin, Grafing 2008
Grof, S. (1975). *Realms of the human unconscious.* - Dt.: Topographie des Unbewußten. LSD im Dienst der tiefenpsychologischen Forschung
(1978), mit Joan Halifax
Greenberg, S. und S. Mitchell (1983). *Object relations in psychoanalytic theory.* Cambridge, Mass.: Harvard University Press.
Guenther, H. V. (1956). Tibetan Buddhism in western perspective: The concept of mind in Buddhist Tantrism. *Journal of Oriental Studies* 3, Nr. 2: 267–77

— (1959) The philosophical background of Buddhist Tantrism. *Journal of Oriental Studies* 5:45–64
— (1977). *Tibetan Buddhism in western perspective.* Berkeley, Calif.: Dharma.
Guenther, H. V. und C. Trungpa (1975). *The dawn of Tantra.* Boston: Shambhala Publications.
Heidegger, M. (1977). On the essence of truth. In: D. F. Keel (Hrsg.), *Martin Heidegger: Basic writings.* New York: Harper. - Dt.: *Vom Wesen der Wahrheit.* Klostermann, Ffm. 1997
Hillman, J. (1961). *Emotion.* Evanston, Ill.: Nortwestern University Press.
— (1972). *The myth of analysis.* Evanston, Ill.: Nortwestern University Press.
Hisamatsu, S. (1960). The chracteristics of Oriental nothingness. In: *Philosophical Studies of Japan.* Vol. 2. Tokio: Maruzen.
— (1968). Additional note to: On the unconscious, the self, and therapy. *Psychologia* 11: 25–32.
Hoffer, E. (1951). *The true believer.* New York: Harper.
Horsch, J. (1961). The self in analytical psychology. *Psychologia* 4: 147–55.
Hume, D. (1888). *A treatise on human nature.* Oxford: Clarendon Press. Dt.: *Traktat über die menschliche Natur.* Meiner, Hamburg 1978
Huxley, A. (1944). *The perennial philosophy.* New York: Harper & Row.
Izutsu, T. (1977). *Toward a philosophy of Zen Buddhism.* Teheran: Imperial Iranian Academy of Philosophy. Dt.: *Die Philosophie des Zen-Buddhismus.* Rowohlt, Reinbek 1995
James, W. (1890). *The principles of psychology.* New York: Holt.
— (1967). *The writings of William James.* Hrsg. J. McDermott. New York: Random House.
— (1976). *Essays in radical empricism.* Cambridge, Mass.: Harvard University Press.
Jung, C. G. Seelenprobleme der Gegenwart, 1932, Rascher, Zürich
— (1958). Psychological commentary on the *Tibetan book of the great liberation.* In *Collected works.* Vol. 11. *Psychology and religion.* New York: Pantheon Books.
— Die Archetypen und das kollektive Unbewußte. Gesammelte Werke. Walter-Verlag, Düsseldorf 1976, Band 9/1
Kapleau, P. (1979). *Zen: Dawn in the west.* New York: Doubleday.
Khan, H. I. (1962). *The Sufi message of Hazrat Inayat Khan.* Vol. 5. London: Barrie & Rockliff.
Kirsch, J. (1960). Affinities between Zen and analytical psychology. *Psychologia* 3: 85–91.

Klein, A. (1995). *Meeting the great bliss queen: Buddhists, feminists, and the art of the self.* Boston: Beacon Press.

Koestenbaum, P. (1978). *The new image of the person.* Westwood. Conn.: Greenwood Press.

Kretschmer, W. (1969). Meditative techniques in psychotherapy. In C. T. Tart (Hrsg.), *Altered states of consciousness.* New York: Wiley.

Kunsang, E. P. (Übers.) (1993). *The flight of the garuda: Five texts from the practice lineage.* Katmandu: Rangjung Yeshe.

Levinson, E. (1975). A holographic model of psychoanalytic change. *Contemporary Psychoanalysis* 12, no. 1: 1–20.

MacIntyre, A. (1958). *The unconscious: A conceptual analysis.* London: Routledge & Kegan Paul.

Marcel, G. (1950). *The mystery of being.* Vol. I. Reflection and mystery. Chicago: Regnery.

Masterson, J. F. (1988). *The search for the real self.* New York. Free Press.

Matte Blanco, I. (1975). *The unconscious as infinite sets.* London: Duckworth.

Merleau-Ponty, M. (1968) *The visible and the unvisible.* Evanston, Ill.: Northwestern University Press. Dt.: *Das Sichtbare und das Unsichtbare.* Fink, München 1994

Merrill-Wolff, F. (1994). *Experience and Philosophy.* Albany: State University of New York Press.

Miller, J. (1942). *Unconsciousness.* New York: Wiley.

Minkowski, E. (1970). *Lived time.* Evanston, Ill.: Nortwestern University Press.

Nalanda Translation Committee (Übers.) (1980). *The rain of wisdom.* Boston: Shambhala Publications.

Needleman, J. (Hrsg.) (1979). *Speaking of my life: The art of living in the cultural revolution.* San Francisco: Harper.

Nisargadatta (1973). *I am That.* Vol. 2. Bombay: Chetana. - Dt.: *Ich bin.* Context-Verlag, Bielefeld 1997

Nishitani, K. (1982). *Religion and nothingness.* Berkeley and Los Angeles: University of California Press.

Norbu, N. (1986). *The crystal and the way of light.* New York: Routledge & Kegan Paul.

Northrop, F. S. C. (1946). *The meeting of east and west.* New York: Macmillan.

Nyima, C. (1991). *The bardo guidebook.* Kathmandu: Rangjung Yeshe.

Picard, M. (1952). *The world of silence.* Chicago: Regnery.

Poonja, H. L. (1993). *Wake up and roar.* Vol. 2. Maui, Hawaii: Pacific Center.

Pribram, K. (1971). *Language of the brain.* Englewood Cliffs, NJ: Prentice-Hall.
Rilke, R. M. (1975). *On love and other difficulties.* Hrsg. J. L. Mood. New York: Norton.
Dt.: *Über Liebe und andere Schwierigkeiten.* Herder, Freiburg 1998
Rogers, C. R. (1959). A theory of therapy, personality, and interpersonal relationships. In: S. Koch (Hrsg.), *Psychology: A study of a science.* Vol. 3. New York: McGraw-Hill.
— (1967). *The therapeutic relationship and its impact: A program of research on psychotherapy with schizophrenics.* Madison: University of Wisconsin Press.
Roland, A. (1988). *In search of self in India and Japan: Toward a cross-cultural psychology.* Princeton, N. J.: Princeton University Press.
Sartre, J. P. *Die Transzendenz des Ego.* Rowohlt, Reinbek 1982
Schilpp, p. und M. Friedman (Hrsg.) (1967). *The philosophy of Martin Buber.* LaSalle, Ill.: Open Court.
Solovyev, V. (1985) Love evolving. In J. Wellwood (Hrsg.), *Challenge of the heart: Love, sex, and intimacy in changing times.* Boston: Shambhala Publications.
Suzuki, D. T. (1930). *Studies in the Lankavatara Sûtra.* London: Routledge & Kegan Paul.
Suzuki, S. (1970). *Zen mind, beginner's mind.* New York: Walker, Weatherhill. Dt.: *Zen-Geist, Anfänger-Geist.* Herder, Freiburg 2009
Tarthang Tulku. (1974). On thoughts. *Crystal Mirror* 3: 7–20.
— (1975). Watching the watcher. *Crystal Mirror* 4. 157–61.
— (1978). *Openness mind.* Emeryville, Calif.: Dharma.
Thera, S. (Übers.) (1963). *Kalâma Sûtra: The Buddha's charter of free inquiry.* Ceylon: Buddhist Publication Society. Deutsch in: Nyânatiloka, *Anguttara-Nikâya, Die Lehrreden des Buddha aus der Angereihten Sammlung,* Aurum, Braunschweig 1993
Thurman, R. (1987). Dharma talk. *Wind Bell* 22, No. 2.
Thurman, R. (Übers.) (1976). *The Holy Teachings of Vimalakîrti.* University Park: Pennsylvania State University Press. Einzige deutsche Übersetzung: J. Fischer, *Vimalakîrti-Sûtra.* Angkor-Verlag, Ffm 2005
Trungpa, C. (1969). *Meditation in action.* Boston: Shambhala Publications. Dt.: *Aktive Meditation.* Windpferd, Aiting 2006
— (1973). *Cutting through spiritual materialism.* Boston: Shambhala Publications. Dt.: *Spiritueller Materialismus.* Theseus, Berlin 1996
— (1976). *The myth of freedom.* Boston: Shambhala Publications. Dt.: *Der Mythos Freiheit und der Weg der Meditation.* Rowohlt, Reinbek 2006
— (1983). *Shambhala: The sacred path of the warrior.* Boston: Shambhala Publications.
Trungpa, C., und M. Hookham (Übers.) (1974). Maha Ati. *Vajra* 1: 6–8

Tsoknyi Rinpoche. (1998). *Carefree dignity: Discourses on training in the nature of the mind*. Kathmandu: Rangjung Yeshe.
Van Dusen, W. (1958). Wu-Wei, no-mind, and the fertile void in psychotherapy. *Psychologia* 1:253–56.
Walker, A., R. Rablen und C. R. Rogers (1959). Development of a scale to measure process change in psychotherapy. *Journal of Clinical Psychology* 16: 79–85.
Wangyal, T. (1997). *A-Khrid teachings*. Vol. 2. Berkeley, California: Privately published.
Watts, A. (1961). *Psychotherapy East and West*. New York: Pantheon. Dt.: Psychotherapie und östliche Befreiungswege. Goldmann 1986
Welwood, J. (1974). A theoretical re-interpretation of the unconscious from a humanistic and phenomenological perspective. Ph. D. Diss., University of Chicago.
— (1979a). Self-knowledge as the basis for an integrative psychology. *Journal of Transpersonal Psychology* 11, no. 2: 23–40.
— (1979b). *The meeting of the ways: Explorations in East/West psychology*. New York: Schocken Books.
— (1980). Reflections on focusing, psychotherapy, and meditation. *Journal of Transpersonal Psychology* 12, no. 2: 127–142.
— (1982). The holographic paradigm and the structure of experience. Re-Vision 1, nos. 3–4 (1978): 92–96. Reprint in K. Wilber (Hrsg.), *The holographic paradigm and other paradoxes*. Boston: Shambhala Publications.
— (1983). *Awakening the heart: East/West approaches to psychotherapy and the healing relationship*. Boston: Shambhala Publications.
— (1985). *Challenge of the heart: Love, sex, and intimacy in changing times*. Boston: Shambhala Publications.
— (1986). On compassion and human growth. *The American Theosophist* 74, no. 9.
— (1990). *Journey of the heart: The path of conscious love*. New York: HarperCollins.
— (1992). *Ordinary Magic: Everyday life as a spiritual path*. Boston: Shambhala Publications.
— (1996). *Durch Liebe reifen*. Dtv, München 2002.
Wilber, K. (1975). Psychologia perennis: The spectrum of consciousness. *Journal of Transpersonal Psychology* 7, No. 2:105–32.
Winnicott, D. (1965). *Maturational process and the facilitating environment: Studies in the theory of emotional development*. Madison, Wis.: International Universities Press.

Über den Autor

John Welwood ist Psychotherapeut in San Francisco und Mitherausgeber des *Journal for Transpersonal Psychology*. Er erwarb seinen Doktorgrad in klinischer Psychologie an der University of Chicago, wo er bei Eugene Gendlin existentialistische Psychologie studierte und mehr als dreißig Jahre Schüler des tibetischen Buddhismus und anderer spiritueller Traditionen war. Er hat mehr als fünfzig Artikel über Beziehung, Psychotherapie, Bewusstsein und persönliche Transformation, sowie sechs Bücher verfasst.

John und seine Frau Jennifer bieten eine Reihe verschiedener Ausbildungen, Workshops und Meditations-Retreats über die Integration psychologischer und spiritueller transformativer Arbeit sowie über bewusste Beziehung an.

Wenn Sie in die Mailing-Liste aufgenommen werden wollen, nehmen Sie bitte Kontakt auf:

John and Jennifer Welwood
POB 2173
Mill Valley, CA 94942
www.johnwelwood.com

Weitere Literatur aus dem Arbor-Verlag:

John Welwood
Vollkommene Liebe – und wie sie vielleicht sogar in einer Beziehung gefunden werden kann

Die Schönheit und Großartigkeit der Liebe ist grenzenlos. Wie kommt es aber, dass es uns in Liebesbeziehungen meist nicht gelingt, dieses unermessliche Potential voll auszuschöpfen?

Sensibel und poetisch schildert John Welwood den Grund unseres Scheiterns: Die meisten Menschen leiden unter einer tiefsitzenden emotionalen Verletzung, die all unsere Beziehungen sabotiert. Viele von uns können nicht wirklich glauben, dass sie, so wie sie sind, liebenswert sind. John Welwood hilft den Lesern, diese „Wunde des Herzens" zu verstehen und zu sehen, wie sie unsere Beziehungen formt. Dabei geht es keineswegs nur um die Beziehung zu unserem Lebenspartner, sondern auch um unser Verhältnis zu Familienmitgliedern, Freunden und Bekannten. Vollkommene Liebe zeigt uns, wie wir unser verwundetes Herz heilen können – um so unsere Innenwelt und damit auch die kriegerische Außenwelt in in heilsame Bahnen zu lenken.

ISBN 978-3-936855-49-4

Chögyam Trungpa
Achtsamkeit, Meditation und Psychotherapie
Einführung in die buddhistische Psychologie

Chögyam Trungpas alles durchdringende Sicht auf das Verhältnis zwischen Buddhismus und westlicher Psychologie ist vor allem für Psychotherapeuten und all jene Menschen erhellend, die in Heilberufen mit dem Geisteszustand ihrer Patienten in Berührung kommen.
In der hier erstmals vorgelegten Textsammlung stellt Chögyam Trungpa die buddhistischen Konzepte von Geist, Ego und Intelligenz vor. Vor diesem Hintergrund geht er der Frage nach, wie wir mit uns selbst und anderen arbeiten können, um die uns innewohnende geistige Gesundheit zu stärken: Hierbei bietet er eine Vielzahl von Hilfestellungen für Psychotherapeuten und für Menschen in Heilberufen an.

„Das bedeutet zunächst einmal, dass wir mit unserer natürlichen Fähigkeit zu menschlicher Wärme arbeiten. Zuerst können wir Wärme gegenüber uns selbst entwickeln und sie sich dann auf andere ausdehnen lassen. Das liefert die Grundlage für die Beziehung zu psychisch Kranken, zu anderen und zu uns selbst, alles im selben Rahmen. Ein Patient sollte spüren, dass Sie selbst Gesundheit ausstrahlen. Therapie muss auf gegenseitiger Wertschätzung beruhen. Man muss seine eigene Ungeduld loslassen und lernen, Menschen zu lieben. Das ist der Weg, grundlegende Gesundheit in anderen zu kultivieren."

Chögyam Trungpa

Chögyam Trungpa ist einer der Lehrer von John Welwood und einer der bekanntesten tibetischen Meditationsmeister. Unter seiner Leitung entstanden zahlreiche Meditationszentren. 1974 gründete er das angesehene „Naropa-Institut" – die erste buddhistische Universität auf amerikanischem Boden.

ISBN 978-3-924195-98-4

Christopher Germer

Der achtsame Weg zum Selbstmitgefühl

Wie man sich von destruktiven Gedanken und Gefühlen befreit

Das Leben ist hart, vieles kann enorm schieflaufen. Oft schämen wir uns dann und werden selbstkritisch. Wir fragen uns: „Warum schaffe ich es nicht?" oder „Warum ich?". Vielleicht setzen wir auch alles daran, uns selbst wieder „in Ordnung zu bringen", und machen damit alles nur noch schlimmer.
Doch wir können lernen, mit Kummer und Leid auf eine andere, gesündere Art und Weise umzugehen. Anstatt schwierigen Gefühlen mit erbittertem Widerstand zu begegnen, können wir unseren Schmerz anschauen, beobachten und mit Freundlichkeit und Verständnis darauf reagieren. Das ist Selbstliebe: Wenn wir uns voller Mitgefühl so um uns selbst kümmern, wie wir es bei einem geliebten Menschen tun würden.
Bereits ein Augenblick, in dem wir mitfühlend und liebevoll mit uns selbst umgehen, kann unseren Tag verändern und viele solcher Momente können unserem Leben eine ganz neue Richtung geben. Die Befreiung aus der Falle destruktiver Gedanken und Gefühle durch mitfühlende Selbstliebe kann unsere Selbstachtung von innen heraus stärken und sogar Depressionen und Ängste vertreiben.
Erfahren Sie, wie Sie sich dieses Mitgefühl und diese Liebe entgegenbringen können, wenn Sie sie am dringendsten brauchen: Wenn Sie vor Scham fast vergehen, wenn Sie vor Wut oder Angst die Fäuste ballen oder sich zu verletzlich fühlen, um ein weiteres Familientreffen zu überstehen.

„In diesem wichtigen Buch erhellt Christopher Germer die unendliche Vielzahl von Synergien, die zwischen Achtsamkeit und Mitgefühl bestehen. Er zeigt effektive Wege auf, wie wir auf geschickte Weise sicherstellen können, dass wir uns selbst einladen, im liebevollen Herzen des Gewahrseins selbst zu verweilen."

Jon Kabat-Zinn

ISBN 978-3-86781-145-3

Online

Umfangreiche Informationen zu unseren Themen,
ausführliche Leseproben aller unserer Bücher,
einen versandkostenfreien Bestellservice und unseren
kostenlosen Newsletter. All das und mehr finden Sie auf
unserer Website.

www.arbor-verlag.de

Mehr von John Welwood

www.arbor-verlag.de/john-welwood

Seminare

Die gemeinnützige *Arbor-Seminare gGmbH* organisiert
regelmäßig Seminare und Weiterbildungen mit führenden
Vertretern achtsamkeitsbasierter Verfahren.
Nähere Informationen finden Sie unter:

www.arbor-seminare.de